ALEXANDER BRIX

ORGANISATION DER ADVOKATUR

IN
PREUSSEN, OESTERREICH, SACHSEN, OLDENBURG
BRAUNSCHWEIG, BADEN, WÜRTTEMBERG
MECKLENBURG-SCHWERIN UND STRELITZ
SCHWEIZ, FRANKREICH
UND ENGLAND

Elibron Classics
www.elibron.com

Elibron Classics series.

ISBN 0-543-97556-8 (paperback)
ISBN 0-543-97555-X (hardcover)

This Elibron Classics Replica Edition is an unabridged facsimile of the edition published in 1868 by Wilhelm Braumüller, Wien.

ORGANISATION

DER

ADVOKATUR

IN

PREUSSEN, OESTERREICH, SACHSEN, OLDENBURG, BRAUNSCHWEIG, BADEN, WÜRTTEMBERG, MECKLENBURG-SCHWERIN UND STRELITZ, SCHWEIZ, FRANKREICH UND ENGLAND

NEBST EINER EINLEITUNG

QUELLENMÄSSIG DARGESTELLT

VON

DR. ALEXANDER BRIX.

WIEN, 1868.

WILHELM BRAUMÜLLER

K. K. HOF- UND UNIVERSITÄTSBUCHHÄNDLER.

VORREDE.

Seit Jahren steht die Frage der Organisation der Advokatur auf der Tagesordnung. Die Forderung, dass dem Advokaten, dem als Parteienvertreter eine grosse, ja die entscheidende Rolle in der Justizpflege zufällt, auch die erforderliche Unabhängigkeit und Freiheit gewährt werde, ist eine allgemeine geworden. Bedeutende Schriftsteller, juristische Vereine jeder Art und selbst solche, welche die Industrie und das Gewerbe vertreten, haben das Wort dafür erhoben, dass die Advokatur eine freie Kunst sei, deren Ausübung Jedem, der seine Befähigung nachgewiesen, ohne staatliche oder behördliche Ernennung oder Berufung frei sein müsse.

Dieses Prinzip ist aber nur in wenigen Staaten Deutschlands durchgeführt und zur Geltung gekommen.

Unbestritten und seit Menschengedenken ist die Advokatur in Frankreich, in England und Amerika frei. Auch in der Schweiz ist jeder Befähigte zur Ausübung des Fürsprecheramtes berechtigt. Diesen Staaten hat sich nun auch Oesterreich angereiht.

Der Verfasser, der sich bereits seit mehreren Jahren mit der Frage der Organisation der Advokatur vom Standpunkt der Freigebung derselben beschäftigt und in dieser Richtung auch publizistisch gewirkt hat, hat den Entschluss gefasst, eine Darstellung der Organisation, welche die Advokatur in den manigfachsten Ländern beherrscht, quellenmässig zu bearbeiten.

Das vorliegende Werk, welches sich in der Einleitung über die verschiedenen Sisteme der Advokatur ausspricht, statistische Nachweisungen über das Verhältniss der in jedem Lande fungirenden Advokaten zu der Einwohnerschaft liefert und schliesslich allgemeine Grundsätze über eine zweckmässige Einrichtung der Advokatur ausführt, bringt im weitern Verlaufe die, die Advokatur in den am Titelblatt bezeichneten Ländern beherrschenden Gesetze, soweit solche vorlagen, nebst den die Advokaten-Prüfungen regelnden Verordnungen. Was die Reihenfolge der diesfälligen Gesetze betrifft, so hielt es der Verfasser für angemessen, von den beschränktesten zu den minder beschränkten und schliesslich zu den freiesten Formen der Advokatur vorzuschreiten.

Der grösste Theil des Manuscripts war bereits Ende Dezember v. J. druckfertig vorgelegen, der Druck begann aber erst im Monat Februar d. J. Damals war die Freigebung der Advokatur in Oesterreich zwar angebahnt, aber lange noch nicht gesetzlich geregelt. Daher kommt es, dass das Werk die bisher geltenden Bestimmungen über die Advokatur, deren viele durch die am 1. Jänner 1869 in Wirksamkeit tretende neue Advokaten-Ordnung keineswegs aufgehoben sind, folglich auch fortan praktisch bleiben, vollständig mitgetheilt hat. Das durch das XXXVIII. Stück des Reichsgesetzblattes Nr. 96 (S. 274—282) am 15. Juli 1868 publizirte Gesetz vom 6. Juli 1868, „womit eine“ (neue) „Advokatenordnung eingeführt wird“, findet seine Stelle am Schlusse des Werkes als Anhang; doch wurde die neue Advokatenordnung bei der Einleitung bereits berücksichtigt.

Der Verfasser ist sich bewusst, bei vorliegender Arbeit mit Fleiss, Sorgfalt und Gewissenhaftigkeit vorgegangen zu sein. Die Sammlung der Quellen hat ihm grosse und schwere Mühe gemacht. Vieles verdankt er der Bibliothek des Justizministeriums, deren Gesetzessammlung zwar sehr schätzbar, aber doch nicht vollständig ist. An dieser Stelle nimmt der Verfasser die Gelegenheit wahr, dem Hrn. Ministerial-Sekretär Franz Starr für die freundliche Zuvorkommenheit zu danken, mit der ihn derselbe in seiner Eigenschaft als Bibliothekar das Streben des Verfassers unterstützt und gefördert hat.

Habent sua fata libelli. Möge dieses mein Werk von der juristischen Lesewelt mit Wolwollen und Nachsicht aufgenommen werden.

EINLEITUNG.

Die Organisation der Advokatur ist fast in jedem Lande eine andere. Doch lässt sich dieselbe auf vier Sisteme zurückführen: 1. auf das Sistem der geschlossenen Advokatur, welches auf Beschränkung der Advokatenzahl beruht, 2. auf das sogenannte gemischte Sistem, wo die Advokatur frei, die Anwaltschaft (Prokuratur) aber in der Art geschlossen ist, dass bei Erledigung von Anwaltsstellen die Advokaten in dieselben als Advokat-Anwälte einrücken. 3. Auf das Sistem der freien Advokatur, selbst wenn dieselbe zugleich mit anwaltschaftlichen Funktionen verbunden ist, 4. auf das Sistem der freien Advokatur und der Beschränkung der Anwaltschaft, in der Art, dass die Advokaten und die Anwälte zwei besondere Stände bilden.

Die geschlossene Advokatur besteht in Preussen — mit Ausnahme der Rheinprovinz, — im cisleithanischen Oesterreich[1]), in Bayern, im Königreiche Sachsen und in Oldenburg. Bei aller Verschiedenheit der diesfälligen Organisation vereinigt sie sich doch in dem Grundsatze, dass den Kandidaten, welche ihre Befähigung nachgewiesen haben, die Bewerbung um eine Advokatur nur dann zusteht, wenn Stellen erledigt oder neu geschaffen werden. Die Unterschiede beziehen sich auf den Wirkungskreis der ernannten Advokaten, der in Preussen am beschränktesten ist, worauf Oesterreich, dann Baiern, endlich das Königreich Sachsen und Oldenburg folgt.

In Preussen steht den Advokaten — „Rechtsanwälten" — die Vertretung nur bei jenem Gerichte zu, bei welchem sie angestellt sind.

---

[1]) Im cisleithanischen Oesterreich wird die Advokatur am 1. Jänner 1869 freigegeben sein. Der Eingang des §. 1. der Advokaten-Ordnung vom 6. Juli 1868 lautet: „Zur Ausübung der Advokatur in den im Reichsrathe vertretenen Königreichen und Ländern bedarf es keiner behördlichen Ernennung . . ." (s. den Anhang am Schlusse dieses Werkes).

Selbst in grossen Städten, wo mehrere Gerichte erster Instanz bestehen, sind die Rechtsanwälte nur auf das eine oder das andere Gericht angewiesen. Ebenso fungiren bei den Appellationsgerichten und bei dem Obertribunale je besondere Rechtsanwälte. Trotz dieser Beschränkung bestanden im J. 1867 in dem Gebiete der Preussischen Gerichtsordnung — vom Rheinland also abgesehen — nur tausend dreihundert sechsundfünfzig Rechtsanwälte bei einer Bevölkerung von sechzehn Millionen und dreimalhunderttausend Einwohnern, so dass sich ein Verhältniss von einem Rechtsanwalt auf zwölftausend Einwohner ergiebt. Daneben betrug die Zahl der unversorgten Assessoren vom J. 1862—1867 zwischen acht- bis neunhundert fünfzig, wozu die Referendarien in der Zahl von neunhundert einundneunzig und die Auskultatoren in der Zahl von vierhundert zwei kamen. In Summe harren also zweitausend dreihundert dreiundvierzig Aspiranten ihrer Erlösung entgegen [2]), die allerdings auf Richter-, Staats- und Rechtsanwaltsstellen Anspruch haben.

Preussen zunächst steht das cisleithanische Oesterreich. Auch hier ist jeder Advokat auf einen bestimmten Wohnsitz angewiesen, doch steht ihm das Vertretungsrecht bei allen Gerichten der ersten Instanz innerhalb des Oberlandesgerichtssprengels und beim Oberlandesgerichte seines Domizils zu [3]). Ferner können die Advokaten aller Länder die gerichtsordnungsmässigen Eingaben an den obersten Gerichtshof unter ihrer Signatur einbringen. In Strafsachen hat jeder Advokat das Recht der Vertheidigung vor allen Gerichten des cisleithanischen Gebietes, während die übrigen Vertheidiger auf den Sprengel jenes Oberlandesgerichtes beschränkt sind, in dessen Vertheidigerliste sie eingetragen sind.

Was nun das Verhältniss der Advokatur zu den Einwohnern betrifft, so wollen wir zu Nutz und Frommen derjenigen, die gegen die Freigebung der Advokatur, ja gegen jede Vermehrung protestiren, folgende Tabelle liefern [4]):

---

[2]) Gneist, Dr. Rudolf, Freie Advokatur, die erste Forderung aller Justizreform in Preussen. Berlin 1867, S. 22 ff. — Ueber die Stellung der Auskultatoren, Referendarien und Assessoren s. das Nähere im Artikel Preussen.

[3]) Durch die im J. 1869 in Wirksamkeit tretende Advokaten-Ordnung wird das Vertretungsrecht der Advokaten auf alle Gerichte und Behörden der im Reichsrath vertretenen Königreiche und Länder ausgedehnt (§. 8 der Advokaten-Ordnung vom 6. Juli 1868).

[4]) Die Zahlen, welche die Einwohnerschaft betreffen, sind der statistischen Tafel aller Länder der Erde vom J. 1867 von Dr. Otto Hübner, Direktor des statistischen Centralarchivs in Berlin; die Zahl der Advokaten dem Hof- und

Statistische Uebersichts-Tabelle.

	Kronländer	Einwohnerzahl	Advokaten	ein Advokat auf Einwohner
1.	Oesterreich u. d. Enns .	1,753.816	208	$8.431^{\cdot 80}$
2.	Oesterreich ob der Enns	719.228	39	$18.441^{\cdot 74}$
3.	Salzburg	147.191	9	$16.354.^{07}$
4.	Steiermark.	1,087.508	60	18.125
5.	Kärnthen	342.469	17	$20.145^{\cdot 23}$
6.	Krain	173.393	18	$26.299^{\cdot 61}$
7.	Küstenland	562.875	87	$6.469^{\cdot 82}$
8.	Tirol und Vorarlberg . .	876.890	94	$9.328^{\cdot 61}$
9.	Böhmen	5,107.313	199	$28.664^{\cdot 88}$
10.	Mähren	1,990.755	69	$28.851^{\cdot 52}$
11.	Schlesien	487.885	17	$28.699^{\cdot 11}$
12.	Galizien	5,102.074	138	$36.957.^{05}$
13.	Bukowina	510.634	12	$42.552^{\cdot 83}$
14.	Dalmatien	440.705	44	$10.016^{\cdot 02}$
	Zusammen .	19,602.736	1011	

Im Durchschnitt entfällt auf je neunzehntausend dreihundert neunzig Einwohner Ein Advokat. Am stiefmütterlichsten sind, wenn von der Bukowina und Galizien abgesehen wird, die gewerbsreichsten Länder bedacht, denn in Böhmen, Mähren und Schlesien kommt auf mehr als achtundzwanzig und ein halbes Tausend Ein Advokat.

Was Bayern betrifft 5), so dehnt sich die Wirksamkeit des Advokaten, trotz seines ihm zugewiesenen Wohnsitzes, auf die Vertretung

---

Staatshandbuch des Kaiserthums Oesterreich für das Jahr 1868. Wien. G. J. Manz'sche Buchhandlung entnommen.

5) In Bayern giebt es keine Advokatenordnung. Die dort herrschenden Grundsätze sind folgende: Die Advokaten werden vom Könige aus jenen Kandidaten ernannt, welche die Prüfung zum Richteramte abgelegt haben. Advokatenzwang besteht nicht, ausser in der Rheinpfalz, wo dem dort geltenden französischen Prozess gemäss die Parteien bei den Kollegialgerichten erster Instanz und bei den höheren Gerichten ohne Assistenz eines Anwalts nicht erscheinen dürfen. Die Disziplin über die Advokaten im diesseitigen Baiern ruht in den Händen der Gerichte und wird durch die Verordnungen vom 23. März 1813 und 28. Jänner 1822 geregelt. Die Strafen sind entweder Geldbussen bis zu 100 fl., Arrest nicht über vier Wochen und Suspension nicht über ein Jahr. In den schwersten Fällen kann auch auf Entsetzung erkannt werden, wobei das Justizministerium an den König zu berichten hat, ob nicht Gründe vorhanden sind, Gnade walten zu lassen. Die Gebührenordnung datirt vom J. 1852 und ist im

bei allen Gerichten des Königreichs aus. Die Zahl der Advokaten, deren es dreihundert dreiunddreissig giebt, verhält sich zu jener der Einwohner, welche vier Millionen siebenhundert siebzigtausend und hundertvierzig ausmacht, wie Einer zu vierzehntausend dreihundert fünfundzwanzig.

In Bezug auf das Königreich Sachsen ist hervorzuheben, dass die Ernennung der Advokaten zwar vom Justizminister ausgeht, dass es aber nicht von seinem Belieben abhängt, welchen Kandidaten er zur Ausübung der Advokatur zuzulassen habe. Es besteht nämlich daselbst eine Rolle, auf welche die Aspiranten, nach der Zeit ihrer Prüfung, eingetragen werden, die ihre Ernennung nach der Reihenfolge der Eintragung zu gewärtigen haben. Ausserdem setzt der Justizminister von Zeit zu Zeit die Anzahl der in einem Jahre — ohne Rücksicht auf Erledigungen — zu ernennenden Advokaten fest. So wurde durch eine Verordnung vom 17. Dezember 1861 verfügt, dass in den Jahren 1862—1865 jährlich fünfundzwanzig Stellen kreirt werden sollen. — Der Ernannte hat die Wahl seines Wohnsitzes frei uud ändert er denselben, so hat er binnen vierzehn Tagen, von dem Tage an gerechnet, wo er seinen bisherigen Wohnsitz verlässt, hievon dem Ministerium der Justiz Anzeige zu machen. Das Vertretungsrecht steht dem Advokaten bei allen Gerichten und andern öffentlichen Behörden zu. Im J. 1861 bestanden im Königreich Sachsen achthundert Advokaten, von denen bei einer Bevölkerung von zwei Millionen dreimalhundert vierundvierzigtausend je Einer auf zweitausend neunhundert dreissig Einwohner entfällt.

In Oldenburg besteht die Eigenthümlichkeit, dass die Zulassung als „Anwalt" bei einem Obergerichte durch das Appellationsgericht erfolgt, welches das Gutachten des Obergerichts und der Anwaltskammer einzuholen hat. Uebrigens giebt es bei dem Appellations- und Oberappellationsgerichte besondere Anwälte. Obschon nun die Oldenburger Advokatenordnung vom 18. Juni 1858 von einer Anwaltsordnung und dieselbe ebenso wie das Gesetz vom 2. November 1857, betreffend den bürgerlichen Prozess, immer nur von Anwälten spricht, so nennen sich

---

Regierungsblatte desselben Jahres S. 1229 publizirt. Das Prozessgericht revidirt und stellt die Gebührenverzeichnisse der Advokaten von Amtswegen fest. Advokatenkammern bestehen im diesseitigen Baiern nicht, doch hat sich ein Anwaltsverein gebildet, dessen ständiger Ausschuss seinen Sitz in Nürnberg hat. Die Aufgabe des Vereins ist die Aufrechthaltung der Würde des Standes, doch hat derselbe bisher in dieser Richtung kein Lebenszeichen von sich gegeben.

dieselben doch Advokaten und es giebt demgemäss sechs Advokaten, zwanzig Obergerichtsadvokaten, vier Advokaten und Aktenprokuratoren, einen Appellationsgerichtsadvokaten und fünfzehn Oberappellationsgerichtsadvokaten, in Summe sechsundvierzig Advokaten bei einer Bevölkerung von dreihundert vierzehntausend vierhundert sechzehn Seelen, so dass auf sechstausend achthundert fünfunddreissig Einwohner Ein Advokat kommt.

Das sogenannte gemischte Sistem besteht in Rheinpreussen, Braunschweig und Hannover. In diesen Ländern gilt der Regel nach der Grundsatz, dass die Zahl der Advokaten nicht beschränkt ist[6]), so dass jeder Qualifizirte mit freier Wahl seines Wohnsitzes die Befugniss hat, die Rechte der Parteien in mündlichen Vorträgen auszuführen. Dagegen ist die Zahl der Anwälte beschränkt. Dieselben werden bei bestimmten Gerichten bestellt, und unterscheiden sich von einander je nachdem sie bei Kollegialgerichten erster Instanz, bei Appellations- oder bei Oberappellationsgerichten fungiren. Ihr Beruf besteht darin, alle zur Regelmässigkeit des Verfahrens nöthigen Anträge und Handlungen vorzunehmen und die zur Vorbereitung der mündlichen Verhandlung erforderlichen Schriftsätze anzufertigen. Zum Anwalt kann Niemand ernannt werden, der nicht zugleich Advokat ist. Beim gemischten Sistem herrscht überall Anwaltszwang.

In Braunschweig, das eine Bevölkerung von zweimalhundert dreiundneunzigtausend dreihundert achtundachtzig Einwohnern aufweist, fungiren fünf Advokaten, welche nur unter Einführung eines Anwalts auftreten können, dann vierzehn Advokat-Anwälte, die bei allen Gerichten ausser dem obersten Gerichts- und Kassationshof, endlich sechzig Obergerichtsadvokaten, die auch beim höchsten Gerichte zu praktiziren das Recht haben. Hier kommt auf dreitausend siebenhundert dreizehn Einwohner Ein Advokat, beziehungsweise Ein Anwalt.

In Hannover, wie in der preussischen Rheinprovinz haben die Advokaten das Recht, vor jedem Gerichte in der Audienz zu plaidiren. Doch tritt in Hannover die Eigenthümlichkeit ein, dass an Orten, wo Obergerichte bestehen (Kollegialgerichte erster Instanz, die den Amtsgerichten gegenüber als Appellations-Instanz eintreten), die Anzahl der

---

6) In Rheinpreussen werden die Advokaten — ebenso wie die Rechtsanwälte — vom Justizminister aus denjenigen Kandidaten, welche die dritte Rheinische Prüfung bestanden haben, ernannt, wobei aber der Grundsatz waltet, dass die Zahl der Advokaten unbeschränkt ist. Die Ernannten werden in die Advokatenmatrikel bei dem Appellationsgerichte zu Köln eingetragen.

Advokaten unbeschränkt ist, während in Orten, wo sich keine Obergerichte befinden, Advokaten nur nach Bedürfniss und nach Anhörung der Anwaltskammer vom Justizministerium zugelassen werden. Was die Anwälte in Hannover betrifft, so sind solche nur bei den Obergerichten und bei dem Oberappellationsgerichte in Celle angestellt. – Es fungiren daselbst zweihundert siebzehn Advokaten, zweihundert und ein Obergerichtsanwalt, und elf Oberappellationsgerichtsanwälte, so dass bei einer Bevölkerung von einer Million neunmalhundert dreiundzwanzigtausend vierhundertzweiundneunzig Einwohnern auf achttausend achthundert vierundsechzig Ein Advokat und auf neuntausend dreiundsiebzig Ein Anwalt entfällt.

Freie Advokatur, verbunden mit anwaltschaftlichen Funktionen, besteht im Grossherzogthum Baden, in Württemberg, in Mecklenburg-Schwerin und Strelitz und in den Schweizer Bundesstaaten.

Baden erklärt zum Eintritt in die Anwaltsrechte jeden inländischen Rechtsgelehrten, welcher nach Erstehung der obersten juristischen Staatsprüfung noch mindestens zwei Jahre bei Staatsstellen oder unter der Leitung eines Anwalts gearbeitet hat. Wenn nun gleich das Justizministerium über die Aufnahme in die Advokatur verfügt, so kann beim Vorhandensein der obigen Voraussetzungen die Annahme in den Anwältsstand nur aus solchen Gründen verweigert werden, welche eine gänzliche oder zeitweise Entziehung der Anwaltschaft rechtfertigen würden. Die Anwälte können an den Orten, an welchen sich ein Kollegialgericht befindet, mit dem Vertretungsrecht bei allen Gerichten des Landes ihren Wohnsitz frei wählen und nach Belieben ändern, wovon binnen vier Wochen dem Justizministerium, dem Appellationsgerichte und der Anwaltskammer der betreffenden Kreise Anzeige gemacht werden muss. Das Recht bei dem Oberhofgerichte aufzutreten, ist denjenigen gewährt, welche die Anwaltschaft mindestens fünf Jahre ununterbrochen ausgeübt haben. In Baden fungiren zwölf Advokaten, vierundachtzig Rechtsanwälte, neunundzwanzig Hofgerichtsadvokaten und Prokuratoren und einundzwanzig Oberhofgerichtsadvokaten und Prokuratoren, zusammen hundertsechsundvierzig Advokaten für eine Million viermalhundertneunundzwanzigtausend einhundert neunundneunzig Einwohner, so dass Ein Advokat auf neuntausend siebenhundert neunundachtzig derselben entfällt.

In Württemberg heissen die Advokaten Rechtskonsulenten, auch Rechtspraktikanten. Dieselben werden vom Könige ernannt, nachdem auf die bei dem Justizministerium anzubringenden Gesuche der durch die Erstehung der beiden juristischen Prüfungen befähigten Bewerber nach Vernehmung des betreffenden Gerichtshofes die höchste Entschliessung über das Gesuch eingeholt worden ist. Nach dieser Darstellung sollte man glauben, dass die Advokaten von einer Ernennung abhängen. Allein dem ist nicht so, denn es kommt in Württemberg niemals vor, dass ein Kandidat, welcher mit der gehörigen Qualifikation um eine Advokatur einschreitet, abgewiesen wird [7]). Was die sogenannten Prokuratoren betrifft, so erscheinen dieselben als Mittelsmänner für Einreichung der Schriften bei den Appellationsgerichten und bei dem Obertribunale, wo zum Unterschied von dem mündlichen Verfahren vor den Erstinstanzgerichten, schriftlich vorgegangen wird. Diese Prokuratoren werden nach den Normen von Staatsdiensten angestellt. Der Wirkungskreis derselben ist unerheblich, daher durch sie der Charakter des freiheitlichen Sistems, das in Württemberg in Bezug auf die Advokatur besteht, durchaus nicht beeinträchtigt wird [8]). Die Handelsgerichtsordnung vom 13. August 1865, welche in allen Instanzen der Handelsgerichte öffentliches Verfahren eingeführt, hat im Art. 100 [9]) auf ihrem Gebiete das Institut der Prokuratoren beseitigt.

Die königliche Verordnung vom 6. November 1822 §. 7 verfügt, dass die Ausübung der Rechtspraxis weder an Orte, noch an Gerichte gebunden sei, vielmehr dieselbe sämmtlichen Advokaten im ganzen Umfange des Königreichs mit gleicher Berechtigung und mit völlig freier Wahl der Parteien offen steht.

In Württemberg fungiren zweihundert neununddreissig Rechtskonsulenten und drei Rechtspraktikanten, zusammen zweihundert

---

[7]) Diese Thatsache verdankt der Verfasser einer Mittheilung des Herrn Rechtskonsulenten Lebrecht aus Ulm. Vgl. Verhandlungen des vierten deutschen Juristentages: Gutachten des Obertribunalraths Faber in Stuttgart, Bd. II, S. 42, Punkt 2; ferner den Vortrag des Rechtskonsulenten Lebrecht aus Ulm, Bd. II, S. 308, deren Beide die Erklärung abgaben, dass die Advokatur in Württemberg frei sei.

[8]) Diese Bemerkung macht das in der Note 7 angeführte Gutachten des Obertribunals Faber a. a. O.

[9]) Art. 100, Alinea 1. lautet: Ein Zwang, sich der Obertribunalprokuratoren zu bedienen, findet nicht statt, dagegen muss jede Partei einen aus der Zahl der inländischen Advokaten zu wählenden Anwalt bestellen, sie würde denn entweder selbst zur Advokatur befähigt oder mit einem zu dieser befähigten gesetzlichen Vertreter versehen sein oder überhaupt für ihre Angelegenheiten einen jener Befähigten aufgestellt haben.

zweiundvierzig Advokaten, von denen bei einer Bevölkerung von einer Million siebenmalhundertachtundvierzigtausend dreihundert achtundzwanzig Seelen je Ein Advokat auf fünftausend dreihundert dreissig Einwohner entfällt.

In den beiden Mecklenburg hängt die Immatrikulirung als Advokat blos von der Ablegung der Advokatenprüfung ab, wozu er sich mit dem Maturitätszeugniss und einem dreijährigen Kurse, auf was immer für Universitäten zugebracht, auszuweisen hat. Eine Verfügung, welche den Kandidaten zu einer praktischen Vorbildung nöthigen würde, besteht nicht. Jeder Advokat hat das Vertretungsrecht bei allen Gerichten beider Länder. Beim Oberappellationsgerichte werden jene Advokaten als Prokuratoren angesehen, welche sich am Sitze des genannten Gerichtes aufhalten und eine schriftliche Anzeige, dass sie als Prokuratoren auftreten wollen, erstatten. Wechselt ein Advokat seinen Wohnsitz, so müssen die Immatrikulirungsakten an das Gericht des neuen Wohnsitzes abgegeben werden.

In Mecklenburg-Schwerin, welches eine Bevölkerung von fünfhundertsechzigtausend hundert dreiundzwanzig Einwohnern zählt, bestehen hundertsechsundvierzig und in Mecklenburg-Strelitz mit achtundneunzigtausend zweihundert fünfundfünfzig Einwohnern siebenundfünfzig Advokaten, so dass in beiden Ländern auf die Gesammtbevölkerung von sechsmalhundertachtundfünfzigtausend dreihundert achtundsiebzig Seelen dreihundert vierundfünfzig Advokaten kommen, daher auf tausend achthundert sechzig derselben Ein Advokat entfällt.

In den Schweizer Bundesstaaten wird überall nur Rechtskenntniss und die Ablegung einer Advokatenprüfung vor den Obergerichten gefordert. Hier unterscheidet man in der Regel zwischen Anwälten (Prokuratoren) und Fürsprechern. Letztere nehmen eine höhere Stellung ein. In Genf besteht die Trennung zwischen Advokaten und Anwälten nicht mehr, doch fordert man von den Advokaten den Nachweis des Lizentiates und nach der Vorbereitung *(stage)* eine praktische Prüfung.

Nach dem Sisteme der völligen Trennung der Advokatur von der Anwaltschaft, wobei jene frei, diese beschränkt, ist das Vertretungsrecht in England und Frankreich organisirt.

In Frankreich bilden die Advokaten *(avocats)* und die Anwälte *(avoués)* zwei verschiedene Stände. Der Beruf der Advokaten besteht in der Vertretung der Parteien, in den Audienzen durch mündlichen Vortrag *(plaidoirie)*, und in der Aufklärung derselben durch

Rathertheilung *(consultation)* [10]. Daraus folgt, dass nur solche Rechtsgutachten *(consultations écrites)*, welche von Advokaten verfasst worden sind, in der Gerichtssitzung vorgelesen werden dürfen. Ferner haben sie das Recht, den Parteien bei der in den Beruf der *avoués* fallenden Verfassung der Instruktions- und der den Prozess einleitenden Schriften beizustehen, und im Falle der Abwesenheit eines Richters oder Staatsanwaltes denselben zu substituiren. — Zur Berathung der armen Parteien besteht ein besonderes Bureau, wo die Advokaten dieselben anhören und für den Fall, als sie den Anspruch für begründet halten, die Mittheilung darüber an den Disziplinarrath leiten, welcher den armen Parteien nach der Reihe des Tableau Advokaten zu ihrer Vertretung zuweist. — Das Vertretungsrecht steht den Advokaten vor allen Gerichten Frankreichs zu.

Um Advokat zu werden, muss der Advokat-Anwärter *(avocat stagiaire)* sich mit dem Zeugnisse über seine Rechtsstudien an einer öffentlichen Lehranstalt und mit dem Diplom eines Lizentiaten *(licencié)* ausweisen und sich einer dreijährigen Vorbereitung *(stage)* unterziehen. In diesem Stadium hat der Kandidat die Audienzen fleissig zu besuchen und den Plaidoyers anzuwohnen, ferner muss er bei den Konferenzen der Advokaten erscheinen und das Armenbureau frequentiren. Dem *avocat stagiaire* ist es übrigens gestattet, wenn eine Partei ihn mit einem Plaidoyer betraut, zu plaidiren. Der Disziplinarrath hat die Aufsicht über die *avocats stagiaires* und hat nach vollendeter *stage* die Eintragung derselben in das Tableau der Advokaten zu vollziehen.

Während der Advokat keine Verpflichtung hat, eine ihm angetragene Sache zu übernehmen, sind die *avoués* zum Dienste der Parteien verpflichtete Beamte *(officiers ministériels)* [11]. Ihr Beruf ist, die Parteien vorzustellen *(représenter)*, d. i. alle jene Förmlichkeiten, welche vom Gesetze zur Instruktion des Prozesses und zur Aufklärung des Richters

---

[10] „*Plaider et consulter, telles sont les deux fonctions des avocats*" (Mourlon, M. F. *Répétitions écrites sur le code de procedure civile.* Paris 1857, S. 7).

[11] Man darf den Ausdruck „Beamte" nicht genau nehmen, die *avoués*, die *huissiers* (Gerichtsvollzieher), die *greffiers* (Gerichtchtsschreiber) und die *notaires* (Notare), welche durchgehends *officiers ministériels* heissen, sind sämmtlich berufen, auf Aufforderung der Parteien die ihnen zugewiesenen Akte vorzunehmen, bilden aber besondere Stände, die streng genommen nicht in den Organismus der Gerichte gehören und lediglich von ihren Taxen leben.

über den Stand der Sache vorgeschrieben sind, auszuführen *(postuler)* und in einer kurzen Auseinandersetzung die Anträge der Partei dem Gerichte vorzulegen *(conclure)* [12]).

Beim Kassationshof bestehen sechzig angestellte *avocats*, welche zugleich das Amt der *avoués* ausüben. Daraus geht hervor, dass hierdurch dem Prinzipe der freien Advokatur kein Eintrag geschieht, weil der ganze Stand der *avoués* geschlossen ist.

Im J. 1863 fungirten in Frankreich fünftausend achthundert einundfünfzig *avocats* und dreitausend zweihundert sechsundsiebzig *avoués*, so dass bei einer Bevölkerung von achtunddreissig Millionen siebenundsechzigtausend Einwohnern ein *avocat* auf sechstausend fünfhundert und sechs, und ein *avoué* auf elftausend sechshundert zwanzig derselben kam. — *Avocats stagiaires* gab es dreitausend sieben.

In England bilden die Advokaten *(Counsels)* den höhern Stand *(Superior Branch)*, welcher als Rechtskonsulent den Anwalt *(Attorney)* berathet und ihm die Anweisung über die Art und den Umfang der Beweisführung giebt, hauptsächlich aber die Rechte der Partei in der Audienz oratorisch ausführt, Zeugen verhört und die Beweise analisirt.

Den Anwälten *(Attorneys)* fällt die Vorbereitung des Prozesses, die Einziehung der Information, die Verhandlung mit den Parteien, die Anfertigung der einleitenden Schriftsätze, kurz die ganze Prozessführung soweit zu, bis die Sache in einer kurzen Darstellung *(brief)* dem Advokaten als Grundlage seines Plaidoyers vorgelegt werden kann. Die Anwälte, die bei den Billigkeitsgerichten *(courts of equity)* fungiren, heissen *Solicitors.*

Es erübrigt jetzt noch einen Blick auf Nordamerika zu werfen [13]).

Auf der Bar von Nordamerika ruht der Geist der englischen, nur dass alle unnöthigen Förmlichkeiten von ihr bei Seite geworfen worden sind. Junge Männer studiren dort drei Jahre lang bei einem Advokaten, während welcher Zeit sie seine Bibliothek benützen, von ihm Anleitung in ihrem Studium erhalten und von seiner Geschäfts-

---

[12]) „*Le droit de représentation comprend le droit de postuler et de conclure*“ (Mourlon a. a. O. S. 8).

[13]) Die folgende Darstellung der Advokatur in **Nordamerika** ist dem Artikel „Advokat“ in Rotteck-Welker's **Staatslexikon, Altona 1845—1848**, S. 358 entnommen.

führung Zeuge sind. Man hat an verschiedenen Orten Versuche gemacht, Vorlesungen einzuführen, aber mit sehr geringem Erfolg. Nach Verfluss ihrer Studirzeit werden sie auf den Antrag irgend eines Advokaten von dem Gerichtshof zur Praxis zugelassen. Strenge Prüfungen finden dabei nicht statt; es wird nur vorausgesetzt, dass der Aufzunehmende eine gewisse Zeit lang die Rechte studirt habe und sonst unbescholtenen Rufes sei. Die Aufnahme zur Bar giebt das Recht, vor dem Gerichtshof, bei welchem man aufgenommen ist, ohne besondere Vollmacht die Rechtsangelegenheiten Dritter zu führen. Mit spezieller Vollmacht kann Jeder vor jedem Gerichtshof für einen Andern auftreten, auch können die Parteien ihre eigene Sache vor Gericht führen. Doch sind dergleichen Fälle selten. Der Sachwalter hat keine Klage auf Belohnung, dagegen ist er aber auch in dem Kontrakte, den er mit seinem Klienten wegen Führung seiner Rechtsangelegenheiten abschliesst, nicht beschränkt. Er kann sich voraus belohnen lassen; dies ist sogar Regel. Er kann von Zeit zu Zeit eine Belohnung fordern oder für eine bestimmte Summe den ganzen Prozess übernehmen. Es ist ihm nicht einmal verboten, sich einen gewissen Antheil an dem streitigen Gegenstand zu bedingen. In dieser Beziehung beschränken ihn einzig Rücksichten für seinen Ruf und sein eigenes Interesse. Die Gewohnheit, geschriebene Rechtsgutachten von grossen Advokaten zu nehmen und dadurch bei dem Gegentheil Geneigtheit zu gütlichen Vergleichen zu bewirken oder die Richter aufzuklären, ist in den vereinigten Staaten von Nordamerika allgemein. Diese Gewohnheit, durch welche grosse Talente eine bedeutende moralische Gewalt ausüben, ist nur denkbar bei Oeffentlichkeit und Mündlichkeit des Verfahrens, weil nur dadurch jene Talente sich nationale Zelebrität und vermittelst derselben Achtung für ihre Rechtsmeinungen verschaffen können. In sehr wichtigen Angelegenheiten nimmt oft eine Partei zwei und drei Advokaten an, am häufigsten in Kriminalfällen. Das Ansehen der Advokaten ist in Nordamerika sehr gross. Die Mehrzahl der beiden Häuser bilden die Advokaten. Aus ihrem Stande werden die Richter, Gesandte und Minister gewählt. Tritt Jemand aus einem hohen Amte zurück, so macht er sich's zur Ehre, seinen frühern Beruf als Advokat wieder aufzunehmen. Unter achtzehn Präsidenten der Nordamerikanischen Freistaaten waren dreizehn Advokaten.

Da die Frage der Freigebung der Advokatur im cisleithanischen Oesterreich entschieden und erledigt ist, so bedarf es an dieser Stelle nur noch weniger Ausführungen.

Schon beim zweiten deutschen Juristentage stellte der Stadtgerichtsrath Dr. Eberty zu Berlin drei Anträge, deren zweiter die „Anwalts-Ordnung" betraf und folgendermassen formulirt wurde:

„1. Die Anwaltschaft ist freizugeben.

2. Das Notariat ist von der Anwaltschaft zu trennen.

3. Die Trennung der Advokatur von der Anwaltschaft ist wünschenswerth" [14]).

Hierüber erschienen Gutachten: A. vom Obertribunalsrath Faber in Stuttgart [15]), B. vom Hof- und Gerichtsadvokaten Dr. Josef Kopp in Wien [16]), C. vom Obergerichtsadvokaten Vissering in Aurich [17]) und D. vom Notar Josef Euler in Düsseldorf [18]). Die Debatte über den Eberty'schen Antrag fand beim vierten Juristentage in der vierten Abtheilung desselben im Akademie-Saale des kurfürstlichen Schlosses in Mainz am 26. August 1863 statt, bei welcher der Ober-Tribunalsrath Frh. v. Sternenfels Bericht erstattete und Advokat Dr. Ritter v. Kissling aus Schärding, Advokat Lingmann aus Koblenz, Hof- und Gerichts-Advokat Dr. Willner aus Wien, Kreisrichter Lesse aus Thorn, Rechtsanwalt Lebrecht aus Ulm, Justizrath Fischer aus Breslau, Rechtsanwalt Dr. Malss aus Frankfurt, Advokat v. Gutschmidt aus Zwickau, Advokat-Anwalt Frenckel aus Kaiserslautern, Rechtsanwalt Block aus Magdeburg, Hofgerichtsrath v. Stösser aus Bruchsal, Advokaturskandidat Dr. Brix aus Wien, Obergerichts-Anwalt Dr. Eller aus Mannheim, Gerichtsaccessist Reuling aus Darmstadt und Notar Dr. Schick aus Wien sich an der Debatte betheiligten.

Zum Beschlusse wurde erhoben: der Antrag des Dr. Malss: „Die Frage der Advokatur ist keine Frage des Gewerberechts, sondern der Justizverfassung", ferner die Anträge des Referenten v. Sternenfels: „der Juristentag spricht seine Ueberzeugung dahin aus, dass die

---

14) Verhandlgen des zweiten deutschen Juristentages. Zweiter Band. S. 6.

15) Verhandlungen des vierten deutschen Juristentages. Erster Band. S. 41—53.

16) Ebenda S. 54—65.

17) Ebenda S. 66—76.

18) Ebenda S. 313—350.

PREUSSEN.

I. Geschichte der Advokatur.

Quellen: Gneist Dr. Rudolf. Freie Advocatur, die erste Forderung aller Justizreform in Preussen. Berlin, 1867. — Rönne Dr. Ludwig von. Ergänzungen und Erläuterungen der preussischen Rechtsbücher durch Gesetzgebung und Wissenschaft. 4. Ausg. III. Bd. Ergänzungen der allgemeinen Gerichts- Hypotheken- und Deposital-Ordnung. Berlin 1858—1863.

Im achtzehnten Jahrhundert regte sich ein Geist der Abneigung, man kann sagen der Gehässigkeit gegen den Advokatenstand. Wie von unten herauf die Partei ihren chikanirenden und verschleppenden Gegner in dem Anwalt der andern Partei sah, so erblickte man von oben herab in der Advokatur das Haupthinderniss einer guten Rechtspflege. In Preussen setzte bereits „die allgemeine Ordnung, betreffend die Verbesserung des Justizwesens" vom 21. Juni 1713 fest, dass nur eine bestimmte Anzahl Advokaten bei jedem Gerichte angenommen werden solle, wogegen die untergeordnete, zum Theil sehr ungebildete Klasse der Prokuratoren gänzlich aufgehoben wurde.

Friedrich der Grosse ging einen Schritt weiter. In seiner Kabinets-Ordre vom 14. April 1780 sagt er: „Es ist wider die Natur der Sache, dass die Parteien mit ihren Klagen und Beschwerden vor dem Richter nicht selber gehört werden, sondern ihre „Nothdurft" durch gedungene Advokaten vorstellen sollen. Diesen Advokaten ist sehr daran gelegen, dass die Prozesse vervielfältiget und in die Länge gezogen werden; denn davon dependirt ihr Verdienst und ihr ganzes Wohl. — Wenn der Richter die Acten nicht eher in die Hand bekommt, als bis die Advokaten durch ihre Schriftsätze das *factum* nach Wohlgefallen verdreht und verdunkelt oder mangelhaft vorgetragen haben, so ist es sehr natürlich, dass der Urtelsfasser den rechten Gesichtspunkt verliert, folglich auf unadaequate Beweise erkennt, und weil er auf dem eingeschlagenen irrigen Wege fortgehen muss, oft wider seine Ueberzeugung, am Ende ein offenbar ungerechtes Urtel zu sprechen genöthiget ist. — Es ist Meine Meinung hierbei nicht, dass den Parteien bei dergleichen gerichtlichen Handlungen die Assistenz eines Rechtsfreundes versagt werde, vielmehr finde ich es nöthig, sowohl dem Kläger als Beklagten auch schon bei Untersuchung des *facti* seinen Advocaten zu dem Ende zu accordiren, damit derselbe den Richter, welcher vielleicht aus Nachlässigkeit, Mangel der Penetration oder wohl gar aus Parteilichkeit, der ihm obliegenden Untersuchung keine Satisfaction leisten möchte, seiner Pflicht erinnern, ihn in allem controlliren, die Rechtsgründe der Partei deduciren, und also für die Sicherheit seines Clienten auf alle Art Sorge tragen solle. Damit aber diese neue Art von Advokaten nicht wieder auf die alten Irrwege gerathen möge, so muss die Sache so eingerichtet werden, dass solche bei dem Verzuge der Entscheidung und Vervielfältigung der Prozesse nicht interessiret sind, sondern einen ganz andern Gesichtspunkt zur Beförderung ihres Glücks und ihres Interresses erhalten. Die Referendarien müssen nämlich bei Meiner neuen Einrichtung hauptsächlich bei den Untersuchungen der Sachen *in facto* gebraucht und den Räthen dabei zu Hülfe gegeben werden. Diejenigen Referendarii, welche bei diesen Gelegenheiten die mehreste Geschicklichkeit und Penetration zeigen, werden zu fernerer Beförderung beibehalten; und aus diesen sollen die Advokaten, oder wie man sie füglicher nennen möchte, die Assistenzräthe; aus diesen aber in der Folge die würklichen Räthe der Landescollegiorum gewählt werden. Diese Assistenzräthe müssen eben sowohl als die Räthe der Landescollegiorum auf fixirte Besoldungen gesetzt und zu dem Ende ihre Defensionsgebühren in einer gemeinschaftlichen Sportulkasse gesammelt werden."

In diesem Geiste wurde denn auch das mit Patent vom 26. April 1781 publizirte „Corpus Juris Fridericianum, erstes Buch, von der Prozessordnung" verfasst. In derselben wurden die Richter angewiesen, ohne an die Angaben der Parteien gebunden zu sein, durch Anwendung aller an sich erlaubten Mittel das Factum zu erforschen (Untersuchungs-Maxime). Den Parteien lag ob, die Wahrheit auch zu ihrem eigenen Nachtheil zu sagen, und nicht nur persönlich zu erscheinen, sondern auch auf alle Fragen des Richters bestimmte Antworten zu geben; alles dies bei Vermeidung der Strafe der Contumaz. An die Stelle der Advokaten, wie bereits oben bemerkt, traten besoldete Assistenzräthe, welche den Parteien vom Richter zugewiesen wurden, und deren Amt „insofern als von der Untersuchung des *facti* die Rede als ein würkliches richterliches Amt" bezeichnet wurde. „Sie sind also keineswegs Söldner und blosse Sachwalter der Partheyen, sondern Beistände und Gehülfen des Richters; deren Pflicht es wesentlich mit sich bringt, das Gericht in seinen Bemühungen zur Ausmittelung der Wahrheit zu unterstützen; sich zu diesem Endzweck mit ihnen zu vereinigen; und alles, was sie davon entdecken und in Erfahrung bringen, ohne den geringsten Vorbehalt und ohne Rücksicht: welcher Parthey solches zum Nutzen oder Schaden gereiche, redlich und aufrichtig anzuzeigen.

Hiermit steht in ungetrennter Verbindung der zweite Theil ihres Amtes, vermöge dessen sie, eben so wie dem Rath eines Collegii gegen den anderen obliegt, schuldig sind, auf das Betragen der zur Instruction einer Sache deputirten, und aller übrigen daran Theil nehmenden Gerichts-Personen, ein wachsames Auge zu haben.

Nur das einzige Geschäfte haben sie mit den bisherigen Advokaten gewissermassen gemein, dass sie mit den Partheyen über die bei der Instruktion vorkommende Angelegenheiten und beizuschaffende Beweismittel correspondiren; nach hinlänglich entwickeltem *Facto*, aber die daraus entspringenden Rechte der ihnen besonders angewiesenen Parthey herleiten, oder vertheidigen sollen; doch muss auch dies von ihnen geschehen, ohne sich strafbarer Versuche zu anderweitiger Verdunkelung des *facti*, oder rabulistischer Verdrehung des Gesetzes schuldig zu machen." (Vorbericht des Corpus Juris Fridericianum.)

Diese Assistenzräthe erfreuten sich nur eines sehr kurzen Lebens. Die Parteien konnten ihnen kein Vertrauen schenken, weil sie nicht wussten, ob sie dieselben für ihre Richter oder ihre Sachwalter halten sollten. Schon die Anweisung vom 21. November 1782 und die Verordnung vom 20. September 1783 führte wesentliche Abänderungen ein. Sie beschränkten nicht allein das persönliche Erscheinen der Parteien, sondern gestatteten ihnen, sich nach eigener Wahl der „Justizkommissarien" zu bedienen und zwar sowohl als Stellvertreter in denjenigen Fällen, in welchen sie von dem persönlichen Erscheinen befreit wurden, wie als Assistenten, wenn sie persönlich erschienen. Die Assistenzräthe sollten nunmehr nur dann den Parteien zugewiesen werden, wenn dieselben sich keines Justizkommissarius bedienen zu wollen erklärten. Damit war das Institut der Assistenzräthe überflüssig geworden.

Das revidirte Corpus Juris Fridericianum bildete die „Allgemeine Gerichtsordnung für die Preussischen Staaten", welche zwar durch das Publikationspatent vom 6. Juli 1793 vollzogen wurde, aber weil damals der Druck der Gerichtsordnung noch nicht begonnen hatte, trat die wirkliche Publikation des ersten Theils erst am 24. Dezember 1794 und jene des zweiten und dritten Theils am 20. Juli 1795 ein. Diese Gerichtsordnung führte, obschon sie in den Hauptprinzipien mit dem Corpus Juris Fridericianum übereinstimmte, mit Verzichtleistung auf die Assistenzräthe das Institut der Justizkommissarien ein, das man kaum als eine Reactivirung der früheren Advokaten ansehen kann. Zwei Punkte waren geändert: der Partei war die Wahl des Prozessvertreters eingeräumt, und die Besoldung aus der Sportelkasse hörte auf. Im übrigen blieben die Justizkommissarien beamtete Nebenpersonen des Gerichts.

Erst durch die Verordnung vom 19. Dezember 1799, welche die Pflicht der Parteien persönlich zu erscheinen, auf die Fälle beschränkte, in denen der Richter dieses Erscheinen zur Ermittlung der Wahrheit für unumgänglich nothwendig hielt, geschah ein Schritt weiter. Diese und alle anderen seit 1793 ergangenen, ergänzenden und modificirenden Verordnungen wurden im Jahre 1815 zusammengestellt und erschienen als Anhang zur allgemeinen Gerichtsordnung. Hierdurch war Bresche geschossen in das Sistem der Untersuchungsmaxime und die damit zusammenhängenden Ideen der a. G. O. — Richter und Advokaten konnten sich in ihrer unnatürlichen Stellung nicht halten, und die Praxis gab den letzteren nach und nach eine gewisse Selbständigkeit, durch die die Richter in der Ermittlung des Factums beschränkt wurden. — Doch darf man sich über diese eroberte Selbständigkeit keine grossen Illusionen machen, darüber giebt die Betrachtung, welche die Revisoren der allgemeinen Gerichtsordnung über dieselbe anstellten, Aufschluss: „Es ist“, sagen sie, „nur ein schuldiger Tribut, den wir dem Verdienste unserer Vorfahren zollen, wenn wir uns zuerst an das Gute erinnern, was die a. G. O. gewirkt hat. Wer kann verkennen, dass sie die Prozesse verkürzt, dieselben von unnützen Förmlichkeiten und den vielen Zwischenurtheilen gereinigt hat, dass sie den Richter den Parteien zugänglich gemacht, auf den Stand der Richter vortheilhaft gewirkt und das Uebel, das früher durch die Advokaten unbestreitbar bestand, gründlich gehoben, dass sie also vielfach Gutes gewirkt hat. Wer aber vermag zu leugnen, dass die Ausführung der zum Grunde liegenden Ideen hinter den Erwartungen ihrer Schöpfer zurückgeblieben ist. In der a. G. O. selbst lag der Grund dieser betrübenden Erscheinung. Man hatte die Kräfte, die eine Anwendung der Gerichtsordnung erforderte, nicht gehörig berechnet. Die Richter erlagen, besonders bei steigender Bevölkerung und vermehrtem Verkehr, der unübersehbaren Last der Arbeit. Das schon an sich unnatürliche Verlangen, die ausser dem Gebiete der Strafgewalt liegende, daher ohne Basis aufgestellte Zwangspflicht: uneigennützig zu handeln im Augenblicke des Kampfes um wesentliche materielle Güter, konnte von den Parteien nicht erfüllt, nicht erzwungen werden. Die Formlosigkeit des Verfahrens führte auf einer andern Seite die Langsamkeit der Prozesse wieder herbei. Die subalterne Stellung der Justizkommissarien konnte kein geistiges Leben wecken, raubte ihm sogar in gewissem Grade die Möglichkeit, wesentlich zu wirken für seinen Machtgeber. Er steht überhaupt da als eine der Verwirklichung der Maxime hemmend entgegentretende, in den Untersuchungsprozess gar nicht gehörende Person; schon um deshalb, weil sein Eintreten Formen und Fristen nothwendig machte. So wurde das, nach der Idee der G. O. formlose Verfahren eine todte Form, war also schlimmer, als ein durch den Gesetzgeber in Formen gebrachtes Verfahren."

Die subalterne Stellung der Justizkommissarien, wie die Revisoren sagen, ist überdies mit der Auffassung verbunden, dass die Justizkommissarien Beamte sind. Der §. 462 des Anhangs zur a. G. O. erklärt geradezu, dass die Justizkommissarien und Notarien als „wirkliche Staatsdiener" zu betrachten seien. Auch in der a. G. O. ist immer nur vom Amte der Justizkommissarien die Rede und von deren Entlassung aus demselben. Daher die Anordnung vom 8. Juli 1802, dass über die Amtsführung der Justizkommissarien in der nächsten Conduitliste Auskunft zu ertheilen und hiermit virteljährlich fortzufahren sei.

Durch die Verordnung vom 1. Juni 1833 über den Mandats-, den summarischen und den Bagatellprozess, und durch die Verordnung vom 21. Juli 1846 über das Verfahren in Civilprozessen machte die preussische Gerichtsordnung einen Fortschritt von der Untersuchungs- zur Verhandlungsmaxime und gewannen hierdurch die Justizkommissarien einen bedeutenderen Wirkungskreis, als welcher nach der schroffen Untersuchungsmaxime möglich war.

Die Verordnung vom 2. Jänner 1849, welche die Privatgerichtsbarkeit und den eximirten Gerichtsstand beseitigte und eine neue Gerichtsorganisation schuf, legte im §. 30 den Justizkommissarien und (rheinischen) Advokaten, „hinsichtlich deren Bestellung für bestimmte Gerichte es bei den bestehenden Bestimmungen verbleibt", den „Amtscharakter: Rechtsanwalt" bei. Die neue Gerichtsorganisation bedeutete einen Umschwung in der Stellung der Richter, dagegen blieb in Bezug auf die neuen Rechtsanwälte alles beim Alten. An eine Reform der Advokatur dachte Niemand.

Ueber die Advokatenordnung, die die beschränkteste Form in ganz Deutschland an die Hand gibt; ferner über den Ehrenrath und die Prüfungen folgen die darauf bezüglichen Gesetze. Hier aber seinoch erwähnt, dass die Vorschule der preussischen Rechtsanwälte wesentlich aus einer gerichtlichen Praxis besteht. Die Stufenleiter zur Advokatur bilden die Aemter der Auskultatoren, Referendarien und Assessoren, — dreimal und also vielgeprüfte Advokaturscandidaten. Aus den Assessoren gehen Richter Staats- und Rechtsanwälte hervor.

II. Advokaten-Ordnung.

Quelle: Allgemeine Gerichts-Ordnung für die preussischen Staaten. III. Theil. Siebenter Titel. Von dem Amte der Justiz-Kommissarien und Notarien.

§§. 1—7. Bestimmung der Justiz-Kommissarien.

§. 1. Ausser den eigentlichen Prozessen fallen im bürgerlichen Leben häufig Geschäfte vor, bey welchen, wenn sie auf eine gültige und gesetzmässige Art vollzogen werden sollen, die Unterthanen und Einwohner des Staats den Rath und die Assistenz eines Rechtsverständigen nicht entbehren können.

Da von einer ordentlichen, zuverlässigen und legalen Besorgung solcher Angelegenheiten die Sicherheit und der Wohlstand der Unterthanen grösstentheils mit abhangen; so kann es dem Staate nicht gleichgültig seyn, was für Leute zu solchen Besorgungen gebraucht werden; sondern er muss dazu Männer von geprüfter Geschicklichkeit und Rechtschaffenheit aussuchen, und dem *Publico* als solche, an die es sich in seinen Privatangelegenheiten mit Zuversicht wenden könne, bezeichnen.

§. 2. Aus diesem Grunde haben Se. Königliche Majestät resolvirt, in den verschiedenen Oertern und Gegenden von Höchstdero gesammten Provinzen, dergleichen Personen anzusetzen, welche dazu bestimmt und authorisirt sind, den Einwohnern und Unterthanen, so wohl in ihren Prozessen als Rechtsbeystände oder Bevollmächtigte zu dienen; als ihnen, in ihren keinen Prozess betreffenden Rechtsangelegenheiten, mit ihrem Rath und Beystande, auf Verlangen an die Hand zu gehen.

§. 3. Diesen Justizbedienten wird der Name von Justizkommissarien [1]) und denjenigen unter ihnen, welche zugleich die den *Notariis*

[1]) Die Justizkommissarien und Advokaten, hinsichtlich deren Anstellung für bestimmte Gerichtsbezirke es bei den bestehenden Bestimmungen verbleibt, nehmen den Amtscharakter „Rechtsanwalt" an. (Verordnung vom 2. Jänner 1849 über Organisation der Gerichte, §. 30, erster Abs.)

publicis angewiesenen Geschäfte mit besorgen sollen, die Benennung von Notarien beygelegt[2]). In sofern sich einer oder der andere unter ihnen durch treue, fleissige, und rechtschaffene, dem *Publico* geleistete Dienste besonders auszeichnen würde, behält Se. Königliche Majestät Sich vor, denselben mit dem Charakter eines Justiz-Kommissionsraths begnadigen zu lassen [3]).

§. 4. In wie fern bey Prozessen auch andere als Justizkommissarii zu Rechtsbeyständen oder Bevollmächtigten der Parteyen zugelassen werden können, ist im Ersten Theile, Tit. III. §. 14 et 22 sequ. verordnet [4]). Zu den übrigen, §. 1 benannten Geschäften sind sie dergestalt

---

2) Den bei dem Ober-Tribunal und den Appellationsgerichten künftig anzustellenden Rechtsanwalten soll in der Regel die gleichzeitige Funktion eines Notars nicht beigelegt werden. — In den Städten von 50.000 und mehr Einwohnern können besondere Notarien angestellt werden. (Verordnung vom 2. Jänner 1849 über Organisation der Gerichte, §. 30, zweiter und dritter Abs.)

3) In allen Provinzen meiner Monarchie soll künftig den mit dem Range eines Raths zu begnadigenden Justizkommissarien, Advokaten und Notarien der Titel „Justizrath" beigelegt werden. Auch die mit dem Titel „Justizkommissionsrath" begnadigten Justizkommissarien und Notarien sollen fortan in allen öffentlichen Verhandlungen als Justizräthe bezeichnet werden und den den Titular-Justizräthen im Rangsreglement vom 7. Februar 1817 ertheilten Rang haben. (Cabinets-Ordre vom 1. November 1835 Nummer 1.) Nach dem §. 6 des Rangreglements vom 7. Februar 1817 gehören die „Justizräthe" zur zweiten Klasse der Titularräthe und rangiren unmittelbar nach den wirklichen Regierungs- und Ober-Landes-Gerichtsräthen und vor den Assessoren. Das Reskript vom 27. März 1818 verfügt, dass die Justizkommissarien, wofern sie den Rang von Justizräthen nicht besitzen, im Amte nach dem jüngsten Assessor des Gerichtes, bei welchem sie praktisiren, in nicht amtlichen Beziehungen nach der Anciennetät ihrer Patente rangiren.

4) §. 14. Jede Partey, welche die Instruktion ihrer Rechtssache in Person abwartet, ist befugt, sich einen Assistenten aus der Zahl der bey dem Gericht zur Prozesspraxis zugelassenen Justizkommissarien selbst zu wählen; oder die Zuordnung eines solchen Rechtsbeystandes bey dem Richter nachzusuchen. Geschieht letzteres, so muss nach Beschaffenheit der Umstände und Wichtigkeit der Sache, entweder ein Beysitzer des Gerichts, oder ein schon hinlänglich geübter Referendarius, oder auch ein Justizkommissarius, einer solchen Partey zum Assistenten zugeordnet werden. Wenn aber eine Partey keinen Assistenten verlangt, so kann ihr derselbe wider ihren Willen niemals aufgedrungen werden. — §. 22. Wenn eine Partey die Instruction ihres Prozesses nicht abwarten kann, oder sonst... davon dispensirt ist, so muss sie aus den bey dem Gericht zur Prozesspraxis bestellten Justizkommissarien einen Bevollmächtigten wählen, und denselben mit vollständiger Information und gehöriger Vollmacht versehen. — §. 23. Kann oder will eine Partey, aus Mangel an Bekanntschaft oder andern Ursachen,

ausschliessend befugt, dass ausser ihnen, in der Regel, niemand dergleichen Geschäfte, als ein Gewerbe, treiben darf, und dass daher keine Vorstellungen und Eingaben in Sachen dieser Art, welche nicht von den

---

eine solche Wahl nicht selbst anstellen, so muss sie sich bey dem Gericht allenfalls schriftlich melden; welches ihr entweder aus der Zahl der Justizkommissarien, oder auch, nach Bewandniss der Umstände, und Beschaffenheit der Sache aus seinen Beysitzern oder Referendarien einen solchen Bevollmächtigten anweisen muss. — §. 24. Diesem Bevollmächtigten kann die Partey zwar auch andre Personen zuordnen, welche wegen der genauern, ihnen beywohnenden Kenntniss von dem Hergange der Sache und den dabey vorkommenden Umständen, dem Bevollmächtigten die nöthige Information ertheilen, oder auch mit ihm zugleich in den Terminen erscheinen, und die Instruktion abwarten. Doch liegt der Betrieb der Sache dem eigentlichen Bevollmächtigten hauptsächlich ob, und er ist dem Gerichte dafür verantwortlich. Es bedarf also auch für die ihm zugeordneten Personen keiner besondern Vollmacht. — §. 25. Diejenigen Personen, welche nach Vorschrift der Gesetze in den Angelegenheiten gewisser Personen die Vermuthung einer Vollmacht für sich haben, müssen auch in Prozessen als Bevollmächtigte solcher Personen zugelassen werden. Ist Gefahr im Verzuge vorhanden, so muss der Richter auf ihre rechtlichen Anträge verfügen, wenn sie auch noch keine Vollmacht vorlegen können; in so fern sie nur zu deren Nachbringung oder Herbeyschaffung der Genehmigung sich erbiethen. — §. 26. Andre Personen, welche mit der Partey, die sie vertreten wollen, in keinem solchen Verhältniss stehen, sind nur alsdann zuzulassen, wenn eine Gefahr im Verzuge klar erhellet, und von ihnen für die nachzubringende Genehmigung der Hauptpartey eine von dem Richter nach Beschaffenheit der Umstände festzusetzende Kaution so fort bestellt wird. — §. 28. Einem solchen Bevollmächtigten (§§. 25, 26), ingleichen den Justizkommissariis, welche sich zum Betrieb eines Prozesses ohne Vollmacht, jedoch unter dem Angelöbniss, dieselbe nachzubringen, melden, muss der Richter zu dieser Nachbringung eine nach der Nähe oder Entfernung des Aufenthalts der Partey abzumessende Frist bestimmen. — §. 29. Kann die Vollmacht nicht beygebracht, und die Genehmigung des Abwesenden für nachgewiesen nicht angenommen werden, so ist die erfolgte Verhandlung für nicht geschehen zu achten; und der angeblich Bevollmächtigte muss sowohl dem Richter, als dem Gegentheile, für alle entstehende Schäden und Kosten vollständigen Ersatz leisten. — §. 30. Eine jede Vollmacht zur Betreibung streitiger Rechtsangelegenheiten muss enthalten: 1) den Namen, Stand, Charakter des Bevollmächtigten; 2) den Namen, Stand, Charakter des Gegentheils; 3) den Gegenstand des Rechtsstreits; 4) den Auftrag, alles dasjenige vorzunehmen, was die Gerichte von einem im Namen einer abwesenden Partey erscheinenden Bevollmächtigten zu fordern berechtiget sind; 5) das Datum; 6) Die Unterschrift des Vor- und Zunamens des Ausstellers, mit Beyfügung seines Charakters. Dagegen ist die Beydrückung des Pettschafts zur Gültigkeit der Vollmacht nicht nothwendig. — §. 31. Durch eine solche Vollmacht erhält der Bevollmächtigte die Befugniss und Verbindlichkeit, die Stelle der Partey vor Gericht zu vertreten,

Parteyen selbst kundbar angefertigt, oder von recipirten Justizkommissariis unterschrieben und legalisirt sind, bey den Collegiis angenommen oder Verfügungen darauf erlassen werden sollen. Es wird dagegen aber auch dafür gesorgt werden, dass in allen Gegenden des Landes eine hinlängliche Anzahl solcher öffentlich authorisirten Personen, an die ein jeder sich in vorkommenden Fällen wenden könne, zu haben seyn möge.

§. 5. An welchen Orten Justizkommissarien, und wie viele derselben an Einem Orte zu bestellen, muss nach Erforderniss der Umstände, der Bevölkerung, des Verkehrs und Gewerbes, der häufiger oder seltener vorkommenden mehr oder minder wichtigen Prozesse, und der daraus sich ergebenden grössern oder geringern Bedürfniss des *Publici* bestimmt; dabey aber dahin gesehen werden, dass es auf der einen Seite dem *Publico* an einer hinlänglichen Auswahl solcher Männer, deren es sich in seinen Rechtsangelegenheiten bedienen könne, nicht gebrechen, auf der andern Seite aber auch durch eine zu grosse Vermehrung derselben, und der daraus entstehenden Mangel hinlänglicher Subsistenz, zur Erregung und Unterhaltung der Streitsucht unter den Einwohnern, zu Betrügereyen und Unterschleifen, und zu andern dergleichen unerlaubten Handlungen, wozu Nahrungslosigkeit und Noth mannigfaltigen Reitz enthalten, kein Anlass gegeben werde.

§. 6. In grössern Städten, wo mehrere Gerichte sind, bey welchen viele Prozesse schweben, sind die Justizkommissarii in Ansehung der Prozesspraxis unter diese Gerichte dergestalt zu vertheilen, dass einem jeden derselben eins oder etliche davon angewiesen werden, bey welchen allein er nur Prozesse, als Rechtsbeystand oder Bevollmächtigter, betreiben kann.

§. 7. Ueberhaupt ist die Prozesspraxis eines jeden Justizkommissarii auf den Ort oder Distrikt eingeschränkt, wo er dazu in seine Bestallung angesetzt worden [5]). In Ansehung seiner übrigen, auch der

---

und sich im Fortgange des Prozesses allen vorkommenden Geschäften zu unterziehen, bey welchen nicht etwa nach Vorschrift der Gesetze eine Specialvollmacht erfordert wird. — §. 37. Ausserdem müssen aber auch die Parteyen zu den für gerichtliche Verhandlungen bestimmte Vollmachten der unter öffentlicher Genehmigung gedruckten Formulare sich bedienen, und dieselben gehörig ausfüllen.

[5]) Vergl. Note [1]). — Nach Verordnung vom 21. Juli 1843 soll jeder Justizkommissarius fortan, ohne Einschränkung auf einen Gerichtsbezirk, befugt sein, Vorstellungen, Eingaben und Schriften aller Art, welche in Prozess- oder andern Rechtsangelegenheiten einem Gerichte einzureichen sind, für Andere anzufertigen und zu legalisiren. — Ist der Justizkommissarius bei dem Gericht, welchem die

Notariatgeschäfte hingegen, erstreckt sich seine Befugniss über den ganzen Gerichtsbezirk des Landes-Justizcollegii, bei welchem er bestellt ist.

§. 8. Collegia der Justizkommissarien. — Die in einem Departement bestellten Justizkommissarii stehen unter der Aufsicht und Direktion des dem Departement vorgesetzten Justizcollegii. Damit jedoch dieses sie desto zuverlässiger übersehen und in Ordnung halten könne, so sollen sie, nach Gelegenheit jedes Orts und Distrikts in gewisse Collegia zusammengezogen; und jedem dergleichen Collegio soll ein gemeinschaftlicher Director vorgesetzt werden [6].

§. 9. Von Justizkommissariis, die zugleich Notarii sind. — Die Funktion eines Justizkommissarii, und die eines Notarii dürfen nicht nothwendig mit einander verbunden seyn; vielmehr erfordert dieses letztere Amt, ausser der nöthigen Geschicklichkeit, und gewöhnlich gutem moralischem Charakter, einen vorzüglichen Grad von Erfahrung, Geschäftskenntniss, und durch mehrjährige Beobachtung geprüft erfundenen Rechtschaffenheit und Zuverlässigkeit. Es sollen daher junge Leute, von denen man sich wegen dieses letztern Erfordernisses noch nicht so überzeugend versichert halten kann, vorerst nur als Justizkommissarien angesetzt und ihnen das Notariat erst in der Folge, wenn sie sich dazu noch mehr qualificirt haben, anvertraut werden [7].

§. 10. Nebenbedienungen der Justizkommissarien. Die Justizkommissarii können zwar bey solchem ihrem Amte zugleich Nebenbedienungen übernehmen. Damit aber hieraus kein Missbrauch entstehen, die Justizkommissarii sich mit solchen Nebenarbeiten nicht zu sehr überladen und distrahiren; dadurch aber sich ausser Stand setzen mögen, dem *Publico* ihre Dienste mit der erforderlichen Applikation,

---

Schrift eingereicht werden soll, nicht angestellt, so muss derselbe ausser dem Datum und der Namensunterschrift sein Dienstsiegel beifügen. Uebrigens müssen die Schriftsätze, welche vom Rechtsanwalt bei denjenigen Gerichten, bei welchen ihm die Praxis nicht zusteht, eingereicht werden, von seinem Mandanten mit unterschrieben werden. Zum mündlichen Verfahren dagegen sind die Rechtsanwälte nach wie vor nur bei dem Gerichte berechtigt, bei welchem sie angestellt sind.

[6]) Die Collegia der Justizkommissarien, von welchen die §§. 90—115 des gegenwärtigen siebenten Titels ausführlich handeln, sind niemals ins Leben getreten. Eine collegialische Wirksamkeit der Rechtsanwälte tritt nur innerhalb der Grenzen der Verordnung vom 30. April 1847 über Bildung des **Ehrenrathes**, dessen zum Schluss der Geschichte der preussischen Advokatur (S. 5) bereits erwähnt wurde, ein.

[7]) Vergl. Note [2]).

Genauigkeit und Promptitüde zu leisten, so sollen sie ohne Vorwissen und Genehmigung des Landes-Justizcollegii, dergleichen Nebenbedienungen anzunehmen, nicht berechtigt seyn.

§. 11. Damit auch sowohl das *Publicum* wissen möge: in welchen Vorfallenheiten und Geschäften es sich an die Justizkommissarios zu verwenden habe; als auch diese selbst von den Obliegenheiten ihres Amtes und von den Schranken desselben sich richtige und vollständige Begriffe bilden können; so soll im gegenwärtigen Titel näher gehandelt werden:

I) von Ansetzung und Bestellung der Justizkommissarien;

II) von ihren Verrichtungen und Pflichten;

III) von der Einrichtung und Verfassung ihrer Collegiorum.

Erster Abschnitt.

Von Ansetzung und Bestellung der Justizkommissarien und Notarien.

§§. 12 und 13. Erfordernisse.

§. 12. Es soll niemand zu einem Justizkommissario bestellt werden, der nicht zuvor eine Zeitlang bey einem Justizcollegio als Referendarius gestanden; unverdächtige Proben von Geschicklichkeit und Betriebsamkeit abgelegt; und sich übrigens jeder Zeit eines stillen, regelmässigen, und durchaus rechtschaffenen Verhaltens beflissen hat.

§. 13. Wer dergleichen Amt erlangen will, muss sich bey dem Landes-Justizcollegio des Departements darum melden, und sich, auf Erfordern, einer nochmaligen Prüfung, oder doch der Anfertigung gewisser Probearbeiten über Materien, die sich auf die Notariatsfunktion näher beziehen, unterwerfen [8]).

---

[8]) Rechtsanwälte müssen die Qualifikation der Mitglieder des Gerichts, bei welchem sie angestellt sein wollen, besitzen. (Verordnung vom 2. Jänner 1849, über Organisation der Gerichte §. 37.) Zur Bekleidung jeder Richter- und Staatsanwaltsstelle ist die Ablegung der dritten Prüfung erforderlich. (Gesetz vom 21. April 1851, betr. die Zusätze zur Verordnung vom 2. Jänner 1849. Art. XV.) Niemand kann eine etatsmässige Richterstelle bei dem Obertribunal bekleiden, welcher nicht mindestens vier Jahre als Richter oder Ober-Staatsanwalt bei einem Appellationsgerichte fungirt hat, und Niemand kann etatsmässiges Mitglied eines Apellationsgerichtes werden, welcher nicht mindestens vier Jahre bisher bei einem Obergerichte und künftig bei einem Kreis- oder Stadtgerichte als Richter oder definitiv als Staatsanwalt angestellt gewesen ist. (Verordnung vom 2. Jänner 1849 über Organisation der Gerichte §. 37.)

§. 14. Prüfung. — Bei dieser Prüfung sollen die Competenten über die nach dem folgenden Abschnitte zu ihrem Amte gehörigen Verrichtungen, insonderheit über die Lehre von Contrakten und Testamenten, deren wesentlichen und zufälligen Stücken, den darin vorkommenden Clauseln und deren Wirkungen; ingleichen über die Lehre von Hypotheken und deren Erfordernissen, die Verfassung des Hypothekenwesens, und die Art, wie die dahin einschlagenden Geschäfte nach Vorschrift der Landesgesetze zu betreiben; wie nicht weniger über andere in die Notariatsgeschäfte einschlagende Materien, examinirt; sodann ihnen von den Examinatoren Fälle, worüber Contrakte oder Testamente zu errichten sind, vorgelegt; und darnach von ihnen, in Gegenwart der Examinatoren ein Protokoll, nachher aber ein Instrument entworfen; überhaupt aber bey diesem *Examine*, auf die dem Candidaten beywohnende Akkuratesse und Ueberlegung, so wie auf Ordnung und Deutlichkeit des Vortrags, Rücksicht genommen werden [9]).

§. 15 und 16. Bestellung.

§. 15. Wenn nun ein solcher Competent bey der vorgenommenen Prüfung zu dem Amte eines Justizkommissarii tauglich befunden worden, so soll das Collegium wegen seiner Bestellung dazu an den Chef der Justiz berichten [10]).

§. 16. Die Justizkommissarii und Justiz-Kommissionsräthe erhalten ihr Patent unter dessen Vollziehung und müssen zugleich, wenn sie auch zu Notariatsgeschäften authorisirt seyn sollen, bey dem Collegio, in dessen Departement sie angesetzt worden, als *Notarii publici* ordentlich immatriculirt werden.

Zweiter Abschnitt.

Von den Verrichtungen der Justizkommissarien und ihren Pflichten.

§. 17. Die Verrichtungen der Justizkommissarien sind von dreifacher Art:

I. dass sie den Parteyen in ihren rechtlichen Angelegenheiten, auf Verlangen, mit Rath und Gutachten an die Hand gehen;

---

9) Vergl. unter IV. das durch das Circul.-Rescript vom 10. Dezember 1840 festgestellte Regulativ über die Prüfung und Vorbereitung der Auskultatoren und Referendarien.

10) Nach §. 36 der Verordnung vom 2. Jänner 1849 werden die Rechtsanwälte im Namen des Königs durch den Justizminister ernannt.

II. dass sie von denselben in dergleichen Geschäften, besonders wenn dieselben gerichtlich vollzogen werden sollen, Aufträge und Vollmachten übernehmen;

III. dass sie in wirklichen Prozessen die Angelegenheiten der Parteyen als deren Rechtsbeystände oder Bevollmächtigte besorgen;

IV. dass sie als *Notarii* Contrakte und andere Instrumente errichten und unter den Parteyen vollziehen, welche den Glauben und die Kraft öffentlicher Urkunden haben sollen.

§§. 18—26. Allgemeine Obliegenheiten.

§. 18. Die Justizkommissarien haben bey diesen Verrichtungen theils gewisse allgemeine, theils bey den verschiedenen Arten derselben gewisse besondere Pflichten und Obliegenheiten zu beobachten.

§. 19. Zu ihren allgemeinen Pflichten gehört:

1) eine genaue und sorgfältige Beobachtung der Gesetze überhaupt;

2) eine strenge und gewissenhafte Redlichkeit;

3) eine unverdrossene Bereitwilligkeit, dem *Publico* mit ihrem Amte zu Statten zu kommen.

§§. 20—22. Gesetzmässigkeit.

§. 20. In Ansehung der ersten Hauptpflicht sind die Justizkommissarii schuldig, sich die Vorschriften der Gesetze sorgfältig bekannt zu machen, und dieselben bey allen ihren Amtsverrichtungen beständig vor Augen zu haben.

§. 21. Sollte daher ein Justizkommissarius etwas vornehmen und insonderheit bey Gerichten nachsuchen oder antragen, was den klaren Vorschriften der Gesetze zuwider wäre, so soll er deshalb mit einer proportionirlichen Geldstrafe belegt; im Wiederholungsfalle aber, auf seine Entlassung angetragen werden.

§. 22. Wenn ein Justizkommissarius in seinen Amtsgeschäften, es sey aus Unwissenheit, oder aus Leichtsinn und Fahrlässigkeit, solche Fehler begeht, woraus Nullitäten in den von ihm vollzogenen Handlungen, oder irgend ein anderer Nachtheil für die Parteyen, welche sich und ihr Interesse ihm anvertraut haben, entsteht; so soll derselbe nicht nur schuldig seyn, allen solchergestalt verursachten Schaden zu erstatten; sondern es soll auch, bey einem daraus sich veroffenbarenden höheren Grade von Unwissenheit, Faulheit, oder Nachlässigkeit, darauf, dass er seines Amtes, als dazu untüchtig, entsetzt werde, gehörigen Orts der Antrag geschehen.

§§. 23 und 24. Redlichkeit.

§. 23. Die gewissenhafte Redlichkeit, deren sich ein Justizkommissarius in allen seinen Geschäften befleissigen muss, verbindet denselben das Interesse derjenigen Partey, die ihn zu ihrem Consulenten oder Bevollmächtigten erwählt hat, treu und eifrig wahrzunehmen [11]).

§. 24. Vergehungen wider diese Hauptpflicht, müssen um so strenger und nachdrücklicher geahndet werden, je nothwendiger es ist, den Bürgern des Staats, die sich in ihren wichtigsten und geheimsten Angelegenheiten der Redlichkeit und Sorgfalt dieser Justizkommissarien anvertrauen sollen, dabey Sicherheit und Zuverlässigkeit zu verschaffen. Wenn daher nur irgend ein Verdacht eines hinterlistigen, betrügerischen, oder sonst unlautern Betragens gegen einen Justizkommissarium sich hervorthut; so muss das Gericht dem Grunde desselben von Amtswegen sofort näher nachforschen; die Verantwortung des Verdächtigen erfordern; den Vorfall, welcher zu dergleichen Argwohn Anlass gegeben hat, genau und sorgfältig, doch ohne die Förmlichkeiten eines Inquisitionsprozesses, untersuchen; und von dem Befunde, mit Beyschluss der darüber aufgenommenen Protokolle, an den Chef der Justiz gutachtlich berichten; welcher letztere sodann, nach Bewandniss der Umstände, bestimmen wird, wie dergleichen Vergehen bestraft, und ob der beschuldigte Justizkommissarius seines Amts, als dessen unwürdig, sofort entsetzt; oder ob gegen ihn, wenn die Sache sich nach Vorschrift des allgemeinen Landrechts Theil II. Titel XX. §. 1334 zu einer noch härteren Bestrafung qualificirt, der förmliche Inquisitionsprozess verhängt, unter dessen aber er von seinen Funktionen suspendirt werden solle [12]).

§. 25 und 26. Bereitwilligkeit.

§. 25. Vermöge der den Justizkommissariis, als ihre dritte Pflicht obliegenden Bereitwilligkeit, dem *Publico* mit ihrem Amte zu dienen, müssen dieselben jedermänniglich, welcher sich an sie wendet, damit auf eine gesetzliche Art zu statten kommen; und ihre Assistenz aus blosser Bequemlichkeit, Menschenfurcht, oder andere Nebenrücksichten, niemanden versagen.

---

[11]) Ein Rechtsanwalt kann nicht gezwungen werden, über das, was ihm in seiner Eigenschaft als Rechtsanwalt von seinem Clienten, namentlich als Vertheidiger vom Angeklagten, anvertraut worden ist, Zeugniss abzulegen. (J. M. Bl. 1853. Seite 353.)

[12]) Vergl. unter III. die Bestimmungen über den Ehrenrath.

Eben dies sind sie auch gegen arme Parteyen unentgeltlich zu thun verbunden, wenn sich diese an sie wenden[13]), oder von den Gerichten oder dem Direktor, an sie verwiesen werden.

§. 26. Nur in folgenden Fällen sind sie nicht befugt, sondern auch schuldig, die Parteyen abzuweisen und sich mit den Angelegenheiten derselben nicht zu befassen:

a) Wenn Parteyen die Assistenz und den Dienst eines Justizkommissarii zu einer widerrechtlichen, betrüglichen, und auf die Verkürzung eines von ihnen, oder auch eines Dritten, abzielenden Handlung begehren sollten.

Anmuthungen dieser Art müssen die Justizkommissarii nicht nur standhaft abweisen; sondern auch den Requirenten das Unerlaubte und Strafbare ihres Vorhabens nachdrücklich vorbehalten; übrigens aber von einem dergleichen Vorfalle dem Direktor ihres Collegii unverzüglich Anzeige machen; welcher alsdann die übrigen Justizkommissarios davon sofort benachrichtigen, und sie warnen muss, sich mit dergleichen Parteyen in einer solchen Sache durchaus nicht einzulassen.

b) Wenn, in Prozessen, der Justizkommissarius von dem Ungrunde der Forderung oder Weigerung einer an ihn sich wendenden Partey überzeugt ist, so muss er eine solche Sache gegen seine eigene Einsicht und Ueberzeugung nicht übernehmen; vielmehr eine solche Partey durch Vorstellungen und Belehrungen, vom ungegründeten oder wohl gar strafbaren Prozessiren abzuhalten suchen. Nur wenn das vorgesetzte Collegium ihn einer Partey zum Beistande oder Bevollmächtigten zuordnet, muss er die Vertretung derselben übernehmen; und wenn er sie von der Unstatthaftigkeit ihres Anspruchs, oder ihrer Einwendungen nicht überzeugen kann, von den zu deren Unterstützung ihm an die Hand gegebenen Gründen treulich Gebrauch machen.

c) Wenn ein Justizkommissarius mit Amtsgeschäften dergestalt überladen ist, dass er neue Requisitionen und Aufträge mit der erforderlichen Sorgfalt, Attention, und Bedachtsamkeit, nicht würde befolgen, noch ausrichten können; so muss er sich durch den Eigennutz nicht verleiten lassen, mehr Geschäfte, als er bestreiten kann, zu übernehmen, sondern er muss dergleichen Parteyen an andere seiner Collegen verweisen, und soll, wenn er in einer Sache etwas versieht oder vernach-

[13]) Die von einem unvermögenden Angeklagten ihm angetragene Vertheidigung ist der Rechtsanwalt abzulehnen berechtigt. (Reskript vom 5. Mai 1851. J. M. Bl. 1851. S. 215.)

lässigt, der Vorwand überhäufter Arbeiten ihm niemals zu einer Entschuldigung dienen.

d) Wenn ein Geschäfte zwischen zwey Parteyen abzuthun ist, welche dabey ein gegeneinander laufendes Interesse haben; und es hat ein Justizkommissarius sich mit der einen Partey, als ihr Consulent oder Bevollmächtigter, bereits vorhin eingelassen; so muss er, wenn der Gegentheil sich an ihn wendet, und die Sache einen Prozess betrift, darin von diesem Gegentheile keinen Auftrag annehmen, noch demselben mit seinem Rathe und Gutachten beystehen; am allerwenigsten aber von den Nachrichten und Geheimnissen, die ihm etwa vorhin von dem andern Theile anvertraut worden, zu dessen Schaden, bey Strafe der Prävarikation, irgend einen Gebrauch machen.

Soll in einer andern Angelegenheit, worin der Justizkommissarius dem einen Interessenten vorher beyräthig gewesen ist, eine Notariatshandlung von ihm vorgenommen werden; so muss er dies Verhältniss dem andern Interessenten ohne Rückhalt eröffnen. Findet dieser dennoch keinen Anstand dabey, die Handlung durch ihn vollziehen zu lassen, so kann er dieselbe zwar unbedenklich vornehmen. Er muss aber dabey, sobald er als Notarius handelt, die Rechte beyder Theile mit gleicher Sorgfalt wahrnehmen, und, bei Strafe der Cassation, sich nicht dazu gebrauchen lassen, den einen Theil zu Gunsten des anderen zu übervortheilen.

Noch weniger ist es für eine Prävarikation zu achten, wenn Parteyen in einer solchen Angelegenheit mit gutem Vorbedacht und Ueberlegung, sich an ein und eben denselben Justizkommissarium wenden und ihn um die Vollziehung eines *Actus* gemeinschaftlich requiriren, oder wenn sie auf denselben als ihren Schiedsrichter comprimittiren, in welchem letzteren Falle derselbe die Obliegenheiten eines solchen Schiedsrichters genau beobachten muss. Uebrigens versteht es sich von selbst, dass in Fällen, wo Justizbediente überhaupt wegen naher Verwandtschaft oder bei der Sache habendem Interesse, sich ihres Amtes zu enthalten schuldig sind, auch ein Justizkommissarius sich keiner Notariatsverrichtungen anmassen dürfe.

§. 27—89. Besondere Pflichten der Justizkommissarien.

§. 27. Bisher ist von den Verrichtungen und Pflichten der Justizkommissarien überhaupt gehandelt worden. Nunmehr sollen die verschiedenen Arten ihrer Geschäfte und ihre besonderen Obliegenheiten bei jedem derselben näher bestimmt werden.

I. Als Consulenten. — I) Als Consulenten der Parteyen sind sie berechtigt, denjenigen, welche sich an sie wenden, in allen Arten von aussergerichtlichen Angelegenheiten, mit ihrer Rechtswissenschaft und Rathschlägen an die Hand zu gehen. Sie müssen aber ihren Rath und Guthaben nicht eher, als nach eingezogener vollkommener Kenntniss der Sache, und nach reiflicher Erwägung aller dabey vorkommenden Umstände ertheilen; und sich sorgfältig hüten: dass sie dadurch die Parteyen nicht irre führen; noch zum unnöthigen, oder ungegründeten Prozessiren verleiten; den Frieden und die Eintracht der Familien nicht stöhren; noch irgend eine gesetzwidrige Handlung dadurch veranlassen, oder begünstigen.

§§. 28—38. II. Als Bevollmächtigte.

§. 28. II) Das zweyte Hauptgeschäft der Justizkommissarien besteht darin, dass sie den Parteyen in allen ihren rechtlichen Angelegenheiten, welche keinen Prozess betreffen, sie mögen nun ihrer Natur und Vorschriften nach, eine gerichtliche Verhandlung, oder nach der Intention der Parteyen, mehrerer Sicherheit und Festigkeit halber, solchergestalt vollzogen werden, die Parteyen vertreten, und als Bevollmächtigte derselben erscheinen.

§. 29. Zu solchen Angelegenheiten gehören vornehmlich:

1) Der Betrieb der Exekution eines rechtskräftigen Urtels, auch wenn die Instruktion des Prozesses ohne Zuziehung eines Justizkommissarii erfolgt ist.

2) Das Amt eines *Curatoris bonorum.*

3) Die Besorgung der Deposital-Angelegenheiten, wobey Privatparteyen interessiren, z. E. Annehmungs- und Auszahlungsgesuche, Einbringung der Gelder in das gerichtliche Depositum, deren Erhebung u. s. w.

4) Ueberhaupt alle und jede Angelegenheiten und Geschäfte, wo ausser wirklichen Prozessen, bey Gerichten etwas anzuzeigen, nachzusuchen oder zu besorgen ist.

§. 30. In allen vorstehenden Fällen müssen die Parteyen sich der Assistenz der bey dem Gerichte angesetzten und recipirten Justizkommissarien schlechterdings bedienen, und können dazu keine andere Personen, als welche selbst in einem Prozesse nach der Vorschrift des ersten Theils Tit. III §. 25 und 26 nicht auszuschliessen seyen würden, admittirt werden. Nur allein in den unter Nr. 3 bemerkten Deposital-Angelegenheiten, soll den Interessenten frey stehen, zur Ablieferung oder Erhebung der Gelder auch jemand andern zu bevollmächtigen.

§. 31. Uebrigens müssen die Justizkommissarien sich bey allen diesen Geschäften hauptsächlich nach den Gesetzen, und nach den oben ihnen allgemein vorgeschriebenen Pflichten; hiernächst aber nach dem Auftrage und der Intention ihrer Mandanten lediglich achten; auch alle Ueberschreitung der Gränzen ihrer Vollmacht und Instruktion sorgfältig vermeiden.

§. 32. Hauptsächlich aber gehören zu den Verrichtungen der Justizkommissarien, in sofern sie Bevollmächtigte der Parteyen sind:

6) Die Besorgung aller und jeder Handlungen der nicht streitigen Gerichtsbarkeit, sie mögen nun das Hypothekenwesen, oder andere Geschäfte der Bürger und Einwohner des Staats betreffen; in sofern dergleichen Actus nicht zum Prozesse gehören, gleichwohl aber, entweder nach gesetzlichen Vorschriften, oder nach dem Entschlusse und der Verabredung der Interessenten, gerichtlich vollzogen werden sollen.

§. 33. In beyderley Angelegenheiten können die Justizkommissarien nach einem doppelten Verhältniss mitwirken, nehmlich:

1) in sofern sie die dazu gehörige Contrakte und Instrumente aufnehmen und verfertigen;

2) in sofern sie dieselben gerichtlich einreichen und vollziehen.

§. 34. Was die Justizkommissarien in beyderley Verhältnissen zu beobachten haben, wird ihnen unten umständlich vorgeschrieben; hier aber nur allgemein verordnet: dass sie, so wie in allen übrigen in der Qualität von Bevollmächtigten ihnen obliegenden Geschäften, also auch in diesem, die Vorschriften der Gesetze, und hiernächst den Inhalt der ihnen aufgetragenen Vollmacht, zur Richtschnur ihres Verhaltens nehmen müssen.

§. 35. Zu solchen §. 32 beschriebenen Verhandlungen können gleichergestalt keine andere, als approbirte, und bey dem Gericht aufgenommene Justizkommissarien zugelassen werden; weil nur sie allein von dem Gericht übersehen werden können; wegen ihrer Fähigkeit und Geschicklichkeit dazu sich vorschriftsmässig legitimirt haben; und für die Richtigkeit und Legalität einer solchen Handlung, so weit als sie daran Theil nehmen, mit haften müssen.

§. 36. Ferner hönnen

7) die Justizkommissarien auch als *Curatores* der Abwesenden, ingleichen als *Curatores in litem* bey vorkommenden Fällen gebraucht werden: wo sie sodann die mit diesen Funktionen, nach den Gesetzen und der Vormundschaftordnung, verbundenen Pflichten, sorgfältig wahrzunehmen haben.

§. 37. Eben so steht es

8) majorennen Erben frey, wenn dieselben von einem ihnen zugefallenen Nachlasse ein ordentliches Inventarium aufnehmen lassen wollen, sich dazu der Assistenz eines Justizkommissarii zu bedienen. Dergleichen Inventarium hat jedoch keine mehrere Kraft und Wirkung als jede aussergerichtliche Privatspecifikation; und in sofern solchem die Effekte eines gerichtlichen Inventarii beywohnen sollen, müssen die Vorschriften des folgenden §. 107 beobachtet werden.

§. 38. Endlich

9) kann jeder, welcher ein Testament, oder andere letztwillige Disposition errichten will, selbige durch einen Justizkommissarium aufsetzen lassen, der dabey die gehörige Beobachtung der in den Gesetzen vorgeschriebenen Erfordernisse einer solchen Disposition pflichtmässig wahrzunehmen hat. Es versteht sich jedoch von selbst, dass eine dergleichen Disposition durch die blosse Zuziehung eines Justizkommissarii noch nicht die volle äussere Rechtsbeständigkeit erhalte; sondern es müssen zu solchem Ende auch die übrigen in den Gesetzen bestimmten Erfordernisse beobachtet werden.

§§. 39—44. III. Als Bevollmächtigte und Assistenten in Prozessen.

§. 39. III) Der dritte Haupttheil der den Justizkommissariis beygelegten Geschäfte betrift die Vertretung der Parteyen in wirklichen Prozessen, als Rechtsbeystände oder Bevollmächtigte derselben.

§. 40. In diesem Verhältnisse liegt den Justizkommissariis überhaupt ob, die Rechte ihrer Parteyen mit Treue, Sorgfalt und unermüdeter Aufmerksamkeit wahrzunehmen; sich davon durch keine Menschenfurcht oder andere Nebenrücksichten abhalten zu lassen; besonders den Deputirten des Gerichts bey den Instruktionen fleissig zu controlliren; dagegen aber auch weder selbst die Wahrheit zu verdrehen, oder zu verdunkeln, noch dazu ihren Parteyen zu rathen, oder sie darin zu bestärken; vielmehr diese, wenn sie sich wissentlicher Behauptungen von Unwahrheiten oder des frevelhaften Leugnens verdächtig machen, an die gesetzlichen Strafen ernstlich zu erinnern, und gegen die Verwürkung derselben zu warnen.

§. 41. Wegen ihrer besondern Obliegenheiten in Rücksicht der einzureichenden Informationen, bey der Instruktion selbst, bei Anfertigung der Deduktionen, Einwendung und Ausführung der Rechtsmittel etc. sind die nöthigen Vorschriften im Ersten Theile dieser Gerichtsordnung, vornämlich Tit. III. §§. 15—20, [a]) §§. 71—77. [b]) Tit V. §§. 1—11, [c]) §§. 16—19. [d]) Tit. VIII. §§. 28, 29, 36. [e]) Tit. IX. §§. 1—12, [f]) §§. 15, 16 [g]) ingleichen Tit. X. §§. 12—15 [h]) enthalten [14]).

§. 42. Ebendaselbst sind die Obliegenheiten des Richters, wegen der bey den Instruktionen über die Justizkommissarien zu führenden Aufsicht, und die Mittel, welche ihm die Gesetze verleihen, den durch Schuld derselben entstehenden Umzügen und Verzögerungen vorzubeugen, oder dieselben zu ahnden, näher bestimmt. Zu diesen Mitteln gehören vornehmlich Ordnungsstrafen von 2, 5—20 Rthlr. und Einlegung des *Exekutors*. Wenn aber ein Justizkommissarius es zur Gewohnheit bey sich werden lässt, bey Einziehung der Information leichtsinnig, flüchtig, ohne Umsicht und Ueberlegung zu verfahren; saumselig und nachlässig darin zu seyn, unvorbereitet in den Terminen zu erscheinen; durch verschuldete Unvollständigkeit der Instruktionen zu Prorogationsgesuchen und Unterbrechungen der Instruktion Anlass zu geben; die zur Einreichung der Schriften und Deduktionen bestimmten Fristen zu verabsäumen, und dadurch den Prozess zu verzögern, oder das Interesse seiner Parteyen zu vernachlässigen; Und wenn er solcher Fehler und Vergehungen wegen, schon dreymal mit den gewöhnlichen Ordnungsstrafen belegt worden; So muss der Vorgesetzte des Gerichts, mit Zuziehung eines Raths, ihn deswegen zum Protokolle zur Verantwortung ziehn; ihm die aktenmässigen Fälle solcher Pflichvernachlässigungen vorhalten; ihn vernehmen, was er dabey noch zu seiner Entschuldigung oder Rechtfertigung anführen zu können vermeyne; alsdann die Sache im Collegio vortragen; und die weitere Verfügung des Chefs der Justiz darüber mit Beylegung des Protokolls, allenfalls auch der darin in Bezug genommenen Akten nachsuchen. Dieser muss alsdann, wenn er findet, dass bei einem solchen untauglichen oder nachlässigen Subjekte keine wahrscheinliche Hoffnung der Besserung von der fernern

---

[14]) Diese Titel handeln a) von den Pflichten der Assistenten; b) von den Pflichten und Verhältnissen der Bevollmächtigten; c) von Aufnehmung der Klage selbst und was dabey zu beobachten: (Diese Parthie enthält eine umständliche Darstellung dessen, was Alles bei Informationen den Klägern abgefragt werden müsse); d) von der Einrichtung der schriftlichen Klage; e) von Prorogationsgesuchen der Justizkommissarien; f) von der Information der Beklagten; g) vom Inhalt der Beantwortung; h) von der Pflicht der Justizkommissarien so informirt zu sein, dass keine Unterbrechung der Instruktion, bey Strafe der Verzögerung, eintrete.

Prozesspraxis ausschliessen, und auf die übrigen Geschäfte des Justizkommissariats einschränken [15]).

§. 43. Ausser der Haltung richtiger und vollständiger Manualakten [16]) müssen die Justizkommissarii auch eine fleissige Correspondenz mit ihren abwesenden Parteyen unterhalten, und dieselben über die Lage ihres Prozesses von Zeit zu Zeit benachrichtigen, damit besonders misstrauische und ängstliche Parteyen, durch Mangel an Nachricht, zu unnützen Behelligungen der Gerichte, der höheren Behörden, oder gar der Königlichen Allerhöchsten Person, nicht verleitet werden mögen.

§. 44. Da den Justizkommissariis die vollständige Prozesspraxis wiederum eingeräumt ist, so können sie sich nicht entbrechen, an Oertern, wo keine besoldeten Armen-Assistenten vorhanden sind, auch unvermögenden Parteyen, nach einer unter ihnen festzusetzenden Reihe, als Rechtsbeystände und Bevollmächtigte zu dienen; wie ihnen denn auch in gleicher Art die Uebernehmung der Defensionen für unvermögende Inquisiten, nach näherer Bestimmung der Criminalordnung obliegt [17]).

---

[15]) Ein Untergericht ist befugt, dem bei demselben praktisirenden Justizkommissarius sein gesetzwidriges Benehmen vorzuhalten, und ihn auf die Folgen desselben aufmerksam zu machen (Reskr. v. 5. Nov. 1830); desgleichen ihn in Ordnungsstrafen zu nehmen (Reskr. v. 16. Dez. 1831). Wohnt der Justizkommissarius nicht im Sprengel des die Ordnungsstrafe verhängenden Gerichts, so muss die Gerichtsbehörde des Domizils um Vollstreckung der Exekution requirirt werden (Reskr. v. 6. Jänner 1834). Die Verwandlung der Ordnungsstrafe in Gefängnissstrafe ist nicht zulässig; ist die Besserung nicht zu bewirken, so muss die Entfernung aus dem Dienste erfolgen (Reskr. v. 3. Okt. 1831). Auch die Einlegung des Exekutors findet in Disziplinarsachen nicht statt. (Reskr. v. 18. Dez. 1835).

[16]) Die Justizkommissarien müssen Rechnungsbücher und vollständige Repertorien aller Manual-Akten bei Vermeidung einer Ordnungsstrafe von 10 Thl. halten (Reskr. v. 29. Dec. 1828). Das Rechnungsbuch soll die baaren Gelder und Curs habenden Papiere nachweisen. Die Ausdehnung derselben auf Hypotheken- und Schuld-Instrumente erscheint nicht nothwendig, da mit diesen Dokumenten kein Missbrauch zu besorgen steht (Reskr. v. 28. Juni 1831). Das Reskr. v. 14. Juni 1839 erhält die Instruktion, wie die Revision der Rechnungsbücher geschehen soll.

[17]) Die nächstfolgenden §§. 45—89 handeln von der Eigenschaft der Justizkommissarien als Notarien. Diese Erörterung gehört nicht in den Plan dieses Werkes, das nur der Darstellung der Advokatur gewidmet ist. — Ebenso konnten die §§. 90—115, welche von den Collegiis der Justizkommissarien han-

§. 116 und 117. Gebühren der Justizkommissarien.

§. 116. Die Gebühren, welche die Justizkommissarii als Bevollmächtigte oder Rechtsbeystände der Parteyen, und in der Qualität von Notarien erhalten sollen, sind in der ihnen vorgeschriebenen Sportultaxe festgesetzt.

Nach dieser müssen sich dieselben schlechterdings achten, und unter keinerley Vorwande, bey Strafe zehnfachen Ersatzes, oder im Wiederholungsfall, bey Vermeidung der Cassation, den Parteyen ein mehreres abfordern [18].

§. 117. Insofern hingegen die Justizkommissarii den Parteyen blos als Consulenten, in andern, als wirklich schwebenden Prozessangelegenheiten assistiren, oder bey Privatgerichtsherrn Justitiarate besorgen, lässt sich die ihnen dafür zukommende Belohnung nach keinem gewissen Satze bestimmen; sondern es kommt lediglich darauf an, wie sie sich deshalb mit den Parteyen oder Committenten vereinigen.

III. Ehrenrath.

Quelle: Verordnung vom 30. April 1847, wegen Bildung eines Ehrenrathes unter den Justizkommissarien, Advokaten und Notarien [19].

§. 1. Bei jedem Landes-Justizkollegium soll aus der Mitte der Justizkommissarien, Advokaten und Notarien, welche im Bezirke des-

---

deln, nicht berücksichtigt werden, weil die Collegien niemals ins Leben traten (Rönne. a. a. O. III. Bd. S. 629).

[18]) Der Ansatz und die Erhebung der Gebühren ist geregelt in Betreff der Rechtsanwalte durch das Ges. v. 12. Mai 1851 (G. S. 1851, S. 656). Ueber die Bestrafung der Erhebung zu hoher Gebühren verfügt der §. 326 St. Gb. v. 14. Apr. 1851 (G. S. 1851 S. 167) wie folgt: „Ein Beamter, welcher Gebühren oder Vergütungen für amtliche Verrichtungen zu seinem Vortheile zu erheben hat, wird, wenn er Gebühren oder Vergütungen erhebt oder zu erheben versucht, von denen er weiss, dass die Zahlenden sie gar nicht oder nur im geringerem Betrage verschulden, mit Geldbusse bis zu Einhundert Thalern oder mit Gefängniss bis zu einem Jahre bestraft; es kann zugleich auf zeitige Unfähigkeit zu öffentlichen Aemtern erkannt werden.“

[19]) Diese Verordnung ging aus Gutachten hervor, welche das Justizministerium auf Grund der Kab. Ordre v. 12. Juli 1841 von den Landes-Justiz-Kollegien und von dem Advokatenstande erforderte.

selben angestellt sind, ein Ehrenrath von sechs bis zehn Mitgliedern, einschliesslich des Vorsitzenden, gebildet werden [20]).

§. 2. Der Ehrenrath, welcher sein Amt unentgeltlich verwaltet, ist befugt und verpflichtet, über die Erfüllung der besonderen Amtspflichten, sowie derjenigen Pflichten seiner Standesgenossen zu wachen, welche durch Ehrenhaftigkeit, Redlichkeit und Anstand bedingt werden. Insbesondere tritt derselbe bei allen Vergehen der Justizkommissarien, Advokaten und Notarien, welche nach dem Ges. v. 29. März 1844 im Disziplinarwege zu ahnden sind, an die Stelle der in jenem Gesetze angeordneten Disziplinarbehörde mit den dieser zustehenden Rechten [21]).

[20]) Durch Ges. v. 26. März 1856 §. 4, wurde ein Ehrenrath auch für die Rechtsanwalte bei dem Ober-Tribunal eingeführt. Die nach dem Ges. v. 30. April 1847 den Landes-Justizkollegien zustehenden Befugnisse werden von dem Ober-Tribunal, die Verrichtungen der Staatsanwaltschaft von dem General-Staatsanwalt wahrgenommen. — Der aus den Rechtsanwalten bei dem Obertribunal zu bildende Ehrenrath soll aus fünf Mitgliedern, einschliesslich des Vorsitzenden, bestehen, von welchen nach Ablauf von je zwei Jahren zwei, beziehentlich eines, ausscheiden. Die Zahl der zu wählenden Stellvertreter wird auf zwei bestimmt.

[21]) Das Gesez vom 21. Juli 1852, betreffend die Dienstvergehen der nicht richterlichen Beamten, welches an die Stelle des Ges. v. 29. März 1844 getreten ist, enthält in den §§. 66—77 mehrfache Abänderungen der Vdg. v. 30. Apr. 1847 wegen Bildung eines Ehrenrathes. Diese Bestimmungen lauten: §§. 66. Auf die Advokaten, Rechtsanwalte und Notarien finden nur die Bestimmungen der §§. 2—7 und der §§. 48—50 dieses Gesetzes Anwendung. Im Uebrigen gelten die nachstehenden Vorschriften (§§. 67—77). — [§. 2. Ein Beamter, welcher 1) die Pflichten verletzt, die ihm sein Amt auferlegt, oder 2) sich durch sein Verhalten in und ausser dem Amte, des Ansehens oder Vertrauens, die sein Beruf erfordert, unwürdig zeigt, unterliegt den Vorschriften dieses Gesetzes. — §. 3. Ist eine der unter §. 2 fallenden Handlungen (Dienstvergehen) zugleich in den gemeinen Strafgesetzen vorgesehen, so können die durch dieselben angedrohten Strafen nur auf Grund des gewöhnlichen Strafverfahrens von denjenigen Gerichten ausgesprochen werden, welche für die gewöhnlichen Strafsachen zuständig sind. — §. 4. Im Laufe einer gerichtlichen Untersuchung darf gegen den Angeschuldigten ein Disziplinarverfahren wegen der nämlichen Thatsachen nicht eingeleitet werden. — Wenn im Laufe eines Disziplinarverfahrens wegen der nämlichen Thatsachen eine gerichtliche Untersuchung gegen den Angeschuldigten eröffnet wird, so muss das Disziplinarverfahren bis zur rechtskräftigen Erledigung des gerichtlichen Verfahrens ausgesetzt werden. — §. 5. Wenn von den gewöhnlichen Strafgerichten auf Freisprechung erkannt ist, so findet wegen derjenigen Thatsachen, welche in der gerichtlichen Untersuchung zur Erörterung gekommen sind, ein Disziplinarverfahren nur noch insofern statt, als dieselben an sich und ohne ihre Be-

§. 3. In der Befugniss der Gerichte: in den bei ihnen schwebenden Rechtsangelegenheiten die Justizkommissarien, Advokaten und

---

ziehung zu dem gesetzlichen Thatbestande der Uebertretung, des Vergehens oder Verbrechens, welche den Gegenstand der Untersuchung bildeten, ein Dienstvergehen enthalten. — Ist in einer gerichtlichen Untersuchung eine Verurtheilung ergangen, welche den Verlust des Amtes nicht zur Folge gehabt hat, so bleibt derjenigen Behörde, welche über die Einleitung des Disziplinarverfahrens zu verfügen hat, die Entscheidung darüber vorbehalten, ob ausserdem ein Disziplinarverfahren einzuleiten oder fortzusetzen sei. — §. 6. Spricht das Gesetz bei Dienstvergehen, welche Gegenstand eines Disziplinarverfahrens werden, die Verpflichtung zur Wiedererstattung oder zum Schadenersatze, oder eine sonstige civilrechtliche Verpflichtung aus, so gehört die Klage der Betheiligten vor das Civilgericht. — §. 7. Ist von dem gewöhnlichen Strafrichter auf eine Freiheitsstrafe von längerer als einjähriger Dauer, auf eine schwerere Strafe, auf Verlust der bürgerlichen Ehre, auf zeitige Untersagung der Ausübung der bürgerlichen Ehrenrechte, auf immerwährende oder zeitige Unfähigkeit zu öffentlichen Aemtern oder auf Stellung unter Polizeiaufsicht erkannt, so zieht das Straferkenntniss den Verlust des Amtes von selbst nach sich, ohne dass darauf besonders erkannt wird]. — [§. 48. Die Suspension eines Beamten vom Amte tritt kraft des Gesetzes ein: 1) wenn in dem gerichtlichen Strafverfahren seine Verhaftung beschlossen, oder gegen ihn ein noch nicht rechtskräftig gewordenes Urtheil erlassen ist, welches auf den Verlust eines Amtes lautet, oder diesen kraft des Gesetzes nach sich zieht; 2) wenn im Disziplinarverfahren eine noch nicht rechtskräftige Entscheidung ergangen ist, welche auf Dienstentlassung lautet. — §. 49. In dem im vorhergehenden §. unter Nr. 1 vorgesehenen Falle, dauert die Suspension bis zum Ablauf des zehnten Tages nach Wiederaufhebung des Verhaftsbeschlusses oder nach eingetretener Rechtskraft desjenigen Urtheils höherer Instanz, durch welches der angeschuldigte Beamte zu einer anderen Strafe als der bezeichneten verurtheilt wird. In dem §. 48 unter Nr. 2. erwähnten Falle dauert die Suspension bis zur Rechtskraft der in der Disziplinarsache ergehenden Entscheidung. — §. 50. Die zur Einleitung der Disziplinaruntersuchung ermächtigte Behörde kann die Suspension, sobald gegen den Beamten ein gerichtliches Strafverfahren eingeleitet, oder die Einleitung einer Disziplinaruntersuchung verfügt wird, oder auch demnächst im ganzen Laufe des Verfahrens bis zur rechtskräftigen Entscheidung verfügen]. §. 68. Die Verordnung v. 7. Juni 1844, betreffend die Ausübung der Disziplin über Advokaten und Anwalte und die Verordnung v. 30. April 1847, über die Bildung eines Ehrenrathes, bleiben mit den nachstehenden Modifikationen in Kraft. — §. 69. Die von einem Disziplinarrathe in Gemässheit des §. 50 des gegenwärtigen Gesetzes verfügte Amtssuspension bedarf der Bestätigung des Disziplinarsenates, wegen welcher auf den schriftlichen Antrag des General-Prokurators Beschluss gefasst wird. Der Disziplinarsenat kann auf den schriftlichen Antrag des General-Prokurators die Amtssuspension verfügen. — §. 70. Wenn 1) auf den Antrag der Staatsanwaltschaft oder des Angeschuldigten das betreffende Appellationsgericht das Vorhandensein von Gründen anerkennt, aus welchen die Unbefangen-

Notarien zu ihrer Schuldigkeit anzuhalten und mit Ordnungsstrafen zu belegen, wird nichts geündert. Die Gerichte können auch in solchen

—

heit des zuständigen Ehrenraths oder Disziplinarrathes bezweifelt werden kann, oder 2) ein Ehrenrath oder Disziplinarrath eine Disziplinar-Untersuchung in Fällen, wo sie stattfinden sollte, nicht einleitet, oder die Erledigung einer eingeleiteten Disziplinar-Untersuchung in einer dem Dienste nachtheiligen Weise verzögert, so kann das Appellationsgericht - in den Fällen zu 2) nach fruchtlos erlassener Aufforderung zur Einleitung, beziehungsweise zur Beschleunigung der Untersuchung — durch einen in der Plenarsitzung gefassten Beschluss, die Sache zur Untersuchung und Entscheidung an sich ziehen. — §. 71. Wenn das Appellationsgericht die Sache an sich zieht, so beauftragt dessen Erster Präsident einen Richter mit der Voruntersuchung, und es kommen die Bestimmungen des zweiten und dritten *) Abschnitts des die Richter betreffenden Gesetzes v. 7. Mai 1851 (G. S. 1851, S. 218—235) zur Anwendung. — Die Berufung steht der Staatsanwaltschaft bei dem Appellationsgerichte und dem Angeschuldigten gegen jedes Endurtheil zu. — §. 72. So lange für die Rechtsanwalte bey dem Ober-Tribunale ein Ehrenrath oder Disziplinarrath nicht besteht **). §. 73. Hinsichtlich der Disziplinarstrafen kommt in Fällen der §§. 71, 72 und 75 die Vdg. v. 30. Apr. 1847 und für das Gebieth des Rheinischen Rechtsverfahrens die Vdg. v. 7. Juni 1844 zur Anwendung. — §. 74. Die §§. 15, 16 und 17 der Vdg. v. 30. Apr. 1847 werden aufgehoben. Gegen jede definitive Entscheidung des Ehrenraths steht sowohl der Staatsanwaltschaft als dem Angeschuldigten die Berufung an das Obertribunal offen. Die Anmeldung erfolgt bei dem Ehrenrath, der die angefochtene Entscheidung erlassen hat. Im Uebrigen kommen für das Verfahren die Vorschriften der §§. 37—43 des die Richter betreffenden Gesetzes v. 7. Mai 1851 zur Anwendung ***). — §. 75. Wenn Dienstvergehen eines Advokaten oder Rechtsanwalts in der Sitzung des Ober-Tribunals, eines Appellationsgerichtshofes, eines Schwurgerichtshofes, eines Landesgerichts, Kreisgerichts oder Stadtgerichts vorfallen, so ist das Gericht, welches die Sitzung hält, selbst wenn es nur eine Abtheilung des ganzen Gerichts bildet, über diese Vergehen sofort oder in einer fortgesetzten Sitzung zu erkennen. Dieselbe Befugniss hat das Gericht oder die Abtheilung desselben in Ansehung der in der Sitzung ermittelten Dienstvergehen, wenn darüber sofort erkannt werden kann. — §. 76. Gegen die von einem anderen Gerichte als dem Ober-Tribunale erlassenen Urtheile findet die Berufung an dieses letztere statt. Im Uebrigen kommen die §§. 37 ff. des zweiten Abschnitts des die Richter betreffenden Ges. v. 7. Mai 1851 zur Anwendung. Der §. 1 der Verordnung v. 7. Juni 1844 ist aufgehoben. — §. 77. Wenn ein Rechtsanwalt, ein Notar,

---

*) Der zweite Abschnitt handelt „von dem Disziplinarverfahren", der dritte „von der Amtssuspension".

**) S. Note 20., die Einführung des Ehrenrathes auch bei dem Ober-Tribunale betreffend.

***) Diese Paragraphe setzen die Fristen für die Anmeldung und Einbringung der Berufung fest.

Fällen die Untersuchung und Entscheidung dem Ehrenrathe überlassen [22]).

§. 4. Jedes Landes-Justizkollegium, bei welchem ein Staatsanwalt für Criminalsachen nicht angestellt ist, hat einen Beamten zu bestellen, welcher die Funktionen des Staatsanwalts in den vor dem Ehrenrathe vorkommenden Untersuchungen wahrzunehmen hat.

§. 5. Erachtet der Ehrenrath dafür, dass Anlass zu einem Disziplinar-Strafverfahren gegen einen Justizkommissar, Advokaten oder Notar vorhanden sei, oder wird die Einleitung eines solchen Verfahrens von dem Landes-Justizkollegium oder dem Staatsanwalt (§. 4) beantragt, welchem Antrage in jedem Falle Statt gegeben werden muss, so ist die Untersuchung in Form eines Beschlusses zu eröffnen, in

---

oder ein Gerichtsvollzieher durch Blindheit, Taubheit oder ein sonstiges körperliches Gebrechen, oder wegen Schwäche seiner körperlichen oder geistigen Kräfte zu der Erfüllung seiner Amtspflichten dauernd unfähig ist, so hat der Staatsanwalt bei dem Appellationsgerichte ihn und seinen nöthigenfalls zu bestellenden Kurator schriftlich unter Angabe der Gründe zur Niederlegung des Amts aufzufordern. — Tritt innerhalb sechs Wochen nach dieser Aufforderung die freiwillige Niederlegung des Amtes nicht ein, so beschliesst das Appellationsgericht in seiner Plenarversammlung, nachdem das im §. 61 die Richter betreffende, Ges. v. 7. Mai 1851 vorgeschriebene und geeigneten Falls das im §. 62 daselbst zugelassene Verfahren stattgefunden hat*), nach Anhörung der Staatsanwaltschaft endgültig darüber, ob der Fall der Niederlegung des Amtes vorliege. — Beschliesst das Gericht, dass dieser Fall vorhanden sei, so kann der Justizminister die Stelle für erledigt erklären.

[22]) Vgl. die §. 75 und 76 des Ges. v. 21. Juli 1852 in Betreff jener Vergehen, die in einer Gerichtssitzung begangen oder ermittelt werden — in der Note 21. — Die Gerichte sind befugt, Justizkommissarien, die nicht zu Officialanwälten bestellt worden, zur Einreichung von Klagen, womit sie von einer Partei beauftragt worden sind, auf deren Beschwerde durch Ordnungsstrafen anzuhalten (Reskr. v. 25. Okt. 1848). Dieses Reskr. gründet sich auf ein Gutachten des Ob. Trib. v. 4. Sept. 1848, welches darauf hinweist, dass die Angelegenheit durch Anbringung der Beschwerde eine bei Gericht schwebende geworden sei, und dass dem Ehrenrathe nach §. 2 der Vdg. eine Einwirkung auf einzelne, der Justizkommissarien obliegende Amtshandlungen nicht zugeschrieben werden könne (J. M. Bl. 1848 S. 367).

---

*) Nach §. 61 wird ein Richter-Kommissar zur Erhebung der Thatsachen, durch welche die Versetzung in den Ruhestand begründet werden soll, eingesetzt. Nach §. 62 fasst die Plenarversammlung nach Anhörung des Staatsanwaltes den Beschluss, ob der Fall zur Versetzung in den Ruhestand vorliege.

welchem, wenn die Untersuchung auf Dienstentlassung gerichtet ist, dies ausdrücklich ausgesprochen werden muss [23]).

§. 6. Die Instruktion der Sache erfolgt vor versammeltem Ehrenrathe, oder durch einen aus seiner Mitte bestellten Kommissarius.

§. 7. Dem Ehrenrathe steht das Recht zu, in dem Verfahren Zeugen zu laden und eidlich zu vernehmen.

Erscheinen dieselben auf die Vorladung nicht, so ist der persönliche Richter um ihre Gestellung zu ersuchen.

§. 8. Erscheint der Angeschuldigte auch auf die zweite an ihn gerichtete Vorladung nicht oder verweigert er die Auslassung, so werden die Anschuldigungen, wenn sie durch Urkunden bescheinigt sind, für zugestanden erachtet.

Sind zum Beweise Zeugen zu vernehmen, so wird mit deren Vernehmen *in contumaciam* verfahren, und die Sache ohne weitere Vorladung des Angeschuldigten zum Schluss instruirt.

§. 9. Erachtet der Ehrenrath schon im Laufe der Untersuchung eine Amtssuspension des Angeschuldigten für nöthig, so hat er gutachtlich an das vorgesetzte Landes-Justizkollegium zu berichten, dem die Entscheidung darüber zusteht.

Dasselbe kann aber auch ohne einen solchen Antrag der Suspension von Amtswegen verfügen.

§. 10. Behufs der Entscheidung wird der Angeschuldigte durch eine schriftliche Vorladung, in welcher die gegen ihn erhobenen Anschuldigungen und Beweise kurz anzugeben sind, zu einer Sitzung des Ehrenraths, mindestens acht Tage vorher, in der für gerichtliche Vorladungen vorgeschriebenen Form, berufen und gleichzeitig dem Staatsanwalt von der Sitzung Nachricht gegeben.

In der Sitzung, in welcher mindestens fünf Mitglieder, einschliesslich des Vorsitzenden, zugegen sein müssen, werden die einzelnen Anschuldigunspunkte von dem Vorsitzenden oder einem von demselben bestellten Referenten entwickelt, die Zeugenaussagen und andere Beweismittel vorgelesen, der Staatsanwalt wird, wenn derselbe gegenwärtig ist, mit seinen Anträgen und der Angeschuldigte mit seiner Ver-

---

[23]) Ueber das Verfahren, wenn der Ehrenrath perhorreszirt wird, oder in Bezug auf Einleitung und Fortführung der Disziplinaruntersuchung seinen Pflichten nicht nachkommt, vgl. die §§. 70, 71, 73 des Ges. v. 21. Juli 1852 in der Note 21. — Der Ehrenrath muss auf Verlangen dem Appellationsgerichte die vollständigen Untersuchungsakten zustellen.

theidigung gehört, und sodann die nach Stimmenmehrheit beschlossene Entscheidung sofort oder doch in einer zu diesem Zwecke sogleich zu bestimmenden und nicht über acht Tage hinaus anzusetzenden Sitzung verkündigt.

§. 11. Der Staatsanwalt muss, wenn die Untersuchung auf Dienstentlassung gerichtet ist, seine Anträge in der Sitzung (§. 10) persönlich oder durch einen Substituten machen; in allen anderen Fällen kann er seine Erklärung auch schriftlich abgeben.

§. 12. Die Strafen, auf welche der Ehrenrath zu erkennen befugt ist, sind: Ermahnung oder Warnung, Verweis, Geldbussen bis zu 500 Thalern und Dienstentlassung.

§. 13. Bei der Entscheidung hat der Ehrenrath, ohne an positive Beweisregeln gebunden zu sein, nach seiner aus dem ganzen Inbegriff der Verhandlungen und Beweise geschöpften Ueberzeugung zu beurtheilen, in wieweit die Anschuldigung für begründet zu erachten.

§. 14. Der von allen Mitgliedern des Ehrenraths unterschriebene Beschluss ist dem Angeklagten, und eine Abschrift desselben dem Staatsanwalte zuzustellen.

§. 15. Gegen die Entscheidung des Ehrenraths kann sowohl vom Angeklagten, als vom Staatsanwalt Rekurs innerhalb sechs Wochen präklusivischer Frist vom Tage des behändigten Bescheides eingelegt werden [24]).

§. 16. Dieser Rekurs geht, wenn der Angeklagte darüber, dass auf Dienstentlassung erkannt, oder der Staatsanwalt darüber, dass die Dienstentlassung nicht ausgesprochen worden, Beschwerde führt, an das Ober-Tribunal und in dem Bezirke des Justizsenates zu Ehrenbreitstein an den Rheinischen Revisions- und Kassationshof [25]). In allen anderen

---

[24]) Die §§. 15—17 sind durch den §. 74 des Ges. v. 21. Juli 1852 aufgehoben, siehe diesen Paragraph in der Note 21. — An die Stelle des Rekurses tritt im Sinne der §§. 37—43 des Ges. v. 7. Mai 1851 über die Dienstvergehen der Richter eine Berufung ein, welche binnen 4 Wochen nach ergangenem beziehungsweise zugestelltem Urtheile anzumelden und binnen weiteren 14 Tagen schriftlich auszuführen ist.

[25]) In Ausführung des Art. 92 der Verfassungs-Urkunde v. 31. Jänner 1850, welcher bestimmt, dass in Preussen nur Ein oberster Gerichtshof bestehen soll, verfügt §. 1 des Gesetzes v. 17. März 1852 (G. S. 1852. S. 73): betreffend die Vereinigung der beiden obersten Gerichtshöfe, dass das Ober-Tribunal und der Rheinische Revisions- und Kassationshof zu einem obersten Gerichtshofe für die ganze Monarchie vereinigt werden, welcher die Benennung,

Fällen geht der Rekurs an das vorgesetzte Landesjustizkollegium, in Neu-Vorpommern an das Oberappellationsgericht zu Greifswald.

§. 17. Ist auf eine geringere Strafe als Dienstentlassung erkannt und der Angeklagte legt Rekurs an das Landesjustizkollegium, der Staatsanwalt aber an das Ober-Tribunal oder den Rheinischen Revisions- und Kassationshof ein, so entscheidet über beide Rekurse der höhere Gerichtshof.

§. 18. Die zur Ausführung von Erkenntnissen, welche auf Geldstrafen oder Dienstentlassung lauten, erforderlichen Massregeln sind bei dem betreffenden Landes-Justizkollegium zu beantragen.

§. 19. An Kosten kommen nur baare Auslagen zum Ansatz, welche der zu einer Strafe Verurtheilte zu tragen schuldig und die bei erfolgter Freisprechung oder beim Unvermögen des Verurtheilten dem Criminalfond zur Last fallen.

Die erkannten Geldstrafen werden zunächst zur Deckung der Kosten verwandt und fliessen im Uebrigen zu den für den Bezirk eines jeden Landes-Justizkollegiums bestehenden Fonds zur Unterstützung der Wittwen und Waisen von Justizbeamten.

§. 20. Kommen zur Kenntniss des Ehrenraths gemeine oder Amtsverbrechen im Sinne des §. 2* des Ges. v. 29. März 1844, so muss er hiervon dem kompetenten Gerichte Anzeige machen und es bleibt diesem das weitere Verfahren vorbehalten.

§. 21. Die Mitglieder des Ehrenraths, sowie vier bis sechs Stellvertreter derselben werden in einer vom Präsidenten des Landes-Justizkollegiums einzuberufenden und zu leitenden Generalversammlung der Justizkommissarien, Advokaten und Notarien des Bezirks, von den Anwesenden durch absolute Stimmenmehrheit gewählt.

Der Wahlakt beginnt damit, dass jeder Anwesende dem Präsidenten einen Wahlzettel mit Bezeichnung der Mitglieder und Stellvertreter, für welche er stimmt, zustellt. Sollte auf diesem Wege die erforderliche Zahl der Mitglieder und Stellvertreter die absolute Stimmenmehrheit nicht erhalten, so wird über jedes noch zu wählende Mitglied und jeden noch zu wählenden Stellvertreter einzeln abgestimmt. Wird die absolute Stimmenmehrheit auch auf diesem Wege durch zweimalige Abstimmung nicht erreicht, so ist der Beschluss über die zu

„Ober-Tribunal“ führt. — §. 9 dieses Gesetzes bestimmt, dass die Mitglieder des Rheinischen Revisions- und Kassationshofes als Ober-Tribunal-Räthe in das Ober-Tribunal eintreten.

wählende Person dadurch herbeizuführen, dass die dritte Abstimmung über diejenigen Kandidaten erfolgt, welche bei der zweiten Abstimmung die relativ meisten Stimmen erhalten haben, und dass derjenige, welcher alsdann die meisten Stimmen erhält, für gewählt erachtet wird.

§. 22. Die Wahl der Mitglieder des Ehrenraths und ihrer Stellvertreter erfolgt auf sechs Jahre. Nach Ablauf von je drei Jahren scheidet die Hälfte der Mitglieder und Stellvertreter aus und wird von Neuem gewählt; das erste Mal werden die Ausscheidenden durch das Loos, demnächst durch die Zeit bestimmt, welche seit ihrer Wahl verstrichen ist. Die Ausscheidenden sind sofort wieder wählbar.

§. 23. Die Annahme der Wahl kann nur aus überwiegenden Gründen, deren Prüfung dem den Wahlakt leitenden Präsidenten des Landes-Justizkollegiums überlassen bleibt, abgelehnt werden.

Wenn jedoch nach Ablauf der drei Jahre eine Wiedererwählung erfolgt (§. 22), so steht die Annahme in der Willkühr des Gewählten.

§. 24. Jedes Mitglied des Ehrenraths, gegen welches ein Disziplinarverfahren nothwendig wird, scheidet sofort aus dem Ehrenrathe aus, vorbehaltlich jedoch des Rechts zum Wiedereintritt bei Entbindung von jeder Strafe.

§. 25. Der Vorsitzende des Ehrenraths, welcher am Orte des Obergerichts seinen Wohnsitz haben muss, wird von den Mitgliedern desselben, unmittelbar nach vollendetem Wahlakt (§§. 21 und 22) durch absolute Stimmenmehrheit in der §. 21 bezeichneten Art auf jedesmal drei Jahre gewählt.

§. 26. Die Namen des Vorsitzenden und der Mitglieder des Ehrenraths, sowie ihrer Stellvertreter, sind nach jedem Wahlakt von dem Präsidenten des Landes-Justizkollegiums durch die Amtsblätter bekannt zu machen. Dasselbe muss in Ansehung aller Veränderungen geschehen, welche im Laufe einer Wahlperiode vorkommen möchten.

§. 27. Nähere Bestimmungen über den Wahlakt, das Verfahren vor dem Ehrenrathe und die Art seiner Geschäftsführung bleiben einer besonderen, von Unserem Justizminister zu erlassenden Instruktion vorbehalten.

IV. Prüfungen.

Vorbedingungen.

Um zur ersten juristischen Prüfung zugelassen zu werden, muss der Kandidat das Zeugniss der Reife in der vorschriftsmässigen Maturitätsprüfung bei einem Gymnasium erlangt haben [26]. Ferner muss er die akademischen Abgangszeugnisse beibringen [27]) und den Nachweis führen, akademische Vorlesungen über nachfolgende Wissenschaften gehört zu haben: 1) Logik; 2) Juristische Encyklopädie und Methodologie; 3) Naturrecht (Rechtsphilosophie); 4) Geschichte und Institutionen des Römischen Rechts; 5) Pandekten; 6) Deutsche Rechtsgeschichte; 7) deutsches Privatrecht; 8) Kirchenrecht; 9) Lehnrecht; 10) Europäisches Völkerrecht; 11) Deutsches Staatsrecht; 12) Criminalrecht; 13) Gerichtliche Medizin; 14) Preussisches Privatrecht; 15) Gemeinen Civilprozess; 16) Gemeinen Criminalprozess. — Ausserdem müssen diejenigen Rechtskandidaten, welche sich für den Justizdienst in der Rheinprovinz ausbilden wollen, auch noch die Vorlesungen über das in der Rheinprovinz zur Anwendung kommende Recht- und Prozessverfahren besucht haben [28]). Hat der Kandidat drei Jahre als Student der Rechte zugebracht und alle juristischen Kollegia gehört, so kommt es nicht darauf an, dass er ein halbes Jahr blos philosophische und andere wissenschaftliche Vorlesungen besucht hat [29]). Die bei dem Justizministerium einzubringenden Gesuche um Dispensation von dem akademischen Triennium, welchem sämmtliche Testate über die vorschriftsmässig zu hörenden Vorlesungen, sowie das Sittenzeugniss der Universität, auf welcher der Bittsteller sich befindet und die Abgangszeugnisse der etwa früher von ihm besuchten Universitäten beizufügen sind, werden fortan dem Herrn Minister der geistlichen etc. Angelegenheiten mitgetheilt werden, um zunächst die gutachtliche Aeusserung derjenigen juristischen Fakultät, bei welcher der betreffende Studirende um die Zeit des Dispensationsgesuches inskribirt ist, einzuholen. Ist die Fakultät der Ansicht, dass schon mit Rücksicht auf die Persönlichkeit und das Betragen des Bittstellers das Dispensationsgesuch abzulehnen sei, so wird sie zunächst

[26]) Reskr. v. 6. Sept. 1834.
[27]) Reskr. v. 20. Juni 1828.
[28]) Reskr. v. 16. Nov. 1844 (J. M. Bl. 1844 S. 251. 1858 S. 43).
[29]) Reskr. v. 21. Apr. 1818.

hierüber berichten. Liegen dagegen keine Gründe dazu vor, so wird die Fakultät eine Prüfung des Bittstellers durch eine aus ihrem Dekan und zweien ihrer Mitglieder gebildete Kommission veranlassen und sodann über den Ausfall der Prüfung zu berichten. Dispensationsgesuche derjenigen Studirenden, welche das letzte Semester vor dem Gesuche auf einer ausländischen Universität zugebracht haben, werden der juristischen Fakultät einer inländischen Universität zum Zwecke der mit dem Bittsteller anzustellenden Prüfung mitgetheilt werden. Der Justizminister wird der Regel nach die Entscheidung über die Zulassung zur Auskultatorprüfung erst dann treffen, wenn die hiernach erforderliche gutachtliche Aeusserung der Juristenfakultät eingegangen ist. Im Uebrigen erwartet der Justizminister, dass die Studirenden der Rechte Gesuche um Dispensation von dem Triennium so viel als möglich vermeiden und dieselben nur alsdann einreichen werden, wenn dringende Veranlassung dazu vorhanden ist, indem es ebenso sehr das Interesse der Justizverwaltung, als ihr eigenes Interesse erfordert, dass sie nicht bloss den formellen Vorschriften über die Zulassung zur ersten juristischen Prüfung nothdürftig genügen, sondern dass sie vielmehr eine möglichst vollständige und gründliche wissenschaftliche Vorbildung zum praktischen Justizdienste sich anzueignen suchen, wozu aber nach den bisherigen Erfahrungen ein dreijähriges fleissiges Studium in der Regel durchaus erforderlich ist [30]. — Es sollen nur Kandidaten zugelassen werden, aus deren Zeugnissen hervorgeht, dass sie nicht in verbotenen akademischen Verbindungen gestanden [31]; desshalb ist verordnet, dass in den akademischen Abgangs-Zeugnissen die Verbindung oder Gesellschaft ausdrücklich bezeichnet und vor der Prüfung an das Justizministerium berichtet werde; das Gleiche findet ohne Unterschied statt, wenn ein Inländer auf einer auswärtigen Universität studirt hat [32].

Durch die veränderte Gerichtsverfassung und die allgemeine Einführung des mündlichen und öffentlichen Verfahrens in Civil- und Strafsachen [33] sind anderweitige Bestimmungen über die Prüfung und Beschäftigung der Auskultatoren und Referendarien nothwendig geworden.

---

[30] Circ. Reskr. v. 2. Febr. 1858 (J. M. Bl. 1848, S. 42).

[31] Reskr. v. 12. Mai 1823.

[32] Kab. Ordre v. 16. Aug. 1834, mitgetheilt durch das Reskr. v. 9. Oktober 1834.

[33] Bisher ist das öffentliche und mündliche Verfahren in Preussen nur in Strafsachen, und zwar mit Zuziehung von Geschworenen eingeführt.

Des Königs Majestät haben deshalb mittelst Allerhöchster Kabinets-Ordre vom 10. Dezember 1849 das nachfolgende Regulativ zu genehmigen und den Justizminister zu dessen Ausführung zu ermächtigen geruht. Sämmtliche Gerichtsbehörden werden demgemäss angewiesen, sich nach den in diesem Regulative enthaltenen Bestimmungen, welche an die Stelle der früheren Zusammenstellung v. 14. Juni 1847 (J. M. Bl. S. 183—186) treten, vom 1. Januar k. J. ab zu achten [34]).

Regulativ über die Prüfung der Auskultatoren und Referendarien.

I. Allgemeine Bestimmungen.

1) Die bestehenden drei juristischen Prüfungen werden auch ferner beibehalten.

2) Die erste und zweite Prüfung wird bei den Appellationsgerichten abgelegt und soll öffentlich sein.

3) Ein häufiger Wechsel in der Zusammensetzung der Kommissionen für die erste und zweite Prüfung muss möglichst vermieden werden. Die Kommissionen sind daher mindestens für den Zeitraum eines Geschäftsjahres bleibend zu bestellen, und wenn die Anzahl der Prüfungen es erforderlich macht, so sind zwei Kommissionen für das Geschäftsjahr einzurichten.

4) Die Prüfungskommissionen haben bei dem ihnen obliegenden wichtigen Geschäfte mit Sorgfalt und mit der erforderlichen Strenge zu verfahren. Die Prüfung muss auf gründliche Kenntniss der Gesetze und Einsicht in das Wesen der Rechtsverhältnisse [35]), ausserdem aber in gleichem Masse auf die Erforschung der natürlichen Fähigkeiten des Kandidaten, insbesondere der Auffassungsgabe, der Uebung des Urtheils

---

[34]) Justiz-Ministerial-Reskr. v. 10. Dez. 1849. (J. M. Bl. 1849 S. 492 ff.)

[35]) Bei den Prüfungen für die Auskultatur und das Referendariat muss die Kenntniss des Römischen Rechts erhoben werden und muss dabei nicht etwa auf ein Institutionen-Kollegium Rücksicht genommen werden, sondern auf das Pandektenrecht, welches überall die Basis jeder gründlichen und exakten Rechtsbildung ausmacht. (Circ. Reskr. v. 27. Mai 1851. — J. M. Bl. 1851, S. 202.) Die Examinatoren müssen sich durch Fragen in lateinischer Sprache und die Antworten derselben die Ueberzeugung verschaffen, dass der Kandidat ihrer mächtig sei. (Reskr. v. 13. März 1826.)

und der Fertigkeit in klarer und bündiger mündlicher Darstellung gerichtet werden [36]).

Bei der ersten und zweiten Prüfung sind niemals mehr als vier Kandidaten zu einem Termine vorzuladen.

5) Nur derjenige Kandidat ist für qualifizirt zu erachten, welcher den bestehenden Vorschriften in Bezug auf das Mass der Kenntnisse und natürlichen Fähigkeiten volles Genüge leistet. Ueber ein günstiges Ergebniss der Prüfung sind daher auch nur folgende drei Prädikate zu ertheilen:

a) Vorschriftsmässig bestanden, wenn der Kandidat diejenigen Leistungen vollständig erfüllt hat, welche das Gesetz vorschreibt;

b) Gut bestanden, wenn er in der einen oder anderen Beziehung höheren Anforderungen genügt;

c) Ausgezeichnet bestanden, wenn er in allen wesentlichen Punkten das Mass der vorgeschriebenen Erfordernisse überschreitet [37]).

Für die erste und zweite Prüfung verbleibt es bei der bisherigen Bestimmung, dass der Kandidat nur dann für qualifizirt erachtet, und dass ihm auch nur dann ein höheres Prädikat ertheilt werden darf, wenn der vorsitzende Präsident und die beiden Examinatoren darüber einverstanden sind.

II. Besondere Bestimmungen.

A. Erste Prüfung und Beschäftigung der Auskultatoren.

1) Die Prüfung der Rechtskandidaten erfolgt von zwei Räthen des Appellationsgerichts im Beisein eines der Präsidenten desselben [38]).

---

[36]) Bei der Prüfung sollen die Universitätszeugnisse berücksichtigt werden (Reskr. v. 31. Dec. 1813).

[37]) Ueber die Prüfung ist ein Protokoll aufzunehmen, welcher die Gegenstände der Prüfung, ihre Ergebnisse mit Rücksicht auf die verschiedenen zu erforschenden Momente (Nr. 4) und ein bestimmtes Urtheil über das Resultat der Prüfung enthalten muss. Ein Auszug geht zu den Dienstakten jedes einzelnen Examinanden (Schering, Zusammenstellung der bestehenden Vorschriften über die Prüfung und Beschäftigung der Auskultatoren, Referendarien und Assessoren. Berlin, 1850. — Art. 36).

[38]) Doktoren der Rechte, welche den akademischen Doktorgrad auf Grund der auf einer Preussischen Universität abgelegten gesetzmässigen Prüfung erlangt haben, sind von der Prüfung *pro Auscultatura* entbunden (Reskr. v. 6. Jänner 1840. — J. M. Bl. 1840. S. 24).

Die bisher versuchsweise stattgefundene Zuziehung eines Professors der Jurisprudenz bei der ersten Prüfung soll, da sich diese Einrichtung nur an wenigen Orten ausführen lässt und hierdurch eine Ungleichheit in den Prüfungen herbeigeführt wird, künftig wegfallen.

2) Mit der mündlichen Prüfung, welche der Hauptbestandtheil des Examens bleibt, ist eine schriftliche in der Art zu verbinden, dass den Kandidaten von jedem der beiden Examinatoren zwei Fragen aus verschiedenen Disziplinen zur schriftlichen Beantwortung in Deutscher Sprache vorgelegt werden. Die Mittheilung dieser Aufgabe erfolgt erst in dem zur schriftlichen Beantwortung bestimmten Termine, welcher der Regel nach auf den Tag vor der mündlichen Prüfung anzuberaumen ist; die Ausarbeitung, bei welcher die Benutzung der erforderlichen Gesetzbücher zulässig ist, findet unter der Aufsicht eines der Examinatoren statt.

Kandidaten, welchen es nach dem Resultate des Examens an den vorgeschriebenen Erfordernissen ermangelt, müssen ohne alle Nachsicht zurückgewiesen werden, um das Versäumte nachzuholen [39], oder in Zeiten sich einer anderen, ihrer geistigen Befähigung entsprechenden Laufbahn zu widmen [40].

3) Die praktische Ausbildung der Auskultatoren erfolgt künftig ausschliesslich bei den Gerichten erster Instanz. Sie sind daher nach ihrer Vereidigung einem Kreis- oder Stadtgerichte zu überweisen und bei diesem so lange zu beschäftigen, bis sie als reif zur Referendariats-Prüfung dem Appellationsgerichte präsentirt werden können.

4) Hinsichtlich der Beschäftigung selbst bewendet es bei den bestehenden Vorschriften [41]. Sie muss der Regel nach einen Zeitraum

---

[39]) Eine Wiederholung der Prüfung ist in der Regel nur einmal zulässig. Eine fernere Wiederholung darf nur mit Genehmigung des Justizministeriums erfolgen. In der Regel kann dieselbe überhaupt erst nach sechs Monaten stattfinden (Schering, a. a. O. Art. 38).

[40]) Den Examinatoren wird vorzüglich eingeschärft, dass sie bei Abgabe des Gutachtens erwägen müssten, dass es besser sei ein untüchtiges Subjekt zurückzuweisen, als demselben vergebliche Hoffnung zur Beförderung zu machen (Circ. v. 12. Okt. 1804. Nr. 4).

[41]) Diese Vorschriften sind in der A. G. O. III. Theil, 4. Titel §§. 6—8 enthalten: §. 6. Diesen Auskultatoren muss das Collegium, und besonders der Präsident, alle Gelegenheit verschaffen, sich von Betreibung der Rechtsangelegenheiten praktische Kenntnisse zu erwerben; ihnen Akten von allerhand Art zum Lesen zustellen lassen; sie anweisen, dass sie sich den Gang der Sache,

von anderthalb Jahren [42]) umfassen und auf sämmtliche Geschäftszweige, mit Einschluss der Deposital-Verwaltung, sowie aller Hauptzweige des gerichtlichen Bureaudienstes, gerichtet werden [43]).

---

und die Bearbeitung der Geschäfte in der Registratur bekannt machen; auch sie zur fleissigen und aufmerksamen Gegenwart bey den mündlichen Vorträgen, und Ablesung der Relationen im Collegio anhalten. §. 7. Die Vorgesetzten der Collegiorum müssen die dabey bestellten Auskultatoren, in so fern deren eine hinglängliche Anzahl vorhanden ist, unter die Mitglieder des Collegii dergestalt vertheilen, dass jedem Rathe einer oder etliche solcher jungen Leute angewiesen werden, deren er sich bey Aufnahme der Informations- und Instruktionsprotokolle als Protokollführer bedienen kann; die er aber auch zu den Geschäften anzuführen und auszubilden, sich besonders angelegen seyn muss. Auch müssen dergleichen Auskultatores, wie sie besonders schon einige Zeit bey dem Collegio gestanden haben, zur Vernehmung der Supplikanten und anderer, die bey dem Collegio etwas mündlich anzubringen haben, gebraucht werden. — Die Auskultatores und Referendarii müssen sich, bey Niederschreibung der Protokolle, einer guten und leserlichen Hand befleissigen; damit nicht durch ihre Vernachlässigung und Sorglosigkeit die Akten mit unleserlichen Schreibereyen angefüllt, und deren fernere Bearbeitung dadurch erschweret werde. — §. 8. Die Auskultatores müssen unterdessen auch für sich selbst die Prozessordnung fleissig studieren, und sich mit den im Departement des Collegii bestehenden Provinzial- und Statutarischen Rechten näher bekannt machen.

[42]) Wenn unter II. A 4. des Regulativs vorgeschrieben ist, dass die Beschäftigung eines Auskultators bei dem Kreis- oder Stadtgericht der Regel nach einen Zeitraum von anderthalb Jahren umfassen solle, so ergiebt sich aus den Worten selbst, dass ausnahmsweise die Präsentation zu der Referendariats-Prüfung auch schon vor dem Ablaufe jenes Zeitraums erfolgen kann, sofern ein besonders fleissiger und befähigter Auskultator im Stande sein sollte, sich schon früher den dazu erforderlichen Grad der Reife zu erwerben (Circ. Reskr. v. 14. Jänn. 1850. — J. M. Bl. 1850, S. 18).

[43]) Auskultatoren müssen eine Zeit lang als Protokollführer bei einem Criminalgericht fungiren (Reskr. v. 29. März 1830). Es soll vierteljährlich aus den Referatentabellen ein Extrakt über die, jedem Referendarius und Auskultator zugetheilten Referate angefertigt und zu den Dienstakten gebracht werden (Reskr. v. 23. Apr. 1832). Den Referendarien und Auskultatoren ist bekannt zu machen, dass ihnen zur Vermeidung der nach Eurer richtigen Bemerkung zu besorgenden Kollisionen nicht verstattet werden könne, ohne Vorwissen des Präsidii für Justizkommissarien die Anfertigung von Klageberichten, Deduktionen und anderen Eingaben in rechtshängigen Sachen zu übernehmen und sie sich dessen daher gänzlich zu enthalten hätten. Sollten aber einige von ihnen wünschen, sich zur Ausbildung zu einer künftigen Justizkommissarienstelle in dergleichen Geschäften mehrere Uebung und Erfahrung zu erwerben, so kann ihnen zwar von dem Präsidio Eures Collegii auf die demselben zu machende Anzeige verstattet werden, mit einem namentlich anzuzeigenden Ju-

5) Die Präsentation zur zweiten Prüfung erfolgt in der Weise, dass der Auskultator mit seinem Gesuche die erforderlichen Zeugnisse über seine Beschäftigung dem Direktor überreicht, dass das Gesuch demnächst, wenn der Direktor dabei nichts zu erinnern findet, den etatsmässigen Mitgliedern des Kollegiums zur Abgabe ihrer schriftlichen Vota über den Grad der Reife des Kandidaten vorgelegt, und sodann auf Grund der letzteren ein Zeugniss hierüber, sowie über die Führung des Kandidaten von dem Direktor ausgestellt und dem Präsentationsberichte beigefügt wird.

B. Referendariats-Prüfung.

1) Die zweite Prüfung besteht aus einer mündlichen und schriftlichen. Die mündliche Prüfung soll der schriftlichen vorangehen [43]).

2) Gegenstand der mündlichen Prüfung, welche von zwei Räthen des Appellationsgerichts in Gegenwart eines der Präsidenten desselben vorgenommen wird, ist vorzugsweise die materielle und formelle Landesgesetzgebung, jedoch unter Vergleichung der gemeinrechtlichen Bestimmungen mit derselben. Ausserdem haben die Kandidaten einen mündlichen Vortrag aus Akten, welche ihnen zwei Tage vorher zugefertigt werden, zu halten.

Die schriftliche Prüfung besteht entweder in der Anfertigung eines Probe-Referats in einer Civilsache, wie es den mündlichen Verhandlungen zur Grundlage dient, nebst einem für die Berathung des Kollegiums sich eignenden motivirten Votum, dem Protokolle über die mündliche Verhandlung und dem Entwurfe des Erkenntnisses, wie solches den Parteien mitgetheilt werden soll, oder in der Ausarbei-

stizkommissario zu diesem Behuf in Verbindung zu treten; es muss aber alsdann darauf Bedacht genommen werden, dass ihnen in Sachen, welche von dem genannten Justizkommissario bearbeitet werden, hiernächst keine Instruktion, Decernenda oder Referenda übertragen werden, und habt Ihr hiernach das weiter Erforderliche zu verfügen (Reskr. v. 23. Sept. 1801).

[43]) Auskultatoren, welche über drei Jahre angestellt sind, ohne sich zur zweiten Prüfung zu melden, ist anzubefehlen, dies binnen drei Monaten zu thun, widrigenfalls sie entlassen werden würden. Die brauchbaren unter denen, die sich melden, sind von Amtswegen zu einem auf drei Monate hinauszusetzenden Termine vorzuladen, die unbrauchbaren zur Entlassung anzuzeigen. Ueberhaupt sind Auskultatoren, welche nicht innerhalb vier Jahren ihre Ascension zum Referendariat bewirken, zu entlassen (Reskr. v. 7. Nov. 1832).

tung eines schriftlichen Referats nach §. 38. der Instr. v. 24. Juli 1833 [45]).

3) Die schriftliche Probearbeit wird in der Regel bei dem Appellationsgericht angefertigt; es kann jedoch von dem Ersten Präsidenten desselben auch angeordnet werden, dass sie in einer bei dem Gerichte erster Instanz schwebenden Rechtssache anzufertigen ist. Im letzteren Falle unterliegt die Arbeit zunächst der Vorprüfung durch ein Mitglied jenes Gerichts, sodann aber, wenn sie von diesem für geeignet erachtet wird, der definitiven Censur durch ein Mitglied des Appellationsgerichts [46]).

4) Wenn nach dem Ausfalle der mündlichen oder schriftlichen Prüfung die volle Qualifikation des Kandidaten zweifelhaft erscheint, so ist die Examinations-Kommission befugt, demselben unter Aufsicht eines ihrer Mitglieder ein angemessenes praktisches Thema zur sofortigen schriftlichen Bearbeitung mit Benutzung der erforderlichen Gesetzbücher vorzulegen, und sodann mit Rücksicht auf das Ergebniss dieser Arbeit zu bestimmen, ob der Kandidat für vollständig qualifizirt zu erachten sei oder nicht.

C. Beschäftigung der Referendarien.

1) Die weitere Ausbildung der Referendarien von der zweiten bis zur dritten Prüfung erfolgt theils bei den Gerichten erster Instanz, theils bei den Appellationsgerichten; sie werden bei den Gerichten selbst, bei der Staatsanwaltschaft und bei Rechtsanwälten beschäftigt.

---

[45]) §. 38 der Instr. v. 24. Juli 1833 bestimmt unter anderem: „Findet die Majorität (des Gerichtes) es angemessen, dass ein vollständiges schriftliches Referat ausgearbeitet werde, so muss der Referent ein solches binnen der nächsten acht Tage abfassen; die Entscheidung wird bis dahin ausgesetzt und dies den Parteien eröffnet.

[46]) Die Probearbeit ist in zwei Exemplaren einzureichen. Das Duplikat wird mit der Censur dem Berichte beigefügt. Die Censur muss sich insbesondere darüber äussern, ob das Referat, sowie der im Audienztermine und im Berathungszimmer gehaltene Vortrag dergestalt erschöpfend, präzise und wohlgeordnet ausgefallen sei, dass auf Grund desselben die Entscheidung des Kollegiums habe erfolgen können, desgleichen ob das abgesetzte Urtel dem Beschlusse des letzteren gemäss und in der Ausführung gelungen, die Arbeit daher demgemäss praktisch brauchbar zu achten sei (Schering, a. a. O. Art. 93). — Wenn die schriftliche Probearbeit nicht gelungen ist, so darf dem betreffenden Auskultator zwar ein zweites Probe-Referat ohne Weiteres zugetheilt werden; wenn aber auch dieser zweite Versuch misslingen sollte, so ist dem Kandidaten eine dritte Probearbeit nicht zuzutheilen, vielmehr zur weiteren Bestimmung an den Justizminister zu berichten. (Circ.-Reskr. v. 30. Juni 1860. — J. M. Bl. 1860 S. 278.)

2) Nach zurückgelegter Prüfung sind die Referendarien zunächst auf ein und ein halbes Jahr einem Kreis- oder Stadtgerichte zu überweisen. Die Beschäftigung bei demselben tritt an die Stelle der bisherigen Station für das Inquiriren, sowie der einjährigen Beschäftigung bei dem Obergericht, und umfasst:

a) einen dreimonatlichen Kursus zur Führung von Voruntersuchungen, zur Uebung in den Untersuchungsgeschäften des Polizei- und Einzelrichters, und zur Verrichtung der Funktionen eines Gerichtsschreibers in den mündlichen Verhandlungs-Terminen bei der Abtheilung für Strafsachen.

b) Sodann ist ein Zeitraum von zwölf Monaten der unmittelbaren Beschäftigung bei beiden Abtheilungen des Gerichts zu widmen. In dieser Zeit hat der Referendarius den Sitzungen des Kollegiums fleissig beizuwohnen, Termine abzuhalten, Instruktionen, soweit sie noch vorkommen, zu führen, Vertheidigungen zu übernehmen, als Assistent in Civilprozessen zu fungiren, unter der Aufsicht eines Korreferenten Referate und Vota in Civil- und Strafsachen anzufertigen, in den Audienzterminen die Protokolle aufzunehmen, die vom Kollegium beschlossenen Erkenntnisse auszuarbeiten, unter Aufsicht eines Kodecernenten in Prozess-, Kredit-, Nachlass-, Vormundschafts- und Hypothekensachen zu dekretiren, auch mit der Aufnahme von Handlungen der freiwilligen Gerichtsbarkeit, mit der Funktion eines Deposital-Kurators und mit den Salarienkassen-Geschäften, desgleichen mit der Anfertigung von Expeditionen, besonders in Hypothekensachen, sich vertraut zu machen.

Die nähere Anordnung und die Folgenreihe dieser Beschäftigung bleibt den Dirigenten der Gerichte überlassen; es ist jedoch festzuhalten, dass das Decernat in jedem Geschäftszweige der Regel nach drei Monate lang bearbeitet werden muss, und dass sich die Referendarien die Fähigkeit, mit Parteien umzugehen, nicht minder eine hinreichende Uebung im schriftlichen Vortrage, sowie Gewandtheit in mündlicher Darstellung, verbunden mit der Fähigkeit, mündliche Vorträge der Parteien rasch und richtig aufzufassen, und die Gesetze auf den mündlich vorgetragenen Rechtsfall richtig anzuwenden, erwerben müssen.

In den letzten drei Monaten dieses Zeitraumes ist der Referendarius entweder einer Gerichtskommission als Hülfsrichter zu überweisen, oder bei einer Abtheilung des Kollegiums in der

Art zu beschäftigen, dass er, soweit dies nach den bestehenden Vorschriften zulässig ist, an den Geschäften des Gerichts selbständig Antheil nimmt, den Sitzungen regelmässig beizuwohnen und in denselben Vorträge zu halten hat, auch bei den Berathungen des Kollegiums mit seiner Ansicht zu hören ist, so oft es der Vorsitzende für zweckmässig erachtet.

c) Nach Vollendung des zwölfmonatlichen Kurses ist der Referendarius auf sein Anmelden durch den Ober-Staatsanwalt des Departements dem Staatsanwalt des Kreis- oder Stadtgerichts zu überweisen, unter dessen Aufsicht und Anleitung er in allen Geschäften der Staatsanwaltschaft, soweit es dabei nicht auf ein selbständiges Auftreten bei den Behörden ankommt, drei Monate lang sich üben muss.

3) Hat die vorstehend angeordnete Beschäftigung vollständig stattgefunden, so sind die betreffenden Spezialzeugnisse darüber dem Vorstande des Gerichts vorzulegen, welcher zu prüfen hat, ob der Kandidat Behufs seiner besseren Ausbildung noch weiter beschäftigt werden muss. Ist dies nicht der Fall, so wird von dem Direktor nach Einholung der schriftlichen Vota der etatsmässigen Mitglieder mit Bezug auf die Ordre v. 25. Aug. 1848 (J. M. Bl. S. 297) ein General-Attest dahin ausgestellt, dass der Kandidat eine solche praktische Tüchtigkeit, wie sie für ein selbständiges Mitglied eines Kreis- oder Stadtgerichts erforderlich ist, sich erworben und dieselbe insbesondere auch in wichtigeren schriftlichen Arbeiten aus den verschiedenen Geschäftszweigen dargethan hat. Unter Beifügung dieses Attestes, sowie der Personalakten, ist sodann der Kandidat dem Appellationsgerichte zu präsentiren.

4) Der erste Präsident des Appellationsgerichts überweist den Referendarius zunächst einem Rechtsanwalte am Sitze des Appellationsgerichts, dessen Wahl demselben mit Vorbehalt der Genehmigung des Präsidenten überlassen bleibt, auf sechs [47]) Monate zur Beschäftigung in allen Zweigen der Rechtsanwaltschaft. Mündliche Vorträge vor ver-

[47]) Die unter C. 4. des Regulativs bestimmte sechsmonatliche Frist, während welcher die Referendarien bei einem Rechtsanwalte am Sitze des Appellationsgerichts zu beschäftigen sind, wird um drei Monate verkürzt, also auf drei Monate festgesetzt, dagegen die unter C. 5. des Regulativs auf sechs Monate angeordnete Dauer der Beschäftigung der Referendarien bei dem Appellationsgerichte um drei Monate verlängert, so dass diese Beschäftigung fortan neun Monate hindurch stattzufinden hat (Cirk. Reskr. v. 19. Apr. 1852. — J. M. Bl. 1852, S. 171).

sammeltem Gerichte darf jedoch der Referendarius nur unter der Aufsicht des gewählten Rechtsanwalts halten [48]).

Nach Ablauf der sechs Monate und nachdem über die ordnungsmässige Beschäftigung ein Attest des Rechtsanwalts beigebracht worden, ist

5) der Referendarius bei dem Appellationsgerichte selbst während eines Zeitraumes von sechs Monaten als Referent in Civilsachen und als Dezernent in den Angelegenheiten, welche den Appellationsgerichten vorbehalten sind, insbesondere in Beschwerde- und Prozesssachen, zu beschäftigen [49]). Zugleich hat derselbe diesen Zeitraum zu seiner theoretischen Vorbereitung für die dritte Prüfung zu benutzen.

D. Präsentation zur dritten Prüfung.

1) Beantragt der Kandidat vor Bewirkung seiner Präsentation zur dritten Prüfung noch eine besondere Dispensation von den Geschäften zu seiner theoretischen Vorbereitung, so ist ihm solche auf zwei bis drei Monate nicht zu versagen [50]).

---

[48]) Während der unter II. C. 4. bestimmten sechsmonatlichen Beschäftigung bei einem Rechtsanwalte am Sitze des Appellationsgerichts, d. h. bei einem Rechtsanwalte, welcher entweder bei dem Appellationsgerichte selbst, oder bei einem an dessen Sitze befindlichen Gerichte erster Instanz angestellt ist, sind die Referendarien, wie in den anderen Staaten ihrer Laufbahn, der allgemeinen Aufsicht und Leitung des Appellationsgerichts untergeben; sie können demnach von dem Appellationsgerichte in Untersuchungssachen als Vertheidiger und in Civilsachen als Assistenten oder Bevollmächtigte von Amtswegen ernannt werden. Es liegt hierbei die Absicht zum Grunde, durch die Ueberweisung der Referendarien an die am Sitze des Appellationsgerichts befindlichen Rechtsanwälte eine solche, in der Natur der Beschäftigung als Rechtsanwalt liegende Verwendung der Referendarien bei dem Appellationsgerichte möglich zu machen. — Während dieser Station können sie zugleich im Criminal-Senate, insbesondere mit Referaten in Anklagesachen, beschäftigt werden, da diese Geschäfte damit nicht kollidiren (Reskr. v. 14. Jan. 1850 2). — J. M. Bl. 1850, S. 18).

[49]) Die Beschäftigung in Civilsachen schliesst nicht aus, dass die Referendarien auch in wichtigeren Strafsachen referiren und als Gerichtsschreiber, sowie zur Abhaltung von Terminen verwendet werden. Es muss jedoch hierbei neben dem Interesse des Dienstes auch die Rücksicht massgebend sein, dass die Laufbahn der Referendarien dadurch nicht aufgehalten wird (Reskr. v. 14. Jan. 1850. 3. — J. M. Bl. 1850, S. 18).

[50]) Wenn in einzelnen Fällen Referendarien Urlaub nachsuchen, um sich an einem anderen Orte, als am Sitze des Gerichts, z. B. am Wohnorte ihrer Eltern, zur dritten Prüfung vorzubereiten, so wird es zwar dem Ermessen

Die Präsentation erfolgt erst dann, wenn der Kandidat seine theoretische Vorbereitung als beendigt und sich bereit erklärt hat, der Einberufung der Immediat-Justiz-Examinations-Kommission zur mündlichen Prüfung Folge zu leisten.

2) Dem Gesuche des Kandidaten um die Präsentation sind die erforderlichen Zeugnisse über seine Beschäftigung bei dem Appellationsgerichte beizulegen, wonächst dasselbe mit den Personalakten den etatsmässigen Mitgliedern des Kollegiums zur Abgabe ihrer schriftlichen Vota darüber, ob der Kandidat als vorschriftsmässig, gut oder ausgezeichnet vorbereitet zuzulassen, oder Behufs seiner besseren Ausbildung zur ferneren praktischen Beschäftigung zu verweisen sei, vorgelegt werden muss.

3) Auf Grund dieser Vota wird von dem ersten Präsidenten des Appellationsgerichts das General-Attest über die Qualifikation und die Führung des Kandidaten ausgestellt und der Präsentationsbericht erstattet.

Dem letzteren ist ausser jenem General-Atteste das in der Ordre v. 25. Aug. 1848 (J. M. Bl. S. 297) vorgeschriebene Zeugniss [51]) beizufügen, welches

a) in Beziehung auf die Referate in Civilsachen von dem Präsidenten auf Grund eigener Kenntniss und der Gutachten der etatsmässigen Mitglieder des Kollegiums besonders ausgestellt wird,

b) in Beziehung auf andere wichtigere Arbeiten aus den verschiedenen Kreisen der Gerichtsthätigkeit in den von dem Vorstande des Gerichts erster Instanz, bei welchem der Kandidat gearbeitet hat, bereits ertheilten General-Atteste, (C. Nr. 3) besteht.

E. Prüfung bei der Immediat-Justiz-Examinations-Kommission.

1) Die dritte Prüfung ist eine mündliche und schriftliche. Die mündliche Prüfung geht der schriftlichen voran, wenn nicht besondere Umstände

---

des Appellationsgerichts-Präsidenten anheimgestellt, einem solchen Gesuche stattzugeben. Es muss jedoch den Bittstellern dabei eröffnet werden, dass sie sich alsdann ohne Genehmigung des Präsidenten von dem angezeigten Orte nicht entfernen dürfen, damit, falls ausserordentliche Umstände ihre Einberufung nothwendig machen, diese sofort erfolgen könne (Circ. Reskr. v. 6. Jänner 1852. — J. M. Bl. 1852, S. 10).

[51]) Das Attest ist dahin zu fassen, dass der Kandidat in den Geschäften der oben gedachten Art eine solche praktische Tüchtigkeit erworben habe, wie es für ein selbständiges Mitglied eines Landes-Justizkollegiums erforderlich ist.

eine Ausnahme begründen; es ist daher sogleich nach erfolgter Zulassung des Kandidaten die Einberufung zu derselben zu veranlassen [52].

2) Die schriftliche Prüfung hat zum Gegenstande:

a) eine Proberelation, welche entweder nach dem alten Verfahren in Gemässheit der darüber bestehenden Vorschriften, oder nach der Vdg v. 21. Juli 1846 [53]) angefertigt wird [54]).

Diese Relation kann der Kandidat bei einem Appellationsgerichte, oder bei dem Ober-Tribunal, oder auch bei dem Revisions-Kollegium zu Berlin anfertigen. Ist es ein Referat nach der Vdg v. 21. Juli 1846, so muss dasselbe bestehen:

aa) aus einer Darstellung des Sach- und Rechtsverhältnisses auf Grund der schriftlichen Verhandlungen,

bb) aus einem danach mit Gründen angefertigten Votum, nebst dem Entwurfe des Erkenntnisses, wie letzteres den Parteien mitgetheilt werden soll, und wenn der Kandidat dafür hält, dass das Resultat der mündlichen Verhandlung eine Aenderung des von ihm projektirten Erkenntnisses nöthig mache,

cc) aus dem in Folge der mündlichen Verhandlung modifizirten Erkenntniss-Entwurfe.

Dieser modifizirte Erkenntniss-Entwurf ist von dem Kandidaten sofort nach dem Schlusse der mündlichen Verhandlung anzufertigen, ohne dass er der Berathung des Kollegiums beigewohnt . .;

b) eine wissenschaftliche Arbeit über ein von dem Vorsitzenden der Immediat-Examinations-Kommission zu bestimmendes praktisches Thema, wozu auch ein Gutachten über einen verwickelten Rechtsfall ausgewählt werden kann, und welche der Kandidat in

---

[52]) Wer auf die Vorladung zur mündlichen Prüfung ausbleibt, hat zu erwarten, dass er erst nach drei Monaten einen neuen Termin erhält (Reskr. v. 9. Apr. 1846. — J. M. Bl. 1846, S. 79).

[53]) Die Vdg v. 21. Juli 1846 (G. S. 1846. S. 291) ertheilte der Vdg über den Mandats-Summarischen und Bagatellprozess v. 1. Juni 1833 (G. S., 1833 S. 37) eine erweiterte Anwendung und vervollständigte Ausbildung. Vgl. Geschichte der Advokatur. S. 5. Alinea 2.

[54]) Zur Ablieferung der Proberelation wird eine Frist von vier bis acht Wochen bewilligt. Wer diese Frist nicht inne hält, hat zu erwarten, dass er erst nach drei Monaten neue Akten erhält (Reskr. v. 9. April 1846. — J. M. Bl. 1846, S. 79).

einer Frist von vier Wochen unter eidesstattlicher Angabe der ausser den Gesetzbüchern benutzten Quellen anzufertigen hat.

3) Wenn nach dem Ausfalle der schriftlichen oder mündlichen Prüfung die volle Qualifikation eines Kandidaten, insbesondere seine Fähigkeit, einen praktischen Rechtsfall schnell und klar zu behandeln, zweifelhaft erscheint, so ist die Immediat-Examinations-Kommission befugt, demselben unter Aufsicht eines ihrer Mitglieder ein praktisches Thema oder einen Rechtsfall zur sofortigen schriftlichen Bearbeitung unter Benutzung der erforderlichen Gesetzbücher vorzulegen und mit Rücksicht auf das Ergebniss dieser Arbeit zu entscheiden, ob der Kandidat für vollständig qualifizirt zu erachten sei oder nicht.

4) Der dem Kandidaten zur Ablegung der gesammten Prüfung von dem ersten Appellationsgerichts-Präsidenten zu ertheilende Urlaub wird,

a) wenn die mündliche Prüfung und beide schriftliche Probearbeiten noch zurückzulegen sind, auf sechs Monate,

b) wenn nur zwei von den drei Prüfungsakten noch zu vollenden sind, auf vier Monate,

c) wenn nur einer zurückzulegen ist, auf zwei Monate,

mit der Massgabe bestimmt, dass nach Ablauf dieser Fristen der Prüfungs-Auftrag erlischt[55], und die Prüfungs-Kommission über den Verlauf und das bis dahin vorliegende Resultat der Prüfung, Behufs der Rückweisung des Kandidaten an das Gericht, von welchem er präsentirt worden ist, zu berichten hat. Falls wegen bereits anstehender Termine der Prüfungstermin auf länger als zwei Monate hinausgesetzt werden müsste, tritt den obigen Fristen eine von dem Vorsitzenden der Kommission zu ermessende zusätzliche Frist hinzu.

5) Der Kandidat hat die Verpflichtung, binnen vierzehn Tagen nach Ablieferung der letzten Probearbeit, von welcher der Präsident des Appellationsgerichts durch die Immediat-Examinations-Kommission in Kenntniss zu setzen ist, bei dem betreffenden Appellationsgerichte wieder einzutreten und dort die Mittheilung über das Resultat der Prüfung abzuwarten. Ist dasselbe ein ungünstiges, so wird er nach dem Ermessen des Appellationsgerichts-Präsidenten einem Gerichte erster In-

---

[55]) Fristen, zur weiteren Vorbereitung auf die dritte Prüfung, hat die Immediat-Kommission nie zu ertheilen (Reskr. v. 9. April 1846. — J. M. Bl. S. 79).

stanz zur ferneren Ausbildung überwiesen, oder bei dem Appellationsgerichte weiter beschäftigt [56]).

III. Schlussbestimmungen.

1) Die Bestimmungen unter I. Nr. 1., 3., 4., 5.; II. A. Nr. 2.; II. D. Nr. 1.; II. E. Nr. 1., Nr. 2. unter b., Nr. 3. 4. und 5. gelten auch für den Bezirk des Appellationsgerichtshofes zu Köln [57]); jedoch werden die Vorschriften unter II. E. Nr. 5. dahin modifizirt, dass der Kandidat bei dem betreffenden Landgerichte wieder einzutreten hat, und auch bei ungünstigem Ausfalle der dritten Prüfung einem Landgerichte zur ferneren Ausbildung zu überweisen ist. Im Uebrigen behält es für den gedachten Bezirk bei den bestehenden besonderen Vorschriften und der Schlussbestimmung der Ordre v. 25. Aug. 1848 sein Bewenden; insbesondere verbleibt es in Ansehung der von dem Ersten Präsidenten des Appellationsgerichtshofes zu treffenden Verfügungen bei der verfassungsmässigen Mitwirkung des General-Prokurators.

2) Die durch das gegenwärtige Regulativ nicht abgeänderten Vorschriften und reglementairen Bestimmungen sind auch ferner massgebend.

3) Das vorstehende Regulativ kommt mit dem 1. Jan. k. J. zur Ausführung, jedoch wird denjenigen Referendarien, welche vor dem 1. April d. J. nach den früheren Vorschriften bereits den Kursus in Untersuchungssachen zurückgelegt haben, oder ausserdem noch einige Zeit bei den vormaligen Oberlandesgerichten beschäftigt gewesen sind, jener Kursus und diese Beschäftigung auf den unter II. C. Nr. 2. festgesetzten anderthalbjährigen Zeitraum angerechnet, sofern sonst kein Anstand obwaltet, ihnen das unter II. C. Nr. 3. bezeichnete Attest zu ertheilen.

---

[56]) Die Prüfung der Arbeiten erfolgt durch zwei Mitglieder der Kommission, welche eine schriftliche Censur abzugeben haben. Ist die Ansicht der Censoren verschieden, so cirkulirt die Arbeit bei der ganzen Kommission und die Majorität entscheidet.

[57]) Assesoren, welche die dritte Prüfung bei der Immediat-Justiz-Examinations-Kommission für die altländischen Provinzen gut bestanden haben, können die Prüfung für Rheinische Justizstellen bei einer aus Mitgliedern des Appellationshofes und der General-Prokuratur zu Köln gebildeten Prüfungs-Kommission ablegen (Kab. Ordre v. 14. März und Reskr. v. 31. März 1840. — J. M. Bl. 1840, S. 131).

OESTERREICH.

Quellen: Haimerl Dr. Franz. Darstellung der gesetzlichen Bestimmungen über die Parteien und deren Stellvertreter im civilgerichtlichen Verfahren in Oesterreich. Wien 1857. Zweiter Abschnitt. I. Von den Advokaten. S. 64—168. — Nippel Franz Xaver. Erläuterung der allgemeinen Gerichts-Ordnung vom 1. Mai 1781. Wien 1847. II. Bd. S. 482—544. — Füger-Wessely. Gerichtliches Verfahren in Streitsachen nach der österreichischen allgemeinen Gerichts- und Konkursordnung vom 1. Mai 1781. (ed. Damianitsch Martin. 6. Aufl.). Wien 1859. II. Theil. S. 108—119. Wessely Dr. Joseph. Handbuch des gerichtlichen Verfahrens in und ausser Streitsachen für Böhmen, Mähren, Oesterreich, Steiermark, Illirien und für alle Militärgerichte. 3. Aufl. Prag 1846. I. Bd. S. 535—564. — Frühwald W. Th. Sammlung der in Bezug auf die allgemeine Gerichts- und Concurs-Ordnung in den Jahren 1846—1855 erflossenen Gesetze und Verordnungen. Wien 1855. S. 154—162.

I. Geschichte der Advokatur.

Schon frühzeitig hat die österreichische Gesetzgebung den Advokatenstand einer besonderen Aufmerksamkeit gewürdigt. Doch waren die diesfälligen Bestimmungen durchaus provinzieller und lokaler Natur. Dieselben sprachen mehr von den Rechten und Pflichten der Advokaten als von den Erfordernissen zur Advokatur. So bestanden Advokatenordnungen für das Wiener Stadt- und Landgericht; für das Landmarschallgericht; für die niederösterreichische Regierung; für Oesterreich ob der Enns und das Innviertel. Sehr umständliche Vorschriften über Advokaten und Prokuratoren enthielt die böhmisch-mährische Landesordnung, wozu nachträglich verschiedene Novellen und Deklaratorien kamen. Das Patent vom 16. April 1734 regelte die Advokatur blos für Böhmen. Ferner enthielt die Gerichtsordnung v. 19. Jänner 1758 ausführliche Bestimmungen für die Advokaten bei den Consulatgerichten und Merkantiltribunalen in dem innerösterreichischen Litorali.

Dass eine Trennung der Advokatur von der Prokuratur (Anwaltschaft) in Oesterreich niemals bestand, geht aus den böhmischen Stadtrechten (B. XXIV. §. 1) und aus der böhmischen Landesordnung (B. LVIII) hervor, wo es heisst: „Ein Prokurator oder Fürsprecher ist eine Person, die für denen ordentlichen Rechten den Leuten das Wort redet, und fremde Sachen um Geld oder gewisse Zahlung führt. Sie werden da auch Redner, Wortredner, Vorsprecher genannt." Ferner wird eingeschärft, dass jederzeit darauf gesehen werden sollte, „dass derjenige, so zum Prokurator bestellt, also beschaffen sei, dass er auch die Schriften stellen und die Sache führen könne, insonderheit, weil es also in Unserem Erb-Königreiche Böhaimb Herkommen und aldar der Unterschied zwischen den Advokaten und Prokuratoren nicht in Brauch gewesen ist." — Nach dem Artikel 10. der Gerichts-Ordnung für Steyer v. J. 1622 sollten „bei den Schrannen jederzeit auf's wenigst fünf geschworne, ehrbar-verständige, unverleumt und gelehrte Prokuratores gehalten werden, die den Parteien mit guten, ausführlichen und bewegenden Ursachen in ihren Handlungen, ob sie dieselben mit Recht ausführen, oder unterlassen sollen aus rechtmässigem Grund und verständlich, ihrem Gewissen nach rathen mögen." Diese Prokuratores sollten „jedesmal zeitlich und fleissig zu den gesetzten Stunden bei Gericht sich finden lassen und einstellen" und wurden ausdrücklich auch Advokaten genannt.

Schon unter der Kaiserin Maria Theresia mussten die Stellen über den Stand der Advokaten und Prokuratoren in den einzelnen Provinzen Bericht erstatten, weil häufige Klagen über die allzusehr überhand nehmende Vermehrung der Advokaten erhoben wurden. Aus diesen Berichten ersah man, dass für Böhmen mit Hofreskript vom 14. Dez. 1652 bei der Hofkanzlei zwölf Advokaten und sechs Prokuratoren, die alle graduirt waren; bei den Prager Instanzen aber zwölf Landesadvokaten und achtzehn Landesprokuratoren bestimmt waren, welche die „Landesoffeziere" für nothwendig, aber auch für hinreichend hielten; für Mähren waren mit Hofreskript vom 22. April 1654 zwölf Advokaten bestimmt; für Teschen schon unter Karl VI. sechs und für Troppau und Jägerndorf zehn. In Bielitz waren zwei und für das königliche Amt in Schlesien sechs Advokaten bestimmt, die auch bei den übrigen schlesischen Instanzen patroziniren durften. In Kärnthen wurden die Advokaten mit Reskript v. 18. März 1757 von achtzehn auf zehn reduzirt. In den übrigen Provinzen war gesetzlich nichts bestimmt, doch bestanden in Steiermark dreissig Advokaten; in Krain sechzehn; in Görz und Gradiska zwanzig; in Triest sechs Advokaten und vier Prokuratoren; in Oesterreich ob der Enns zwölf; in Niederösterreich zweiundvierzig und zwar alle blos in Wien.

Ehedem wurden nach einem alten Gebrauch die Graduirungen blos alle fünf Jahre vorgenommen. Im J. 1757 fing man aber an, die Kandidaten *extra ordinem* zu graduiren, so dass der Advokatenstand zunahm. In Folge dessen baten die Stellen um ein Normale, wie es mit den *extra ordinem* Graduirten zu halten sei und dieses erging im Jahre 1759 dahin, dass für das *studium practicum* der Advokaten keine Zeit bestimmt sei, sondern wer sich das Examen auszustehen getraue und sich melde, soll zugelassen werden. Auch sei keine Anzal der Advokaten weder bei den hohen noch bei den niederen Instanzen zu bestimmen. Gleichwol regten sich nach und nach Vorschläge, nach dem in Böhmen und Mähren angeblich sich bewährenden Beispiele der geschlossenen Advokatur, auch im übrigen Oesterreich die Anzahl der Advokaten zu beschränken. Die darüber gepflogenen Verhandlungen wurden bis zum Erscheinen der allgemeinen Gerichts-Ordnung v. 1. Mai 1781 fortgesetzt, welche letztere bekanntlich das Prinzip der freien Advokatur proklamirte (§. 411 ff). Mit grösserer Präzision drückt sich darüber die Gerichtsordnung für Westgalizien v. 19. Dec. 1796 aus, welche in den §§. 541—543 folgendes bestimmt: „Niemand soll zum Advocaten, es sey in einer Hauptstadt oder auf dem Lande, angenommen werden, der nicht das Doctorat auf einer erbländischen Universität erhalten hat.“ (§. 541). „Derjenige, welcher zum Advocaten angenommen zu werden verlanget, muss das vierundzwanzigste Jahr zurückgeleget haben, und sich bey der im Lande, wo er zu advociren gedenket, aufgestellten Appellations-Stelle dieserwegen melden, und nebst dem Diplome der erhaltenen Doctors-Würde, auch ein weiteres Zeugniss eines bereits angenommenen Advocaten, über dessen in Rechtssachen wenigstens durch drey Jahre eingeholte Erfahrung, und hierbey bezeichneten Fleiss, Geschicklichkeit und Rechtschaffenheit beybringen (§. 542). — „Die Appellations-Stelle soll ihn mit Ernst und Strenge sowol über die Theorie, als Anwendung der Gerichtsordnung und sämmtlicher Landesgesetze auf das schärfeste prüfen, dessen Sitten und Rechtschaffenheit genau untersuchen, und wenn sie ihn tauglich findet, zur Advocatur zulassen“ (§. 543).

Das Prinzip der freien Advokatur bestand, wie bereits ausgeführt wurde, lange vor Einführung der allgemeinen Gerichtsordnung und von dieser ab unangefochten bis zum Jahre 1802. Durch das Hofdekret vom 12. April 1802 Nr. 557 hat nämlich der Kaiser mit Rücksicht auf den Umstand, dass die Anzahl der Advokaten sich „über das Bedürfniss“ vermehrt hatte, zu befehlen geruht, „dass bis auf weitere höchste Anordnung keine Advokatenprüfung vorgenommen werden solle“. Durch diese Verfügung war offenbar nur die Voraussetzung zur Erlangung der Advokatur einer Beschränkung unterworfen, aber das Prinzip der freien Advokatur war insoferne nicht alterirt worden, als diejenigen, welche ausnahmsweise zur Prüfung zugelassen wurden, nach Ablegung derselben nach wie vor sofort zur Ausübung der Advokatur zugelassen werden mussten. Da die in Aussicht gestellte „weitere höchste Anordnung“ zur Reaktivirung der normalen Zulassung zur Advokatenprüfung lange ausblieb, so bildete sich der Gebrauch aus, dass die Kandidaten ihre Gesuche um Erlangung einer Advokatenstelle an den Kaiser richteten, von dessen a. h. Entschliessung die Ernennung zum Advokaten abhing. War eine solche erfolgt, so wurde der „Ernannte“ zur Prüfung zugelassen, wobei es sich dann zuweilen traf, dass, wenn derselbe die Prüfung nicht bestand, auch die kaiserliche Ernennung nicht zur Ausführung kam. Erst durch das Hofdekret v. 16. April 1830 wurde das bis zur Stunde bestehende Sistem, wornach die Kandidaten nach dreijähriger Advokatenpraxis zur Prüfung zugelassen, und hierdurch lediglich Aspiranten werden, eingeführt.

Allmälig wurde ferner für einzelne Städte und Provinzen die Anzahl der Advokaten beschränkt, und wurden solche fortan nur durch kaiserliche Entschliessung ernannt, bis die a. h. Verfügung vom 2. Febr. 1826 Z. 26 erfolgte, dass bei vorkommenden Erledigungen die Ernennung zum Advokaten der obersten Justizstelle zu überlassen sei.

Was den Umfang der Berechtigung der Advokaten betraf, so wurde durch das Jhfd. v. 9. August 1842 J. G. S. 630 verordnet, dass die nicht für die Hauptstadt Prag ernannten Advokaten zur Vertretung der Parteien bei den Gerichten der Hauptstadt Prag nicht berechtigt seien. Diese Bestimmung wurde durch das Jhfd. v. 11. Juli 1843 J. G. S. 723 auch auf Steiermark ausgedehnt. Erst durch die provisorische Advokatenordnung v. 11. August 1849, §. 9 wurde das Vertretungsrecht eines Advokaten in Civilrechtsangelegenheiten auf den ganzen Oberlandesgerichtssprengel, in welchem derselbe seinen Wohnsitz hat, ausgedehnt. — In Ansehung der strafgerichtlichen Vertretung bestimmt die zweite Alinea des §. 214 der St. P. O. v. 29. Juli 1853, dass die Advokaten berechtigt sind, eine Vertheidigung auch ausser dem Sprengel ihres Wohnsitzes, folglich im ganzen (cisleithanischen) Gebiethe zu übernehmen, während sonderbarer Weise die übrigen Vertheidiger auf den Gerichtssprengel jenes Oberlandesgerichtes beschränkt sind, in dessen Vertheidigerliste sie, mit Rücksicht auf ihren Wohnsitz eingetragen sind [1]).

Um das Bild der Geschichte der österreichischen Advokatur zu vervollständigen, müssen wir der Anläufe gedenken, die zur Freigebung der Advokatur gemacht worden sind.

Im Jahre 1848 regte der gegenwärtige Minister Dr. J. N. Berger, damals Advokaturs-Kandidat, eine Petition um Freigebung der Advokatur an. Die Petition lag bei Braumüller & Seidel zur Unterschrift auf und meldeten sich zu derselben etwa hundert Doktoren der Rechte, darunter drei Advokaten und zwar Dr. Alexander Bach, Minister und Botschafter a. D., dann Dr. Carl Härdtl, gegenwärtig Freiherr und Präsident der n. ö. Advokaten-Kammer, und Dr. Johann Hochenegg. Am 12. Mai 1848 wurde die Petition dem damaligen Justizminister Sommaruga überreicht, welcher sich mit der Bitte einverstanden erklärte, da in der ausgesprochenen Qualifikation — nämlich im Doktorat und einer dreijährigen Praxis — die nöthigen Garantien für dass Publikum sowohl, als für die Ehrenhaftigkeit des Standes hinlänglich vorhanden seien, und zugleich aussprach, dass für den nächsten Reichstag ohnehin ein Gesetzesvorschlag in diesem Sinne vorbereitet werde, den er wirksam vertreten wolle [2]). In der That überwies der Justizminister die ihm überreichte Adresse der obersten Justizstelle zur Begutachtung und Einvernehmung der Apellationsgerichte und der Advokaten-Kollegien, mit dem Bedeuten, dass für den dem nächsten Reichstage vorzulegenden Entwurf von sehr grossem Belange sein würde, wenn der oberste Gerichtshof mit seiner bewährten Einsicht und reichen Erfahrung sein Gutachten darauf ausdehnen wollte, was bezüglich der Stellung des Advokatenstandes von Seite der Gesetzgebung wünschenswerth erscheine." Das Gutachten des obersten Gerichtshofes v. 19. Juli 1848 [3]), welchem die Voten sämmtlicher Appella-

---

[1]) Der neue Entwurf einer Strafprozessordnung enthält die in der zweiten Alinea des §. 214 der bestehenden Strafprozessordnung vorkommende Bestimmung nicht. Er setzt aber auch nichts anderes fest über den territorialen Umfang der Berechtigung zur Vertheidigung, insofern es sich um eine solche ausserhalb des Oberlandesgerichtssprengels, bei dem man als Vertheidiger eingetragen ist, handelt.

[2]) Diese Notiz ist der von Dr. Ludwig August Frankl als tägliches Ergänzungsblatt der „Sonntagsblätter" herausgegebenen Abendzeitung vom 13. Mai 1848 Nr. 42 entnommen.

[3]) Bei der Sitzung vom 15. Juli 1848 präsidirte Graf Taaffe. Votanten waren: Vicepräsident Freiherr v. Gärtner, die Hofräthe Miniussi, Pederzani

tions-Gerichte und Advokaten-Kollegien, die — mit Ausnahme des Tiroler Appellationsgerichtes und Advokaten-Kollegiums — für Aufhebung des Konzessions-Sistems stimmten, zu Grunde gelegt waren, sprach sich unter Zustimmung aller Votanten, dem Antrage des Referenten gemäss, für unbedingte Freigebung der Advokatur aus.

Dieses Gutachten lautet wie folgt [4]):

„In Beziehung auf die Erfordernisse zur Erlangung der Advokatur beharren alle Advokatenkollegien und Behörden dabei, dass sich die Kandidaten ausser der juridischen Doktorswürde und einer dreijährigen, oder, wie das Lemberger Appellationsgericht vorschlägt, wenigstens zweijährigen Praxis auch über die Ablegung einer praktischen Prüfung auszuweisen haben sollen, und die Meinungen theilen sich hier grösstentheils nur darüber, ob diese Prüfung auch künftig von dem Appellationsgerichte allein, oder mit Zuziehung von Mitgliedern des Advokatenstandes, oder nach dem Antrage des Lemberger Advokatenkollegiums von den Letzteren allein, und in welcher Form sie vorgenommen werden solle. Der oberste Gerichtshof kann sich rücksichtlich der Erfordernisse der Advokatur nur mit den Anträgen der Appellationsgerichte einverstanden erklären und muss sich mit Nachdruck gegen das vorliegende Gesuch aussprechen, insofern darin darauf angetragen wird, es von den Advokatenprüfungen ganz abkommen zu lassen. Es ist durchaus kein Grund vorhanden, von den angehenden Rechtsvertretern künftig weniger Bürgschaften ihrer Geschicklichkeit und Kenntnisse zu verlangen, als früher, vielmehr müssen hierin um so strengere Forderungen gestellt werden, je wichtiger und einflussreicher das Amt der Advokaten für die Zukunft werden, und je unabhängiger von den Gerichten und der Staatsverwaltung ihre Stellung sein wird . . .

„Gegen die Ablegung der Prüfung bei dem Appellationsgerichte hat sich bloss das Lemberger Advokatenkollegium ausgesprochen, indem es zugleich den eigenthümlichen Antrag stellte, dass zu jeder Prüfung zehn Examinatoren aus dem Advokatenstande bestellt werden sollen, von welchen der Kandidat fünf zu rekusiren befugt sei. Der oberste Gerichtshof erachtet, dass von der Vornahme der Prüfung durch das Appellationsgericht nicht abgewichen werden könne, da das Appella-

---

Heisler, von Stelzhammer, von Ghequier, Kulhanek und Freiherr von Lichtenfels, Letzterer als Referent.

[4]) Dr. J. Schenk. Zur Geschichte der österreichischen Advokatur. Allgemeine österreichische Gerichtszeitung v. J. 1863. Nr. 59 und 60.

4*

tionsgericht, als diejenige Behörde, welche den Gang der Justizpflege in der Provinz in seiner Gesammtheit zu überwachen hat, nothwendig auch die Oberaufsicht über die Advokaten haben muss und allein die zur Vornahme der Prüfung erforderliche völlige Unabhängigkeit der Stellung besitzt. Um aber auch hier dem allgemeinen Wunsche nach Publizität und nach Garanzie der höchsten Unbefangenheit zu willfahren, wäre der mehrseitig gestellte Antrag zu genehmigen, dass zur Vornahme der Prüfung auch zwei Examinatoren aus dem Advokatenstande beizuziehen seien . . .

„Nach dem Dafürhalten des obersten Gerichtshofes müssen untadelhafte Sitten und geprüfte Rechtschaffenheit, wie sie die Hofdekrete vom 8. März 1822 Nr. 1851 und 1853 J. G. S. vorschreiben, so dass jedes Individuum ausgeschlossen ist, welches sich irgend etwas zu Schulden kommen liess, künftig, wenn der Betrieb der Advokatur unbedingt allen Befähigten freigegeben wird, noch strenger als jetzt gefordert und beurtheilt werden. Auch erscheint es allerdings nöthig vorzuschreiben, dass jederzeit das Advokatenkollegium zu vernehmen sei, ob in dieser Beziehung ein Bedenken gegen den Bewerber obwalte, theils weil denselben der Ruf und das Benehmen des Letzteren leicht besser bekannt sein kann, als den Gerichten, theils um dem Advokatenstande Gelegenheit zu geben, darüber zu wachen, dass in denselben keine Mitglieder aufgenommen werden, welche demselben nicht zur Ehre gereichen würden. Allein die Entscheidung, ob die angeregten Bedenken einen Grund zur Versagung des Befugnisses geben, muss nach hierämtlichem Erachten stets dem Appellationsgerichte vorbehalten bleiben. Auch kann nicht die Vernehmung des Advokatenkollegiums allein zur Beruhigung dienen, sondern es wird stets nothwendig bleiben, auch die Lokalbehörde darüber zu vernehmen, weil doch nur diese mit Verlässlichkeit wissen kann, welche ämtlichen Verhandlungen etwa in Beziehung auf die Sittlichkeit und das Benehmen eines Individuums vorgekommen sind, und ohne deshalb geheime polizeiliche Erforschungen anzustellen, doch immer dafür gesorgt werden muss, dass aus Unkenntniss nicht Individuen aufgenommen werden, welchen offenkundige und ämtlich erwiesene Vergehen zur Last fallen. Gegen jede mögliche Willkühr in der Entscheidung der Appellationsgerichte wird ohnehin der Weg der Beschwerde, welcher sowohl dem Bewerber als dem Advokatenkollegium an den obersten Gerichtshof offen zu lassen wäre, hinreichenden Schutz gewähren, ohne dass es der ausserordentlichen und ihrer Weitwendigkeit gar nicht ausführbaren Aufstellung von Ehren- und Geschwornengerichten u. s. w. bedürfte...

„Was die wesentliche Frage betrifft, ob die Beschränkung der Advokaten auf eine gewisse Zahl auch für die Zukunft beibehalten werden soll oder nicht, so ist es nur das Advokatenkollegium und das Appellationsgericht in Tirol, welche vor der Hand in der Besorgniss, dass die Freigebung der Advokatur eine Ueberfüllung dieses Standes hervorbringen werde, auf die Beibehaltung der Beschränkung antragen. Alle übrigen Advokatenkollegien und Appellationsgerichte sprechen sich dafür aus, dass jedem Befähigten die Ausübung der Advokatur unbedingt gestattet werden möge, und weichen nur in Beziehung auf die Frage von einander ab, ob die Befähigung nur für eine bestimmte Provinz oder für die ganze Monarchie zu ertheilen, ob jeder Advokat zu verpflichten sei, einen bestimmten Wohnsitz zu wählen und ob es einem Advokaten gestattet werden könne, von seinem Standorte aus auch in anderen Provinzen Vertretungen zu leisten. Nach hierortigem Dafürhalten hat allerdings die Beschränkung des Advokaten für jeden Ort auf eine gewisse Zahl, welche sich nie mit solcher Verlässlichkeit bestimmen lässt, dass sie dem Bedürfnisse allenthalben und für eine längere Dauer entspräche, den Nachtheil, dass sie auf der einen Seite den bestellten Advokaten ein Monopol ertheilt, welches die Rechtsvertretung vertheuert, auf der anderen Seite aber ein Heer von Winkelschreibern erzeugt, in deren Hände die Geschäfte gerathen, und welche dem Publikum verderblicher werden, als es die Ueberfüllung mit berechtigten Vertretern irgend sein kann. Die Bestimmung einer festen Zahl hat auch den Nachtheil, dass sie den Wetteifer unter den Advokaten, das Vertrauen des Publikums zu verdienen, grossentheils aufhebt, und dass in einem Kreise oder Orte, wie es leicht geschehen kann, mehrere minder befähigte oder unverlässliche Individuen zusammentreffen, das Publikum durch eine Reihe von Jahren genöthigt ist, seine Geschäfte schlechten Händen zu übergeben, anstatt sie mit freier Wahl denjenigen anvertrauen zu können, welche es für die tauglichsten und würdigsten hält. Zudem würde es jetzt, wo eine völlige Umgestaltung der Gerichtsverfassung und des Verfahrens bevorsteht, schlechterdings unmöglich sein, das Bedürfniss für die einzelnen Kreise und Ortschaften auch nur mit einiger Wahrscheinlichkeit zu bestimmen. Man glaubt daher, dass der Antrag, Jedem, der die erforderlichen Eigenschaften nachzuweisen vermag, die Ausübung der Advokatur zu gestatten, zu genehmigen wäre. Was jedoch die näheren Bestimmungen betrifft, unter welchen dieses geschehen soll, so scheint wohl kein Bedenken dagegen obzuwalten, dass den von jedem Appellationsgerichte ertheilten Befähigungsdekreten für die ganze Monarchie Giltigkeit eingeräumt werde, da die Justizgesetze in den einzelnen Provinzen nicht wesentlich verschieden sind, die Kenntniss der Provinzialeigenheiten aber, welche ohnehin durch Auflösung des Unterthansbandes immer mehr verschwinden werden, für Bewerber, welche sonst die nöthige Fähigkeit bewiesen haben, nicht schwierig zu erlangen ist. Dagegen hält man es für nothwendig, dass nicht nur jeder Advokat dem Appellationsgerichte den Ort, wo er seinen Wohnsitz aufschlagen will, anzeige, und denselben ohne Vorwissen nicht verändern dürfe, sondern auch, dass in der Regel jeder Advokat auf die Vertretung in der Provinz beschränkt sei, in welcher er seinen Wohnsitz gewählt hat, einerseits, weil sonst die Aufsicht über die Advokaten, möge sie nun von dem Appellationsgerichte allein oder zugleich auch von einem Disziplinarrathe aus den Advokaten der Provinz selbst ausgeübt werden, ungemein erschwert würde, andererseits weil die Vertretung in anderen Provinzen meistens mit Kosten und Verzögerungen für die Parteien verbunden ist, welche, besonders wenn die Zahl der Advokaten künftig allenthalben unbeschränkt ist, leicht vermieden werden kann. Für besondere örtliche Verhältnisse Ausnahmen zu gestatten, möge den Appellationsgerichten überlassen bleiben.

„Was die künftige Stellung der Advokaten betrifft, so wird in mehreren der vorliegenden Berichte auf die Organisirung von Disziplinarräthen aus denselben auf ähnliche Art angetragen, wie dergleichen Institute in Frankreich und einigen anderen Staaten bestehen. Doch unterscheiden sich die Vorschläge in Beziehung auf die Gewalt, welche dem Disziplinarrathe einzuräumen sei, und hinsichtlich der Veränderungen, welche dadurch in dem Verhältnisse der Advokaten zu den Gerichtsbehörden vor sich gehen sollen, indem einige Appellationsgerichte, insbesondere das böhmische und mehr noch das galizische, die Advokaten dadurch so unabhängig von den Gerichten stellen wollen, dass den letzteren selbst das Befugniss zur Ertheilung der geringsten Rüge an dieselben entzogen wäre, während die übrigen die Disziplinargewalt der Gerichte über die Advokaten mehr oder minder beibehalten wollen. Nach der Meinung des obersten Gerichtshofes ist die Errichtung solcher Kollegien aus der Mitte der Advokaten selbst, welche den Zweck haben, die Ehre und die Würde des Standes aufrecht zu erhalten, die Disziplin über die Mitglieder desselben zu handhaben, Beschwerden gegen dieselben zu untersuchen und zu entscheiden, die Sitten der Kandidaten der Advokatur zu überwachen und die gemeinsamen Angelegenheiten des Advokatenstandes zu berathen, nicht nur nützlich, sondern sie erscheint, wenn die Advokatur, ohne Beschränkung auf eine gewisse Zahl, frei gegeben wird, als eine unbedingte Nothwendigkeit, da unter solchen Verhältnissen die Kontrolle, welche die Gerichte blos in soweit ausüben können, als ihnen die vorkommenden Verhandlungen dazu Gelegenheit geben, nicht mehr zureichen würde. Solche Disziplinarräthe dürften auch nicht bloss in dem Sitze der Appellationsgerichte, sondern auch in dem Sitze solcher Kollegialgerichte erster Instanz errichtet werden, wo sich eine bedeutende Anzahl von Advokaten befindet, und denselben würden jederzeit auch die Advokaten des Umkreises unterzuordnen sein. Was aber den Umfang ihrer Gewalt und ihr Verhältniss zu den Gerichtsbehörden betrifft, so wären dabei, wie man glaubt, folgende Rücksichten zu beobachten:

a) den ersten Instanzen müsste nothwendig das Recht bleiben, wegen unziemlichen Benehmens oder anderer Fehler, deren sich die Advokaten in den Sitzungen oder in ihren Schriften schuldig machen, nicht nur die augenblicklich zur Aufrechthaltung der Ordnung erforderlichen Verfügungen als z. B. Entziehung des Wortes, Rückgabe mit Schmähungen angefüllter Schriften u. dgl. zu treffen, sondern auch geringere Strafen, nämlich Warnungen, Verweise und Geldstrafen selbst zu verhängen und auf Suspension oder Kassation entweder unmittelbar oder durch den Staatsanwalt bei dem Appellationsgerichte anzutragen. Ausserdem würde es den Gerichten an der nöthigen Kraft zur Leitung der gerichtlichen Verhandlungen fehlen. Die Aufrechthaltung der Disziplinargewalt der Gerichte ist insbesondere für die Geschäfte des Richteramtes ausser Streitsachen von grosser Wichtigkeit, da die Gerichte, so lange ihnen diese Geschäfte zugewiesen bleiben, für die Schlichtung derselben von Amtswegen zu sorgen haben, und daher auch berechtigt sein müssen, die damit beschäftigten Advokaten zur Pflichterfüllung anzuhalten.

Die Appellationsgerichte aber müssen in Fällen, wo auf Suspension oder Kassirung von einer Gerichtsbehörde unmittelbar oder in Folge ihres Auftrages durch den Staatsanwalt angetragen wird, dann aber die Beschwerden gegen die in erster Instanz verhängten Strafen ohne Dazwischenkunft des Disziplinarrathes zu entscheiden berechtigt bleiben, da der Disziplinarrath, wenn anders Einheit in der Leitung der Rechtspflege herrschen soll, unter und nicht neben dem Appellationsgerichte stehen muss.

Auf ähnliche Art werden von den Gerichtsbehörden in Frankreich nach dem Dekrete vom 14. Dezember 1810 und in den preussischen Rheinprovinzen nach der Verordnung vom 7. Juni 1814 Disziplinarstrafen unabhängig von dem Disziplinarrathe ausgesprochen. Die Suspension und Kassation kann dort selbst von den Gerichten erster Instanz und im gewissen Rückfall selbst auf inappellable Weise verhängt werden.

b) Dagegen scheint es keinem Anstande zu unterliegen, dem Disziplinarrathe die Kompetenz über alle Disziplinarvergehen einzuräumen, welche nicht in gerichtlichen Verhandlungen begangen und im Laufe derselben von dem Gerichte wahrgenommen werden, sondern worüber die Beschwerden von den Parteien entweder unmittelbar bei dem Disziplinarrathe angebracht, oder ihm von dem Ministerium oder den Gerichtsbehörden überwiesen werden. Die Macht des Disziplinarrathes könnte hier gleichfalls auf Warnungen, Verweise, Geldstrafen und auf das Recht ausgedehnt werden, bei dem Appellationsgerichte auf Suspension oder Kassirung anzutragen.

Doch würde dabei erfordert, dass von jeder Entscheidung des Disziplinarrathes, sie möge günstig oder ungünstig ausfallen, der Staatsanwalt, wenn er auch nicht bei der Untersuchung selbst intervenirt, doch jederzeit verständigt werde, damit auch er im Wege des öffentlichen Interesses den Weg der Beschwerde an das Appellationsgericht einschlagen könne . . .

c) Als Gegenstände, welche dem Disziplinarrathe zugewiesen werden könnten, werden in manchen der vorliegenden Berichte nach dem Beispiele auswärtiger Gesetzgebungen auch die Bestellung der unentgeltlichen Vertreter für arme Parteien und die erste Entscheidung in Streitigkeiten über die Bestimmung der Expensen bezeichnet. In beider Beziehung erscheint der Antrag zweckmässig. Hinsichtlich der Aufstellung der *ex offo* Vertreter kann von den ersten Instanzen nicht wohl eine gleichmässige Vertheilung beobachtet werden, da ihnen die Uebersicht aller von verschiedenen Gerichten erfolgenden Bestellungen dieser Art mangelt. Auch ist es für die Gerichte, welche in derselben Angelegenheit später zu entscheiden haben, schwer, in die nothwendige Beurtheilung einzugehen, ob dieselbe zur Vertretung geignet sei und ob die Aufstellung eines Vertreters nicht, wie es so häufig geschicht, blos zur Verzögerung und Chikane des Gegners angesucht werde. Die Bestimmung der Expensen ist aber ein für die Gerichtsbehörde lästiges Geschäft; es wird bei demselben in erster Instanz häufig nach einem gewissen hergebrachten Massstabe, ohne Rücksicht auf die speziellen Verhältnisse der Rechtssache behandelt, während zu erwarten ist, dass der Disziplinarrath in dieser für seine Glieder wichtigen Sache mit aller Gründlichkeit und Genauigkeit und zur Ehre ihres Standes auch mit der erforderlichen Billigkeit verfahren werde. Sowohl das eine als das andere Geschäft dürfte aber dem Disziplinarrathe, so lange dergleichen Kollegien nur in den Hauptstädten der Provinzen und nicht auch an anderen Orten errichtet werden können, nur für die Orte eingeräumt werden, wo derselbe seinen Sitz hat. An entfernten Orten dürfte einstweilen an dem Einschreiten der Gerichte nichts zu ändern sein, da es für die Parteien allzu lästig sein würde, sich wegen jeder Expensenbestimmung oder Aufstellung eines *ex offo* Vertreters an den Disziplinarrath der Hauptstadt wenden zu müssen. Auch würde in beiden Beziehungen den Parteien die Beschwerde gegen die Entscheidungen des Disziplinarrathes, wo nicht an die ersten Instanzen, wie es in anderen Staaten üblich ist, doch an das Appellationsgericht offen gelassen werden.

„Dagegen glaubt der oberste Gerichtshof, die in einigen Berichten erwähnte Trennung des Notariats von der Advokatur als wünschenswerth nicht übergehen zu können. Nur würde dabei vorausgesetzt, dass das Notariat nicht auf die Wechselproteste allein beschränkt, sondern auf die Aufnahme von Verträgen, letztwilligen Erklärungen und anderen Urkunden ausgedehnt und zu diesem Ende eine eigene Notariatsordnung erlassen würde, wie von dem obersten Gerichtshofe schon vorlängst in Antrag gebracht wurde.“

Wie so viele andere Hoffnungen, welche die Bewegung des Jahres 1848 anregte, zu Wasser wurden, so ging es auch der damaligen Agitation für Freigebung der Advokatur.

Ein zweites Lebenszeichen für freie Advokatur war der Beschluss des Abgeordnetenhauses vom 1. März 1862, welcher, nach einer sehr eingehenden, zwei Sitzungen ausfüllenden Debatte, dahin formulirt wurde, dass die

Ausübung der Advokatur Jedem frei stehe, der den Besitz der dazu vom Gesetze vorgeschriebenen Erfordernisse hat.

Zur Genesis dieses Beschlusses dienen folgende Daten: In der Sitzung des Abgeordnetenhauses vom 22. Nov. 1861 brachte der Abgeordnete Taschek als Antrag den Entwurf eines Gesetzes „über die Besetzung der Gerichts-Advokaten- und Notarstellen für die durch den engern Reichsrath vertretenen Königreiche und Länder“ ein [5]). Dieser Antrag wurde von dem Antragsteller in der Sitzung v. 6. Dez. 1861 begründet und einem aus den Abtheilungen gewählten Ausschusse von neun Mitgliedern zugewiesen. In diesem wurde nun die Frage angeregt, ob es denn angemessen sei, auch bei der Advokatur von dem Grundsatze der Besetzung auszugehen. Eine überwiegende Majorität desselben einigte sich in dem Beschlusse, sich für die Freigebung der Advokatur auszusprechen und diesen Antrag als eine Vorfrage für die weitere Behandlung des Taschek'schen Antrages dem Abgeordnetenhause vorzulegen. Berichterstatter war der nunmehrige Justizminister Dr. Herbst, der den Ausschussantrag sehr eindringlich und mit den überzeugendsten Gründen vertrat und als Berichterstatter zu Anfang und zum Schluss der Debatte das Wort nahm. In dieser traten Rechbauer, Giskra, Wieser, Ryger und Taschek für die freie Advokatur ein. Dagegen sprach der Advokat aus Böhmen Dr. Carl Heinrich Fischer und der gegenwärtige Präsident des Abgeordnetenhauses Moritz Edler von Kaiserfeld [6]).

Das Prinzip der freien Advokatur wurde nun mit einer von der Linken und Rechten des Hauses getragenen Majorität ausgesprochen, doch fand der Ausschuss keine Zeit sich mit einem das Prinzip verlebendigenden Entwurfe einer neuen Advokatenordnung zu befassen.

Praktischer ging das Abgeordnetenhaus bei der Sitzung v. 21. Oktober 1867 zu Werke. Es beschloss auf Antrag des Dr. v. Mühlfeld, dass ein Neuner-Ausschuss zu dem Zwecke zu wählen sei, dass derselbe, wofern er in seiner Majorität für die Freigebung der Advokatur schlüssig werden sollte, sofort auch ein dieses Prinzip verwirklichendes Gesetz zu entwerfen habe. Der Ausschuss [7]) beschloss nun in der That und zwar ein-

---

[5]) S. diesen Entwurf in der „Tribüne“ 1861 Nr. 270.

[6]) Die Verhandlung über die Freigebung der Advokatur ist in der „Tribüne“ 1862 Nr. 54, 55, 56, 57, 58 und 59 stenographisch mitgetheilt.

[7]) In den Ausschuss wurden gewählt: Dr. J. N. Berger, Dr. Karl Wilhelm Dietrich, Dr. Julius Hanisch, Dr. Max Landesberger, Dr. Coelestin

stimmig die Freigebung der Advokatur und betraute den Dr. v. Mühlfeld und den Dr. Berger mit der Vorlage des diesfälligen Gesetzentwurfes. Diesmal scheint es um so sicherer, dass das Prinzip der freien Advokatur siegen werde, als das Portefeuille der Justiz in den Händen eines ausgesprochenen Parteigängers für die Freigebung der Advokatur liegt [8]).

Leonardi, Leopold Edl. v. Mende, Dr. Eugen v. Mühlfeld, Dr. Heinrich v. Perger und Franz Schürer. Obmann ist Dr. v. Mühlfeld, dessen Stellvertreter v. Mende und Schriftführer Dr. Hanisch. In Folge des Eintritts des Dr. Berger in das Ministerium, wurde an dessen Stelle Dr. Innocenz Zaillner gewählt.

[8]) Am 16. Jänner 1868 überreichte eine Deputation dem Justizminister Dr. Herbst die in der Konzipienten-Versammlung vom 13. Jänner beschlossene Adresse um Beschleunigung der Freigebung der Advokatur. Derselbe versicherte, dass er die Freigebung der Advokatur als etwas Selbstverständliches ansehe. Er denke darüber um kein Haar anders als im Jahre 1862 und hege die Ueberzeugung, dass im constitutionellen Staate das Konzessionssistem seiner Gefährlichkeit wegen unmöglich sei. Er müsse es als die Aufgabe eines jeden Ministers ansehen, sich von der Verantwortlichkeit der Advokatenernennung sobald als möglich zu befreien. Nach seiner Ansicht liege es auch im Interesse des Advokatenstandes selbst, dass seine Mitglieder noch zu einer Zeit selbständig werden, wo sie mit voller geistiger Frische die grossen Aufgaben des Standes erfüllen können. Er müsse bedauern, dass in Folge des gegenwärtigen Sistems die Selbständigkeit zu einer Zeit erreicht werde, wo die täglichen Sorgen dem Advokaten die geistige Freiheit in der Ausübung des Berufes verkümmern. Der Advokatenstand habe in Oesterreich, wie überall, eine grosse politische Aufgabe, und er müsse entschieden wünschen, dass in allen Vertretungskörpern, von der Gemeinde an, Männer des Rechts wirken. Dem Advokaten sei volle Unabhängigkeit Lebensbedingung seines Wirkens. Er bedauere demnach, dass nicht längst schon die Advokaten-Kammern die Einführung dieser prinzipiellen Reform durch eine freiere Auffassung der Vermehrungsfrage vorgearbeitet haben. Wenn er auch bei Festhaltung dieses Standpunktes sich manchen Gehässigkeiten aussetze, halte er doch daran fest, dass die Würde des Advokatenstandes bei Durchführung dieser Grundsätze nur gewinnen könne.

II. Advokaten-Ordnung.

Die Grundsätze, welche die Advokatur im cisleithanischen Oesterreich beherrschen, sind zunächst im achtunddreissigsten Kapitel der Gerichts-Ordnung, welches die Aufschrift: „Von den Advokaten" führt, und die §§. 410—429 umfasst, enthalten. Dazu kam im Verlaufe der Zeit eine Menge theils erläuternder, theils modifizirender Verordnungen, welche, insoweit sie noch wirksam sind, bei den betreffenden Paragraphen angeführt werden.

§. 410. Niemand soll zum Advokaten angenommen werden, als jene, welche auf einer erbländischen Universität das Doktorat erlangt haben, ausgenommen bei den Ortsgerichten auf dem Lande, wo jene, welche auf einer erbländischen Universität, über ihre Wissenschaft in den Rechten geprüft worden, und darüber die vorgeschriebenen Zeugnisse beibringen, zur Advokatur zugelassen werden, doch nur in Abgang graduirter Advokaten.

1. Hfd. v. 6. September 1800, Nr. 508. Se. Maj. haben über die Aufnahme der Advokaten folgendes festzustellen geruht:

1) Weder in Städten noch auf dem Lande wird Jemand zur Advokatur zugelassen werden, der nicht die Doktorswürde auf einer erbländischen Universität erhalten hat; 2) die Universitäten werden bei der Prüfung für den Gradus mit aller Strenge vorgehen, und nur vorzüglichere Talente zum Doktorate zulassen. — Vgl. die Just. Min. Vdg. v. 11. Okt. 1854 R. G. Bl. Nr. 264. — §. 2 (s. dieselbe §. 411, 2.)

§. 411. Jener, welcher zum Advokaten angenommen zu werden verlangt, hat sich bei der im Lande aufgestellten Appellationsstelle dieserwegen zu melden, und nebst dem Zeugnisse der erbländischen Universität, die ihn geprüft hat, auch ein weiteres Zeugniss eines bereits angenommenen Advokaten über dessen in Rechtssachen eingeholte Erfahrung und hierbei bezeigten Fleiss, Geschicklichkeit und Rechtschaffenheit genau untersuchen; und wenn sie ihn tauglich findet, zur Advokatur zulassen solle, ohne auf eine Anzahl, oder auf einen Unterschied der Gerichte zu sehen.

2. Verordnung des Justizministeriums vom 11. Oktober 1854, R. G. Bl. Nr. 264, *wodurch in Folge allerhöchster Entschliessung*

vom 10. Oktober 1854 neue gesetzliche Bestimmungen über die zur Ausübung der Advokatur erforderliche praktische Prüfung und über die zur Zulassung zu dieser Prüfung erforderliche Geschäftspraxis erlassen werden.

Um die Bestimmungen über die zur Ausübung der Advokatur erforderliche praktische Prüfung, und über die zur Zulassung zu dieser Prüfung erforderliche Geschäftspraxis mit der neuen Organisation der politischen und Justizbehörden, und mit den, gleichzeitig durch die Verordnung vom heutigen Tage (R. G. Bl. Nr. 262) erlassenen Vorschriften zur Regelung der Richteramts-Praxis und der praktischen Richteramts-Prüfungen in Einklang zu setzen, wird hiermit in Folge Allerhöchster Entschliessung vom 10. Oktober 1854 verordnet, dass im ganzen Umfange des Reiches [9]), mit Ausnahme des lombardisch-venetianischen Königreiches und der Militärgrenze, und zwar in jedem einzelnen Kronlande von dem Tage angefangen, an welchem daselbst die neue Organisirung der politischen und Justizbehörden vollständig in Wirksamkeit getreten sein wird, und wo diese Wirksamkeit bereits eingetreten ist, vom Tage der Kundmachung dieser Verordnung nachstehende Vorschriften in Anwendung zu kommen haben:

§. 1. Zur Advokaturspraxis kann nur Derjenige zugelassen werden, welcher die durch die bestehenden Gesetze als verbindlich vorgeschriebenen rechts- und staatswissenschaftlichen Studien vollständig zurückgelegt hat, und sich über die mit entsprechendem Erfolge geschehene Ablegung der vorgeschriebenen theoretischen Prüfungen oder mit der etwa erhaltenen Dispens davon ausweiset.

---

9) Durch das Diplom v. 20. Okt. 1860 wurde die Regelung der Justizpflege in den Ländern der ungarischen Krone der verfassungsmässigen Gesetzgebung dieser Länder vorbehalten und wurde demgemäss die königliche Curie unter Vorsitz des Judex Curiæ in Pest wieder eingesetzt. Am 22. Jänner 1861 eröffnete der Judex Curiæ in Pest die aus den Septemviren und mehreren Rechtsnotabilitäten Ungarns zusammengesetzte Konferenz (Judex-Curial-Konferenz) zur Regelung der ungarischen Justizpflege. Am 4. März 1861 wurde die Konferenz geschlossen und deren Beschlüsse dem Landtage vorgelegt, welcher dieselben in der Sitzung v. 21. Juni 1861 annahm. Nachdem der Antrag auch in der Magnatentafel durchging, erfolgte die kaiserliche Sanktion der Judex-Curial-Konferenz-Beschlüsse. Zu diesen gehörte auch die Reaktivirung der in Ungarn geltend gewesenen Bestimmungen über die Erlangung der Advokatur, so dass auch die Prüfungsverordnung vom 11. Okt. 1854 R. G. Bl. Nr. 264 ihre Wirksamkeit in Ungarn verlor. (A. Dauscher, Das ungarische Civil- und Strafrecht nach den Beschlüssen der Judex-Curial-Conferenz. Wien, 1861. — Einleitung S. 3 und 4).

§. 2. Wer zur praktischen Advokatursprüfung zugelassen zu werden wünscht, hat nachzuweisen, dass er an einer k. k. österreichischen Universität den juridischen Doktorgrad durch wirkliche Ablegung der hiezu vorgeschriebenen strengen Prüfungen erworben, und sich nach seiner Aufnahme in die Praxis mindestens durch drei Jahre und darunter wenigstens Ein Jahr nach erlangtem Doktorgrade der Advokaturspraxis gewidmet habe. Mindestens zwei Jahre von dieser dreijährigen Praxis muss der Kandidat bei einem inländischen Advokaten, oder einer Finanzprokuraturs-Behörde zugebracht haben; das dritte Jahr dieser Praxis kann er auch in der Richteramts-Praxis (§. 17 der Verordnung vom 10. October 1854, Nr. 262 des Reichs-Gesetz-Blattes) [10]) oder in denjenigen Kronländern, für welche gleichzeitig die Verordnung vom 11. Oktober 1854, Nr. 266 des Reichs-Gesetz-Blattes, über die Notariats praxis und Prüfung erlassen wird, in der Notariatspraxis zurücklegen.

§. 3. Uebrigens haben in Ansehung der Advokatursprüfung die in den §§. 9—16 der Verordnung vom 10. Oktober 1854, Nr. 262 des Reichs-Gesetz-Blattes festgesetzten Vorschriften mit den daselbst im §. 20, lit. a)—f), bezeichneten Abweichungen [11]) und mit nachfolgenden Bestimmungen zu gelten:

---

[10]) „Um zur praktischen Richteramtsprüfung zugelassen werden zu können, hat der Bewerber nachzuweisen, dass er sich nach seiner Aufnahme als Auskultant oder Rechtspraktikant wenigstens durch ein Jahr der Gerichtspraxis gewidmet habe. Die Praxis muss in der Regel bei einem Gerichtshofe erster Instanz-(Landes- oder Kreisgericht) zurückgelegt werden. Es steht jedoch nicht entgegen, einen Theil derselben, jedoch höchstens sechs Monate, entweder bei der Staatsanwaltschaft eines Gerichtshofes erster Instanz oder bei einem Bezirksgericht (Prätur in Dalmatien) zu nehmen...“

[11]) Von den oben allegirten Bestimmungen gehört hieher: Vdg v. 10. Okt. 1854, Nr. 262 §. 20 lit. a) „Die Gesuche um Zulassung zur praktischen Advokaten-Prüfung sind bei dem Oberlandesgerichte einzubringen, welches über dieselben, unter Vorbehalt des Rekurses an das Justizministerium zu entscheiden hat; — b) Die Prüfung ist in der Regel bei dem Oberlandesgerichte abzulegen. — Befindet sich jedoch in dem Kronlande selbst, wo sich der Kandidat derselben unterziehen will, kein Oberlandesgericht, so kann von dem Justizminister aus besonders rücksichtswürdigen Gründen auch das Landesgericht der Hauptstadt jenes Kronlandes zur Vornahme der Prüfung delegirt werden. In diesem Falle ist aber die schriftliche Ausarbeitung des Kandidaten sammt dem Gutachten der Prüfungskommission über die mündliche Prüfung zur Beschlussfassung an das Oberlandesgericht einzuschicken... d) Mit Kandidaten, welche nebst der bei dem Obergerichte üblichen Geschäftssprache auch einer der in dem

a) Der Prüfungskommission für die Vornahme einer Advokaturs-prüfung ist nebst dem Vorsitzenden und zweien Oberlandesgerichts-räthen (§. 20, lit. c. der angeführten Verordnung) ein Advokat beizuziehen. Befindet sich an dem Sitze des Oberlandesgerichts ein Advokaten-Ausschuss (Advokaten-Kammer), so ist der beizuziehende Advokat aus der Reihe der von dem Ausschusse dem Ober-

Obergerichtsbezirke üblichen Landessprache kundig sind, ist die Prüfung auf ihr Verlangen zum Theile auch in dieser vorzunehmen, und denselben in dem Befähigungs-Dekrete zu bezeugen, in welchen Sprachen sie zur Geschäftsführung geeignet befunden worden sind; — e) Zur schriftlichen Prüfung sind dem Kandidaten, an von einander verschiedenen Tagen, zwei Aufgaben, die eine civilrechtlichen- und die andere strafrechtlichen Inhaltes, zu stellen... f) Die mündliche Prüfung ist auf die im §. 13 angeführte Weise aus allen Zweigen der Civil- und Strafgesetzgebung zugleich vorzunehmen...“ ferner: Vdg. v. 10. Okt. 1854 R. G. Bl. Nr. 262 §. 13, „Die mündliche Prüfung hat mit jedem Kandidaten einzeln ungefähr zwei Stunden zu dauern... Zugleich hat sich die Prüfungskommission zu überzeugen, ob und in welchem Grade dem Kandidaten die richtige Auffassungs- und Beurtheilungsgabe, Scharfsinn, praktische Geschäftsgeübtheit und ein geordneter Vortrag eigen seien. — Insbesondere ist der Kandidat auch über die von ihm gelieferte schriftliche Ausarbeitung zu prüfen, um sich durch Beantwortung geeigneter Bemerkungen über dieselbe von der Gründlichkeit und Richtigkeit seiner Beurtheilung des Gegenstandes zu überzeugen. — §. 14 Jeder Prüfungskommissär hat Fragen zu stellen. Dem Ermessen des Vorsitzenden ist es überlassen, ob er sich bei der Fragenstellung betheiligen wolle. — Die gestellten Fragen sind in das über die Prüfung zu führende Protokoll aufzunehmen. Nach Beendigung der Prüfung ist bei jeder Frage anzumerken, in wieferne dieselbe zur Zufriedenheit des Kommissärs beantwortet worden sei, welcher sie gestellt hat, und am Schlusse des Protokolles das nach Stimmenmehrheit der Kommission beschlossene Gutachten über den Erfolg der mündlichen Prüfung im Ganzen beizufügen. — §. 15. Die Prüfungskommissäre, welchen die schriftliche Ausarbeitung zur Durchsicht übergeben wird, haben auch über dieselben ihr Gutachten zu verfassen und einer derselben, welcher von dem Vorsitzenden bestimmt wird, hat dieses sowie das von der Prüfungskommission abgegebene Gutachten in der Rathsversammlung vorzutragen, welche nach der Stimmenmehrheit den Beschluss fasst, ob der Kandidat nach dem Gesammt-Ergebnisse der schriftlichen und mündlichen Prüfung dieselbe mit „ausgezeichnetem“, „sehr gutem“ oder „gutem Erfolge“ bestanden habe, oder ob er wegen Unzulänglichkeit des Erfolges zur Wiederholung der Prüfung nach Ablauf eines zu bestimmenden Termines, oder nach Umständen auch zur Fortsetzung der Praxis durch eine gewisse Zeit anzuweisen sei. — §. 16. Ueber die bestandene Prüfung ist dem Kandidaten ein Amtszeugniss auszufertigen, und darin auch der Erfolg desselben ersichtlich zu machen.“

landesgerichts-Präsidenten zu diesem Zwecke jährlich namhaft zu machenden Advokaten zu nehmen.

b) Bei der schriftlichen Advokatursprüfung ist dem Kandidaten über einen vorgelegten Civilrechtsfall die Entwerfung der Streitschriften und des richterlichen Erkenntnisses sammt Entscheidungsgründen; ferner die Ausarbeitung einer Berufungsschrift wider einen Anklagebeschluss oder wider ein Strafurtheil (§§. 200, 203, 283 und 302 der Strafprozess-Ordnung vom 29. Juli 1853) über eine vorzulegende strafgerichtliche Untersuchung oder Schlussverhandlung aufzutragen.

c) sowohl bei der schriftlichen als bei der mündlichen Advokatursprüfung, ist nebst der Erprobung der in den §§. 13 und 20, lit. d) und f) der genannten Verordnung erwähnten Erfordernisse, insbesondere auch des Kandidaten Gewandtheit in Beziehung auf die erste Einleitung der Rechtsgeschäfte und der weiteren gerichtlichen Schritte in und ausser Streitsachen, sowie seine Fähigkeit in Beziehung auf die Abfassung von Rechtsurkunden, und auf die hierbei in Anwendung zu bringenden Vorsichten (Kautelar-Jurisprudenz) zu erforschen.

§. 4. Die von einem Kandidaten mit Erfolg bestandene Advokaturspüfung vertritt auch die Stelle der Richteramts-Prüfung, und in denjenigen Kronländern, für welche die Notariats-Ordnung vom 29. September 1850 erlassen wurde, auch die Stelle der Notariats-Prüfung.

Vorübergehende Anordnungen.

§. 5. In so weit Jemand durch eine vor dem Eintritte der Wirksamkeit dieser Verordnung abgelegte praktische Prüfung nach den in den Kronländern, worin die allgemeine bürgerliche und Strafgesetzgebung schon früher bestanden hat, giltigen Vorschriften die Befähigung zur Erlangung einer Advokatur erworben hat, ist er der nochmaligen Ablegung der Prüfung enthoben.

§. 6. Diejenigen Kandidaten, welche an dem Tage, wo diese Verordnung in Wirksamkeit tritt, die zur Zulassung zu der Advokatursprüfung nach den in den Kronländern, worin die allgemeine bürgerliche Strafgesetzgebung schon früher in Wirksamkeit stand, giltigen Vorschriften erforderliche Praxis bereits vollendet haben, sind zu der entsprechenden Prüfung ungehindert zuzulassen. Die Prüfung selbst ist nach der gegenwärtigen Vorschrift vorzunehmen. Denjenigen aber, welche diese Praxis zwar schon begonnen, aber noch nicht vollendet haben, ist der daran zurückgelegte Theil in die nach dem neuen Gesetze erforderliche Zeit der Praxis einzurechnen [12]).

3. Just.-Min.-Erlass v. 16. Nov. 1851. Präs. Z. 554. Die Oberlandesgerichts-Präsidien haben über diejenigen Kandidaten, welche sich zur Ablegung der Advokaturs- oder Notariatsprüfung melden, und in Folge oberlandesgerichtlichen Beschlusses hierzu zugelassen werden sollen, vor Expedirung des Beschlusses in Betreff ihrer moralischen und politischen Haltung noch vor Zulassung zur Prüfung die Polizeinotizen im Wege der k. k. Statthaltereien einzuholen, und je nachdem diese günstig, oder ungünstig, ja nur zweifelhaft lauten, im ersten Falle die Expedition des oberlandesgerichtlichen Beschlusses zu veranlassen, im zweiten Falle aber, ohne dem Rathsgremium die Notizen bekannt zu geben, im Präsidialwege und mit Beischliessung der Notizen beim Justizministerium um weiteres Verhalten anzufragen.

4. Hfd. 3. Febr. 1824. Nr. 1985 an das böhm. Appellations-Gericht. Se. Majestät haben anzuordnen geruht, dass die der obersten Justizstelle überlassene Benennung der auf die für Prag festgesetzte Zahl von siebenzig Advokaten dermal abgängigen Individuen erst nach einem vorläufigen Konkurse, und nebstdem mit Beobachtung folgender Vorschriften zu geschehen habe: a) dass wirkliche Professoren, welche nicht schon den Stallum in Prag besitzen, hierzu nicht bestellt werden dürfen; b) dass, wenn unter den Kompetenten einige von der zu der Advokatur auf dem flachen Lande Befugten sich befinden sollten, welche alle erforderlichen Eigenschaften, so wie jene des Gradus und der dreijährigen Praxis besitzen, diesen der Vorzug einzuräumen sei; und 3) dass die hiernach benannt werdenden Prager Advokaten, nebst allen sonst erforderlichen Eigenschaften, auch eine untadelhafte Moralität und gute Denkungsart besitzen müssen; wovon sich vor ihrer Benennung vollkommen zu versichern ist.

5. Studien-Hof-Kommissions-Dekr. v. 3. Nov. 1839; J. G. S. 385. Im Nachhange zu der, der Landesstelle unterm 19. Jänner 1839 Nr. 329 J. G. S. eröffneten a. h. Entschliessung vom 5. Jänner 1839, wegen der Rechte jener Ausländer, welche die Fakultätsstudien an österreichischen Lehranstalten zurückgelegt haben, und sodann als k. k. Unterthanen

---

[12]) §. 7. entfällt, weil derselbe sich auf die Kandidaten der ungarischen Länder bezieht.

aufgenommen worden sind, wird der Landesstelle zufolge a. h. Entschl. vom 27. Oct. 1839 hiermit eröffnet, dass von den in Frage stehenden nazionalisirten Ausländern, die im Inlande studiren, und daselbst die Praxis ausüben wollen, als Bedingung alle jene Vorstudien (nämlich die Elementar- und Gimnasialklassen) zu fordern sind, welche für die Inländer vorgeschrieben sind, wenn sie dieselben auch im Auslande zurückgelegt haben.

6. Hfd. 16. April 1830. Nr. 2460. Se. Majestät haben in Beziehung auf die Prüfung der Advokaten folgende Vorschriften zu ertheilen geruht: 1) ... 2) ...[13]) 3) die hiernach erhaltene Befähigung ertheilt keine Befugniss zur wirklichen Ausübung der Advokatur, sondern dieselbe hat nur zur Folge, dass der Befähigte unter Bescheinigung dieser Eigenschaft in allen Provinzen, in welchen das bürgerliche Gesetzbuch Gesetzkraft hat, bei Besetzung der Advokatenstellen sich um dieselben bewerben kann. — 4) ... 5) [14]).

7. Jhfd. 30. Mai 1837, zufolge a. h. Entschl. v. 27. Mai 1837. J. G. S. 204. Bei Besetzung der Advokatenstellen ist unter den Geeigneten der in jeder Beziehung Vorzüglichste, bei allenfalls gleichen Vorzügen aber erst der Senior im Doktorate zu berücksichtigen.

8. Hfd. 21. Okt. 1817 Nr. 1381. In Folge hohen Befehls ist künftig keinem in Wien oder auf einer anderen erbländischen Universität graduirten Doktor die Advokatur gestattet, welcher sich nicht mit der Einverleibung in die hiesige juridische Fakultät auszuweisen vermag.

9. Hfd. 7. Mai 1821 Nr. 1758. Ueber die Frage: ob ein Advokat ein Wirthsgewerbe betreiben könne? wird bedeutet: In der Erwägung, dass die Advokaten einen eigenen Stand ausmachen, und sich ihren Berufsgeschäften ganz und ausschliessend widmen sollen, auch nur unter dieser Bedingung vermögend sind, sich selbst zu gründlichen Rechtsgelehrten

---

[13]) Punkt 1. verfügt, dass die Advokatenprüfung vor einem Appellationsgerichte abzulegen sei. Punkt 2. setzt die Erfordernisse für die Zulassung zur Prüfung fest. — Diese Bestimmungen sind in der Prüfungs-Verordnung v. 11. Okt. 1854 R. G. Bl. Nr. 264 anders normirt, s. dieselbe §. 411 a. G. O. Zusatz 2.

[14]) Punkt 4. hält die übrigen die Advokaten betreffenden Vorschriften und die Klassifizirung der Geprüften aufrecht. Punkt 5. bezieht sich auf jene Bewerber, welche bereits mit der Bedingung der nachträglichen Prüfung aufgenommen wurden. — Vgl. die Prüfungs-Verordnung Zusatz 2. und Geschichte der Advokatur S. 49.

und guten Sachwaltern zu bilden, ihre Amtspflichten zu erfüllen, und sich die Achtung und das Vertrauen der Parteien und des Richters zu erwerben, dass ferner die gleichzeitige Betreibung eines Gewerbes sie in ihren Amtsverrichtungen vielfältig verhindern, und sie in mehrfältige, für die Justiz und das Ansehen der Sachwalter und der Gerichte nicht gleichgiltige, Verbindung setzen müsste; und dass es endlich nicht wohl möglich ist, bei der Lebensart und den täglichen Geschäften des Wirthes in einem Gasthofe oder in einer Schenke zugleich mit gutem Erfolge das Amt eines Advokaten zu versehen, kann keinem Advokaten gestattet werden, das Geschäft und die Verrichtungen eines Gastwirthes zu übernehmen. Dieses sei also, wo es besteht, abzustellen, und einem solchen Advokaten die Wahl zu lassen, in einer zu bestimmenden angemessenen Frist der einen oder der anderen dieser Erwerbungsarten zu entsagen. Indessen sei einem Advokaten nicht benommen, Gasthöfe eigenthümlich an sich zu bringen, und entweder durch Verpachtung sie zu benützen, oder die Verwaltung derselben durch Andere besorgen zu lassen.

10. Provisorische Advokaten-Ordnung v. 11. Aug. 1849. R. G. Bl. Nr. 364:

§. 1. Die Advokaten werden von dem Justiz-Minister ernannt. Derselbe ist hierbei an die bisher bestandene Festsetzung einer bestimmten Zahl derselben ferner nicht gebunden, sondern hat über die Vermehrung oder Verminderung der bestehenden Advokatenstellen, sowie über die Gesuche um Verleihung von Advokatenstellen für Orte, wo derzeit keine solchen bestehen, von Fall zu Fall über Anhörung des Gutachtens des bezüglichen Appellationsgerichtes (Oberlandesgerichtes) und der bezüglichen Advokaten-Kammer abzusprechen.

§. 2. Die Advokaten-Kammer bilden sämmtliche Advokaten, welche in dem Bezirke eines Landesgerichtes ihren Wohnsitz haben; doch können sich, unter Vorbehalt der Genehmigung des Justiz-Ministers, auch die Advokaten mehrerer Landesgerichtssprengel in eine Kammer vereinigen [15]).

---

[15]) Im Sinne des §. 2 der prov. Advokaten-Ordnung wurde mittels des Justiz-Ministerial-Erlasses v. 19. Aug. 1861 Z. 7688 die Vereinigung sämmtlicher Advokaten Nieder-Oesterreichs zu einer einzigen Kammer „Niederösterreichische Advokaten-Kammer" genannt, genehmigt. Das Statut und die Geschäftsordnung dieser Kammer, ferner ein Cirkular des Ausschusses derselben v. 19. Okt. 1866, die Grundsätze, von denen derselbe bei seinen Beschlüssen in Angelegenheiten seines Wirkungskreises ausgeht, betreffend, bilden den ersten Anhang zu der vorliegenden Darstellung der Advokatur in Oesterreich.

§. 3. Aus der Kammer wird durch Wahl ein ständiger Ausschuss gebildet. Sowohl die Advokaten-Kammer, als deren Ausschuss, haben ihren Amtssitz an jenem des Landesgerichtes zu nehmen.

§. 4. Der Advokaten-Kammer werden folgende Geschäfte zugewiesen:

a) die Erlassung ihrer eigenen Geschäftsordnung, und jener des Ausschusses, sowie die Feststellung des Wirkungskreises des Letzteren;

b) die Wahl des Präsidenten der Kammer, welcher auch im ständigen Ausschusse den Vorsitz zu führen hat; ferner die Wahl der Mitglieder des Ausschusses und die Bestimmung der Zahl derselben. Diese Wahlen werden nach absoluter Stimmenmehrheit für die Dauer eines Jahres vorgenommen, und das Resultat der Wahl, sowie der besonders bestimmte Wirkungskreis des Ausschusses ist jederzeit ungesäumt dem Appellationsgerichte (Oberlandesgerichte) anzuzeigen, welches hiervon dem Justiz-Ministerium und sämmtlichen untergeordneten Gerichten des Sprengels der Advokaten-Kammer Nachricht zu geben haben wird;

c) die Feststellung der Einnahmen und Ausgaben der Kammer, sowie die Prüfung der bezüglichen Rechnungen;

d) die Abgebung des im §. 1 erwähnten Gutachtens über die Verleihung von Advokatenstellen, sowie auch die Erstattung der Aeusserung im Falle der beantragten Suspendirung oder Entlassung eines Advokaten (§. 20);

e) die nach Ablauf jeden Jahres zu erneuernde Wahl der Prüfungs-Kommissäre aus dem Advokatenstande, welche der Präsident des Appellations- (Oberlandes-) Gerichtes abwechselnd zu den Advokatenprüfungen zuzuziehen hat (§. 14).

f) die Aufrechterhaltung der Ehre und Würde des Advokatenstandes;

g) Die Erstattung von Gesetzvorschlägen.

§. 5. Dem Wirkungskreise des ständigen Ausschusses, welcher zur Fassung eines jeden Beschlusses aus dem Präsidenten und wenigstens vier Stimmführern zu bestehen hat, wird hiermit gesetzlich zugewiesen:

a) die Oberaufsicht über die in dem Bezirke der Advokaten-Kammer sich verwendenden Advokaturs-Kandidaten, und

b) die Benennung der unentgeltlichen Vertreter für arme Parteien und die Abgebung des Gutachtens über deren Enthebung (§. 19).

§. 6. Die Korrespondenz der Advokaten-Kammer und des Ausschusses mit den Appellationsgerichten (Oberlandesgerichten), sowie erforderlichen Falles mit dem Justiz-Ministerium und dem obersten Gerichtshofe, hat in der Form von Berichten, mit allen übrigen Gerichtsbehörden, dann den Advokaten und Parteien in der Form von Schreiben statt zu finden. Die Korrespondenz der Advokaten-Kammer und des Ausschusses mit den Behörden ist stempel- und portofrei.

§. 7. Die mit der Amtswirksamkeit der Advokaten-Kammer und des Ausschusses verbundenen Kosten haben die der Kammer angehörigen Advokaten selbst zu tragen.

Der Präsident und die Mitglieder des Ausschusses haben aber ihr Amt unentgeltlich zu versehen, sowie auch den Parteien für die Amtshandlungen der Advokaten-Kammer und des Ausschusses keine Gebühren aufgerechnet werden dürfen.

§. 8. Eine besondere Verordnung wird die Orte bestimmen, in welchen schon derzeit Advokaten-Kammern zu errichten sind, und insolange für einen Gerichtsbezirk eine Advokaten-Kammer nicht errichtet ist, bleiben die Gerichte in Beziehung auf die in dieser Verordnung der Advokaten - Kammer und dem Ausschusse eventuell zugewiesenen Geschäfte in ihrer bisherigen Amtswirksamkeit.

§. 9. Das Vertretungsrecht eines Advokaten in Civil-Rechtsangelegenheiten erstreckt sich auf den ganzen Appelations- (Oberlandes-) Gerichtsbezirk, in welchem derselbe seinen Wohnsitz hat.

Das Vertretungsrecht von den Strafgerichten wird durch ein besonderes Gesetz geregelt werden.

§. 10. Die Erfordernisse, um zur Ausübung der Advokatur zugelassen zu werden, werden vorläufig und bis zur Feststellung der Normen für die Staatsprüfungen folgendermassen bestimmt:

a) die österreichische Staatsbürgerschaft;
b) die erreichte phisische Grossjährigkeit;
c) unbescholtener Lebenswandel;
d) die durch die Advokatenprüfung oder durch die vor Kundmachung dieser Verordnung abgelegte Fiskalprüfung erprobte Befähigung zur Ausübung der Advokatur.

§. 11. Den derzeit noch zur Parteienvertretung berechtigten Justiziären wird unter Voraussetzung der übrigen im §. 10 geforderten Eigenschaften ausnahmsweise gestattet, sich um Verleihung von Advokatenstellen zu bewerben, wenn sie auch die Advokaten- oder Fiskal-Prüfung nicht abgelegt haben.

§. 12. Die bei den Appellations- (Oberlandes-) Gerichten einzubringenden Gesuche um Zulassung zur Advokatenprüfung müssen folgende Eigenschaften des Prüfungs-Kandidaten nachweisen:

a) die an einer österreichischen Universität erlangte juridische Doktorswürde;

b) die praktische Befähigung durch Dienstleistung bei einem österreichischen Gerichte oder Fiskalamte, oder bei einem inländischen Advokaten, und zwar entweder durch drei Jahre nach erlangtem Doktorgrade, oder durch fünf Jahre nach zurückgelegten Rechtsstudien ohne Rücksicht auf den Zeitpunkt des erlangten Doktorgrades [16].

Das Zeugniss über die Praxis bei einem Advokaten muss von dem Ausschusse derjenigen Advokaten-Kammer, welcher der Aussteller angehört, bestätigt sein.

§. 13. Bis zum letzten Dezember 1850 sind auch nicht graduirte geprüfte Richter zur Advokatenprüfung zuzulassen, wenn sie sich ausweisen, durch fünf Jahre bei einem österreichischen Gerichte als Einzelrichter, oder als Kollegial-Gerichtsräthe das Richteramt tadellos ausgeführt zu haben.

§. 14. Die Advokaten-Prüfungs-Kommission ist für die Zukunft unter dem Vorsitze eines Rathsmitgliedes des Appellations- (Oberlandes-) Gerichtes, aus zwei Justizräthen und zwei Advokaten zusammenzusetzen. Die Benennung der Prüfungs-Kommissäre aus dem Richterstande erfolgt durch das Präsidium des Appellations- (Oberlandes-) Gerichtes, die Mitglieder der Prüfungs-Kommission aus dem Advokatenstande sind von der Advokaten-Kammer, welche in dem Amtsorte des Appellations-Gerichtes ihren Sitz hat, zu bezeichnen (§. 4, lit. e) [17].

§. 15. Zu den Advokatenprüfungen steht allen Richtern, Staatsanwälten, Advokaten und Doktoren der Rechte der Zutritt frei [18].

---

[16]) Die Bestimmung der prov. Advokatenordnung §. 12 lit. b) über die Art der Praxis ist durch die Prüfungsverordnung v. 11. Oct. 1854 R. G. Bl. Nr. 264, §. 2 abgeändert, s. dieselbe Zusatz 2.

[17]) Die Prüfungskommission ist nach der Prüfungsverordnung vom J. 1854 §. 3 lit. a) anders zusammengesetzt.

[18]) Da die Prüfungsverordnung vom J. 1854 eine die im §. 15. der prov. Advokatenordnung normirte Oeffentlichkeit derogirende Bestimmung nicht enthält, so muss auch für jetzt der Zutritt von Richtern, Staatsanwälten, Advokaten und Doktoren der Rechte zu den Advokatenprüfungen für zulässig angesehen werden.

§. 16. Die Advokatenprüfung hat die Kenntnisse des Prüfungs-Kandidaten in der Civil- und Strafrechtsgesetzgebung zu erproben [19]).

§. 17. Die Erledigung über die abgelegte Prüfung hat ohne Bezeichnung eines Kalküls die Befähigung oder Nichtbefähigung des Kandidaten zur Ausübung der Advokatur auszusprechen [20]).

§. 18. Der ernannte Advokat hat binnen drei Monaten nach seiner Ernennung bei sonstiger Erlöschung derselben sein Amt anzutreten, und zu diesem Ende um die Zulassung zur Eidesablegung bei dem Appellations- (Oberlandes-) Gerichte anzusuchen. Die Eidesleistung, sowie der Dienstantritt eines Advokaten ist öffentlich anzuzeigen.

§. 19. Die Entscheidung, ob einer Partei das Armenrecht zustehe, bleibt auch fernerhin dem Gerichte vorbehalten; dagegen ist die Person des aufzustellenden unentgeltlichen Vertreters von dem ständigen Ausschusse der Advokaten-Kammer zu bestimmen. Ueber das Ansuchen eines Advokaten um Enthebung von einer unentgeltlichen Vertretung entscheidet das Gericht, und zwar, falls es dem Ansuchen nicht unmittelbar statt geben zu können erachtet, nach Anhörung des Gutachtens des Ausschusses der Advokaten-Kammer.

§. 20. Die behördliche Disziplinar-Aufsicht über die Advokaten steht ausschliesslich den Appellations- (Oberlandes-) Gerichten zu, daher auch nur über deren Auftrag eine Disziplinar-Untersuchung gegen einen Advokaten eingeleitet werden darf.

Die Appellations- (Oberlandes-) Gerichte haben über die Frage der Suspendirung oder Entlassung eines Advokaten jederzeit vorläufig die Aeusserung der Advokaten-Kammer einzuholen und mit ihrem eigenen Gutachten dem obersten Gerichtshofe vorzulegen.

Insoferne sich aber aus der Geschäftsführung eines Advokaten die gesetzliche Nothwendigkeit ergibt, gegen denselben mit einer Rüge oder Geldbusse vorzugehen, wird der bisherige Wirkungskreis der Gerichte aufrecht erhalten.

§. 21. Alle übrigen die Advokaten betreffenden gesetzlichen Anordnungen, welche durch diese Verordnung nicht abgeändert wurden, bleiben in Rechtskraft.

---

[19]) Die Prüfungsverordnung v. J. 1854 enthält im §. 3 lit. b) und c) ausführliche Bestimmungen über den Inhalt der Prüfung.

[20]) Die Prüfungsverordnung v. J. 1854 hat einen dreifachen Kalkül eingeführt, s. Note 11) §. 15 der Verordnung v. 10. Okt. 1854, R. G. Bl. Nr. 262.

Zusatz *zum §. 7 erste Alinea der vorstehenden Advokatenordnung.*

11. Verordnung des Justizministeriums v. 15. Juli 1856, R. G. Bl. Nr. 131 *über die Art der Einbringung der mit der Amtswirksamkeit der Advokatenkammern und deren Ausschüssen verbundenen Kosten.*

Um die Advokatenkammern in denjenigen Kronländern, in welchen die provisorische Advokatenordnung vom 16. August 1849, Nr. 364 des Reichs-Gesetz-Blattes, eingeführt ist, in den Stand zu setzen, die mit ihrer Amtswirksamkeit und derjenigen ihrer Ausschüsse verbundenen Kosten einbringen zu können, wird bis zum Erscheinen einer definitiven Advokatenordnung Folgendes angeordnet: §. 1. Diejenigen Advokatenkammern, bei welchen sich in Ansehung der Einbringung dieser Kosten Schwierigkeiten ergeben, haben für die Zukunft das Berathungsprotokoll und den Beschluss über den Voranschlag der jährlichen Auslagen, dann über die Bestimmung hinsichtlich der zur Deckung dieser Auslagen von den Mitgliedern zu leistenden Beiträge der Kasseführung und Verrechnung und der Frage, von wem die Rechnungen zu bemängeln und zu genehmigen sind, dem Oberlandesgerichte zur Prüfung und Bestätigung vorzulegen. Wenn in der Folge an den erwähnten Bestimmungen Abänderungen getroffen werden wollen, oder in den späteren Voranschlägen solche Aenderungen eintreten, welche auch eine Aenderung in den zu leistenden Beiträgen nothwendig machen, so muss hiezu neuerlich die Genehmigung des Oberlandesgerichtes eingeholt werden. — §. 2. Das Oberlandesgericht hat bei der Prüfung sowohl im Allgemeinen, als mit Rücksicht auf die bei der Berathung etwa vorgekommenen Einwendungen darüber zu wachen, dass keine überflüssigen oder übermässigen Auslagen in den Anschlag aufgenommen, dass bei der Bestimmung der jährlichen Beiträge der Mitglieder ein den Vortheilen, welche das Institut denselben gewährt, entsprechendes Verhältniss beobachtet, daher insbesondere diejenigen Advokaten, deren Standort von dem Sitze der Advokatenkammer entfernt ist, nach Umständen verhältnissmässig geringeren Beiträgen unterworfen werden, und dass sowohl in Beziehung auf die Verwaltung und Verrechnung des Einkommens, als in Beziehung auf die Bemängelung und Genehmigung der Rechnungen die erforderliche Sicherheit und Controle hergestellt werde. Mit Beobachtung dieser Rücksichten hat das Oberlandesgericht die vorgelegten Beschlüsse entweder zu genehmigen, oder die erforderlichen Abänderungen zu treffen. Gegen eine abändernde Entscheidung des Oberlandesgerichtes steht den Betheiligten binnen 14 Tagen der Rekurs an das Justizministerium offen, welcher bei der Advokatenkammer zu überreichen ist. — §. 3. Der Advokatenkammer, oder dem von derselben bestellten Ausschusse steht frei, gegen diejenigen Advokaten, welche mit der Entrichtung der auf die angeführte Weise bestimmten jährlichen Beiträge säumig sind, einen von dem Vorsteher der Advokatenkammer gefertigten Auftrag zur Entrichtung des Rückstandes mit Bestimmung einer Zahlungsfrist von 14 Tagen bei Vermeidung der Exekution zu erlassen. Glaubt der Schuldner Einwendungen gegen die Forderung erheben zu können, so hat er dieselben binnen eben dieser Frist bei der Advokatenkammer anzubringen, und wenn diese seiner Vorstellung keine Folge geben sollte, bei derselben binnen weiteren 14 Tagen den Rekurs an das Oberlandesgericht zu überreichen. Gegen die bestätigende Entscheidung des Oberlandesgerichtes findet keine weitere Beschwerde Statt, wogegen im Falle einer abändernden Erledigung von Seite des Oberlandesgerichtes der Disziplinarkammer der Rekurs an das Justizministerium in der oben angegebenen Frist offen steht. — §. 4. Ist der Zahlungsauftrag rechtskräftig geworden, ohne dass der Schuldner seiner Verbindlichkeit entsprochen hätte, so steht der Advokatenkammer frei, bei dem Gerichtshofe erster Instanz, wo die Kammer ihren Sitz hat, zur Einbringung des Rückstandes um die Exekution anzusuchen, welche nach Vorschrift der Gerichtsordnung zu bewilligen und vorzunehmen ist. — §. 5. Dem Oberlandesgerichte steht übrigens jederzeit frei, von der Gebarung mit dem Einkommen der Advokatenkammer durch einen Abgeordneten aus seinen Mitgliedern, oder aus den Mitgliedern des Gerichtshofes erster Instanz, wo die Kammer ihren Sitz hat, Einsicht nehmen zu lassen und bei wahrgenommenen Mängeln die zur Herstellung der Ordnung erforderlichen Massregeln zu treffen.

Zusatz *zum §. 9 der provisorischen Advokaten-Ordnung.*

12. Verordnung des Justizministeriums vom 24. Dezember 1860, R. G. Bl. Nr. 276, *betreffend die Unterschrift auf Eingaben eines nicht am Gerichtsorte wohnenden Advokaten.* Zur Behebung vorgekommener Anstände wird erklärt, dass dem durch die Gerichtsordnungen vorgeschriebenen Erfordernisse der Unterschrift eines Rechtsfreundes auf Streitschriften im Sinne der bestehenden Gesetze (Hfd. v. 6. Sept. 1806, Nr. 508 J. G. S. Abs. 4, und Advokaten-Ordnung v. 16. Aug. 1849, Nr. 364 des Reichs-Gesetz-Blattes §. 9) dann vollständig entsprochen ist, wenn die Unterschrift von einem Advokaten beigesetzt ist, welcher seinen Wohnsitz in demjenigen Oberlandesgerichts-Sprengel, wenn auch nicht an demjenigen Orte hat, wo die Eingabe überreicht wird. — Das oben angeführte Hfd. v. 6. Sept. 364 Abs. 4 lautet: Hat nun der Kandidat alle angeführten Bedingungen erfüllt, so soll er auch befugt sein, in dem Lande, für welches er den *stallum advocandi* angesucht hat, und für welches er von dem Appellations-Gerichte geprüft worden ist: bei allen Justizbehörden die Parteien zu vertreten.

Zusatz *zum §. 18 der provisorischen Advokaten-Ordnung.*

13. Oberlandesgerichts-Dekret vom 14. Aug. 1851 Z. 4801 (Normalien-Buch des Wiener Landesgerichtes). — In der Anlage wird die von dem k. k. Justiz-Ministerium herabgelangte Eidesformel für Advokaten mitgetheilt: „Sie werden zu Gott dem Allmächtigen schwören, und bei Ihrer Ehre und Treue geloben, unserm allergnädigsten Landesfürsten und Herrn Franz Josef dem Ersten, von Gottes Gnaden Kaiser von Oesterreich, und nach demselben Höchstdessen Thronfolgern aus dem durchlauchtigsten Hause Habsburg - Lothringen treu und gehorsam zu sein, und nachdem Sie zum Advokaten im Kronlande . . . . mit dem Sitze in . . . . ernannt worden sind, so werden Sie schwören, in dem Ihnen übertragenen Amte Sr. k. k. Majestät und des österreichischen Gesammtreiches Ehre und Wohl nach allen Ihren Kräften zu befördern, jeden Nachtheil und Schaden davon abzuwenden und stets die genaueste Befolgung und Aufrechterhaltung der Gesetze vor Augen zu haben. — Sie werden ferner schwören, das Ihnen verliehene Amt eines Advokaten in Civil- wie in Strafsachen treu und redlich in Gemässheit der bestehenden Gesetze und Verordnungen, insbesondere aber über die Ausübung der Advokatur erlassenen Vorschriften auszuüben, die dem Gerichte und öffentlichen Behörden schuldige Achtung niemals zu verletzen, dem Armen wie dem Reichen bei Verfolgung oder Vertheidigung seiner Rechte mit gleichem Eifer und gleicher Gewissenhaftigkeit beizustehen, und sich überhaupt bei Ihren ämtlichen Verrichtungen weder durch das Ansehen der Person, Furcht oder Vorliebe, noch durch Eigennutz oder sonst durch Leidenschaft oder Nebenabsicht leiten zu lassen, sondern unter allen Umständen nur dem Gesetze gemäss zu handeln". — „Was mir jetzt vorgehalten worden, und ich in Allem wohl und deutlich verstanden habe, demselben soll und will ich in Allem getreu und fleissig nachkommen. So wahr mir Gott helfe!"

Zusätze *zum §. 19 der provisorischen Advokaten-Ordnung* das Armenrecht betreffend.

14. Hofkammer-Präsidial-Dekret v. 26. Juli 1840. J. G. S. 457. Mit Bezug auf die §§. 85 und 90 des Stämpel- und Taxgesetzes vom

27. Jänner 1840 Nr. 404 der J. G. S. werden in Betreff der Stämpelfreiheit der Armen und Abwesenden und der Stämpelvormerkung für die letzteren nachstehende Bestimmungen zur allgemeinen Kenntniss gebracht: §. 1. Als arm in Beziehung auf die Entrichtung von Stämpelgebühren wird Derjenige betrachtet, welcher von seiner Realität, seinem Kapitale, seiner Rente oder durch Arbeit oder Dienst kein grösseres Einkommen bezieht, als der in dem Wohnorte des Armen übliche gemeine Tagelohn beträgt. — §. 2. Das Zeugniss, welches zum Beweise der Armuth dienen soll, muss nebst der Angabe des Zweckes, zu welchem das Armuthszeugniss ausgestellt wird, die in dem §. 1 angedeuteten Gründe der Armuth klar, bestimmt und umständlich ausdrücken. Das Zeugniss muss von dem Pfarrer des Ortes, wo die arme Partei wohnt, ausgestellt, und von der politischen Obrigkeit bestätigt sein. — §. 3. Diejenigen, welche das Armuthszeugniss auszufertigen oder zu bestätigen haben, sind bei Vermeidung der gesetzlichen Bestrafung verpflichtet, über die Vermögens- und Erwerbs-Verhältnisse des Zeugnisswerbers genaue und verlässliche Erkundigungen einzuziehen und im Falle eines gegründeten Zweifels über die Richtigkeit der von dem Zeugnissbewerber angegebenen Umstände die Ausstellung oder Bestätigung des Zeugnisses zu versagen. — Wer ein Armuthszeugniss, worauf er keinen gesetzlichen Anspruch hat, durch Täuschungen, oder auf sonst eine Weise erschleichet, macht sich der im §. 408 des Strafgesetzes über Gefälls-Uebertretungen bezeichneten Gefällsverkürzung schuldig. — Die streitende Partei, welche das Armenrecht anspricht, hat das vorschriftmässig ausgestellte Zeugniss dem Richter erster Instanz, vor welchem der Streit anhängig ist, vorzulegen, und jede Satzschrift, oder sonstige auf den Rechtsstreit bezügliche Eingabe oder Schrift, auf dem ersten Bogen, an der Stelle, wo sonst der Stämpel aufgedrückt wird, mit den Worten „Armenrecht“ zu bezeichnen, und den Tag der Uebergabe des Armuthszeugnisses an das Gericht beizufügen. — Diese Armuthszeugnisse haben in derselben Angelegenheit auch in zweiter und dritter Instanz zu gelten. — §. 5. Das Gericht in erster Instanz hat das Armuthszeugniss in den Akten aufzubewahren. Ueberhaupt haben derlei, die Stämpelfreiheit begründende Armuthszeugnisse nur für den besonderen Fall, für den sie ausgestellt wurden, zu gelten, und sind den Parteien nicht wieder zurückzustellen. — §. 6. In dem Falle, dass unter mehreren Streitgenossen nur einige arm sind, haben die wohlhabenderen Streitgenossen den Stämpel im vollen Betrage allein zu entrichten, und es tritt die Befreiung vom Gebrauche des Stämpels nur

dann ein, wenn alle Streitgenossen mit vorschriftsmässigen Armuthszeugnissen versehen sind. Auch steht den als Cessionäre auftretenden Klägern die Befreiung vom Gebrauche des Stämpels nicht zu, wenn sie nicht persönlich auf das Armenrecht nach dem Gesetze Anspruch haben. — §. 7. In dem Falle, in welchem nach §. 90 des Stämpel- und Taxgesetzes die in dem Rechtsstreite eines Abwesenden auflaufenden Stämpelgebühren vorzumerken sind, ist der Vertreter des Abwesenden verpflichtet, mit Berufung auf den oben angedeuteten, die Stämpelvormerkung begründenden Paragraf des Stämpel- und Taxgesetzes, jeder Satzschrift oder sonstigen auf den Rechtsstreit sich beziehenden Eingabe oder Schrift ein von ihm unterzeichnetes Verzeichniss der Stämpel anzuschliessen, womit die Schrift oder ihre Beilagen nach dem Gesetze hätten versehen sein müssen. — Diese Stämpelverzeichnisse, in welche auch die Stämpel, die zu Protokollen, gerichtlichen Abschriften, Urteilen oder die Stelle der Urteile vertretenden Bescheide zu verwenden gewesen wären, von dem Vertreter der Partei einzutragen sind, haben bis zur Beendigung des Rechtsstreites in den Gerichtsakten zu verbleiben. Nach Beendigung des Rechtsstreites, folglich wenn das Urteil in Rechtskraft erwachsen ist, hat das Expedit des Gerichtes erster Instanz, wenn die abwesende Partei den Prozess behauptet hat, diese Verzeichnisse zu sammeln, und sie der Kameral-Bezirks-Verwaltung desjenigen Bezirkes, in welchem das Gericht aufgestellt ist, mitzutheilen, damit dieselbe die Stämpelgebühren von der zalungspflichtigen Partei, insofern sie durch Behauptung des Prozesses in dem Sinne des §. 90 des Stämpel- und Taxengesetzes Zalungsmittel erlangt hat, nachträglich einbringe. — Die Gerichtsstellen erster Instanz werden angewiesen, zum Behufe der Mittheilung dieser Stämpelverzeichnisse an die Bezirksverwaltung die vorkommenden Rechtsstreite der Abwesenden gehörig in Evidenz zu halten.

15. Hofkanzlei-Dekret v. 13. Jänner 1842 J. G. S. 589. Die zur Ausführung des Art. 90 des a. h. Stämpelpatentes erlassenen Anordnungen schreiben vor, dass die zur Erlangung der Stämpelfreiheit im gerichtlichen Verfahren erforderlichen Armuthszeugnisse von dem Pfarrer des Ortes, wo die Partei wohnt, erlassen und von der Ortsobrigkeit bestätigt werden sollen. — Es ist nun die Frage aufgeworfen worden, ob, da das Stämpelpatent ein Finanzgesetz ist, die Beschwerden über Verweigerung eines solchen Zeugnisses der Kameral- oder politischen Behörde zur Entscheidung zuständen? — In Erwägung, dass es sich hier wesentlich um ein Urteil über die Thatsache der Armuth einer

Partei handelt; dass das Armenwesen überhaupt in den Bereich der politischen Verwaltung gehört, und nur durch ihre Organe und Mittel mit Klugheit und Geschicklichkeit die Daten zu einer genügenden Ueberzeugung über die häusliche ökonomische Lage einer Familie beigeschafft werden können; dass nur diese geeignet ist, über den Vorgang von Seelsorgern hierin abzuurteilen und ihnen Weisungen zu geben, und dass die Parteien in den Finanzbehörden einen betheiligten Gegner voraussetzen würden: hat die Hofkanzlei im Einverständnisse mit der k. k. allg. Hofkammer beschlossen: 1) die politischen Behörden sind berufen, über Beschwerden abzuurtheilen, wegen Verweigerung eines Armuthszeugnisses zur Erlangung der Stämpelbefreiung vor Gericht. 2) Sie entscheiden ebenfalls über Anzeigen dritter in den Rechtsstreiten Interessirter oder öffentlicher Aemter, in Betreff der Erschleichung der erwähnten Zeugnisse, über Annullirung oder Aufrechthaltung derselben. 3) Im Falle die Entscheidung dahin ausfällt, dass das Armuthszeugniss erschlichen, und ungebührlich erfolgt wurde, ist ein Exemplar dieser Nozion der ersten Gerichtsinstanz, bei welcher der Prozess geführt wird, mitzutheilen, damit die weitere Beibringung ungestämpelter Akten sistirt werde, und eben so der betreffenden Kameralbehörde, damit sie in der Lage sei, gegen die Partei mit Rücksicht auf Artikel 408 des Gefällen-Strafgesetzes vorgehen zu können.

16. Hofkammer-Dekret vom 3. Febr. 1848, J. G. S. 1115. Die k. k. allg. Hofkammer hat im Einvernehmen mit der k. k. vereinigten Hofkanzlei und der k. k. obersten Justizstelle beschlossen, dass die Ausstellung von Armuthszeugnissen für Juden auf dem Lande, zum Behufe der Erlangung der Stämpelfreiheit in Rechtsstreitigkeiten, den Ortsobrigkeiten zu übertragen, und denselben zu überlassen ist, sich durch Einvernehmung der Vorsteher der Judengemeinde, der Ortsvorsteher, oder auf andere Weise die nöthige Ueberzeugung von der Armuth des Bewerbers zu verschaffen.

17. Justizhof-Dekret v. 4. Jänner 1842 J. G. S. 584. Der oberste Gerichtshof hat über die Anfrage, ob die Entscheidung einer Beschwerde wegen der von einer Gerichtsbehörde verweigerten Anerkennung der Stämpelbefreiung einer Partei auf dem Grunde eines vorgelegten Armuthszeugnisses den Justiz- oder Kameralbehörden zustehe, im Einverständnisse mit der Hofkammer eröffnet: Es liegt im Sinne des Stämpel- und Taxgesetzes und insbesondere des, das Armenrecht betreffenden Cirkulars v. 1. Sept. 1840, dass die Entscheidung über die Frage: Ob ein von der Partei zum Behufe der Stämpelbefreiung in einer Streitsache vorgelegtes Armuthszeugniss die vorgeschriebenen Eigenschaften habe, daher die Stämpelbefreiung nach dem Gesetze einzutreten habe, oder nicht, dem ordentlichen Richter zukomme, und dass eine Beschwerde über die diesfällig richterliche Entscheidung erster Instanz an das Appellations-Gericht den Zug zu nehmen habe. Der Richter bleibt jedoch für die Zulassung zu dem Armenrechte auf der Grundlage des vorgelegten Armuthszeugnisses und für die strenge Beobachtung der diessfalls vorgeschriebenen gesetzlichen Bedingungen verantwortlich, und den Kameralbehörden steht nach dem Unterrichte über die Verpflichtungen, welche das Stämpel- und Taxgesetz den öffentlichen Behörden und Aemtern auflegt, das Recht zu, bei Gelegenheit der gesetzlichen Revisionen der Akten bei den Behörden und Obrigkeiten auch die in der Frage stehenden Zeugnisse zu prüfen, und nach Massgabe des Befundes ihr Amt zu handeln.

18. Kaiserliches Patent v. 9. Februar 1850, R. G. Bl. No. 50, *wodurch ein neues provisorisches Gesetz über die Gebühren von Rechtsgeschäften, Urkunden, Schriften und Amtshandlungen erlassen wird.* — §. 29. Die Vormerkung der Stämpelgebühren findet Statt, wenn im gerichtlichen Streitverfahren Jemanden aus dem Grunde, weil dessen Aufenthalt unbekannt ist, oder er seine Armuth durch ein vorschriftsmässig ausgefertigtes Zeugniss dargethan hat, von Amtswegen ein Vertreter bestellt wird. Die Vormerkung hat sogleich aufzuhören, sobald die Ursache derselben nicht mehr besteht. — Tarif-Post 75. Persönliche Befreiungen: o) Diejenigen Personen, deren Armuthszeugniss durch ein gesetzlich ausgestelltes Zeugniss bestätigt ist, im gerichtlichen Verfahren über ihre eigenen Streitangelegenheiten und rücksichtlich der dazu erforderlichen Behelfe und Beweismittel gegen Vormerkung der Gebühren. Anmerkung 1. Die vorgemerkten Gebühren werden nicht oder nur theilweise eingehoben, wenn der Arme als Kläger sachfällig wurde, oder, wenn er Geklagter war, dem Gegentheile der Ersatz der Prozesskosten des Armen nicht ganz oder zum Theile auferlegt wurden. — Vdg. des Justizministeriums im Einvernehmen mit dem Finanzministerium v. 23. März 1852 R. G. Bl. Nr. 82 zur Erläuterung, der im Gebührengesetze für die Gerichte enthaltenen Bestimmungen §. 11. Die Gerichte erster Instanz haben in den Fällen der Gebührenvormerkung nach §. 29 des Patentes dem zur Gebührenbemessung bestimmten Amte zur Vollziehung der, unter Tarif-Post Nr. 75, Absatz o) Anmerkung 1. enthaltenen Bestimmung auch jene Endurtheile mitzutheilen, welche der fixen Stämpelgebühr unterliegen.

19. Vdg. des Finanzministeriums v. 16. April 1850, R. G. Bl. Nr. 140. Die in Wirksamkeit stehenden Vorschriften über die Bedingungen, unter welchen Arme und die Vertreter der Abwesenden in Rechtsstreiten von dem Gebrauche des Stämpels losgezählt sind, über die Verpflichtungen der Vertreter derselben und der öffentlichen Behörden, und über die Strafen im Falle eines Missbrauches, werden auch nach dem Eintritte der Wirksamkeit des provisorischen Gesetzes über die Gebühren von Rechtsgeschäften, Urkunden, Schriften und Amtshandlungen aufrecht erhalten; nur haben, nachdem in Hinkunft zufolge der Tarifspost 75 lit. o (**18**) dieses Gesetzes durchaus die Gebührenvormerkung einzutreten hat, vom 1. Mai d. J. angefangen, auch in den Rechtsstreiten der Armen jene Bestimmungen in Anwendung zu kommen, welche hinsichtlich der Vormerkung der in Rechtsstreiten Abwesender auflaufenden Stämpelgebühren vorgeschrieben sind. In Rechtsstreiten, in denen die Gebührenvormerkung stattgefunden hat, sind die Verzeichnisse der Stämpel, mit denen die Eingaben, Protokolle und Beilagen nach dem Gesetze hätten versehen sein müssen, künftig bei der Ausfertigung der Erledigung jener Schrift, zu der das Verzeichniss gehört, von dem Expedite des Gerichtes an das zur Gebührenbemessung bestimmte Amt zu leiten.

20. Erlass des Handels-Ministeriums vom 27. Juni 1850 R. G. Bl. 263. — Im Einvernehmen mit dem Justiz-Ministerium wird in Bezug auf die Portofreiheit der gerichtlichen Korrespondenz in Angelegenheiten der das Armenrecht geniessenden Parteien Folgendes festgesetzt: 1. Die Korrespondenz der Gerichtsbehörden unter sich in Rechtsachen der das Armenrecht geniessenden Parteien, und die Erlässe der Gerichte an diese Parteien und ihre officiosen Vertreter, endlich die Eingaben der officiosen Vertreter solcher Parteien sind vom Briefporto befreit, keineswegs aber ist die portofreie Benützung der Postanstalt den das Armenrecht geniessenden Parteien selbst, ohne Vermittlung ihrer officiosen Vertreter, gestattet. — 2. Die Gerichtsbehörden haben die von ihnen an arme Parteien, oder deren officiose Vertreter gerichteten Erlässe gleich allen anderen mit der Post zu versendenden Schriften in das gewöhnliche Post-Aufgabs-Journal mit Angabe der Nummer einzutragen, und dem Postbediensteten gegen dessen im Journal beizusetzende Empfangsbestätigung zu übergeben. — 3. Sowohl die von den Gerichtsbehörden der Postanstalt zur Versendung übergebenen Erlässe an arme Parteien und deren officiose Vertreter, als auch die von den Letzteren der Post zur Beförderung an die Gerichte aufgegebenen Briefschaften müssen mit der Bezeichnung: „In Armensachen des N. N." versehen sein. Die officiosen Vertreter haben überdiess noch auf der Rückseite der in solchen Angelegenheiten verfassten Eingaben ihren Namen und Charakter vollständig beizusetzen. 4. Die Gerichtsbehörden werden durch das Justiz-Ministerium angewiesen, nur solche Erlässe mit der sub 3 angeführten Bezeichnung zu versehen, welche wirklich in Rechtsangelegenheiten ergehen, wofür der betreffenden Partei das Armenrecht bewilligt wurde, so wie strenge darüber zu wachen, dass jede mit obiger Bezeichnung versehene Eingabe, die eine Angelegenheit betrifft, für welche der bezüglichen Partei das Armenrecht nicht zusteht, der Postverwaltung zur Bemessung und Einhebung der unrechtmässig entzogenen Portogebühr und der bezüglichen Strafe angezeigt werde. — 5. Von der bisher angeordneten Vormerkung des Armen-Porto's und allfälligen nachträglichen Einbringung desselben hat es abzukommen.

21. Erlass des Finanz-Ministeriums vom 8. Februar 1853 R. G. Bl. Nr. 110. — Zur Behebung von Zweifeln, welche über den Umfang des Armenrechtes im streitigen Verfahren und über die Berichtigung von baren Auslagen erhoben wurden, welche mit der Verhängung der Kuratel über wahn- und blödsinnige oder mit der Anordnung der Fortdauer der Vormundschaft über volljährig gewordene vermögenslose Personen verbunden sind, findet das Finanz-Ministerium einvernehmlich mit dem Justizministerium Folgendes zu verordnen: 1. Die aus Anlass der gerichtlichen Tagsatzungen auflaufenden Reise- und Zehrungskosten der ämtlich bestellten Vertreter, der Zeugen und Sachverständigen, ferner die Reisekosten und Diäten der Gerichts-Abgeordneten, die Gebühren, welche Zeugen und Sachverständige in den gesetzlich bestimmten Fällen ansprechen können, endlich die Kosten der Kundmachung von Edikten durch die Zeitungsblätter sind, wenn eine das Armenrecht geniessende Partei zu deren Zahlung verpflichtet ist, vom Staatsschatze vorschussweise zu berichtigen. — Die Gerichte haben jedoch die Pflicht, die Reise- und Zehrungskosten sowohl als die oben angeführten Gebühren den Vorschriften der Gerichtsordnung gemäss mit strenger Gewissenhaftigkeit zu bemessen. — 2. Zur Bestreitung dieser Auslagen wird den Gerichten, welche es nöthig finden, darum einzuschreiten, von der betreffenden Finanzbehörde von Zeit zu Zeit ein entsprechender Betrag als Vorschuss gegen gehörige Verrechnung aus der Kameralkasse und zwar nach Umständen bei der Landeshaupt-Sammlungs- oder Steuerkasse angewiesen werden. Diese Vorschüsse sind nach den Bestimmungen zu behandeln, welche hinsichtlich der Vormerkung der Stämpelgebühren vorgeschrieben sind. Die Gerichte haben daher nach Beendigung des Rechtsstreites, wenn die arme Partei denselben behauptet hat, die Verzeichnisse der baren Auslagen jener Finanzbehörde, welche den Vorschuss angewiesen hat, mitzutheilen, damit diese den verausgabten Betrag von der zahlungspflichtigen Partei, insoferne sie durch die Behauptung des Rechtsstreites Zahlungsmittel erlangt hat, nachträglich einbringen lassen könne. — 3) Die gleichen Grundsätze haben auch bei Verhandlungen wegen Verhängung der Kuratel über vermögenslose, wahn- oder blödsinnige, dann wegen Verlängerung der Vormundschaft über volljährig gewordene vermögenslose Pflegebefohlene in Hinsicht der Reisekosten und Diäten der Gerichts-Abgeordneten, der Reise- und Zehrungskosten und Gebühren der Sachverständigen, endlich hinsichtlich der Kosten der nothwendig befundenen Einschaltungen der Edikte in die Zeitungsblätter zur Anwendung zu kommen, ohne dass jedoch eine Vormerkung und nachträgliche Einbringung dieser Auslagen Platz zu greifen hat. — 4) Den Gerichten wird es zur strengen Pflicht gemacht, dafür zu sorgen, dass Reisen der Gerichts-Abgeordneten, der Sachverständigen und der ämtlich bestellten Vertreter nur in Fällen der dringendsten Nothwendigkeit vorgenommen werden.

22. Justiz-Hofdekret v. 10. April 1845 J. G. S. 881. — Ueber die Frage, ob Advokaten, welche das Armenrecht geniessende Parteien vertreten haben, wenn sie nicht den Beweis der Mittellosigkeit dieser Parteien beibringen und die Abschreibung der vorgemerkten Taxen erwirken, für diese Taxen aus Eigenem verantwortlich gemacht werden können, haben Se. Majestät mit a. h. Entschliessung vom 5. April 1845 Folgendes anzuordnen geruht: Die Haftungspflicht der von Gerichten armen Parteien beigegebenen Vertreter für Taxen, welche vor dem Erscheinen des Tax- und Stämpel-Gesetzes v. Jahre 1840 aufgelaufen und adnotirt worden sind, begreift nicht die Verpflichtung in sich, Beweise der Mittellosigkeit der vertretenen Parteien nach beendetem Rechtsstreite herbeizuschaffen, und wenn der Vertreter solche beizubringen nicht im Stande ist, die vorgemerkten Taxen aus Eigenem zu bezahlen. Sie hat sich vielmehr darauf zu beschränken, dass die Vertreter, wenn nicht die im Hofdekrete v. 26. Februar 1788 bemerkten Verhältnisse obwalten, bei der Gerichtsstelle, wo der Prozess geführt worden, nach beendetem Rechtsstreite einschreite, damit die Taxen von der von ihm vertretenen Partei eingebracht oder im Falle erwiesener Mittellosigkeit abgeschrieben werden. — Den Militär-Behörden zur Darnachachtung.

23. Hofdekret v. 26. Februar 1788 Nr. 788. — c) Obschon einem *ex-officio* bestellten Rechtsfreunde die Haftung für die Entrichtung der vorgemerkten Taxen auf den Fall aufgetragen ist, wenn die Partei durch Behauptung des Prozesses zu Zalungsmitteln gelangt, so erstreckt sich die Haftung keineswegs unbedingt auf alle Vorfälle, sondern sie verbindet nur den Advokaten für die Entrichtung der Taxen, so weit es die Möglichkeit zulässt, und insofern es von seiner Verwendung abhängt, Sorge zu tragen, damit eine an sich mögliche Taxbezahlung nicht unbekümmert verloren gehe, und kann diese Bürde dem Rechtsfreunde nicht beschwerlich fallen, da er in dem Falle, wenn seine Partei zur Bezahlung der Taxe unfähig bleibt, um deren Nachsicht unter Beobachtung der Vorschrift anlangen kann, welche alsdann nicht zu versagen ist.

24. Erlass des Kriegsministeriums vom 20. April 1851 R. G. Bl. Nr. 104. — Der §. 19 der provisorischen Advokatenordnung vom 16. August 1849 (Reichsgesetzblatt No. 364) bestimmt, dass die Entscheidung, ob einer Partei das Armenrecht zustehe, auch fernerhin dem Gerichte vorbehalten bleibe, dagegen sei die Person des aufzustellenden unentgeltlichen Vertreters von dem ständigen Ausschusse der Advokatenkammer zu bestimmen. Ueber das Ansuchen eines Advokaten um Enthebung von einer unentgeltlichen Vertretung entscheide das Gericht, und zwar, falls es dem Ansuchen nicht unmittelbar Statt geben zu können erachtet, nach Anhörung des Gutachtens des Ausschusses der Advokatenkammer. — Nach dieser Vorschrift haben sich in analogen Fällen auch die Militärgerichte zu benehmen.

25. Oberlandesgerichtsdekret v. 27. März 1851 Z. 14773 Normalien-Buch des Wiener Landes-Gerichtes). — Das k. k. Ministerium der Justiz hat aus Anlass einer vorgekommenen Beschwerde des Ausschusses der Wiener Advokatenkammer mit Dekret vom 16/22 dieses Monats Z. 1445, anher bekannt gegeben, dass der Advokatenkammer ein Rekursrecht, in soweit es sich um Bewilligung von *ex-officio* Vertretungen handelt, allerdings nicht versagt werden könne, da dasselbe durch kein Gesetz ausgeschlossen ist, und die Advokaten, deren Interesse durch den Ausschuss vertreten wird, und deren einzelne Berufung zu speziellen *ex-officio* Vertretungen durch die Kammer erfolgt, auf Grund der *ex-officio* Aufstellung ihre Zeit und Arbeit möglicherweise ganz ohne Entgelt zu verwenden haben, folglich bei Zulassung des Armenrechtes betheiligt erscheinen. Indem das ... hievon verständigt wird, wird in Folge des Eingangs erwähnten h. Ministerial-Erlasses zugleich darauf hingewiesen, dass sich im Sinne des Justiz-Hof-Dekretes vom 27. März 1846, Z. 772 bei Bewilligung des Armenrechtes strenge an die bestehenden Vorschriften zu halten und einer unzulässigen diesfälligen Ausdehnung nicht statt zu geben sei, und demselben aufgetragen, dass in der Erledigung, wodurch das Armenrecht ertheilt wird, der gesetzmässige Grund der Bewilligung jedesmal ausdrücklich angeführt und die Einsichtsnahme des Armuths-Zeugnisses bei Gericht dem aufzustellenden *ex-officio* Vertreter auf sein Verlangen gestattet werde.

26. Note des Justizministeriums v. 20. März 1851 Z. 3230 *an den obersten Gerichtshof.* .... Die Advokaten können sich der Verpflichtung auch ausser ihrem Wohnsitze arme Parteien unentgeltlich zu vertreten nicht entschlagen, weil ihnen nach dem Finanz-Ministerial-Erlass v. 8. Febr. 1853, R. G. Bl. Nr. 110. (**21**), welcher zum Theile auf die eigene Vorstellung einer Advokatenkammer, dass ihre Mitglieder öfters Vertretungen ausser ihrem Wohnsitze unentgeltlich leisten müssen, erflossen ist, ihre damit verbundenen Auslagen stets vergütet werden; weil sie ferner in dem Rechte zur unentgeltlichen Vertretung in dem ganzen Umfange ihres Sprengels ein entsprechendes Entgelt für ihren Zeitaufwand finden, und weil es ihnen endlich frei steht, für verwickeltere oder sonst mit unverhältnissmässigem Zeitaufwande verbundene Verhandlungen nach Anleitung des §. 15 der Gerichts-Ordnung ein Uebereinkommen auf schriftliches Verfahren zu treffen, und hierin ein Mittel liegt, den Aufwand an Zeit für derlei ausser dem Wohnsitze eines Advokaten zu führende Vertretungen auf eben jenes Maass zurückzuführen, als wenn er sie an seinem Wohnsitze zu besorgen hätte. — Zugleich ist jedoch die Anordnung solcher Vertretungen in Fällen, wo sie nicht nothwendig erscheinen, schon durch den Schlusssatz des erwähnten Erlasses vom 8. Febr. 1853, R. G. Bl. Nr. 10 (**21**) vorgebeugt.

27. Erlass des Just.-Min. v. 30. Juni 1855 Z. 13509. — In Erledigung des Rekurses des ständigen Ausschusses der steiermärkischen Advokatenkammer ... wird das k. k. Oberlandesgericht mit dem Auftrage in Kenntniss gesetzt, dem Ausschusse der steiermärkischen Advokatenkammer im hierortigen Namen zu bedeuten, dass er eine Benennung eines von dem Gerichte bewilligten *ex-officio* Vertreters zu verweigern nicht berechtigt, sondern mit derselben in jedem vorkommenden Falle umsomehr vorzugehen verpflichtet sei, als sonst die Partei durch Ablauf von Fristen oder anderweitig in der Verfolgung oder Vertheidigung ihrer Rechte gefährdet und der Vollzug gerichtlicher Verordnungen nach dem Hfd. v. 7. Apr. 1785 Nr. 405 J. G. S. durch einen Rekurs, welcher dem Ausschuss oder dem von ihm benannten Vertreter zu ergreifen unbenommen bleibt, nicht gehemmt werden kann.

§. 412. Wenn ein Advokat um die Vertretung angegangen wird, so soll derselbe zuvörderst erwägen, ob der Rechtshandel gerecht und billig, und daher zur Vertretung geignet sei; zu diesem Ende soll er vor Uebernehmung der Vertretung untersuchen, und zwar, falls seine Partei als Kläger auftritt: a) was dieselbe in der Hauptsache und Nebenverbindlichkeiten fordere; b) wie sie die Klage und jeden Umstand derselben zu erweisen vermögend sei; c) ob über diesen oder jenen Umstand schriftliche Beweise vorhanden; d) wo sich dieselben befinden; e) wer bei diesem oder jenem Umstande zugegen gewesen; f) welche Umstände die Partei zu beschwören erbiethig sei, und g) über welchen allenfalls dem Gegentheile ein Eid aufgetragen werden soll.

§. 413. Eben also soll der Advokat, wenn die seine Vertretung ansuchende Partei als Beklagter aufzutreten hat, vorzüglich die Klage wohl untersuchen, die dagegen streitenden Einwendungen, so weit sie aus einem Faktum entspringen, wohl erwägen, und den Behelfen, wodurch die Umstände der Einwendungen erwiesen werden wollen, nachforschen.

§. 414. In beiden Fällen soll der Advokat eine umständliche Geschichte über den eigentlichen Rechtshandel, und über die von seiner Partei entdeckten Umstände *(species facti)* aufsetzen, dieselbe von der Partei, falls sie des Schreibens kundig, fertigen lassen, eine Abschrift hiervon unter seiner Fertigung der Partei auf ihr Verlangen hinaus geben, und dieselbe dem Richter auf jedesmaliges Begehren, doch solcher Gestalt vorzuweisen verbunden sein, dass, wenn dieselbe dem Gegentheile nicht mitgetheilt worden, hierauf bei Erledigung des Prozesses keine Rücksicht zu tragen sei.

28. Resolution v. 22. März 1784 Nr. 267. — Die Landrechte seien anzuweisen, die im §. 415 der G. O. anbefohlene *species facti* von den Advokaten von Zeit zu Zeit abzuverlangen, um sie dadurch in desto

genauerer Aufmerksamkeit zur Beobachtung des diesfälligen Befehles zu erhalten.

29. Hofdekret v. 15. Sept. 1783 Nr. 187. — Ein Advokat, der von seiner Partei um Vertretung angegangen wird, soll sie ihr, wenn er nicht anders gegründete Ursache hat, nicht verweigern. Sollte sich der Fall ergeben, dass der Advokat die Vertretung einer gerechten Sache blos wegen persönlicher Rücksicht gegen das Ansehen und den Charakter desjenigen, gegen den er die Vertretung übernehmen soll, verweigerte, oder in derselben nicht nach seiner Pflicht vorginge, so wäre ein solcher Advokat zur Verantwortung und Strafe zu ziehen.

§. 415. Der Advokat soll sodann nach Beschaffenheit der Umstände vorzüglich weiter untersuchen: a) ob nicht etwa Mehrere an der Klage Theil zu nehmen haben; b) ob nicht Einige davon unter der Kuratel stehen; c) auf welche Art vorläufig die benöthigten Urkunden und Behelfe beizuschaffen seien; d) unter wessen Gerichtsbarkeit der Beklagte stehe; e) ob nicht die Klage wider Mehrere zu stellen; f) ob nicht Einige davon unter der Kuratel stehen; g) ob nicht von Jemandem die Vertretung zu begehren sei; h) ob nicht bis zum Austrage der Sache anderweitige rechtliche Vorsichten zu treffen seien.

§. 416. Wenn der Advokat sich entschlossen hat, die Vertretung anzunehmen, so soll er sich sogleich mit einer schriftlichen Gewalt und Vollmacht versehen, welche von jeder einzelnen Partei eigenhändig zu unterfertigen ist; diese Gewalt und Vollmacht soll der Advokat nicht annehmen, es sei denn in derselben einer Seits ein Substitut ernannt, oder die Befugniss, einen anderen zu substituiren ertheilt, anderer Seits diese Vollmacht auch auf die Erben des Gewaltgebers gerichtet; wenn jedoch hierinfalls etwas unterlassen würde, so soll in dem ersten Falle keine Schrift, ausgenommen in wichtigeren Fällen, und wo der Verzug mit einer Gefahr verknüpft ist, angenommen, und auch dann von dem Advokaten wenigstens bis zur zweiten Schrift eine Vollmacht nach obiger Vorschrift beigebracht werden; im zweiten Falle dagegen soll nach dem allenfälligen Absterben des Gewaltgebers der Prozess gleichwohl unaufgehalten fortgesetzt werden, welches auch bei jedem Gewaltgeber in Prozesssachen zu beobachten ist.

30. Resolution v. 14. Juni 1784 Nr. 306. — a) In Folge der §§. 12 und 416 der Gerichtsordnung müsse die Gewalt und Vollmacht allerdings von dem Advokaten in jedem Rechtshandel der erstatteten ersten Schrift beigelegt werden; allein es sei eben nicht nothwendig, dass sie auf den betreffenden Rechtshandel jedesmal eigens laute, sondern es könne sich mit selber auch dann genützt werden, wenn sie in allgemeinen auf die Vertretung lautenden Ausdrücken verfasst ist.

31. Hofdekret v. 30. Nov. 1789 Nr. 1081. — f) Bei einer Tagsatzung kann von einem Advokaten, der von der Partei, in deren Namen er erscheint, mit ordentlicher Vollmacht nicht versehen ist, die Nothdurftshandlung gar nicht aufgenommen, oder wenigstens das Urteil, bevor dieselbe binnen einer zu bestimmenden Frist nachgetragen wird, nicht geschöpft werden.

32. Hofdekret v. 9. Nov. 1811 Nr. 961. — Auf die Anfrage: ob von dem Vertreter einer Partei die Vollmacht auch in dem Falle zu fordern sei, wenn die Partei bei einer mündlichen Verhandlung persönlich mit ihrem Vertreter erscheint und das Protokoll mit unterfertigt, oder wenn im schriftlichen Verfahren die Schriften von dem Vertreter und der Partei selbst unterzeichnet wurden? wird bedeutet: bei jedem schriftlichen Verfahren ist die Ausweisung mit einer eigenen schriftlichen Vollmacht für die Vertreter der Partei unerlässlich; überflüssig aber ist sie bei solchen mündlichen Verhandlungen, wozu die Parteien und ihre Vertreter persönlich erscheinen, wobei die Vertreter in Gegenwart der Parteien die Nothdurften zu Protokoll geben, und wo alles dieses vor den Augen des Richters geschieht. Die eigenhändige Unterschrift der Protokolle von der Partei und ihrem Vertreter ist in diesem Falle nicht durchaus nothwendig, weil sie bisher kein Gesetz allgemein verordnete; jedoch ist auch in dem schriftlichen Verfahren, wenn alle Satzschriften von den Parteien eigenhändig unterschrieben sind, die Entscheidung der Hauptsache über die inrotulirten und an das Appellations-Gericht gelangten Akten wegen Abgangs der Vollmacht nicht zu verschieben, sondern blos vor Zustellung des Urteils die Vollmacht nachträglich abzufordern und dazu sowohl als zur genauen Befolgung des Gesetzes für künftige Fälle die erste Instanz anzuweisen.

33. Hofdekret v. 23. Juli 1813 Nr. 1067. — Bei gerichtlichen Verhandlungen ist sich künftig mit Vorzeigung der Vollmacht in einfachen Abschriften nicht zu begnügen, sondern die Vertreter haben die von ihrer Partei erhaltene Vollmacht in Urschrift oder in beglaubter

Abschrift, in welcher sich auf das Original und den klassenmässigen Stämpel bezogen werden muss, die Akten beizulegen.

34. Hofdekret v. 13. Jänner 1809 Nr. 880. — Es tritt öfter der Fall ein, dass Vollmachten, ... welche aus fremden Ortschaften, in denen ein k. k. Konsul besteht, nach den Erbstaaten gesendet, von Seite der Behörden als giltig anerkannt und angenommen werden, obgleich ihnen die Legalisirung des Konsulates mangelt. Unabgesehen anderer hierbei eintretender Rücksichten wird auch den Urkunden durch die Unterlassung der Legalisirung die erforderliche Rechtskräftigkeit entzogen. Das Appellations-Gericht wird daher zur Richtschnur für sich und ihre untergeordneten Behörden angewiesen, in Hinkunft derlei Urkunden, wenn sie aus Oertern eingesendet werden, in denen sich ein k. k. Konsul befindet, nur dann als giltig zu erkennen und anzunehmen, wenn denselben die Legalisirung des Konsulates beigerückt ist.

35. Hofdekret v. 8. Febr. 1812 Nr. 971. — Diese Verordnung (**34**) wird nun neuerdings bestätigt, und mit dem Beisatze wiederholt, dass durchaus keine Vollmachten, noch Wechselproteste, Urteilssprüche oder Notariatsurkunden aus Ländern und Gegenden, wo sich eine k. k. Gesandtschaft oder ein österreichisches Konsulat befindet, von den Behörden angenommen und für rechtsgiltig erkannt werden sollen, sie seien denn, so oft es sich um das Recht k. k. Unterthanen handelt, von gedachten Gesandtschaften oder Konsulaten selbst ausgestellt, oder wenn sie in den Erbstaaten ansässige Fremde betreffen, doch wenigstens vom Ersteren ordentlich legalisirt.

36. Das Formular *einer vollständigen allgemeinen Vollmacht für Advokaten wäre folgendes:* Vollmacht, kraft welcher Herr .... (Hof- und Gerichts-) Advokat in .... für mich (uns) und meine (unsere) Erben berechtigt wird, mich (uns) in allen vorfallenden Rechts- und politischen Angelegenheiten, sowohl vor gerichtlichen, politischen und geistlichen Behörden aller Instanzen, als auch ausserbehördlich zu vertreten, in meinem (unserem) Namen Prozesse anhängig zu machen, die Zustellung von ersten Klagen und von was immer für Namen habenden ersten Verordnungen und Bescheiden, und insbesondere von jenen in Grundbuchs- und Landtafelsachen anzunehmen, das schriftliche, mündliche, summarische und Wechsel-Verfahren einzuleiten, letzteres aufzugeben, und dafür das mündliche oder schriftliche Verfahren zu wählen, und die Fristen beliebig zu bestimmen, in allen von mir (uns) oder gegen mich (uns) anhängig gemachten Rechtsstreiten den Prozess zu instruiren, Eide jeder Art aufzutragen, anzunehmen, zurückzuschieben, sich hierzu zu erbiethen und deren Ablegung nachzusehen, Fristen und Restitutionen anzusuchen und zu ertheilen, Vergleiche zu schliessen, Sicherstellungen, Sequestrationen, Verbothe, Vormerkungen und Einverleibungen in öffentliche Bücher zu erwirken, dieselben wieder aufzuheben und davon abzustehen, grundbuchs- und landtafelmässige Einverleibungs- und Löschungs-Erklärungen abzugeben, bei Behörden Vorstellungen zu machen, zu rekurriren, zu appelliren und zu revidiren; Nullitäts-Anzeigen und Beschwerden zu überreichen, und von diesen Rechtsmitteln und Berufungen wieder abzustehen, alle Grade der Real- und Personal-Execution zu erwirken, vorzunehmen und davon wieder abzustehen, Gelder und Geldeswerth zu beheben und darüber rechtsgültig zu quittiren, was immer für bewegliche und unbewegliche Sachen und Rechte zu veräussern, oder entgeltlich und unentgeltlich zu erwerben und zu übernehmen, Pfänder zu bestellen und aufzugeben, Anleihen und Darleihen zu schliessen; Zahlungen zu leisten, Gesellschafts-Verträge zu errichten, sich auf schiedsrichterliche Entscheidungen zu vergleichen und Schiedsrichter zu wählen, alle Arten Erklärungen abzugeben, Amortisirungen zu bewirken, bei Verlassenschafts-Abhandlungsfällen sich in meinem (unserem) Namen bedingt oder unbedingt erbzuerklären, alle Ausweise zu fertigen und die zur Einantwortung nöthigen Schritte einzuleiten, in Vertretungen gegen Konkurs- und Vergleichs-Massen den Vermögensverwalter und die Kreditoren-Ausschüsse zu wählen und selbe zu solchen Handlungen zu ermächtigen, wozu nach §. 1008 des a. b. G. B. besondere Vollmachten erforderlich sind, auch im Verhinderungsfalle einen andern Herrn Rechtsfreund in der Person der Herren Doktoren .... oder einen andern Bevollmächtigten nach seiner eigenen Wahl und Einsicht mit gleicher oder minder ausgedehnter Vollmacht zu substituiren, und überhaupt alles vorzukehren, was er in meinen (unseren) Rechts- oder politischen oder geistlichen Angelegenheiten nach seiner Einsicht nöthig und nützlich erachten wird. Dafür verspreche ich (versprechen wir) ihm alle seine und seines Herrn Substituten in Gemässheit dieser Vollmacht unternommenen Schritte für genehm zu halten, und als von mir (uns) selbst geschehen anzusehen, ihm auch die auflaufenden baaren Auslagen und seinen Verdienst in .... ohne Verzug *(in solidum)* zu bezahlen.

Urkund dessen meine (unsere) eigenhändige Fertigung.

.... den ....

§. 417. In dem rechtlichen Verfahren hat sich der Advokat auf das genaueste nach gegenwärtiger Gerichtsordnung zu benehmen, seine Schriften aber rein, leserlich und ohne übertriebene Ausdehnung zu überreichen.

37. Hofdekret v. 27. Mai 1784 Nr. 296. — b) Die allzu weitläufig schreibenden Advokaten sollen mit jenen Strafen, welche die G. O. in scharfen Verweisen, genauer Mässigung des Advokatenverdienstes, Zurückstellung des von den Parteien erhaltenen Deserviti, Vergütung der Stämpeln, Schreibgebühren und sonstiger Auslagen, endlich ergiebigen Geldstrafen ausmisst, jedoch mit guter Vorsicht und bescheidener Beurteilung belegt werden.

38. Hofdekret v. 9. Jänner 1843 Z. 7090. — Se. Majestät haben den Appellations-Gerichten zu verordnen befunden, sowohl selbst als durch die Gerichte erster Behörde der übermässigen Weitläufigkeit der Advokaten, durch welche den mit Geschäften überladenen Gerichten Mühe und Zeit geraubt wird, mit gesetzmässiger Strafe Schranken zu setzen.

§. 418. Bei den Inrotulirungen der Akten sollen die Advokaten selbst erscheinen, und sich diessfalls nicht auf jemanden Andern verlassen.

39. Hofdekret v. 23. Mai 1794 Nr. 175. — Da die Appellations- und Revisionseinreden immer bei dem Richter erster Instanz, und zwar, wenn die eingeschrittenen Rechtsfreunde sich nicht im Orte des Gerichtes aufhalten, schriftlich zu überreichen sind, so wird der Unfug, mittelst dessen Advokaten im Appellations- und Revisionszuge Reise-, Zehrungs- und Weggelder den Parteien aufgerechnet haben, dermassen abgestellt, dass nicht nur der Advokat derlei Kosten aus Eigenem zu bezahlen verhalten, sondern noch dieses Unfuges wegen insbesondere ohne alle Nachsicht bestraft werde.

40. Hofdekret v. 23. Juli 1792 Nr. 34. — Es ist nicht nöthig, dass die Advokaten bei Inrotulirung der Akten zweiter Instanz erscheinen, wenn solches die Parteien nicht ausdrücklich verlangen.

§. 419. Ein Advokat soll eine zum Vertreten angenommene Streitsache vor dem Ende derselben ohne erhebliche Ursache nicht verlassen, und wenn er hierzu aus erheblichen Ursachen veranlasst würde, so soll er der Partei gerichtlich aufkünden, und dennoch von dem Tage der zugestellten Auf-

kündigung die Partei noch so lange zu vertreten schuldig sein, als die Frist fortdauerte, die ihr zur Einreichung einer Einrede gestattet würde; es wäre denn, dass die Partei sich eher einen andern Rechtsfreund bestellt hätte.

§. 420. Wenn die Partei selbst keinen Substituten ernannt hätte, so soll der bestellte Advokat dem Gegentheile einen namhaft machen; dieser aber die Sache ununterbrochen fortsetzen, wenn der erste Advokat stürbe, austräte, oder sonst verhindert würde, bis die Partei selbst einen andern Advokaten bestellt haben wird.

41. Resolution v. 31. Oct. 1785 Nr. 489. — ss) Es habe bei der Gewohnheit sein Verbleiben, dass in den Vollmachten der Advokaten der gemäss §. 416 der Gerichtsordnung benannte Substitut mittelst seiner ausdrücklichen Erklärung und Unterfertigung bestätigen müsse, dass er die geschehene Substitution annehme; und bedarf diese Erklärung des Substituten eines besondern Stämpels nicht.

42. Hofdekret v. 27. Jänner 1794 Nr. 153. — Wenn eine Partei in der ihrem Advokaten zur Vertretung ausgestellten Vollmacht keinen Substituten benannt hätte, soll der von dem Advokaten gewählte Substitut nicht nur der Partei sogleich namhaft gemacht, sondern auch dergestalt wohl instruirt werden, damit er im Verhinderungsfalle die Rechtsangelegenheit ununterbrochen, ohne Verzögerung und Nachtheil fortsetzen könne; darauf sollen die Gerichtsbehörden wachsam sein, und die dawider Handelnden dem Appellations-Gerichte anzeigen.

43. Kais. Patent v. 9. Aug. 1854 R. G. Bl. Nr. 208. — §. 89. Wenn ein Advokat oder ein öffentlicher Notar stirbt, so ist im ersten Falle die Advokaten-Kammer (Advokaten-Ausschuss), in dem zweiten die Notariats-Kammer von dem Todesfalle zu verständigen.

§. 421. Ein Advokat soll nicht beiden Theilen zur nämlichen Zeit in einerlei Rechtsstreit dienen, auch der Partei nicht in einer Sache die Vertretung leisten, in welcher er vorhin dem Gegentheile gedient hätte.

44. Strafgesetzbuch vom 27. Mai 1852 R. G. Bl. Nr. 117. — §. 101. Jeder Staats- oder Gemeindebeamte, welcher in dem Amte, in dem er verpflichtet ist, von der ihm anvertrauten Gewalt, um Jemanden, sei es der Staat, eine Gemeinde oder eine andere **Person**, **Schaden** zuzufügen, was immer für einen **Missbrauch macht**, **begeht durch einen**

solchen Missbrauch ein Verbrechen; er mag sich durch Eigennutz oder sonst durch Leidenschaft oder Nebenabsicht dazu haben verleiten lassen. — Als Beamter ist derjenige anzusehen, welcher vermöge unmittelbaren oder mittelbaren öffentlichen Auftrages mit oder ohne Beeidigung, Geschäfte der Regierung zu besorgen verpflichtet ist. — §. 102. Unter solchen Umständen begeht dieses Verbrechen insbesondere: . . . . d) ein Advokat oder anderer beeideter Sachverwalter, der zum Schaden seiner Partei dem Gegentheile in Verfassung der Rechtsschriften oder sonst mit Rath und That behilflich ist. — §. 103. Die Strafe dieses Verbrechens ist schwerer Kerker in der Dauer von einem bis fünf Jahre. Nach der Grösse der Bosheit und des Schadens kann derselbe auch bis auf zehn Jahre verlängert werden[21]).

45. Hofdekret v. 6. Sept. 1800 Nr. 508. — 5) Sollte sich in der Zeitfolge veroffenbaren, dass ein Advokat sein Amt missbrauche, offenbar ungerechte Sachen vertheidige, sich zu Ränken, Justizverzögerungen, oder auf andern unerlaubten Wegen zur Verkürzung der Parteien und der reinen Gerechtigkeitspflege gebrauchen lasse, so wird derselbe nach ordnungsmässig erhobener und bewiesener Thathandlung ohne weiters seines Amtes entlassen werden.

---

[21]) Da ein Advokat keine Geschäfte der Regierung besorgt, so ist er offenbar kein Beamter im Sinne der zweiten Alinea des §. 101 des Strafgesetzes v. J. 1852 und es ist daher nicht begreiflich, wie ein Advokat einen Missbrauch der „Amtsgewalt" begehen kann. In der That weiss der neue „Entwurf eines Strafgesetzes über Verbrechen und Vergehen" nichts von einer solchen Anomalie. Im §. 177 desselben heisst es, dass jeder Beamte oder Diener einer öffentlichen Behörde, der sein Amt pflichtwidrig ausübt oder auszuüben unterlässt, um dadurch dem Staate, einer Gemeinde oder was immer für einer anderen Person einen Nachtheil zuzufügen, begeht das Verbrechen des Missbrauchs der Amtsgewalt. — In Beziehung auf dieses Verbrechen sind auch Geschworne, Schiedsrichter, beeidete Sachverständige, Gerichtszeugen, Vertheidiger in Strafsachen, Notare, behördlich bestellte Vermögensverwalter, Sequester oder Testaments-Exekutoren, Vormünder oder Kuratoren, sowie alle diejenigen Personen, welche zufolge Wahl, Bestellung oder eines besondern Auftrages eine öffentliche Angelegenheit zu besorgen haben, rücksichtlich der ihnen in diesen Eigenschaften obliegenden Verrichtungen den Beamten und Dienern der öffentlichen Behörden gleichzuhalten. — Dass die Advokaten, als solche, in die aufgezählten Kathegorien nicht gehören, geht aus den Motiven (S. 102) hervor, wo es wörtlich heisst: „Des Advokatenstandes (§. 102 St. G. 1852, lit. d) wurde hierbei nicht gedacht, weil der Advokat seine Thätigkeit wohl kraft eines ertheilten öffentlichen Befugnisses, nicht aber unter öffentlicher Beglaubigung ausübt." — Hoffentlich wird auch „das öffentliche Befugniss" bald aufhören.

§. 422. Die Advokaten sollen sich in bereits resolvirten und entschiedenen Sachen keiner Absprünge oder neuerlicher Behelligungen gebrauchen.

46. Hofdekret v. 6. Okt. 1783 Nr. 197. — i) Zu des Richters Amtspflicht gehört, bei Erledigung der Prozesse darauf zu sehen, ob nicht die Advokaten ohne ausdrückliche Bewilligung ihrer Partei in dem Ansuchen um Inrotulirung der Akten, oder sonst sich einen Saumsal zur Schuld gehen lassen.

47. Hofdekret v. 24. Jänner 1788 Nr. 772. — Den Advokaten sollen alle Empfehlungen, Besprechungen mit Räthen in hangenden Parteisachen, so wie denselben und den Parteien alle Austheilung oder Zusendung gedruckter oder geschriebener Promemorien, alle Nachforschung um die Referenten auf das nachdrücklichste verboten werden.

48. Hofdekret v. 13. Nov. 1804 N. 703. — Da von mehreren Advokaten zur Ergreifung und Einbringung allfälliger Hofrekurse vorläufige Fristgesuche eingereicht werden, welches ausser dem, dass es blos zu Aufzügen dient, ein aufgelegter Unfug gegen die bestehenden höchsten Vorschriften ist, wird ein solches Benehmen sämmtlichen Advokaten für die Zukunft mit dem Beisatze untersagt, dass der dagegen handelnde Advokat unnachsichtlich mit einem Pönfalle belegt werden wird.

§. 423. Kein Advokat soll sich auf den Fall, da er den Prozess gewinnen würde, eine bestimmte Belohnung voraus bedingen; ein solches Befugniss wäre nicht nur unkräftig, sondern jener Advokat noch besonders zu bestrafen, welcher es eingegangen hätte.

49. Hofdekret v. 22. Mai 1789 Nr. 1012. — b) Jener Advokat, der sich bei Uebernehmung einer Vertretung beigehen lässt, eine Geldsumme zum voraus zu bedingen, oder die Partei, die sich dessen weigerte, von sich zu weisen, soll des *Stalli advocandi* ohne weiters verlustig sein.

§. 424. Jeder Advokat soll bei Ueberreichung der letzten Schrift, wie auch bei der Appellations- und Revisionsschrift seine Gebühren verzeichnen und dieses Verzeichniss den Akten beilegen; und eben also am Ende der Tagsatzung, worüber ein Erkenntniss erfolgt, die Anforderung seiner Gebühren beibringen, und entweder schriftlich oder mündlich zum Protokolle anzeigen.

50. Resolution v. 14. Juni 1784 Nr. 306. — e) Wenn die in den §§. 403 und 424 anbefohlene Beilegung des Verzeichnisses der Gerichtskosten und Advokatengebühr vernachlässigt worden, könne der Gegentheil zwar in den Ersatz der Kosten nicht verfället werden; dagegen soll auch der Advokat des Rechtes, von seiner Partei die Bezahlung der bestrittenen Kosten und seines Verdienstes zu fordern, verlustig, die Partei die geleistete Zahlung zurück zu begehren berechtigt sein, und diess in dem Urteile ausgedrückt werden. — f) Die Advokaten sollen das Verzeichniss der Gerichtskosten und Advokatengebühr nach dem vorgeschriebenen Formulare verfassen; der Richter aber, der zwar in dem Urteile nur den ganzen Betrag des gemässigten Advokatenverdienstes auszudrücken hat, in solchem Verzeichnisse bei jeder Rubrik auf der leer gelassenen Kolumne den eigentlichen Betrag, wie selber gemässigt worden, anmerken.

51. Hfdkr. v. 30. Sept. 1785 Nr. 473. — b) Dass sobald das Verzeichniss der Gerichtskosten eingelegt ist, der Richter auch ohne ausdrückliches Begehren über den Ersatz der Gerichtskosten, was Rechten ist, zu erkennen habe.

§. 425. So oft der Richter den Sachfälligen in den Ersatz der Unkosten zu verfällen hat, so soll er die angesetzten Gebühren des gegentheiligen Advokaten wider den Sachfälligen im Spruche selbst mässigen; jene Gebühren aber, welche eine Partei ihrem Advokaten zu entrichten hat, soll der Richter nur damals mässigen, wenn die Partei solche Mässigung verlangt.

52. Hfdkr. v. 4. Okt. 1833 Nr. 2633. — Se. Majestät haben in Betreff des von den Advokaten bei Liquidirung und Einbringung ihrer Gebühren zu beobachtenden Verfahrens Folgendes zu erklären geruht: Die Gebühren der Advokaten sind von jenem Richter, vor welchem das Geschäft, woraus sie entstanden, verhandelt wurde, im ämtlichen Wege, und falls es nöthig wäre, nach vorläufigem Einvernehmen der Parteien, ohne jedoch einem förmlichen Prozesse statt zu geben, zu liquidiren. Ueber das Begehren des Advokaten, den Klienten zur Bezahlung der obbemeldetermassen liquidirten, oder von dem Klienten als richtig anerkannten Gebühren zu verhalten, hat der kompetente Richter dieses letztere nach vorläufigem kontradiktorischem Verfahren durch Urteil zu entscheiden.

§. 426. Die Arbeit der Advokaten ist niemals nach der Anzahl der Bogen ihrer Schriften, noch auch nach der Anzahl der Tagsatzungen, sondern nach dem wesentlichen Verdienste

zu schätzen, was immer diesfalls zwischen dem Advokaten und der Partei bedungen worden wäre.

§. 427. In dieser Bestimmung sollen von dem Richter folgende Rücksichten beobachtet werden: a) ob der Advokat zur Herbeischaffung der Behelfe und sonstiger Vorbereitung, auch gründlicher Belegung seiner Satzschriften besondere Mühe angewendet habe; b) ob aus dem Inhalte der verfassten Schrift ein ausnehmender Fleiss und eine ganz vorzügliche Geschicklichkeit hervorleuchte; c) ob er den Prozess mit möglicher Genauigkeit und Beförderung abgeführt habe; d) ob er sich hierbei durchaus in Folge dieser Gerichtsordnung benommen habe; e) ob nicht der Vermögensstand der Partei eine genauere Mässigung erfordere.

53. Hfdkr. v. 22. März 1784 Nr. 264. — Der Unfug, mittelst dessen Advokaten in Verhandlung der Prozesse sich Konventionalfristen andurch ertheilen, dass sie entweder ohne hinglängliche Ursache und ohne ausdrückliches Vorwissen oder Einwilligug der durch sie vertretenen Parteien dem Gegentheile die Erklärung zur Fristverlängerung ertheilen, oder in diese Verlängerung stillschweigend durch Verabsäumung des Gesuches um Inrotulirung der Akten willigen, soll ernstlich abgestellt, und von dem Richter bei dessen Bemerkung nicht nur in Mässigung des Advokatenverdienstes auf diese Pflicht Rücksicht genommen, sondern der schuldige Advokat auch überdies mit gemessener Geldstrafe angesehen werden.

§. 428. Wenn von einem Advokaten Prozesse angenommen werden, in welchen ein offenbares Unrecht vertheidigt werden will, es sei solches aus Unwissenheit oder aus Gewinnsucht geschehen, hat diejenige Stelle, bei welcher derlei Prozesse entschieden werden, einen solchen Advokaten der Appellationsstelle anzuzeigen: diese aber alsdann nach Mass des Verbrechens entweder mit einer angemessenen Geldstrafe vorzugehen, oder einen solchen Advokaten von der Advokatur auf eine Zeit, oder auf immer auszuschliessen.

§. 429. Wenn der politischen Stelle von einem Advokaten ein Gebrechen bekannt würde, dass auf dessen sittliches Betragen und rechtliche Behandlung Beziehung nähme, oder wenn sie erführe: dass der Advokat viele Schulden mache, soll von derselben sogleich an die Appellationsstelle die An-

zeige geschehen, welche den Schuldigen auf eine Zeit lang oder falls an demselben bei wiederholten Bestrafungen keine Besserung bemerkt würde, auf immer von der Advokatur auszuschliessen hat.

54. Resol. v. 14. Juni 1784 Nr. 306. — ii). Wenn von den Richtern den Advokaten oder Parteien wegen übertretener Gerichtsordnung, oder sonst in dem Zuge des Verfahrens aufgefallener Schuld, verhältnissmässige Geldstrafen mit Vorsicht und Grund diktirt werden, seien diese nicht leicht wieder nachzusehen.

55. Hfdkr. v. 25. Okt. 1784 Nr. 356. — b) Der Richter könne den Gebrechen der Advokaten durch strengere Mässigung des Advokatenverdienstes, Geldstrafen, Verweise, und durch Anzeigen an das Appellations-Gericht abhelfen.

56. Resol. v. 31. Okt. 1785. — eee) Wenn eine Schrift wegen eines offenbaren Formalitätsgebrechens zurückgestellt werden muss, soll *toties quoties* von dem Advokaten ein Dukaten *ad fundum criminalem* durch den Gerichtsdiener *in instanti* abgefordert werden, so dem Advokaten vorläufig durch Edikt zur Warnung bekannt zu machen und darob auf das genaueste zu halten ist.

57. Hfdkr. v. 30. Jänner 1821 Nr. 1733. — Den Appellationsgerichten und Unterbehörden ist die genaue Handhabung einer heilsamen Disziplin gegen die Advokaten zur Pflicht zu machen, und nachdrücklich einzuschärfen.

58. Hfdkr. v. 13. Apr. 1822 Nr. 1864. — Se. Majestät haben der obersten Justizstelle, wie den ihr untergeordneten Gerichtsbehörden, bei strengster Verantwortung zur Pflicht gemacht, über das Betragen der Advokaten zu wachen, und gegen jene aus denselben, die sich pflichtwidrige Handlungen erlauben, genau nach den Gesetzen vorzugehen, um Höchstderselben Unterthanen, und auch andere in diesen Staaten Recht Suchende, gegen alle Gefahr und Nachtheil zu schützen. Dieser Befehl wird den Appellations-Gerichten mit dem Auftrage eröffnet, hiernach sowohl sich selbst genau und pflichtmässig zu benehmen, als auch die unterstehenden Behörden nachdrücklich anzuweisen.

59. Hfdkr. v. 6. Juli 1790 Nr. 33. — Es soll von der durch Vdg. v. 31. Dez. 1787 befohlenen Kundmachung („durch die Zeitung") der den Advokaten zugegangenen Ausstellung abkommen. Dagegen soll der Advokat, durch dessen Versuchen der Partei ein Nachtheil zugegangen zur Entschädigung unnachsichtlich verhalten, auch überdies nach Gestaltung der erhobenen Umstände bestraft werden.

60. Hfdkr. v. 12. Jänner 1810 Nr. 897. — Gesammte Gerichtsstellen, denen die Aufsicht über die Advokaten anvertraut ist, sind anzuweisen, gegen jene aus ihnen, die sich ihren Pflichten gemäss nicht betragen, unnachsichtlich mit aller Strenge vorzugehen; so wie auch die Appellationsgerichte durch zweckmässige Mittel sich zu überzeugen haben, dass obgedachte Gerichtsstellen diese höchste Willensmeinung genau befolgen. In dessen Gemässheit sind alle Gerichtsstellen anzuweisen, über das Benehmen der bei ihrem Gerichtsstande praktizirenden Advokaten, und sonstigen Rechtsfreunde sorgfältig zu wachen, die ihnen zugehenden Korrektionen sammt der Ursache in dem Korrektionsbuche mit Bezug auf die betreffenden Akten anzumerken, und jährlich bei Gelegenheit der Einsendung des Ausweises der ganzjährigen Ausarbeitungen, die im Verlaufe des Jahres dergleichen Advokaten zugegangenen Korrektionen mittelst eines Auszuges aus dem zu führenden Korrektionsbuche vorzulegen. — Ebenso hat das Appellationsgericht in Hinsicht der bei demselben vorkommenden Gebrechen der Advokaten vorzugehen, und mit Einsendung des jährlichen *status elaboratorum* auch die Auszüge aus seinem eigenen Korrektionsbuche, sowie von den Untergerichten einlangenden mit seinem Gutachten anher vorzulegen.

61. Hfdkr. v. 15. Febr. 1812 Nr. 973. — In Rücksicht des Verzeichnisses der den Advokaten und anderen Vertretern der Parteien gemachten Ausstellungen, Drohungen und verhängten Strafen ist zu bemerken, dass dieses Verzeichniss künftig unter ämtlicher Fertigung desjenigen, der das Korrektionsbuch führt, vorzulegen sei, und dass von nun an in jedem Falle, in welchem es sich um die Zurechtweisung eines Parteivertreters handelt, das geführte Korrektionsbuch zur Hand zu nehmen, und die neue Ahndung mit Hinsicht auf die ihm bereits früher zugegangenen, ohne Erfolg gebliebenen Ausstellungen, Verweise, Drohungen und Strafen zu bemessen sei, damit nicht Drohungen für einen leeren Schall, und Geldstrafen etwa für einen Preis gehalten werden, um welchen das Befugniss zu Unfügen käuflich wäre.

62. Hfdkr. v. 24. Nov. 1785 Nr. 497. — c) Wenn Advokaten sich in ihren Satzschriften einer übertriebenen Ausdehnung anmassen, verschiedener Ränke und Aufzüge bedienen, die Rechtshändel zu verwirren suchen, die gesetzmässigen Vorschriften vernachlässigen, den an sie ergehenden Aufträgen keine Folge leisten, und also verursachen, dass die Justiz leide, so sollen die Landrechte, denen die Advokaten in ihren Amtsgeschäften mit Pflicht und Gehorsam untergeben sind, wider selbe mit mehrerer Strenge fürgehen, es nicht blos mit Verweisen und geringerer Mässigung ihres Verdienstes bewenden lassen, sondern auch die Zurückstellung des erhaltenen *Deserviti* an ihre Parteien und die Vergütung aller Unkosten und Ausgaben auftragen, von ihnen ergiebige Geldstrafen eintreiben, in wichtigen Vergehungen sie nach Umständen mit Arrest belegen; gegen jene endlich, bei denen derlei Bestrafungen nichts fruchten, die Anzeige dem Appellations-Gerichte zu dem Ende machen, damit denselben die Advokatur niedergelegt werde.

63. Hfdkr. v. 6. Oct. 1785. Nr. 477. — Wenn die Einsetzung in den vorigen Stand wegen einer Verkürzung begehrt wird, die aus dem Benehmen des von der Partei selbst begwalteten Rechtsfreundes entstanden ist, soll die Beurteilung, ob sie statt habe, oder nicht, eben so aufgenommen werden, als ob das Benehmen, so die Verkürzung veranlasst hat, von der Partei selbst geschehen wäre; wenn jedoch die Partei wider den Rechtsfreund sich in Ansehung der durch ihn verursachten Verkürzung nicht erholen könnte, soll derselben die Wiedereinsetzung in den vorigen Stand bewilligt, der Rechtsfreund aber in solchem Falle von dem *stallo agendi* in allen Erbländern ausgeschlossen werden.

64. Hfdkr. v. 25. Mai 1793, Nr. 6. — Jener Advokat, der von seiner Partei Vorschuss der Zahlung erhält, und dennoch die Taxen abzuführen vernachlässigt, soll bis zu deren Berichtigung von seinem Amte suspendirt, und wenn er diese Berichtigung binnen 14 Tagen, vom Tage erhaltener Warnigung nicht leistet, der Advokatur verlustig erklärt werden.

65. Resol. v. 31. Okt. 1785, Nr. 489. — mm) Wenn die Strafe auf eine Entsetzung von der Advokatur, oder Sequestration ausfällt, dann müsse die Anzeige immer dem Appellationsgerichte geschehen.

66. Hfdkr. v. 29. Dez. 1785, Nr. 510. — Ueber die Ausschliessung der Advokaten von dem *stallo agendi*, von welcher das Hofdekret vom 6. Okt. 1785 **(63)** handelt, hat das Appellationsgericht nach vorläufiger Untersuchung zu erkennen.

67. Höchste Entschliessung v. 23. Aug. Nr. 1597. — In Zukunft ist über jede Entlassung eines Advokaten in voller Rathsversammlung zu berathschlagen [22]).

---

[22]) Durch §. 20 Absatz 2 der Advokatenordnung v. J. 1849 (10) wurden die Appellations-Oberlandesgerichte angewiesen über die Frage der Suspendirung

68. Note des Just.-Min. v. 13. Nov. 1852 Z. 16727 *an den obersten Gerichtshof.* — In Erwiederung auf die geschätzte Note vom 15. Oktober d. J. Z. 9961, gebe ich mir die Ehre, die gestellte Anfrage dahin zu beantworten, dass ich nach den bestehenden Gesetzen den löblichen k. k. obersten Gerichts- und Kassationshof ersuchen muss, über Anträge der Oberlandesgerichte auf Suspendirung oder Entlassung von Advokaten mit einem definitiven Erkenntnisse vorzugehen, dasselbe jedoch vor der Ausfertigung dem Justizministerium mitzutheilen. — Bereits in der provisorischen Vorschrift über den Wirkungskreis des Justizministeriums vom 21. Aug. 1848, (J. G. S. 1177) wurde im §. 7 angeordnet, dass, wenn es sich um Kassirung eines Justizbeamten, oder um die unfreiwillige Entlassung oder Suspendirung eines Advokaten handelt, jederzeit das Erkenntniss von dem löblichen k. k. obersten Gerichtshofe zu fällen und vor der Ausfertigung dem Justizministerium vorzulegen sei. Mit Hinblick auf diese Anordnung wurde im §. 20 der Advokatenordnung vom 16. August 1849, (**10**) zwar die behördliche Disziplinar-Aufsicht über die Advokaten ausschliesslich den Oberlandesgerichten zugewiesen, jedoch zugleich festgesetzt, dass diese über die Frage der Suspendirung oder Entlassung eines Advokaten jederzeit vorläufig die Aeusserung der Advokatenkammer einzuholen und mit ihrem eigenen Gutachten dem löbl. k. k. obersten Gerichtshofe vorzulegen habe .... Zugleich muss ich aber ersuchen, mir die von dem löblichen obersten Gerichtshofe beschlossenen Entscheidungen, wie es bereits in der Vorschrift über den Wirkungskreis des Justizministeriums vom 21. Aug. 1848 angeordnet wurde, und seither durch die erlassenen Gesetze keine Aenderung erlitten hat, vor der Ausfertigung mitzutheilen, um für den Fall, als mir eine grössere Strenge erforderlich scheinen sollte, als mit welcher darin vorgegangen wurde, die nöthigen Anträge bei allerhöchst Seiner Majestät stellen zu können; im entgegengesetzten Falle aber dem Verurtheilten die angemessene Milderung zu Theil werden zu lassen, oder die mir sonst dienlich scheinenden Bemerkungen machen zu können.

69. Note des Just.-Min. v. 18. Apr. 1855 Z. 1987 ex 1854 *an den obersten Gerichtshof* ... Die Advokatenordnung v. J. 1849 (**10**) enthält keineswegs die Bestimmung, dass der löbliche k. k. oberste Gerichts-

---

oder Entlassung eines Advokaten jederzeit vorläufig die Aeusserung der Advokatenkammer einzuholen und mit ihrem eigenen Gutachten dem obersten Gerichtshofe vorzulegen.

hof über Disziplinaruntersuchungen gegen Advokaten nur dann zu erkennen habe, wenn es sich um die Suspension oder Entlassung eines Advokaten handelt; der Sinn des 2. Absatzes des §. 20 der Advokatenordnung ist vielmehr nur dahin gerichtet, dass die Oberlandesgerichte Erkenntnisse über die Suspension oder Kassirung eines Advokaten nicht selbst ausfertigen dürfen, sondern dieselben nur gutächtlich dem obersten Gerichshofe vorzulegen haben, welche derlei Erkenntnisse schon zu Folge des a. h. bestimmten Wirkungskreises des Justizministeriums vom 21. August 1848 §. 7 (J. G. S. Nr. 1177) gleichfalls vor der Ausfertigung an das letztere zu leiten angewiesen wurde; eine Bestimmung, welche für diejenigen Kronländer, in welchen diese Advokatenordnung wirksam ist, noch gegenwärtig besteht. — Hierdurch ist aber an der allgemeinen Regel, dass über Strafen anderer Art, welche die Obergerichte im Disziplinarwege gegen Advokaten verhängen, im Rekurswege von dem löbl. obersten Gerichtshofe zu entscheiden sei, durchaus nichts geändert worden. Vielmehr enthält der dritte Absatz des §. 20 der Advokatenordnung ausdrücklich, dass in Fällen, wo die Geschäftsführung eines Advokaten die Verhängung von Rügen oder Geldstrafen nothwendig macht, der frühere Wirkungskreis der Gerichte aufrecht erhalten werde, ohne dabei zu unterscheiden, ob die Strafbarkeit der Geschäftsführung des Advokaten sich bei Entscheidung eines einzelnen Falles oder aus einer von dem Obergerichte angeordneten Disziplinaruntersuchung ergeben möge. Es ist daher auch das Befugniss des löbl. k. k. obersten Gerichtshofes, über derlei Strafen im Rekurswege zu erkennen, unverändert geblieben. — Das Justizministerium aber, welches die ihm anvertraute oberste Disziplinargewalt über die Advokaten nur innerhalb der bestehenden Gesetze auszuüben hat, hat hierauf keinen vorgreifenden Einfluss auszuüben.

70. Hfdkr. v. 1. Dez. 1821 Nr. 1819. — Ueber die Anfrage, ob und welchen Gerichtsbehörden die erfolgte Entsetzung oder Suspendirung eines berechtigten Advokaten von der Advokatur zur Kenntniss zu bringen sei? wird bedeutet: Es folge schon aus der Natur der Sache, und aus der dem Richter pflichtmässigen Vorsorge auf Verwahrung der Rechte jener Parteien und Kuranden, die bei den verschiedenen Gerichtsbehörden sich unter Rechtsvertretung des entsetzten oder suspendirten Advokaten befinden können, dass hievon sämmtliche Gerichtsbehörden, vor welchen er zur Rechtsvertretung berechtigt worden war, verständigt werden müssen. Aus eben diesem Zwecke folgt aber keineswegs die Nothwendigkeit, dass diese allgemeine Verständigung der vorerwähnten Gerichtsbehörden auf eine der entsetzten oder suspendirten Advokaten entehrende Art erfolgen müsse, sondern, dass es hinreiche, die erwähnten Gerichtsbehörden, ohne alle Namhaftmachung der veranlassenden Ursache, welche nur jener oder jenen Gerichtsbehörden zu eröffnen ist, vor welchen sich der Advokat jener groben Pflichtvergessenheit schuldig gemacht hat, die seine Entsetzung oder Suspendirung bewirkte, blos davon zu verständigen, dass sein Befugniss zur Rechtsvertretung vor diesen Gerichtsbehörden zu bestehen ganz oder zeitlich aufgehört habe.

71. Jhfdkr. v. 22. Jänner 1845, J. G. S. 862. — Se. Majestät haben über die Frage, ob ein abgesetzter Advokat berechtigt sei, sich in eigenen Rechtsangelegenheiten selbst zu vertreten, mit a. h. Entschliessung vom 14. Jänner 1845 zu erklären geruht, dass einem Advokaten durch die Absetzung von der Advokatur das ihm vermöge des Wahlfähigkeitsdekretes zustehende Befugniss, sich in eigenen Angelegenheiten selbst zu vertreten, in der Regel nicht benommen werde, dass jedoch dem Ermessen der Gerichte überlassen bleibe, einen abgesetzten Advokaten in einzelnen Rechtsangelegenheiten aus besonderen Gründen auch von der eigenen Vertretung auszuschliessen.

72. Hfdkr. v. 22. Mai 1789, Nr. 1013. — Die Advokaten sollen nicht ohne Erlaubniss des Appellationsgerichtes ihren Bestimmungsort verlassen. Diese Erlaubniss aber soll, sobald es auf längere Zeit ankommt, nicht anders ertheilt werden, als wenn sich der Advokat über seine hangenden Geschäfte ausweist und denselben auf zweckmässige Art vorsorgt.

73. Hfdkr. v. 21. Sept. 1827, Nr. 2309. — Das Appellationsgericht hat, wenn es einem Advokaten einen Urlaub ertheilt, hievon auch die betreffende erste Instanz in die Kenntniss zu setzen.

74. Jhfdkr. v. 5. Sept. 1837, J. G. S. 222. — Se. Majestät haben über die Reise der Advokaten und Notarien in das Ausland mit a. h. Entschl. v. 27. Mai 1837 nachstehende Vorschrift zu genehmigen geruht: Advokaten und Notarien, welche die Erlaubniss zu einer Reise in das Ausland zu erhalten wünschen, haben sich deshalb an das Appellationsgericht zu wenden, einen Substituten zu ernennen, die Erklärung desselben über die Annahme der Substitution beizubringen, den Ort, wohin sie sich verfügen wollen, und den Zweck der Reise anzuzeigen, ihre Angaben, so weit es die Umstände gestatten, zu bescheinigen, und sich über die wahrscheinliche Dauer ihrer Abwesenheit zu äussern. Das Appellationsgericht hat darüber sein Gutachten der obersten Justizstelle vorzulegen, und deren Entscheidung einzuholen. Für sehr dringende Fälle werden die Appellationsgerichte ermächtigt, den Urlaub zu einer Reise selbst zu ertheilen, worüber jedoch jedesmal die Anzeige an die oberste Justizstelle zu erstatten ist.

Erster Anhang.

1. Statut und Geschäftsordnung der niederösterreichischen Advokaten - Kammer.

I. Statut.

§. 1. Ausdehnung der Kammer. Die nieder-österreichische Advokaten-Kammer besteht auf Grund des Justiz-Ministerial-Erlasses vom 19. August 1861, Z. 7688, aus sämmtlichen Advokaten Niederösterreichs.

§. 2. Organe. Die Advokaten-Kammer besorgt ihre Geschäfte theils unmittelbar in ihren Versammlungen, theils durch den Ausschuss, theils durch den Präsidenten.

§. 3. Wahl derselben. Die Kammer wählt für die Dauer eines Jahres aus ihrer Mitte ihren Präsidenten und einen Präsidenten-Stellvertreter, ferner sechzehn Mitglieder für den ständigen Ausschuss, und zwar zwölf aus den in Wien domizilirenden und vier aus den ausser Wien domizilirenden Advokaten, endlich zwei Schriftführer und die Kommissäre zur Prüfung der Advokaturs-Kandidaten.

§. 4. Wirkungskreis der Kammer. Der Wirkungskreis der Advokaten-Kammer selbst ist durch die Advokaten-Ordnung §. 4 bestimmt.

§§. 5—9. Wirkungskreis des Ausschusses. §. 5. a) Vorberathung. Der Ausschuss hat die Geschäftsgegenstände, über welche die Entscheidung der Advokaten-Kammer zusteht, vorzuberathen und zu begutachten.

§. 6. b) Aufsicht über die Advokaturs-Kandidaten. Dem Ausschusse obliegt die Oberaufsicht über die bei den Advokaten Niederösterreichs sich verwendenden Advokaturs-Kandidaten und er bestätigt die Zeugnisse über ihre Praxis.

Er führt zu diesem Zwecke über die Advokaturs-Kandidaten ein Verzeichniss.

§. 7. c) Armenvertretungen. Der Ausschuss entscheidet in zweifelhaften Fällen (§. 13) über die Benennung der Vertreter für arme Parteien, auch erstattet er das Gutachten über Enthebung von Armenvertretungen.

§. 8. d) Oekonomische Geschäfte. Dem Ausschusse ist die Besorgung der ökonomischen Geschäfte der Kammer übertragen. Er wählt aus seiner Mitte einen Kassier. Dem Ausschusse ist das Dienstpersonal der Kammer untergeordnet.

§. 9. e) Bei Streitigkeiten zwischen Advokaten. Der Ausschuss ist berufen, in Streitigkeiten zwischen Advokaten über Verlangen eines Theiles die Vermittlung zu versuchen. Auf Begehren beider Theile hat er das Schiedsrichteramt zu handeln.

§§. 10 und 11. Aufrechthaltung der Ehre.

§. 10. Der Ausschuss ist ermächtigt und verpflichtet, die zur Aufrechthaltung der Ehre und der Interessen des Advokatenstandes erforderlichen Massregeln zu treffen, sowie hierauf bezügliche Vorstellungen und Eingaben an die Behörden zu machen; jedoch hat er darüber in der nächsten Versammlung der Kammer Bericht zu erstatten.

§. 11. Der Ausschuss hat über Beschwerden gegen Kammer-Mitglieder die Untersuchung zu führen und nach Ergebniss derselben Rügen auszusprechen; doch steht es jedem Kammer-Mitgliede, das sich durch die Verfügung des Ausschusses beschwert erachtet, frei, den Gegenstand dem Ausspruche der Kammer zu unterziehen.

§§. 12 und 13. Wirkungskreis des Präsidenten. §. 13. a) Geschäftsbehandlung. Der Präsident hat für die ordnungsmässige Behandlung und Erledigung sämmtlicher Geschäftsstücke der Kammer und des Ausschusses zu sorgen. Er beruft die Sitzungen beider, führt darin den Vorsitz, handhabt die Geschäftsordnung in denselben und leitet die Verhandlung.

§. 13. b) Benennung der Armenvertreter. Der Präsident benennt im Namen des Ausschusses in der Regel (§. 7) den unentgeltlichen Vertreter für arme Parteien mit möglichster Berücksichtigung der Entfernung des Gerichtes vom Sitze der Advokaten und der Eintheilung nach den Sprengeln der Kollegial-Gerichte und unter mehreren Advokaten desselben Ortes in alphabetischer Ordnung. Ueber die Zuweisung der Armenvertretungen ist ein Verzeichniss zu führen, dessen Einsicht jedem Kammer-Mitgliede frei steht.

§. 14. Deckung des Aufwandes. Zur Deckung des Aufwandes der Advokaten-Kammer hat jedes Mitglied der Kammer einen Jahresbeitrag zu entrichten.

Die Höhe dieses Betrages, sowie der Termin zur Entrichtung desselben wird mit dem Voranschlage der Einnahmen und Ausgaben von der Kammer jährlich festgestellt.

II. Geschäftsordnung.

A. Für die Advokaten-Kammer.

§. 15. Versammlung. Die Versammlungen der Advokaten-Kammer finden in der Regel zwei Mal des Jahres, im Monate März und Oktober statt.

Nach Bedürfniss der Geschäfte kann der Präsident auch ausserdem Versammlungen anordnen. Er ist hiezu auf Verlangen von wenigstens zwanzig Mitgliedern der Kammer verpflichtet.

§. 16 bis 19. Wahlen.

§. 16. In der Versammlung des Monats Oktober wird die Wahl des Präsidenten, dessen Stellvertreters, des Ausschusses, der Prüfungs-Kommissäre und der Schriftführer vorgenommen.

§. 17. Zur Wahl der Schriftführer genügt die relative Stimmenmehrheit, bei den übrigen Wahlen ist absolute Stimmenmehrheit erforderlich, falls diese nicht erzielt worden ist, wird zur engeren Wahl unter den zweien geschritten, welche die meisten Stimmen haben. Wenn durch Stimmengleichheit zweifelhaft wird, wer in die engere Wahl kommen soll, ist dieses durch das Loos zu bestimmen.

§. 18. Die Wahlen geschehen mittelst Stimmzettel.

§. 19. Die Wahl darf nur mit Genehmigung der Advokaten-Kammer abgelehnt werden. Nur Derjenige, welcher im eben abgelaufenen Jahre eine ihm von der Kammer übertragene Stelle versehen hat, ist berechtigt, die neuerlich auf ihn gefallene Wahl auszuschlagen.

§. 20. Einladung. Die Einladung zur Versammlung geschieht durch die Post und durch einmalige Kundmachung in der Wiener Zeitung, welche wenigstens acht Tage vor der Sitzung einzuschalten ist. Die Gegenstände der Berathung werden den Mitgliedern in der ihnen durch die Post zuzusendenden Einladung bekannt gegeben.

§§. 21 und 22. Antragstellung.

§. 21. Jedes Mitglied der Advokaten-Kammer hat das Recht, selbstständige und Unter-Anträge zu stellen, so wie Interpellationen zu machen.

Selbstständige Anträge müssen jedoch dem Präsidenten schriftlich eingehändigt werden. Interpellationen können nur nach Verlesung des

Protokolls der vorhergegangenen Sitzung oder am Schlusse der Sitzung mit Ausnahme der anerkannten Dringlichkeit gestellt werden.

§. 22. Damit ein selbstständiger Antrag eines Mitgliedes zur Debatte gelange, muss er wenigstens von fünf Mitgliedern der Kammer unterstützt sein.

§§. 23 und 24 Vorberathung.

§. 23. Alle Berathungs-Gegenstände, welche nicht bereits durch den Ausschuss der Advokaten-Kammer vorgelegt wurden, sind an denselben zur Vorberathung zu überweisen.

§. 24. Die Advokaten-Kammer kann jedoch einen Berathungsgegenstand an ein besonderes Comité verweisen, oder über einen von ihr als dringlich erkannten Antrag sogleich zur Berathung und Schlussfassung schreiten.

§. 25. Berichterstattung. Vorlagen, welche vom Ausschusse an die Kammer gelangen, werden durch einen von ersterem bestellten Berichterstatter vorgetragen.

§§. 26—29 Leitung der Debatte.

§. 26. Von der Tagesordnung kann nur wegen Dringlichkeit eines Gegenstandes abgegangen werden, die Entscheidung darüber steht der Versammlung zu.

§. 27. Der Präsident ertheilt das Wort nach der Zeitordnung der Meldung. Wenn der Präsident selbst einen Antrag stellt, oder sich an der Debatte betheiligt, leitet dessen Stellvertreter die Debatte und Abstimmung.

§. 28. Ausser dem Präsidenten darf Niemand den Redner unterbrechen.

§. 29. Der Präsident übt den Ruf zur Ordnung oder zur Sache. Er kann auch das Wort entziehen und nach Befund die Sitzung aufheben.

§. 30. Schluss der Debatte. Auf Verlangen eines Mitgliedes ist über den Schluss der Debatte abzustimmen. Sobald der Schluss der Debatte ausgesprochen ist, hat nur noch der Antragsteller oder Berichterstatter das Recht zum Worte.

§§. 31—33 Fragestellung.

§. 31. Der Präsident schreitet sohin zur Fragestellung.

§. 32. Ein Antrag auf Aussetzung des Beschlusses auf eine spätere Zeit ist vor allen materiellen Verbesserungs-Vorschlägen zur Abstimmung zu bringen.

Von zwei selbstständigen Anträgen ist derjenige zur Abstimmung zu bringen, durch dessen Annahme der andere Antrag von selbst hinwegfällt. Ausser diesem Falle hat der weiter gehende Antrag den Vorrang vor dem andern.

Im Uebrigen gehen Verbesserungs-Vorschläge den Hauptanträgen vor.

§. 33. Wird gegen die Fragestellung Anstand erhoben, so findet darüber Debatte und Abstimmung statt.

§§. 34 und 35 Abstimmung.

§. 34. Die Beschlüsse werden nach Stimmenmehrheit gefasst. Bei Stimmengleichheit entscheidet die Stimme des Präsidenten.

§. 35. Die Abstimmung geschieht in der Regel durch Aufstehen für, und durch Sitzenbleiben gegen die vorgelegte Frage. Bei eintretendem Zweifel über die Mehrheit ist durch die Gegenprobe, oder nöthigenfalls durch Namensaufruf zu entscheiden. Letzterer muss auf Verlangen von wenigstens zehn Mitgliedern zugelassen werden. Eine Motivirung der Abstimmung findet nicht statt.

§. 36. Beschlussfähigkeit. Zur giltigen Beschlussfassung über die Abänderung des Statutes oder der Geschäftsordnung muss wenigstens ein Drittel aller Mitglieder der Kammer zugegen sein, und es entscheidet nur die Mehrheit von zwei Dritteln der Anwesenden; zur Beschlussfassung über andere Gegenstände genügt die Anwesenheit von dreissig Mitgliedern.

§§. 37 und 38 Protokollführung.

§. 37. Ueber jede Sitzung wird durch einen Schriftführer ein Protokoll geführt. Dieses hat die vorgekommenen Gegenstände mit den gestellten Anträgen und gefassten Beschlüssen zu enthalten. Die Einsichtnahme in das Protokoll steht jedem Mitgliede zu jeder Zeit frei.

§. 38. Die nächstfolgende Versammlung verifizirt das Protokoll der vorangegangenen Sitzung, oder beschliesst die zu machenden Abänderungen, wornach es der Präsident unterzeichnet.

§. 39. Ausfertigung. Alle Ausfertigungen, welche von der Kammer ausgehen, werden vom Präsidenten unterzeichnet und von einem Schriftführer gegengezeichnet.

B. Für den ständigen Ausschuss.

§. 40. Zahl der Sitzungen. Die Sitzungen des Ausschusses finden in der Regel wenigstens ein Mal im Monate statt. Ausserdem beruft der Präsident solche nach Bedarf der Geschäfte oder auf Verlangen von wenigstens drei Ausschussmitgliedern.

§§. 41 und 42 Schriftführer.

§. 41. Der Ausschuss wählt zur Führung des Protokolls aus seiner Mitte zwei Schriftführer. Die Wahl geschieht mit relativer Stimmenmehrheit.

§. 42. Zur Giltigkeit eines vom Ausschusse zu fassenden Beschlusses ist die Anwesenheit von wenigstens acht Mitgliedern und die des Präsidenten oder seines Stellvertreters erforderlich. Zur Ertheilung von Rügen (§. 11) ist jedoch die Anwesenheit von acht Mitgliedern des Ausschusses und die Stimmenmehrheit von zwei Dritteln der Anwesenden nothwendig.

§§. 43 und 44 Protokoll.

§. 43. Das Protokoll über die Ausschuss-Sitzung hat die Namen der Anwesenden zu enthalten, im Uebrigen ist es nach §. 38 zu führen.

§. 44. Ueberhaupt haben die auf die Geschäftsverhandlungen in den Sitzungen der Advokatenkammer bezüglichen Paragraphe auch für den Ausschuss Geltung, so weit sie auf ihn anwendbar sind.

§. 45. Ausfertigungen. Die Ausfertigungen des Ausschusses sind, so ferne sie in Form von Bescheiden erlassen werden, vom Schriftführer, die Schreiben vom Präsidenten allein, alle anderen Erlässe endlich vom Präsidenten unter Gegenzeichnung eines Ausschussmitgliedes zu fertigen.

2. Kurrende des Ausschusses der nied.-österr. Advokatenkammer

vom 19. Oktober 1866.

an die Mitglieder der nieder-österreichischen Advokatenkammer.

Wenn sich der Ausschuss der n. ö. Advokatenkammer erlaubt, den Herren Kammermitgliedern folgende Grundsätze, von denen er bei seinen Beschlüssen in Angelegenheiten seines Wirkungskreises ausgeht, mitzutheilen und daran mehrere Bitten zu knüpfen; so wird er dazu durch die Betrachtung bestimmt, den Herren Kammermitgliedern den Beweis zu liefern, dass seine Entscheidungen nicht willkührlich sind, sondern aus den, dem Ausschusse obliegenden Pflichten, die Ehre und Würde des Standes zu wahren und die Kammermitglieder vor Behelligungen zu schützen, hervorgehen, und dass weiters durch Bekanntgebung dieser Grundsätze manche Geschäftsvereinfachungen und manche sich wiederholende Beschwerden vermieden werden können.

Die Grundsätze werden nach folgenden Hauptabtheilungen der geschäftlichen Vorkommnisse aufgeführt:

a) In Betreff der Oberaufsicht über die Advokaturs-Candidaten [1]).

1. Die Herren Advokaten werden ersucht, den Eintritt eines Herrn Konzipienten in ihre Kanzlei, sowie dessen Austritt aus der Kanzlei ungesäumt hierorts anzuzeigen [2]).

2. Die Praxis wird nur dann protokollirt, wenn der Kandidat die gesetzliche Qualifikation dazu (Doktorat oder dritte Staatsprüfung) ausweist [3]) und wenn dieselbe längstens binnen vierzehn Tagen vom Eintritt in die Kanzlei angezeigt wird; eine frühere Praxis kann nicht berücksichtigt und bestätigt werden.

Allfällige Nebenbeschäftigungen des Herrn Konzipienten sind ebenfalls anzuzeigen.

3. Es ist Thatsache, dass manche Konzipienten mehr ihren eigenen Geschäften als denen ihres Chefs nachgehen, oder als Konzipienten angezeigt werden, obschon sie in der Kanzlei keine entsprechende Verwendung finden. Es werden daher die Herren Advokaten dringend ersucht, diesen Uebelstand abzustellen, insbesondere auch keinen Konzipienten aufzunehmen, dessen Ruf nicht ehrenhaft ist; da es als eine Ungerechtigkeit gegen jene Herren Konzipienten erscheint, die ihre ganze Zeit und Kraft dem Geschäfte des Chefs widmen, wenn ihnen andere, bei denen dies nicht der Fall ist, gleichgestellt werden, überdies der Verfall des Standes nur dadurch zu verhindern ist, wenn die Bürgschaft für einen ehrenhaften Nachwuchs erlangt wird.

b) Ueber Vertheilung von Armenvertretungen und Enthebung von denselben [4]).

1. Der Ausschuss der Advokatenkammer bestellt bei Rechtssachen unter 210 fl. [5]) nur dann Armenvertreter, wenn:

---

[1]) §. 5 der Advokaten-Ordnung von 16. August 1849 lit. a.

[2]) §. 5 des Statutes der n. ö. Advokatenkammer.

[3]) Justizm. Vdg. vom 11. Oktober 1854 R. G. Z. 264 R. G. B. Cirkularschreiben des Justiz-Ministers vom 23. Mai 1855 Z. 8927 und 9437 und Verordnung des Unterrichtsministeriums vom 16. April 1856. R. G. Z. 54.

[4]) §. 5 der Advokaten-Ordg. vom 16. August 1849 lit. b. und 5 und 13 des Statutes.

[5]) §. 8 und 9 des Hofkanzleidkt. vom 2. Dezember 1845 Z. 40443, Hfdkt. von 27. März 1856 Z. 772, Justizministerial-Vdg. vom 16. März 1851 Z. 1445, Dekret des Oberlandesgerichtes vom 16. August 1866 Z. 15334.

a) die Rechtsangelegenheit eine Wechselforderung betrifft [6]);
b) wenn das Gericht die Beiziehung eines Rechtsfreundes anordnete, weil die Partei einer verständlichen Aeusserung über ihre Rechtsangelegenheit nicht fähig ist, oder weil
c) dieselbe das Gericht mit muthwilliger Erneuerung bereits verworfener Klagen und Gesuche behelligt [7]), und endlich
d) in besonders berücksichtigungswürdigen Fällen wegen grosser Entfernung des Wohnortes der Partei vom Gerichtssitze.

In allen andern Fällen, z. B. wegen unanständigen oder exzessiven Benehmens [8]), wegen Unkenntniss der deutschen Sprache [9]), wegen Entfernung vom Sitze des Gerichtshofes in minder berücksichtigungswürdigen Fällen [10]), wegen Schwierigkeit oder grösserer Ausdehnung des Prozesses [11]) wird die Bestellung verweigert.

Da aber bei vielen Bestellungen die Höhe der Summe, der Umstand, ob blos eine Klage oder mehrere summarische Klagen anzustrengen sind, oder ob es sich um eine angebliche Verrechnungsschuld handle, nicht ersichtlich ist: so bleibt es den Herren Mitgliedern der Kammer anheimgestellt, dann, wenn später hervorkommen sollte, dass kein Grund zur Bestellung eines Armenvertreters vorhanden war, um Enthebung bei Gericht anzusuchen und erforderlichen Falls gegen die ohne stichhältigen Grund verweigerte Enthebung zu rekuriren [12]).

5. Es kommen die Fälle, dass für Gewerbsleute, Beamten und deren Gattinen und Personen, die offenbar mehr als den Taglohn verdienen, das Armenrecht bewilligt wird, immer häufiger vor.

Da sich aber aus den Bestellungsdekreten der Gerichte, wo der Stand häufig gar nicht angegeben ist, und selbst aus dem angegebenen Stande der Partei allein noch nicht entnehmen lässt, ob das Armuths-

---

[6]) §. 12 der Justizm.-Vdg. vom 25. Jänner 1850.

[7]) §. 8 des Hfkzdkt. vom 2. Dezember 1845 Z. 40443.

[8]) Obergerichtl. Entscheidungen vom 16. Nov. 1864 Z. 18832 und vom 17. Jänner 1865 Z. 1072.

[9]) Obergerichtliche Entscheidung vom 29. Dezember 1863 Z. 20602 und vom 5. April 1864 Z. 5406.

[10]) Obergerichtl. Entscheidung vom 4. April 1865 Z. 5700, bestätigt durch obergerichtl. Dekret vom 29. Mai 1865 Z. 2553.

[11]) Obergerichtl. Erlass von 16. Dezember 1864 Z. 2077.

[12]) Justizm. Erlass vom 2. Juni 1854 Z. 9591 über einen Rekurs der Advokatenkammer für Kärnthen.

Zeugniss erschlichen war, so werden die Herren Advokaten ersucht, Fälle wo dies offenbar ist, dem Ausschusse anzuzeigen.

6. Bei Bestellung der Armenvertreter wird genau nach der alphabetischen Reihenfolge vorgegangen und nur dann eine Ausnahme gemacht, wenn bei dem an die Reihe kommenden Advokaten ein gesetzlicher Grund vorhanden ist, die Vertretung abzulehnen. Es kann daher auf die eingebrachten Gesuche, eine Vertretung ausser der Reihe gegen Gutrechnung zu übernehmen, keine Rücksicht genommen werden. Die freiwillig übernommenen Vertretungen werden dem betreffenden Herrn Advokaten nie zu Gute gerechnet.

7. Wenn aus dem Rathschlage, mit dem die Stämpelbefreiung bewilliget wurde, ersichtlich ist, dass mehrere Prozesse anhängig zu machen sind, so wird dem Herrn Advokaten, dem diese Vertretung übertragen wurde, diese Bestellung gleich für so viele Vertretungen, als Rechtsstreitigkeiten offenbar anhängig zu machen sind, gutgerechnet.

8. Nachträgliche Anzeigen um Gutrechnung werden dann berücksichtiget, wenn die Klagen vorgelegt werden, wenn sich ferner nicht aus den vorgelegten Klagen ergibt, dass sie sich zum Summar-Verfahren eignen und kein besonders gesetzlicher Grund zur Bestellung eines Advokaten vorhanden war (Punkt 1), und wenn die Klagen nicht blos Wiedereinsetzungs- oder Güternahmhaftmachungs- oder Oppositionsklagen sind, die von oder gegen denselben Gegner anhängig gemacht wurden.

9. Die Enthebung von einer Armenvertretung aus Gründen der Sache (weil der Rechtsstreit nicht durchzuführen ist) steht gemäss §. 5, lit. b und §. 19 der Advokaten-Ordnung vom 16. August 1849 Z. 364 [13]), den Gerichten und nicht der Kammer zu, daher die betreffenden Gesuche nicht, wie es häufig geschieht, bei dem Ausschuss der Kammer, sondern bei Gericht einzubringen sind.

10. Sobald eine solche Enthebung aus Gründen der Sache erfolgte, wird von der Kammer die Bestellung eines neuen Armenvertreters verweigert, und werden daher die Herren Advokaten aufmerksam gemacht, dass sie dann, wenn dies nicht geschah, weil dem Ausschusse der Beweis, dass schon ein anderer Rechtsfreund wegen desselben Rechtsstreites von der Armenvertretung aus Gründen der Sache enthoben

---

[13]) Justizm. Erlass vom 30. Dezember 1855 Z. 25167 über Rekurs der Wiener Advokatenkammer gegen die Erledigung des n. ö. Oberlandesgerichtes vom 13. Juni 1855 Z. 7903.

wurde, nicht vorliegt, um ihre Enthebung bei Gericht ansuchen und nöthigenfalls gegen deren Verweigerung rekurriren können. (§. 428 G. O.)

11. Enthebungen wegen persönlicher Verhinderung des Advokaten, die das Armenrecht geniessende Partei in der betreffenden Angelegenheit zu vertreten, weil er z. B. schon den Gegner vertritt, oder weil seine Zeugenaussage im Prozess nothwendig erscheint etc., werden von der Kammer gegen Nachweis dieser Verhinderungsgründe bewilliget, es wird gleichzeitig ein anderer Rechtsfreund bestellt, demjenigen Advokaten aber, der um die Enthebung eingeschritten ist, die nächste Vertretung an Stelle derjenigen, von der er enthoben wurde, zugetheilt.

12. Es kommen Fälle vor, dass die Herren Advokaten, wenn sie die Durchführung einer Armenvertretung für unmöglich halten, oder persönlich verhindert sind, dieselbe zu führen, die Parteien einfach mit diesem Bescheide abweisen, was zu Beschwerden Veranlassung gibt. Es werden daher die Herren Kammermitglieder ersucht, in solchen Fällen stets bei Gericht oder bei der Kammer um die Enthebung anzusuchen.

13. Wenn ein Advokat auf seine Stelle resignirt oder stirbt, so werden, insoferne der Kanzlei-Uebernehmer nicht erklärt, freiwillig alle oder einige der Armenvertretungen zu übernehmen, gegen Vorlegung des Verzeichnisses der noch anhängigen, dem austretenden Advokaten übertragen gewesenen Armenvertretungen, dieselben nach der Reihenfolge ertheilt.

c) Bei der Kanzlei-Uebernahme.

14. Wenn ein Advokat auf seine Stelle resignirt, so steht es ihm frei, zu bestimmen, wem er seine Kanzlei übergeben will, und es ist hievon die Anzeige an die Kammer zu machen, welche davon das Oberlandesgericht und in Wien auch das Handelsgericht und Landesgericht ungesäumt verständigt.

Wenn ein Advokat aber stirbt oder in Konkurs verfällt, so wird, nachdem das Oberlandesgericht wiederholt die Bestellung eines Kanzlei-Uebernehmers von der Kammer verlangte, vom Präsidenten der Kammer stets der Konkursmassa-Vertreter oder der von den Erben namhaft gemachte Vertreter bestellt, insoferne nicht besondere Gründe obwalten, welche die Bestellung eines andern Vertreters durch den Ausschuss nothwendig machen würden.

d) Expensen und Verrechnung von Parteigeldern.

15. Der Ausschuss geht in seinen Entscheidungen von dem Grundsatze aus, dass der Armenvertreter ausser den ihm zuerkannten und

vom Gegner bezahlten Expensen von seinem Klienten nur dann eine Vergütung für Expensen verlangen kann, wenn sich die Verhältnisse dieses Klienten durch das Obsiegen im Prozesse wirklich so geändert haben, dass ihm die gesetzliche Befreiung von der Stämpelpflicht nicht wohl ertheilt werden könnte.

Der Ausschuss erwartet daher von den Herren Kammermitgliedern, dass sie bei Beanspruchung solcher Expensen mit voller Rücksichtnahme vorgehen werden.

16. Um möglichen Konflikten und Verdächtigungen vorzubeugen, ersucht der Ausschuss die Herren Kollegen, die in Exekutionssachen auflaufenden Gerichtskosten, insoweit dies durchführbar ist, vor der Exekutionsvornahme bestimmen zu lassen, damit der Vorgang vermieden werde, dass die Vereinbarung über die Gerichtskosten unter dem Drucke der Exekutionsschritte stattfinde.

17. Nach der Ansicht des Ausschusses ist es unzulässig, dass Advokaten ihren Klienten die Erfolglassung der Akten, selbst Schuldurkunden deshalb verweigern, weil die Expensen nicht bezahlt sind.

Der Ausschuss glaubt daher von seinen Herren Kollegen erwarten zu können, dass sie den Parteien auf ihr Verlangen, die Expensnoten ohne Verzug aushändigen, und falls eine Einigung über die Ziffer der Expensen nicht zu erzielen ist, die Klienten aber die Aushändigung der Akten fordern, mit thunlichster Beschleunigung um die gerichtliche Bestimmung der Expensen einschreiten.

18. Im Interesse des Advokatenstandes liegt es, dass die Bücher, die in jeder Kanzlei über die Parteiengelder zu führen sind, in der Art in Evidenz gehalten werden, dass jeder Partei der Auszug der sie betreffenden Verrechnung jeder Zeit ohne Verzug hinausgegeben werden kann.

e) Ankündigung.

19. Der Ausschuss glaubt, dass es der Würde des Standes nicht entspricht, wenn Advokaten Ankündigungen erlassen, die nicht blos den Antritt des Geschäftes oder die Wohnungsveränderung anzeigen, sondern auf mehr oder weniger marktschreierische Weise das Publikum durch Anpreisung besonderer Qualifikation oder der besondern Eignung zu gewissen Geschäften herbeizulocken suchen.

f) Benützung der Kammerbibliothek und Einsicht der Registratur.

20. Endlich werden die Herren Kammermitglieder aufmerksam gemacht, dass jedem derselben die Benützung der Kammerbibliothek in

und ausser dem Lokale der Kammer, so wie die Einsicht aller Registratur-Akten und Protokolle, insoferne dieselben nicht Disziplinar-Angelegenheiten betreffen, freisteht, mit dem Beifügen, dass der Kanzellist der Kammer den Auftrag hat, den Herren Advokaten alle diesfalls gewünschten Auskünfte zu ertheilen.

Zweiter Anhang.

Advokatur in Ungarn.

Quelle: A. Dauscher. Das ungarische Civil- und Strafrecht nach den Beschlüssen der Judex-Curial-Conferenz. Wien 1861.

Die am 22. Jänner 1861 eröffnete, am 4. März 1861 geschlossene Judex-Curial-Conferenz reaktivitirte durch folgendes provisorische Statut das ursprüngliche Sistem der Advokatur in Ungarn:

A. Von der provisorischen Regelung der Advokatur.

§. 1. Alle diejenigen, welche vor dem Jahre 1849 das Advokatendiplom erlangten und nicht durch gerichtliches Urteil von der Advokatur entfernt wurden, können von nun an in der Ausübung derselben nicht gehindert werden.

§. 2. Advokaten, welche in den verflossenen eilf Jahren ihre Advokatenberechtigung erhielten, müssen, nachdem der Wirkungskreis der königlichen Tafel sich wieder über das ganze Reich ausdehnt, ihre Diplome der königlichen Curie unterbreiten, und wenn sie aus den vaterländischen Gesetzen nicht gehörig geprüft wären, daraus eine Nachtragsprüfung ablegen.

§. 3. Diejenigen, welche während dieser Zeit zwar die Advokatenprüfung ablegten, allein die Advokatenberechtigung nicht erlangten, haben, wenn sie letztere zu erlangen wünschen, wegen Herausgabe des Advokatendiploms ein Gesuch an die königliche Tafel (Curie) einzureichen und sich erforderlichen Falls der im zweiten Paragraphe erwähnten Nachtragsprüfung zu unterziehen.

§. 4. Jene ausstudirten Juristen betreffend, welche die theorethische rechtswissenschaftliche Prüfung ablegten, und gegenwärtig wenigstens schon seit zwei Jahren in der Advokaten- oder Gerichtspraxis in Verwendung stehen, wie auch betreffs jener Juristen, welche den Rechtskurs absolvirten und zwar die Prüfung nicht ablegten, allein durch mehrjährige advokatische oder gerichtliche Praxis ihre Rechtsgewandtheit bezeugen können; wird die königliche Tafel von Fall zu Fall beschliessen, ob sie zur Advokatenprüfung unverweilt zugelassen werden können, oder welche Bedingungen sie noch nachträglich erfüllen müssen.

§. 5. Die Erlangung der Advokatur wird in Zukunft ausser den oben bestimmten Fällen an folgende Bedingungen geknüpft:

a) dass der Advokaturs-Kandidat das Studium der Rechtswissenschaften und besonders der vaterländischen Gesetze gehörig beendete;

b) dass er die vorgeschriebenen theoretischen Prüfungen mit Erfolg bestand;

c) dass er eine zweijährige Rechtspraxis glaubwürdig nachzuweisen vermag; endlich nach deren Vollendung

d) die Advokatenprüfung vor der königlichen Tafel mit Erfolg ablegte.

§. 6. Da die Bezirke der Oberlandesgerichte aufhören, erstreckt sich der Wirkungskreis der Advokaten auf das ganze Reich und dessen verbundene Theile.

§. 7. In Betreff der Advokaten-Vollmachten wird der §. 217 II. Th. Ges. Art. XV. 1840 auch auf die bürgerlichen Prozesse ausgedehnt [1]).

B. Von der Aufhebung des öffentlichen Notariats.

§. 8. Nachdem die vaterländischen Gesetze betreffs der glaubwürdigen Orte Verfügungen treffen, und durch diese wie durch die wiederhergestellten Gerichtsbarkeiten im Sinne der ungarischen Gesetze vollzogen wird, was den öffentlichen Notaren zu thun überbleibt, hört das öffentliche Notariat hiermit auf.

§. 9. Die bei den öffentlichen Notaren deponirten Urkunden und in ihrem amtlichen Verfahren verfassten Schriften sind mit den Protokollen nach dem Kataloge jenen wieder herzustellenden Gerichten erster Instanz zu übergeben, in deren Bezirke sie fungirten.

Das 15. Kapitel des ungarischen Wechselgesetzes (Ges. Art. XV. 1840), mit Abänderungen, welche Ges. Art. VI. 1844 festgestellt hat, verfügt Folgendes über die W e c h s e l - A d v o k a t e n: Wer nicht in eigener Person

---

[1]) Nach diesem Paragraph kann die Vollmacht auch unter Privatsiegel ausgestellt werden; doch muss Jener, dessen Firma nicht protokollirt ist, seine Unterschrift durch zwei Zeugen beglaubigen lassen. — Früher war die Legalisirung der Unterschrift durch den städtischen Magistrat (Ges. Art. XXIII. 1840) oder das Komitat erforderlich.

oder durch einen Bevollmächtigten Prozess vor dem Wechselgerichte führen will, muss einen Advokaten benennen. Dies kann unter Privatsiegel geschehen, es muss aber die Unterschrift durch zwei Zeugen beglaubigt sein (§. 217). — Um Wechselgerichtsadvokat zu sein, muss man ausser der gewöhnlichen Advokatenprüfung auch von dem Wechsel-Appellationsgerichte aus dem Wechselrechte geprüft worden sein. Die Prüfung erfolgt nach Vorweisung des gewöhnlichen Advokatendiploms mündlich oder schriftlich. Ein neuer Eid wird nicht abgelegt. Mit dem darüber erhaltenen Zeugnisse meldet man sich beim Wechselgerichte, und sobald die Zahl der Wechselgerichtsadvokaten am Wechselgerichtsorte vier überschreitet, können sie allein als Vertreter der Abwesenden bestellt werden (§§. 218—220). — Haben derlei Advokaten durch drei Jahre in Wechselangelegenheiten Dienste geleistet, so können sie auf Anempfehlung der Wechselgerichte erster Instanz vom Appellationsgerichte zu Wechselnotaren mit dem Rechte, Proteste auszustellen, ernannt werden. Sie erhalten darüber ein eigenes Diplom, in welches das mit dem Namen und Amte überschriebene Siegel aufgenommen wird (§§. 221, 222). — Der Wechselgerichtsadvokat kann seiner Partei nur vor dem Wechselgerichte künden und muss sie dann noch drei Monate vertreten, wenn sie sich nicht früher mit einem Vertreter versieht. — Er darf nicht beide Theile in derselben Sache, weder in derselben Zeit, noch nach einander vertreten. — Sein Honorar wird in jedem Prozesse, ob er ihn gewonnen oder verloren, von dem Gerichte mittelst Erkenntnisses bestimmt; dieses Erkenntniss ist gleich einem Wechsel zur Wechselklage geeignet (§§. 223—226). — Vollmachten auf einzelne Wechselprozesse müssen durch Wechselgerichtsassessoren, in den Städten durch den Richter und Notar, sonst durch das *legale testimonium* bekräftigt sein (§. 227).

KÖNIGREICH SACHSEN.

I. Advokaten-Ordnung.

Quelle: Advokaten-Ordnung vom 3. Juni 1859.

Cap. I.

Amt der Advokaten und Ernennung zu demselben.

§. 1. Der Advokat ist berufen, in Angelegenheiten, deren zweckmässige Besorgung Rechtskenntnisse voraussetzt, diejenigen, welche sich deshalb an ihn wenden, durch Wort und Schrift vor Gerichten und anderen öffentlichen Behörden zu vertreten, nicht minder denselben sowohl in den vor öffentlichen Behörden zu betreibenden als auch in den nicht vor solchen anhängigen Geschäften Rechtsbeistand zu gewähren.

§. 2. Zur Advokatur kann nur zugelassen werden, wer 1. das Unterthanenrecht im Königreiche Sachsen besitzt; — 2. nicht wegen eines nach allgemeinen Begriffen entehrenden Verbrechens bestraft oder nur beschränkt klagfrei gesprochen worden ist, oder nicht sonst durch seine Handlungen oder Lebensweise sich der öffentlichen Achtung verlustig gemacht hat; — 3. das fünfundzwanzigste Lebensjahr zurückgelegt und — 4. die vorgeschriebene Prüfung bestanden hat; — 5. sich nicht im Staatsdienste oder sonst in einem Amte befindet, mit welchem die Advokatur nach Gesetz oder anderen verfassungsmässigen Bestimmungen unvereinbar ist; — 6. auch sonst nicht einer mit Ausübung derselben unverträglichen Berufsthätigkeit obliegt.

§. 3. Die Ernennung zum Amte der Advokatur geschieht auf Ansuchen vom Ministerium der Justiz [1]).

---

[1]) Zu §. 3. — Wer sich um Ernennung zum Advokaten bewirbt, hat 1) in dem deshalb einzureichenden Gesuche die Zeit anzugeben, wo er die zur Erlangung der

§. 4. Diejenigen, welche die zur Erlangung der Advokatur erforderliche Prüfung bestanden haben, werden nach der Zeit derselben in eine Rolle eingetragen und haben sich nach der Reihenfolge dieser Eintragungen der Ernennung zur Advokatur zu gewärtigen.

§. 5. Das Ministerium der Justiz ist rücksichtlich der Ernennungen zur Advokatur nicht an eine feststehende Zahl gebunden, sondern hat dieselben nach dem Bedürfnisse des Verkehrs und Geschäftslebens zu bemessen. Es wird hiernach von Zeit zu Zeit die Zahl der in einem Jahre zu ernennenden Advokaten bestimmen und öffentlich bekannt machen.

§. 6. Der Advokat kann sein Amt nicht eher ausüben, als nach dem er vom Ministerium der Justiz oder von einer von derselben dazu beauftragten Gerichtsbehörde zur Ausübung desselben verpflichtet worden ist. Die erfolgte Ernennung und Verpflichtung wird hierauf öffentlich bekannt gemacht.

Bei der Verpflichtung hat er eidlich anzugeloben, das ihm übertragene Amt nach seinem besten Wissen- den gesetzlichen Vorschriften gemäss mit Fleiss und Gewissenhaftigkeit auszuüben.

Ueber die erfolgte Verpflichtung wird dem Advokaten behufs seiner Legitimation ein Pflichtschein ausgefertigt [2]).

Advokatur vorgeschriebene Prüfung bestand; auch — 2) darin zu versichern, dass der Zulassung zur Advokatur keines der §. 2 unter 5 und 6 der Advokatenordnung bezeichneten Hindernisse entgegensteht; — 3) den Nachweis beizubringen dass er das Unterthanenrecht im Königreiche Sachsen besitzt; und — 4) dass er das fünfundzwanzigste Lebensjahr zurückgelegt hat; — 5) Zeugnisse derjenigen Behörden, so wie derjenigen Advokaten, bei welchen er in geschäftlicher Thätigkeit gestanden hat, über sein Verhalten in geschäftlicher Beziehung, wie auch darüber vorzulegen, dass er sich, so viel denselben bekannt, durch seine Handlungen oder seine Lebensweise der öffentlichen Achtung nicht verlustig gemacht hat (Verordnung, die Ausführung der Advokatenordnung v. 3. Juni 1859 betreffend, §. 1).

[2]) Zu §. 6. — Die Verpflichtung des zum Advokaten Ernannten geschieht in der durch §. 2 der Verordnung v. 2. Nov. 1837, die Verpflichtung der Civil-Staatsdiener und anderer in öffentlichen Funktionen stehenden Personen betreffend, vorgeschriebenen Maasse mittelst der nachstehenden Eidesformel: „Ich N. N. schwöre hiermit zu Gott, dass ich unter genauer Beobachtung der Gesetze des Landes und der Landesverfassung das mir übertragene Amt eines Advokaten nach meinem besten Willen den gesetzlichen Vorschriften gemäss mit Fleiss und Gewissenhaftigkeit ausüben will, so wahr mir Gott helfe, durch Jesum

§. 7. Dem zum Amte eines Advokaten Ernannten steht in der Regel (vergl. §. 8) die Wahl seines Wohnsitzes frei. Doch muss er den Ort desselben vor oder bei seiner Verpflichtung, jede spätere Verlegung seines Wohnsitzes in den Sprengel eines anderen Gerichtsamtes aber binnen vierzehn Tagen, von dem Tage an gerechnet, wo er seinen seitherigen Wohnsitz verlässt, dem Ministerium der Justiz anzeigen. Die Unterlassung einer jeden dieser Anzeigen hat eine Disziplinarstrafe von Fünf Thalern zur Folge, welche an die Sportelkasse des Ministeriums fällt [3]).

§. 8. Stellt sich für einen Ort das dringende Bedürfniss heraus, dass ein Advokat daselbst seinen Wohnsitz habe, oder eine Vermehrung der an diesem Orte wohnenden Advokaten stattfinde, so wird das Ministerium der Justiz dies öffentlich bekannt machen und, wenn sich innerhalb dreimonatiger Frist kein Advokat meldet, welcher zur Niederlassung an dem fraglichen Orte bereit ist, einen von den nach §. 4 zur Erlangung der Advokatur die Anwartschaft habenden Rechtskandidaten, welcher sich zur Niederlassung daselbst erbietet, und zwar, dafern mehrere Bewerber auftreten, unter Einhaltung der im nur erwähnten §. 4 bestimmten Reihenfolge die Advokatur übertragen. Wer dieselbe

---

Christum, seinen Sohn, unsern Herrn". — Wenn einem Juden das Amt der Advokatur übertragen wird, kommen wegen seiner Verpflichtung die Vorschriften in den §§. 1 und 14 des Gesetzes v. 30. Mai 1840, das bei Eidesleistungen der Juden zu beobachtende Verfahren betreffend, zur Anwendung. — Die Eidesabnahme und die Verhandlung hierbei erfolgt in deutscher Sprache. Es ist nicht nöthig, dass die Thora oder das Chumesch aufgeschlagen werde, und dass der Schwörende seine Hand auf eine bestimmte Stelle lege. Will aber der Richter das Chumesch bei der Eidesleistung aufschlagen lassen, so muss die Stelle im 2. Buch Moses Cap. 20 Vers 7, wo die Worte stehen: „Du sollst den Namen Deines Gottes nicht missbrauchen, denn der Herr wird den nicht ungestraft lassen, der seinen Namen missbraucht" aufgeschlagen werden. — Hat die Verpflichtung vor einer vom Ministerium der Justiz dazu beauftragten Behörde stattgefunden, so ist das von derselben hierüber aufgenommene Protokoll ungesäumt an das Ministerium der Justiz einzusenden, worauf dieses den Pflichtschein aushändigt, auch die Ernennung und Verpflichtung des Betreffenden zum Advokaten durch die Leipziger Zeitung bekannt macht. (Ausf. Vdg. §. 2.)

[3]) Zu §. 7. — Findet die Verpflichtung des Advokaten vor einer dazu beauftragten Gerichtsbehörde statt, so hat derselbe die Wahl seines Wohnsitzes, dafern er sie nicht schon früher dem Ministerium der Justiz angezeigt hat, der ihn verpflichtenden Behörde anzuzeigen, welche Nachricht hierüber zu dem Verpflichtungsprotokolle bringt. (Ausf. Vdg. §. 3.)

solchergestalt erlangt, darf innerhalb der nächsten fünf Jahre, von seiner Ernennung zum Advokaten an gerechnet, die Niederlassung an dem ihm zum Wohnsitz angewiesenen Orte ohne Genehmigung des Ministeriums der Justiz nicht aufgeben. Thut er dies gleichwohl, so ist er bis zum Ablaufe dieses Zeitraumes von der Ausübung der Advokatur ausgeschlossen [4]).

Cap. II.

Rechte und Pflichten der Advokaten.

§. 9. Von Vornahme der zum Berufskreise der Advokaten gehörigen Geschäfte ist Jeder ausgeschlossen, hinsichtlich dessen nicht nach Gesetzen oder besonderen Vorschriften eine Ausnahme besteht.

§. 10. Der Advokat hat denen, welche sich seines Rechtsbeistandes bedienen, mit Redlichkeit und Treue zur Seite zu stehen, Rath nur nach sorgsamer Erörterung und umsichtiger Erwägung der Verhältnisse seiner Ueberzeugung gemäss zu ertheilen, die ihm gewordenen Aufträge so schnell und so wenig kostspielig als möglich auszuführen, die gütliche Beilegung von Streitsachen in geeigneten Fällen zu befördern, bei Verhandlung und Abschluss von Rechtsgeschäften darauf Bedacht zu nehmen, dass Alles, was zu ihrer Gültigkeit oder Sicherung nöthig, beobachtet werde, dasjenige, was ihm seine Partei anvertraut hat, sowohl während, als nach Beendigung der Geschäftsführung für dieselbe, geheim zu halten und Niemanden, ausser wer darnach zu fragen das Recht hat, Mittheilungen darüber zu machen, sich jeder Begünstigung der Gegenpartei, insbesondere auch im Prozesse durch Vernachlässigung ihm bekannter Angriffs- und Vertheidigungsmittel,

---

[4]) Zu §. 8. — Wenn einer Gerichtsbehörde bemerkbar wird, dass für einen Ort die Niederlassung eines Advokaten daselbst dringendes Bedürfniss sei, so hat sie über die in dieser Beziehung gemachten Wahrnehmungen Anzeige an das Ministerium der Justiz zu erstatten, worauf dieses nach Befinden der Umstände die im §. 8 der Advokatenordnung bestimmte Bekanntmachung durch die Leipziger Zeitung erlässt. — Sollte ein Advokat, welcher in Gemässheit des §. 8 der Advokatenordnung zum Amte der Advokatur gelangte, vor Ablauf der dort bestimmten Zeit ohne Genehmigung des Ministeriums der Justiz den ihm angewiesenen Wohnsitz verlassen, so hat dasjenige Gerichtsamt, unter welchem er denselben hatte, unverzüglich dem Ministerium der Justiz darüber Anzeige zu erstatten. (Ausf. Vdg. §. 4.)

aber auch der wissentlichen Vorbringung von Unwahrheiten oder der Entstellung der Wahrheit zu enthalten, bei schriftlichen, wie mündlichen Vorträgen sich kurz, deutlich, bestimmt und mit Freimuth auszusprechen, ohne jedoch dabei die den Behörden schuldige Achtung bei Seite zu setzen, Aeusserungen, welche für die Gegenpartei, deren Sachwalter, für Zeugen, Sachverständige oder sonst irgend wen verletzend sind, zu unterlassen, insoweit sie nicht zur Rechtsverfolgung oder Rechtsvertheidigung dienen, und überhaupt bei seinen Amtsverrichtungen allenthalben den für dieselben massgebenden Gesetzen und Verordnungen gewissenhaft nachzugehen.

§. 11. Der Advokat ist gehalten, in der Regel Jedem, welcher ihn darum ersucht, seinen Rechtsbeistand zu gewähren.

§. 12. Der Advokat muss jedoch den Rechtsbeistand verweigern, 1) wenn er denselben zu etwas Gesetzwidrigem oder zu etwas, was er ungegründet findet; — 2) wenn er denselben in solchen bürgerlichen Sachen, gleichviel ob streitigen oder nicht streitigen, bei denen er als Richter oder Protokollführer, desgleichen wenn er denselben in solchen Strafsachen, bei denen er als Richter oder Staatsanwalt oder als Protokollführer thätig gewesen ist; — 3) wenn er denselben in Bezug auf eine von ihm als Notar vorgenommene Amtshandlung, mit Ausschluss der Wechselproteste, gleichviel ob es dabei auf Anfechtung oder Aufrechterhaltung dieser Amtshandlung ankommt, gewähren soll; — 4) wenn er der Gegenpartei in derselben Sache oder in einer Sache, welche mit ihr zusammenhängt, vor Gericht oder anderen öffentlichen Behörden gedient hat, oder wenn er überhaupt dadurch die Pflicht der Treue und Verschwiegenheit gegen einen früheren Auftraggeber verletzen würde; — 5) wenn er gegen seine Ehefrau oder gegen seine Verlobte, gegen seinen Wahlvater, oder gegen seine Wahlmutter oder gegen sein Wahlkind oder gegen eine Person handeln soll, mit welcher er in gerader Linie verwandt oder verschwägert, oder in der Seitenlinie im zweiten Grade verwandt ist; — 6) wenn er zu Amtsverrichtungen in einem strafgerichtlichen Verfahren, bei welchem sein Wahlvater oder sein Wahlsohn oder eine mit ihm in gerader Linie verwandte oder verschwägerte oder eine im zweiten Grade der Seitenlinie verwandte Person als Richter, wäre es auch nur als Ergänzungs- oder Hilfsrichter, oder als Staatsanwalt mitwirkt; oder — 7) wenn er zu Amtsverrichtungen in einer solchen bürgerlichen, gleichviel ob streitigen oder nicht streitigen Sache aufgefordert wird, bei welcher eine mit ihm in vorgedachter Maasse verwandte oder verschwägerte Person oder sein

Wahlvater oder sein Wahlsohn als Richter oder Protokollführer in Amtsthätigkeit ist.

Die Behinderung durch Schwägerschaft dauert fort, nachdem die Ehe, durch welche die Schwägerschaft begründet worden war, wieder aufgehört hat.

§. 13. Der Advokat darf den Rechtsbeistand verweigern, 1) wenn er durch Krankheit behindert ist, denselben zu gewähren; — 2) wenn er mit Berufsarbeiten überlastet ist; — 3) wenn ihm von einer Partei, welche das Armenrecht weder erlangt hat, noch zu erlangen in der Lage ist, nicht ein der Sache angemessener Kostenvorschuss bestellt wird; — 4) wenn er der Partei, wider welche er in einer streitigen oder nicht streitigen Sache dienen soll (der Gegenpartei), in einer anderen, gleichviel ob streitigen oder nicht streitigen Sache oder auch in einem strafgerichtlichen Verfahren dient; — 5) wenn er mit der Gegenpartei in vertrauter Freundschaft lebt; — 6) wenn er in einer Sache, gleichviel ob streitigen oder nicht streitigen, gegen eine Person dienen soll, mit welcher er in der Seitenlinie im dritten Grade verwandt oder bis mit dem dritten Grade verschwägert ist, und zwar, was die Schwägerschaft betrifft, auch dann noch, nachdem die Ehe, durch welche dieselbe begründet worden war, wieder aufgehört hat.

Weist er in den Fällen 4, 5 und 6 den Auftrag nicht zurück, so hat er vor Uebernahme desselben die Partei von den Verhältnissen, welche ihn zu einer Ablehnung berechtigen in Kenntniss zu setzen, auch in dem Falle unter 4 die Partei, welcher er bereits dient, ungesäumt zu benachrichtigen und darüber, wenn und wie alles dies geschehen, Nachricht zu seinen Privatakten zu bringen.

§. 14. Der Advokat muss einen angenommenen Auftrag vor Beendigung des Geschäftes, jedoch rechtzeitig, seinem Auftraggeber aufkündigen, 1) wenn er die Ungerechtigkeit der Sache erkennt oder wenn ihm, erfolgter Verständigung ungeachtet, die Hilfeleistung zu etwas Gesetzwidrigem angesonnen wird; — 2) wenn während seiner Geschäftsführung einer der im §. 12 unter 5, 6 und 7 gedachten Behinderungsgründe eintritt; — 3) wenn auf ihn selbst oder auf eine der im §. 12 unter 5 erwähnten Personen Rechte in Bezug auf einen Streitgegenstand dergestalt übergehen, dass er oder sie dadurch Gegenpartei seiner Partei werden.

§. 15. Der Advokat darf einen angenommenen Auftrag vor Beendigung des Geschäftes, jedoch nur rechtzeitig, aufkündigen, 1) wenn er durch Krankheit behindert ist, denselben auszuführen; — 2) wenn sein Auftraggeber, welcher das Armenrecht weder erlangt hat, noch dasselbe zu erlangen in der Lage ist, einen der Sache angemessenen Kostenvorstand nicht beschafft; — 3) wenn derselbe ihm auf sein Verlangen nicht rechtzeitig mit den zur ordnungsmässigen Betreibung der Sache erforderlichen Auskunftsertheilungen oder Urkunden zur Hand geht; — 4) wenn derselbe die ihm schuldige Achtung verletzt; — 5) wenn eines der im §. 13 unter 6 bezeichneten Verhältnisse durch Verwandschaft oder Schwägerschaft eintritt. In diesem letzteren Falle hat der Advokat, wenn er den Auftrag nicht aufkündigt, ungesäumt, nachdem eines der §. 13 unter 6 bezeichneten Verhältnisse entstanden ist, seinen Auftraggeber davon zu benachrichtigen.

§. 16. Ueber die Annahme oder Ablehnung eines Auftrages muss der Advokat sich ungesäumt erklären.

Wenn er vorauszusehen hat, dass seine Ablehnung für den Auftraggeber Versäumnisse im Prozesse oder andere erhebliche Nachtheile zur nothwendigen Folge haben wird, soll er, soweit es ihm den Verhältnissen nach thunlich und nach den Rechten statthaft, Vorsorge zur möglichsten Abwendung von solchen Versäumnissen und Nachtheilen treffen.

Gleiches gilt, wenn ein bereits übernommener Auftrag zurückgegeben wird.

§. 17. Der Advokat ist, dafern etwas Anderes nicht verabredet worden, gehalten, seinem Auftraggeber über den Stand der ihm zur Besorgung anvertrauten Geschäfte von Zeit zu Zeit, jedenfalls so oft etwas Wichtiges darin vorgekommen, oder doch wenigstens alljährlich einmal, überdies in bürgerlichen Streitsachen ungesäumt nach Bekanntmachung einer Entscheidung jedes Erkenntnisses, in Verwaltungs- oder Verwaltungsstrafsachen aber ungesäumt nach Bekanntmachung einer Entscheidung oder Verordnung der Verwaltungsbehörde Mittheilung zu machen.

§. 18. Es ist der Advokat, sofern ihm dies nicht untersagt worden, befugt, zur Besorgung des ihm übertragenen Geschäftes auf Rechnung und Gefahr seines Auftraggebers einen Nachbevollmächtigten zu bestellen, welcher jedoch eine nach den Gesetzen zur Annahme der Nachvollmacht geeignete Person sein muss.

§. 19. Unter jeder von ihm ausgegangenen, zur Einrichtung bei einer öffentlichen Behörde bestimmten Schrift hat der Advokat sich bei

Vermeidung einer Ordnungsstrafe von zwei Thalern als deren Verfasser zu unterzeichnen.

§. 20. Der Advokat ist verbunden, über die ihm aufgetragenen Geschäfte, Akten, und zwar in der Regel für jede Partei gesondert, in chronologischer Ordnung zu halten.

Insbesondere hat er zu ihnen zu nehmen 1) die Niederschriften über das Anbringen seiner Partei, über die in Bezug auf die Sache mit dieser, der Gegenpartei oder auch dritten stattgehabten Verhandlungen; — 2) die Entwürfe zu den für seine Parteien verfassten oder an dieselbe gerichteten Schriften; — 3) die von seiner Partei erhaltenen Schriften, soweit sie nicht an dieselbe zurückzugeben sind; — 4) die von der Gegenpartei, von öffentlichen Behörden oder auch von Dritten in Bezug auf die Sache an ihn gelangenden Schriften, wenn sie nicht an seine Partei auszuhändigen sind; — 5) Abschriften aus öffentlichen Akten oder von sonstigen auf die Sache bezüglichen Urkunden, doch ohne besondere Ermächtigung der Parteien nur insoweit, als sie zur Betreibung des Geschäftes nöthig oder wenigstens nützlich sind.

In Sachen von geringerem Belange genügt es, wenn die erforderlichen Nachweisungen dem Gegenstande nach zusammengestellt und aufbewahrt werden [5]).

§. 21. Der Auftraggeber kann verlangen, dass nach seiner Wahl ihm die Privatakten des Advokaten entweder auf dessen Geschäftszimmer oder bei dem Gerichtsamte, unter welchem der Advokat wohnt, zur Einsicht vorgelegt, nicht minder, dass ihm Abschriften daraus mitgetheilt werden, doch hat er die für die Vorlegung an Gerichtsstelle und für die Abschriften erwachsenden Kosten zu tragen. Das Recht auf Einsicht der Privatakten und auf Mittheilung von Abschriften aus denselben steht ihm nicht blos während der Betreibung des Geschäftes, sondern noch zehn Jahre lang, von Beendigung des Auftrages an gerechnet, zu, weshalb die Privatakten eben so lange von dem Advokaten

---

[5]) Zu §. 20. — Auch in Fällen, wo die für verschiedene Parteien gefertigten Schriften oder die Nachweisungen über die für verschiedene Parteien erledigten Geschäfte in einem und demselben Aktenbande zusammengestellt und in demselben aufbewahrt werden dürfen, ist Fürsorge dahin zu treffen, dass jede einzelne Partei die sie betreffenden Aktenstücke vollständig einsehen und auf Verlangen auch ausgeliefert bekommen kann, ohne damit zugleich die Einsicht oder die Auslieferung von Aktenstücken zu erhalten, welche andere Personen angehen. (Ausf. Vdg. §. 5.)

und dessen Rechtsnachfolgern aufzubewahren sind. Schon vor Ablauf dieses Zeitraumes jedoch dürfen sie vernichtet werden, wenn sie vom Advokaten dem Auftraggeber zur Auslieferung angeboten worden sind und letzterer sie innerhalb acht Wochen, von dem ihm geschehenen Angebote an gerechnet, nicht an sich genommen hat. Der Auftraggeber aber ist, nachdem er die schuldigen Gebühren und Verläge berichtigt hat, die Privatakten, auch ohne dass sie ihm angeboten worden sind, abzufordern befugt, sobald er, und zwar auf Verlangen vor Gericht, eine Erklärung dahin ausgestellt hat, dass ihm aus dem Geschäfte, welches sie betroffen, und in Bezug auf dessen Führung ein Anspruch an den Advokaten nicht zustehe, er auch für den Fall, dass ihm ein solcher noch künftig bekannt werden sollte, auf dessen Geltendmachung im Voraus verzichte.

§. 22. Der Advokat kann von seinem Auftraggeber die gesetzmässige Vergütung der für denselben gehabten Mühwaltungen, sowie die Erstattung der für denselben bestrittenen Verläge fordern, auch wenn ihm ein Versprechen darüber nicht gegeben worden ist.

§. 23. Entsteht zwischen dem Advokaten und dessen Auftraggeber über die Höhe der Kostenberechnung Streit, so hat auf des einen oder des anderen Theils Antrag die Feststellung derselben zu erfolgen. Sie geschieht in Bezug auf Geschäfte, welche bei öffentlichen, zur Feststellung der vor ihnen erwachsenen Advokatenkosten zuständigen Behörden geführt wurden, von diesen, ausserdem vom Gerichtsamte, unter welchem der Advokat seinen Wohnsitz hat. Der Feststellung sind die öffentlichen und, wo diese zur Beurtheilung nicht ausreichen, auch die Privatakten zu Grunde zu legen, und in Fällen, wo erstere nicht zu erlangen sind, oder das Geschäft nicht von einer öffentlichen Behörde betrieben wurde, die Privatakten allein. Die Kosten der Feststellung und des Ansuchens um dieselbe treffen den Auftraggeber, den Advokaten nur ausnahmsweise dann, wenn die feststellende Behörde ihn zu deren Tragung wegen auffallender Ueberschreitung der Sätze der Taxordnung für verbunden erachtet und dies mittelst einer dem Advokaten zu eröffnenden Resolution ausspricht [6]).

[6]) Zu §. 23. — Wenn dem um Feststellung seiner Kostenberechnung ansuchenden Advokaten die Kosten für die Feststellung, sowie für das Ansuchen um dieselbe in Gemässheit des §. 23 der Advokatenordnung nicht von seinem Klienten zu berichtigen sind, ist der Ansatz für das Ansuchen zu streichen und dem Advokaten die Bezahlung der Kosten für die Feststellung mittelst der im

§. 24. Der Advokat ist berechtigt, den Betrag seiner Gebühren und Verläge auf den Grund der durch die zuständige Behörde festgestellten Berechnung im Wege des Exekutionsprozesses einbringen zu lassen. Wenn jedoch der Schuldner vor Ablauf der ihm gesetzten Zahlungsfrist gegen einen oder den anderen Ansatz einwendet, dass die Mühewaltung oder der Verlag, den derselbe angiebt, nicht stattgefunden habe, oder die Mühewaltung wider sein Verbot vorgenommen worden sei und das Gegentheil nicht sofort aus öffentlichen Akten oder sonst aus öffentlichen Urkunden erhellt, ist rücksichtlich der bestrittenen Ansätze, abgesehen von den sonst gesetzlich bestimmten Fällen, die Hilfsvollstreckung auszusetzen.

Wird von dem Gerichte rechtskräftig dahin erkannt, dass der Einwand begründet sei, so hat der Advokatenverein (vergl. §. 26 ff.), welchem vom Gerichte hierüber Mittheilung zu machen ist, den Advokaten in eine Disziplinarstrafe von Einem bis Fünf und zwanzig Thaler zu nehmen [7]).

§. 25. Der Vertrag zwischen der Partei und dem Advokaten, dem zu Folge dem letzteren, wenn der Rechtsstreit einen glücklichen Ausgang nimmt, der Streitgegenstand ganz oder theilweise zufallen soll; der Vertrag, durch welchen sich der Advokat von seinem Auftraggeber vor Beendigung des Geschäftes eine höhere, als taxmässige Vergütung seiner Bemühungen zusichern lässt; der Vertrag, durch welchen der Auftraggeber sich verpflichtet, die Geldstrafen zu ersetzen, welche sein Advokat bei Ausführung des demselben gegebenen Auftrages verwirkt hat oder verwirken wird; endlich der Vertrag, mittelst dessen eine im Rechtsstreite befangene Forderung an den mit Einziehung derselben beauftragten Advokaten abgetreten werden soll, sind verboten und ziehen

---

nun erwähnten Paragraphen vorgeschriebenen Resolution aufzugeben. Sucht der Klient um Feststellung der ihm vom Advokaten ausgehändigten Kostenberechnung an, so sind, wenn die Kosten der Feststellung und des Ansuchens um dieselbe wegen auffallender Ueberschreitung der Sätze der Taxordnung den Advokaten treffen, die Kosten des Ansuchens für passirlich zu erklären und die Kosten für die Feststellung nicht in die Feststellungsbemerkung anzusetzen, wohl aber dem Advokaten mittelst der eben gedachten Resolution die Kosten für das Ansuchen und für die Feststellung zur Bezahlung aufzugeben. (Ausf. Vdg. §. 6.)

7) Zu §. 24. — Daran, dass in den gesetzlich bestimmten Fällen die Gebühren und Verläge der Advokaten von den Zahlungspflichtigen im Wege des Exekutionsverfahrens eingezogen werden, ist durch §. 24 der Advokatenordnung etwas nicht geändert worden. (Ausf. Vdg. §. 7.)

für den Advokaten eine zur Kasse des Advokatenvereins zu erlegende Disziplinarstrafe von Zehn bis Fünfzig Thalern nach sich.

Cap. III.

Advokatenvereine.

§. 26. In dem Bezirke jedes Appellationsgerichts soll ein Advokatenverein bestehen. Doch können die in verschiedenen Appellationsgerichtsbezirken bestehenden Advokatenvereine mit Genehmigung des Ministeriums der Justiz zu Einem Vereine zusammentreten.

Wird die Zahl der Appellationsgerichte vermindert, so bestimmt das Ministerium der Justiz im Verordnungswege den Bezirk, innerhalb dessen die Advokaten einen Verein zu bilden haben.

§. 27. Die Advokatenvereine stehen unter der Aufsicht zunächst des Appellationsgerichts, unter welchem ein jeder derselben seinen Amtssitz hat, so wie weiter des Ministeriums der Justiz. Die betreffenden Appellationsgerichte und das Ministerium der Justiz haben auf Beschwerden über Beschlüsse der Advokatenvereine und der Advokatenkammer (vergl. §. 30) Entschliessung zu fassen.

§. 28. Mitglieder eines Advokatenvereins sind alle in dessen Bezirke wohnhaften Advokaten, sowie diejenigen, in dessen Bezirke wohnhafte Notare, welche das Amt der Advokatur aufgegeben, aber das Notariat beibehalten haben [8]).

§. 29. Jeder Advokat hat innerhalb einer von der Zeit seiner Verpflichtung an laufenden, vierzehntägigen Frist demjenigen Advokatenvereine, in dessen Bezirke er seinen Wohnsitz hat oder nimmt, bei Vermeidung einer an denselben zu erlegenden Disziplinarstrafe von Fünf Thalern sowohl über seine Ernennung und seine Verpflichtung zum Advokaten, als auch über den Ort seines Wohnsitzes Meldung zu thun und zugleich seine Einschreibung in das Verzeichniss des Advokatenvereins zu beantragen [9]).

---

[8]) Zu §. 28. — Jeder Advokat, welcher zu Folge der Advokatenordnung Mitglied eines Advokatenvereins wird, hat innerhalb vier Wochen, von Publikation gegenwärtiger Verordnung an gerechnet, bei Vermeidung eines an die Sportelkasse des Ministeriums der Justiz zu erlegenden Geldstrafe von Fünf Thalern dem Ministerium der Justiz seinen dermaligen Wohnsitz und, wenn er für die nächsten acht Wochen den Umzug an einen anderen Ort beabsichtigt, zugleich diesen letzteren anzuzeigen. (Ausf. Vdg. §. 8.)

[9]) Zu §. 29. — Die im ersten Satze des §. 29 bestimmte Verbindlichkeit zur Anzeige des Wohnsitzes an den Advokatenverein trifft nicht diejenigen Advo-

Desgleichen hat der Advokat jede spätere Verlegung seines Wohnsitzes in den Sprengel eines anderen Gerichtsamtes binnen vierzehn Tagen, von dem Tage an gerechnet, wo er seinen bisherigen Wohnsitz verlässt, dem Advokatenvereine, zu welchem er gehört, und wenn er in den Bezirk eines anderen Advokatenvereins zieht, auch diesem letzteren anzuzeigen.

Die Unterlassung einer jeden dieser Anzeigen hat ebenfalls eine Disziplinarstrafe von Fünf Thalern zur Folge, welche an die betreffenden Advokatenvereine fällt.

Die den Wechsel des Wohnsitzes betreffenden Vorschriften leiden auch auf die im §. 28 bezeichneten Notare Anwendung.

§. 30. In jedem Advokatenvereine besteht eine Advokatenkammer, welcher die im §. 48 bestimmten Befugnisse zukommen. Sie wird durch sieben Mitglieder gebildet.

§. 31. Die Mitglieder der Advokatenkammer werden von den Advokaten des Bezirks auf die Dauer von vier Jahren in dem Maasse durch relative Stimmenmehrheit gewählt, dass diejenigen sieben, welche die höchste, mindestens ein Drittheil der eingegangenen Stimmen in sich fassende Stimmenzahl erlangen, für gewählt anzusehen sind. Wenn eine solche Stimmenmehrheit nicht erlangt worden ist, ingleichen wenn sich bei der ersten Abstimmung nicht wenigstens die Hälfte der Mitglieder des Advokatenvereins betheiligt hat, findet eine nochmalige Wahl statt, bei welcher ohne Rücksicht darauf, wie viele Mitglieder abgestimmt haben, und ob mindestens ein Drittheil der eingegangenen Stimmen erlangt wurde, die relative Stimmenmehrheit unbedingt entscheidet. In dem Ausschreiben zu dieser zweiten Wahl sind die Ergebnisse der ersten Wahlhandlung mitzutheilen.

Zwischen denen, die bei einer Wahlhandlung eine gleiche Stimmenzahl erhalten haben, giebt, sofern es auf Entscheidung der Frage

---

katen, welche zum Amte der Advokatur verpflichtet wurden, bevor die Advokatenkammer desjenigen Advokatenvereins bestellt ist, welchem sie anzugehören haben. Es wird aber das Ministerium der Justiz rücksichtlich derjenigen Verpflichtungen von Advokaten, welche in die Zeit fallen, wo die nach §. 79 der Advokatenordnung zu bestellenden Ausschüsse in Wirksamkeit sind, den betreffenden Ausschüssen und rücksichtlich derjenigen Verpflichtungen von Advokaten, welche später bis zu der Zeit stattfinden, wo die erstmalige Konstituirung der Advokatenkammer öffentlich bekannt gemacht worden ist, den betreffenden Advokatenkammern die erforderlichen Eröffnungen machen. (Ausf. Vdg. §. 9.)

ankommt, welchem von ihnen der Vorzug gebühren soll, das Loos den Ausschlag [10]).

§. 32. Die Wahl geschieht durch Abgabe oder Einsendung von Zetteln, auf welchen jeder Wählende diejenigen bezeichnet, denen er seine Stimme giebt.

§. 33. Für die sieben Mitglieder der Advokatenkammer sind zugleich sieben Stellvertreter zu wählen. Als gewählt zur Stellvertretung sind diejenigen zu betrachten, welche bei der Wahl, und zwar, sofern es zu einer zweiten Wahl kommt, bei dieser, nach den zu Mitgliedern der Advokatenkammer Gewählten die meisten Stimmen erhalten. Bei Stimmengleichheit gilt die Vorschrift des §. 31 über Entscheidung durch das Loos [10])

§. 34. Alle zwei Jahre scheiden abwechselnd, das eine Mal drei Mitglieder der Advokatenkammer, sowie drei Stellvertreter, das andere Mal aber die übrigen vier Mitglieder der Advokatenkammer, sowie die übrigen vier Stellvertreter aus, und sind die Ausscheidenden jedesmal durch eine neue Wahl nach Massgabe der Vorschriften in dem §. 31 ff. zu ersetzen. Diejenigen drei Mitglieder und drei Stellvertreter, welche bei dem ersten Wechsel auszuscheiden haben, demnach nur zwei Jahre in ihrer amtlichen Stellung bleiben, werden durch das Loos bestimmt.

§. 35. Die ausscheidenden Mitglieder der Advokatenkammer, sowie die ausscheidenden Stellvertreter sind zwar sofort wieder wählbar, doch nicht gehalten, für die ersten zwei Jahre nach ihrem Ausscheiden die Wahl zum Mitgliede der Advokatenkammer oder zum Stellvertreter anzunehmen.

§. 36. Die Advokatenkammer wählt aus ihrer Mitte jedesmal auf die Dauer von zwei Jahren sowohl einen Vorstand und einen Sekretär, als auch für einen jeden derselben einen Stellvertreter.

§. 37. Zu Besorgung einzelner, besonders umfänglicher Geschäfte können von dem Advokatenvereine aus seinen Mitgliedern Ausschüsse erwählt werden. Der Geschäftskreis derselben wird jedesmal durch besondere Instruktion bestimmt.

§. 38. Von der Annahme und Fortführung des Amtes eines Mitgliedes in der Advokatenkammer oder eines Stellvertreters, nicht minder

---

[10]) Zu §§. 31 und 33. — Jede Erneuerung der Mitglieder der Advokatenkammer so wie ihrer Stellvertreter ist innerhalb vierzehn Tagen von der Zeit an gerechnet, wo sie stattgefunden hat, unter Einsendung der über sie gehaltenen Akten dem Ministerium der Justiz anzuzeigen. (Ausf. Vdg. §. 10.)

des Amtes der Mitgliedschaft in einem Ausschusse befreit nur anhaltende, genügend bescheinigte Krankheit.

§. 39. Wer, ohne dass ihm der im §. 35 oder der im §. 38 angegebene Entschuldigungsgrund zu Statten kommt, die auf ihn gefallene Wahl ablehnt, oder die Fortführung des Amtes verweigert, wird in eine an die Vereinskasse zu erlegende Disziplinarstrafe von Zehn bis Fünfzig Thalern genommen, auch überdies des Wahlrechts und der Wählbarkeit zu Aemtern im Advokatenvereine verlustig.

§. 40. Die Mitglieder der Advokatenkammer, sowie die Stellvertreter derselben, nicht minder die Mitglieder der Ausschüsse haben ihr Amt unentgeltlich zu verrichten, doch werden ihnen die für den Verein bestrittenen Verläge aus der Vereinskasse ersetzt. Wiefern zu dergleichen Verlägen auch diejenigen Kosten zu rechnen sind, welche sie bei den zu Folge ihrer Amtsführung nothwendig gewordenen Reisen aufzuwenden haben, bleibt der Bestimmung in der Geschäftsordnung vorbehalten.

§. 41. Der Advokatenverein hat, wenn dessen Bezirk mit dem Bezirke eines Appellationsgerichtes zusammentrifft, seinen Amtssitz an dem nämlichen Orte wie dieses, ausserdem an dem ihm vom Ministerium der Justiz angewiesenen Orte.

Der Amtssitz der Advokatenkammer befindet sich allemal da, wo der Amtssitz des Advokatenvereins ist.

§. 42. Der Advokatenverein hat die Rechte einer juristischen Person und ist zum Gebrauche eines Amtssiegels berechtigt, welches in der Mitte das Königlich Sächsische Wappen und im Kreise um dasselbe die Bezeichnung des betreffenden Advokatenvereins enthält.

Der Advokatenverein wird nach Aussen durch den Vorstand der Advokatenkammer vertreten, und bei Behinderung desselben durch dessen Stellvertreter.

Der Vorstand und bei Behinderung desselben der Stellvertreter vollzieht für den Advokatenverein, nicht minder für die Advokatenkammer die von dem ersteren sowie von der letzteren ausgehenden Urkunden und zwar, soweit dies nach Gesetz, sonstigen Bestimmungen, oder nach der Geschäftsordnung nöthig, unter Beidrückung des Amtssiegels des Advokatenvereins. Eide in Rechtsstreitigkeiten sind für den Advokatenverein von dem Vorstande und von noch einem Mitgliede der Advokatenkammer zu leisten, welches die Gegenpartei zu benennen hat. Ist der Vorstand behindert, so hat der Stellvertreter den Eid zu leisten [11]).

§. 43. Geschäfte des Advokatenvereins, an deren Erledigung alle Mitglieder desselben sich unmittelbar zu betheiligen berufen sind, werden in der Versammlung des Advokatenvereins zur Erledigung gebracht. Beschlussfähig ist die Versammlung, wenn mindestens der vierte Theil der stimmfähigen Mitglieder des Vereins gegenwärtig ist. Die Beschlüsse werden nach absoluter Stimmenmehrheit getroffen. Sind die Stimmen gleich, so hat in Disziplinarstrafsachen die für den Angeschuldigten günstigere Meinung den Vorzug. Ausserdem giebt die Stimme des Vorsitzenden den Ausschlag. Bei Wahlen (vergl. jedoch §§. 31 bis 33) gilt ebenfalls absolute Stimmenmehrheit. Es ist aber, wenn sie bei der ersten Wahlhandlung nicht erlangt wird, bei der zweiten Wahlhandlung die relative Stimmenmehrheit entscheidend.

§. 44. Mindestens acht Tage vor der Eröffnung der Versammlung eines Advokatenvereins ist sowohl dem Ministerium der Justiz als dem Appellationsgerichte, in dessen Bezirke die Versammlung gehalten werden soll, hierüber unter gleichzeitiger Angabe der Verhandlungsgegenstände Anzeige zu machen. Das Bezirksappellationsgericht, wie das Ministerium der Justiz kann der Versammlung einen Kommissär beiwohnen lassen.

§. 45. Zur Beschlussfähigkeit der Advokatenkammer ist in Disziplinarstrafsachen die Mitwirkung von sieben, in allen übrigen Angelegenheiten die Mitwirkung von mindestens fünf Abstimmenden nöthig. Die Beschlüsse werden nach absoluter Stimmenmehrheit gefasst. Stehen in Fällen, wo eine Abstimmung unter sechs Mitgliedern zulässig, gleiche Stimmen einander gegenüber, so giebt die Stimme des Vorstandes den Ausschlag.

§. 46. Versammlungen des Advokatenvereins und der Advokatenkammer finden zu den durch die Geschäftsordnung bestimmten Zeiten statt, ausserdem aber auch noch, so oft es nöthig wird. Die Einladung zu diesen Versammlungen geschieht durch den Vorstand der Advokaten-

[11]) Zu §. 42. — Sobald die erstmalige Konstituirung der Advokatenkammer in einem Advokatenvereine stattgefunden hat, wird derselben vom Ministerium der Justiz das Amtssiegel zugestellt werden. Für dessen Aufbewahrung hat der jedesmalige Vorstand der Advokatenkammer und bei Behinderung desselben dessen Stellvertreter zu sorgen. (Ausf. Vdg. §. 11.)

kammer, welcher auch in denselben den Vorsitz hat und die Verhandlung leitet.

Der Sekretär führt in den Versammlungen des Vereins wie der Advokatenkammer das Protokoll, welchem, sofern es vom Vorstande nach vorgängiger Vorlesung in der Versammlung mit unterzeichnet worden ist, die Kraft einer öffentlichen Urkunde zukommt.

Uebrigens besorgt der Sekretär unter Leitung des Vorstandes die nöthig werdenden schriftlichen Ausfertigungen [12]).

§. 47. Der Advokatenverein hat in seiner Versammlung 1) die Geschäftsordnung für den Verein und für die Advokatenkammer festzustellen, abzuändern oder zu ergänzen; — 2) über Einsetzung von Ausschüssen und die denselben zu ertheilende Instruktion Beschluss zu fassen; — 3) die Ausschussmitglieder zu wählen, sofern nicht beschlossen wird, dieselben wie die Mitglieder der Advokatenkammer und deren Stellvertreter mittelst Abgabe schriftlicher Stimmzettel zu wählen; — 4) den zu Erreichung der Vereinszwecke erforderlichen Aufwand, über dessen Beschaffung und Aufbringung unter den Mitgliedern der Geschäftsordnung das Nähere bestimmt, festzustellen; — 5) die über Verwaltung der Vereinskasse und des sonst etwaigen Vereinsvermögens vorgelegten Rechnungen zu prüfen und nach Befinden zu genehmigen, oder, wenn zuvörderst nähere Erörterungen nöthig, dieselben zu veranstalten; — 6) die Disziplinarstrafgewalt über seine Mitglieder, die §. 68 bezeichneten Rechtskandidaten und die §. 76 gedachten Notare in der §. 51 ff. angegebenen Maasse zu handhaben; — 7) darüber zu entscheiden, ob einem seiner Mitglieder, welches in Gemässheit der Vorschrift im §. 39 des Wahlrechts und der Wählbarkeit für verlustig erklärt worden war, beides wieder zuzugestehen sei, was jedoch keinesfalls früher geschehen soll, als nachdem von der Zeit des Verlustes des Wahlrechts und der

---

[12]) Zu §. 46. — Innerhalb vier Wochen von der Zeit an gerechnet, wo die erstmalige Konstituirung einer Advokatenkammer öffentlich bekannt gemacht worden ist, hat dieselbe die Einladung zu einer Versammlung des Advokatenvereins zu erlassen, und in dieser vorzugsweise die §. 47 unter 1 und 4 bezeichneten Geschäfte vorzunehmen. — So lange in der Geschäftsordnung etwas Anderes nicht bestimmt ist, erlässt die Advokatenkammer Einladungen und Bekanntmachungen durch Einrückung derselben in die Leipziger Zeitung oder bewirkt die Behändigung derselben entweder durch die Post mittelst rekommandirter Zuschriften oder durch einen zu Behändigung von Zufertigungen mittelst Handschlags verpflichteten Boten. (Ausf. Vdg. §. 12.)

Wählbarkeit an fünf Jahre abgelaufen sind; — 8) die zu Erhaltung der Ehre und Würde des Advokatenstandes, sowie zu Erhaltung der Ordnung unter seinen Gliedern dienlichen Beschlüsse zu fassen und — 9) sonst noch alle diejenigen Geschäfte zu erledigen, welche ihm durch Gesetze, Anordnungen der Aufsichtsbehörden oder die Geschäftsordnung zugewiesen sind.

Die Geschäftsordnungen für den Verein und die Advokatenkammer, wie deren Abänderungen und Ergänzungen bedürfen zu ihrer Gültigkeit der Genehmigung des Ministeriums der Justiz.

§. 48. Der Advokatenkammer kommt zu 1) die den Gesetzen und der Geschäftsordnung gemäss gefassten Beschlüsse des Advokatenvereins zur Ausführung zu bringen; — 2) den dienstlichen Verkehr mit Behörden, Advokaten und allen Denen zu unterhalten, welche zum Advokatenvereine in eine geschäftliche Beziehung treten; — 3) das Verzeichniss der Mitglieder des Advokatenvereins zu führen; — 4) die Kasse des Advokatenvereins und das sonst etwaige Vermögen desselben zu verwalten und hierüber Rechnung abzulegen; — 5) dafern zur Verwaltung der Kasse des Advokatenvereins oder des sonst etwaigen Vermögens desselben besondere Verwalter eingesetzt werden, deren Geschäftsführung zu überwachen; — 6) sich möglichst in steter Kenntniss darüber zu erhalten, inwieweit die Mitglieder des Advokatenvereins, die an deren Geschäften theilnehmenden Rechtskandidaten und die §. 76 gedachten Notare sich so verhalten, wie es ihr Beruf und die Standesehre erfordern, und, sobald sich Anlass zu dem Disziplinarverfahren §. 51 ff. ergiebt, dasselbe einzuleiten; — 7) in Fällen, wo die Zulassung zur Advokatur oder zum Notariat Zweifeln unterliegt, ingleichen in Fällen, wo die Ausschliessung von gedachten Aemtern ausgesprochen werden soll, ohne dass Bestrafung wegen eines entehrenden Verbrechens vorausgegangen ist, nicht minder, wenn eine der §§. 5 oder 8 gedachten Massregeln beabsichtigt wird, mit ihrem Gutachten vernommen zu werden, oder auch selbstständige Anträge zu stellen, worüber jedoch der betreffenden Staatsbehörde die Entschliessung zusteht; — 8) ein Register über die bei dem Advokatenvereine gegen Mitglieder desselben, sowie gegen Rechtskandidaten und die §. 76 gedachten Notare verhängten Disziplinarstrafen zu halten; — 9) darüber zu wachen, dass Niemand unbefugter Weise Geschäfte vornehme, welche zum Amtskreise der Advokaten gehören, und gegen diejenigen, welche dies thun, das Einschreiten der Behörde zu veranlassen; — 10) über Einberufung des Advokatenvereins zu Versammlungen

Beschluss zu fassen; — 11) die Wahl der Mitglieder der Advokatenkammer und der Stellvertreter für dieselbe zu leiten; und — 12) sonst noch diejenigen Geschäfte zu besorgen, welche ihr durch Gesetze, Anordnungen der Aufsichtsbehörden oder die Geschäftsordnung zugewiesen sind [13]).

§. 49. Sind unter den Mitgliedern des Advokatenvereins aus geschäftlicher Veranlassung Irrungen oder Streitigkeiten entstanden, so kann der Vorstand der Advokatenkammer nicht blos auf Ansuchen des einen oder des anderen Theils, sondern auch unaufgefordert vermittelnd eintreten, die Betheiligten vor sich laden und eine gütliche Beilegung versuchen. Unbenommen ist ihm, zu der Unterhandlung solche Mitglieder des Advokatenvereins beizuziehen, von deren Mitwirkung er sich einen günstigen Erfolg verspricht.

§. 50. Der Vorstand der Advokatenkammmer ist befugt, in solchen bürgerlichen Streitigkeiten zwischen einem Advokaten und dessen Auftraggeber, zu welchem die Geschäftsführung des Ersteren Anlass gab, als Vermittler zur Erzielung eines Vergleiches dann einzutreten, wenn der Letztere ihn darum ersucht oder wenigstens dazu die Genehmigung giebt.

§. 51. Die Disziplinarstrafgewalt über seine Mitglieder steht dem Advokatenvereine und zwar der Advokatenkammer in erster, der Versammlung des Advokatenvereins in zweiter Instanz, zu: 1) wegen mit der Ehre des Standes nicht vereinbaren Betragens, möge dasselbe bei oder ausserhalb der Ausübung des Amtes vorkommen, insbesondere auch wegen unehrenhafter Mittel, sich Aufträge zu verschaffen; — 2) wegen Verletzung oder Vernachlässigung der Amtspflichten; — 3) ausserdem noch überall, wo sie dem Advokatenvereine durch die Advokatenordnung, durch die Geschäftsordnung oder durch Anordnungen der Aufsichtsbehörde zugewiesen ist.

§. 52. Die Disziplinarstrafen, auf welche erkannt werden kann, sind: 1) schriftlicher Verweis durch die Advokatenkammer; — 2) mündlicher Verweis vor der Advokatenkammer durch den Vorstand derselben; — 3) Geldbussen, doch nur in den durch die Advokatenordnung

---

[13]) Zu §. 48. — Der Advokatenkammer liegt ob, sobald sie von einer Veränderung, welche in dem Bestande der Mitglieder des Advokatenvereins eingetreten ist, Kenntniss erhält, dieselbe ungesäumt in dem von ihr zu haltenden Verzeichnisse der Mitglieder des Advokatenvereins nachzutragen, auch dasselbe wenigstens allhalbjährig einmal einer genauen Prüfung zu unterziehen und die nöthigen Berichtigungen vorzunehmen (Ausf. Vdg. §. 13).

oder die Geschäftsordnung bestimmten Fällen; — l) Ausschluss vom Wahlrechte und der Wählbarkeit in dem §. 39 bezeichneten Falle.

§. 53. Der Advokatenkammer kommt zu, wenn sie von einem die Standesehre eines Mitgliedes des Advokatenvereins gefährdenden Gerüchte Kenntniss erhält, genügender Grund zur Erörterung der Sache aber noch nicht vorhanden ist, dieses Mitglied zu benachrichtigen und nach Befinden zugleich zu verwarnen.

§. 54. Liegt Anlass zur Einleitung des Disziplinarverfahrens gegen ein Mitglied des Advokatenvereins vor, so kann die Advokatenkammer den Beschuldigten entweder ohne Weiteres darüber befragen, oder zuvor eine nähere Erörterung der Sache anordnen.

Beschliesst sie gleich Anfangs oder auch nach Befragung des Beschuldigten eine nähere Erörterung, so trägt sie die Vornahme derselben einem ihrer Mitglieder auf und ordnet demselben ein anderes Mitglied der Advokatenkammer als Protokollführer zu. Doch kann sie, wenn das Disziplinarverfahren gegen einen Advokaten einzuleiten ist, welcher nicht am Sitze der Advokatenkammer wohnt, oder wenn es ihr sonst den Umständen nach angemessen erscheint, die Erörterung sowie die Protokollführung auch durch nicht zur Advokatenkammer gehörige Advokaten besorgen lassen.

§. 55. Der zur Erörterung der Sache Beauftragte kann den Angeschuldigten und Alle, welche der Disziplinarstrafgewalt der Advokatenkammer unterworfen sind, vorfordern und befragen.

Erscheint der Beschuldigte auf die zweite an ihn gerichtete und gehörig behändigte Vorladung nicht, oder verweigert er, sich über die Beschuldigung auszulassen, so gilt dieselbe für zugestanden. Wenn Personen zu befragen sind, über welche dem Advokatenvereine die Disziplinarstrafgewalt nicht zusteht, und dieselben, sich von dem zur Erörterung Beauftragten abhören zu lassen, verweigern, so ist wegen Abhörung derselben die zuständige Gerichtsbehörde durch die Advokatenkammer anzugehen.

Ebenso ist zu verfahren, wenn Personen, welche der Disziplinarstrafgewalt der Advokatenkammer nicht unterworfen sind, der Aufforderung des zur Erörterung Beauftragten, Schriften vorzulegen, nicht nachkommen.

Eine Vereidung der bei der disziplinarischen Erörterung abzuhörenden Personen findet nicht statt, sondern nur eine Verweisung auf die Pflicht, gewissenhaft die Wahrheit auszusagen.

Die von dem Protokollführer aufgenommenen und von dem zur Erörterung Beauftragten mitunterzeichneten Protokolle haben für das Disziplinarverfahren vor dem Advokatenvereine die Kraft öffentlicher Urkunden.

§. 56. Nach Schluss der Erörterung werden die schriftlichen Verhandlungen dem Vorstande der Advokatenkammer zugestellt, welcher dem Beschuldigten die Einsicht derselben gestattet und hiernächst einen Termin zur mündlichen Verhandlung vor der Advokatenkammer ansetzt.

§. 57. In dem Termine zur mündlichen Verhandlung entwickelt ein vom Vorstande der Advokatenkammer ernannter Berichterstatter die Ergebnisse der Erörterung, worauf der Beschuldigte aufgefordert wird, alles das vorzubringen, was er zur Widerlegung der Anschuldigung, sowie zu seiner Rechtfertigung oder Entschuldigung anzuführen hat. Auf den Grund der Ergebnisse der Voruntersuchung und der im Verhandlungstermine gehaltenen Vorträge spricht die Advokatenkammer, ohne an positive Beweisregeln gebunden zu sein, nach ihrer gewissenhaften Ueberzeugung das Erkenntniss.

Zum Berichterstatter kann nicht blos ein Mitglied der Advokatenkammer, sondern wenn ein nicht zu derselben gehöriger Advokat zur Erörterung beauftragt gewesen, auch dieser bestimmt werden. Der Berichterstatter ist nicht verhindert, an der Abstimmung, sowie Abfassung des Erkenntnisses Theil zu nehmen.

Bleibt der Beschuldigte im Termine zur mündlichen Verhandlung aus, so wird dessen ungeachtet mit Verhandlung der Sache und Abfassung des Erkenntnisses verfahren, dem Beschuldigten aber innerhalb der nächsten acht Tage eine Abschrift desselben zu seiner Kenntnissnahme zugestellt. Der Verhandlungstermin ist nicht öffentlich, doch findet auf den Wunsch des Beschuldigten die Zulassung der Mitglieder des Advokatenvereins statt.

§. 58. Wer durch die Handlung, welche den Gegenstand des Disziplinarstrafverfahrens bildet, selbst verletzt worden ist, oder wer mit dem Verletzten, oder mit dem Angeschuldigten in gerader Linie verwandt oder verschwägert, oder in der Seitenlinie im zweiten Grade verwandt oder des Verletzten oder des Angeschuldigten Wahlvater oder Wahlsohn ist, darf Auftrag zur Erörterung der Sache oder zur Berichterstattung im Termine zur mündlichen Verhandlung nicht annehmen, auch in dem letzteren nicht in der Eigenschaft eines Mitgliedes der Advokatenkammer oder eines Stellvertreters wirksam sein.

§. 59. Die Advokatenkammer kann, wenn eine glaubhafte Anzeige vorliegt, statt des vorstehend geregelten, ein den Vorschriften im Art. 368 der Strafprozessordnung entsprechendes Verfahren [14]) mit der daselbst bemerkten Wirkung eintreten lassen.

Werden innerhalb zehntägiger Frist gegen die von der Advokatenkammer erlassene Verfügung Einwendungen erhoben, so tritt das regelmässige Verfahren ein.

Bei diesem ist die Advokatenkammer im Falle der Verurtheilung des Beschuldigten an die in der Strafverfügung festgesetzte Strafe sowohl ihrer Höhe als ihrer Art nach nicht gebunden.

Der Beschuldigte kann, wenn er durch unabweisbare Hindernisse abgehalten war, seine Einwendungen innerhalb der gesetzten zehntägigen Frist geltend zu machen, wider den Ablauf derselben innerhalb zehntägiger vom Wegfalle der Hindernisse an zu rechnender Frist um Wiedereinsetzung nachsuchen. Ueber das diesfallsige Gesuch entscheidet die Advokatenkammer.

§. 60. Gegen das Erkenntniss der Advokatenkammer steht dem Beschuldigten innerhalb zehntägiger, von dessen Bekanntmachung an zu rechnender Frist die Berufung an den Advokatenverein zu. Rechtzeitig eingelegt, hemmt sie den Vollzug der Strafe.

§. 61. In der Versammlung des Advokatenvereins sind alle Mitglieder desselben, auch diejenigen, welche das angefochtene Erkenntniss in der Advokatenkammer gefällt haben, zur Theilnahme an der Verhandlung sowie der Abfassung des Erkenntnisses berechtigt und von derselben nur die im §. 58 bezeichneten Personen auszuschliessen. Die Entscheidung erfolgt nach Stimmenmehrheit. Bei Gleichheit der Stimmen ist die mildere Meinung vorzuziehen.

§. 62. In dem zur mündlichen Verhandlung der Berufung vom Vorstande der Advokatenkammer angesetzten Termine erstattet ein von demselben hierzu beauftragtes Mitglied des Advokatenvereins, keinesfalls jedoch dasjenige Mitglied, welches in Gemässheit des §. 57 vor der Advokatenkammer als Berichterstatter thätig gewesen ist, Vortrag über die Verhandlungen erster Instanz, sowie über Vervollständigung der Er-

---

[14]) Der §. 368 St. P. O. normirt ein Mandatsverfahren, wenn eine glaubhafte Anzeige vorliegt und nicht sonst besondere Bedenken entgegenstehen, in den Fällen, in welchen eine Gefängnissstrafe bis zu sechs Wochen oder eine Geldbusse bis zu hundertfünfzig Thalern angemessen ist.

örterung, wenn eine solche von der Advokatenkammer aus eigener Bewegung oder auf Antrag angeordnet gewesen ist.

Der Beschuldigte führt seine Beschwerden aus und die Versammlung fasst sodann das Erkenntniss, welches sofort bekannt gemacht wird.

Bleibt der Beschuldigte in dem zur mündlichen Verhandlung angesetzten Termine aus, so wird auch in seiner Abwesenheit mit der Verhandlung und Abfassung eines Erkenntnisses verfahren und Abschrift des letzteren innerhalb acht Tagen, von dessen Bekanntmachung an gerechnet, dem Beschuldigten zur Kenntnissnahme zugestellt.

§. 63. Dem Erkenntnisse sowohl der Advokatenkammer als des Advokatenvereins sind die Entscheidungsgründe einzuverleiben oder beizugeben.

§. 64. Gegen das Erkenntniss des Advokatenvereins hat eine Berufung nicht Statt. Eine Nichtigkeitsbeschwerde wider dasselbe ist nur dann zu beachten, wenn sie innerhalb zehn Tagen, von Bekanntmachung des Erkenntnisses an gerechnet, bei der Advokatenkammer eingereicht und darauf gegründet wird, dass bei Fällung des Erkenntnisses in der Versammlung des Advokatenvereins nicht die erforderliche Zahl von Mitgliedern desselben gegenwärtig gewesen sei. Die Nichtigkeitsbeschwerde ist mit den einschlagenden Akten an das Bezirksappellationsgericht abzugeben, welches darauf das nach Lage der Sache Erforderliche anordnet. Dasselbe hat auch das Erforderliche anzuordnen, wenn bei ihm Beschwerde darüber geführt wird, dass vom Advokatenvereine oder der Advokatenkammer in einem Falle, für welchen der Advokatenverein nicht zuständig gewesen, oder auf eine Strafart, welche ausserhalb des Befugnisses desselben gelegen, erkannt worden sei.

§. 65. Wiedereinsetzung gegen das auf sein Ausbleiben ergangene Erkenntniss der Advokatenkammer oder des Advokatenvereins kann der Beschuldigte nur innerhalb einer von Zustellung desselben an zu rechnenden zehntägigen Frist unter der Voraussetzung beantragen, dass die Ladung ihm ohne seine Schuld unbekannt geblieben ist, oder dass seinem Erscheinen oder der rechtzeitigen Anzeige von der Unmöglichkeit seines Erscheinens unabwendbare Hindernisse entgegengestanden haben.

§. 66. Das eine Disziplinarstrafe aussprechende Erkenntniss hat den Beschuldigten zugleich in Erstattung der in der Disziplinarstrafsache aufzuwenden gewesenen baaren Auslagen zu vorurtheilen.

§. 67. Stellt ein Mitglied des Advokatenvereins, wider welches ein mündlicher Verweis vor der Advokatenkammer erkannt worden ist, zur Entgegennahme desselben auch auf eine zweite Vorladung sich nicht ein, so erfolgt eine den Verweis enthaltende öffentliche Bekanntmachung in dem Amtsblatte desjenigen Gerichtsamtes, unter welchem es seinen Wohnsitz hat.

§. 68. So lange Rechtskandidaten an den Geschäften eines Advokaten zu ihrer praktischen Ausbildung oder auch als Mitarbeiter Theil nehmen, stehen sie 1) wegen mit der Ehre des Standes nicht vereinbaren Lebenswandels, sowie — 2) wegen Vernachlässigung ihres Berufes unter der Aufsicht der Advokatenkammer und der Disziplinarstrafgewalt des Advokatenvereins [15]).

§. 69. Die Strafen, auf welche gegen die Rechtskandidaten von dem Advokatenvereine gesprochen werden kann, sind schriftlicher Verweis durch die Advokatenkammer oder mündlicher Verweis vor der Advokatenkammer durch den Vorstand derselben.

§. 70. Für das Disziplinarstrafverfahren gegen Rechtskandidaten, sowie die Ertheilung von Warnungen an dieselben sind die Vorschriften in den §§. 53 bis mit 67 massgebend.

§. 71. Die Disziplinarstrafgewalt des Advokatenvereins über seine Mitglieder, die bei denselben beschäftigten Rechtskandidaten und die §. 76 gedachten Notare hat unbeschadet der vollen Ausübung der den

---

[15]) Zu §. 68. — Innerhalb vierzehn Tagen, von der Zeit an gerechnet, wo die erstmalige Konstituirung einer Advokatenkammer öffentlich bekannt gemacht worden ist, hat jeder Advokat, an dessen Geschäften ein Rechtskandidat zu seiner praktischen Ausbildung oder als Mitarbeiter Theil nimmt, und zwar auch, wenn derselbe immatrikulirter Notar ist, der Advokatenkammer sowohl über diese Geschäftsbeziehung, als auch über die Zeit, von welcher an sie stattgefunden hat, Anzeige zu machen. Ebenso ist jeder Advokat gehalten, wenn künftig nach Einsetzung der Advokatenkammer ein Rechtskandidat zu ihm in eine solche Geschäftsbeziehung tritt, oder aus einer solchen Geschäftsbeziehung heraustritt, innerhalb vierzehn Tagen, von der Zeit an gerechnet, wo dies geschehen, der Advokatenkammer hierüber Anzeige zu machen. — Der Advokatenkammer liegt ob, ein Verzeichniss der an den Geschäften der Mitglieder des Advokatenvereins zu ihrer praktischen Ausbildung oder als Mitarbeiter Theil nehmenden Rechtskandidaten zu halten, eintretende Veränderungen ungesäumt nachzutragen, auch mindestens allhalbjährig eine genaue Prüfung dieses Verzeichnisses vorzunehmen und das Erforderliche darin zu berichtigen. — Das Zeugniss, welches ein Advokat einem Rechtskandidaten darüber ausstellt, dass derselbe zu ihm in der §. 68 der Advokatenordnung bezeichneten Geschäftsbeziehung steht oder gestanden hat, bedarf der Beglaubigung der Advokatenkammer. (Ausf. Vdg. §. 14.)

Staatsbehörden über dieselben zustehenden Disziplinarstrafgewalt, sowie unbeschadet der Ordnungsstrafgewalt der Gerichte und anderer öffentlichen Behörden statt. Ebenso sind die Disziplinarstrafgewalt des Advokatenvereins und die Strafgewalt der Gerichtsbehörden in Fällen der Uebertretung von Strafgesetzen dergestalt von einander unabhängig, dass die eine durch die andere weder ausgeschlossen noch beschränkt wird [16]).

§. 72. Schriften, welche die amtliche Wirksamkeit der Advokatenvereine angehen, sind stämpelfrei.

Dies gilt insbesondere von Eingaben an die Advokatenvereine, von Erlassen der Aufsichtsbehörden an die Advokatenvereine, von den dienstlichen Verhandlungen, Erlassen, Erkenntnissen und Ausfertigungen der Advokatenvereine, von Eingaben und Berichten derselben an die vorgesetzten Aufsichtsbehörden.

§. 73. Es können nach vorher erlangter Genehmigung des Ministeriums der Justiz mehrere Advokatenvereine zu einer gemeinsamen Versammlung, oder auch alle Advokatenvereine des Landes zu einer Generalversammlung zusammen treten. In dem Gesuche um die Genehmigung muss Zeit, Ort und Zweck der Versammlung angegeben werden, sowie wer in derselben die Verhandlung leiten wird. Mindestens vierzehn Tage vor Beginn der Versammlung ist demjenigen Appellationsgerichte, in dessen Bezirke sie stattfinden soll, über alles Dieses Anzeige zu machen.

Uebrigens hat auf gemeinsame Versammlungen mehrerer Advokatenvereine und auf eine Generalversammlung aller Advokatenvereine

---

[16]) Zu §. 71. — Sobald eine Untersuchung gegen einen Advokaten oder einen der Disziplinaraufsicht eines Advokatenvereins untergebenen Notar oder Rechtskandidaten eingeleitet worden ist, hat der Untersuchungsrichter in den §. 39 der Verordnung vom 31. Juli 1856, die Ausführung der Strafprozessordnung etc. betreffend, bemerkten Fällen ausser der Anzeige hierüber an die dem Angeschuldigten vorgesetzte Dienstbehörde auch der Advokatenkammer desjenigen Advokatenvereins, unter dessen Disziplinaraufsicht der Angeschuldigte steht, über die Einleitung der Unsersuchung Mittheilung zu machen. (Ausf. Vdg. §. 15.) — Der §. 39 der Vdg. v. 31. Juli 1856 bestimmt blos die Anzeige an die dem Angeschuldigten vorgesetzte Dienstbehörde, während der §. 15 der Ausf. Vdg. diese Anzeige auf den Advokatenverein ausdehnt. Die Fälle, bei welchen eine solche Anzeige zu erstatten ist, betreffen den im §. 202 St. G. B. normirten Missbrauch des Amtes zu einer Nöthigung aus eigennützlger Absicht oder aus Bosheit, oder wenn die Absicht dahin ging, zu etwas Ungerechtem oder Unsittlichem zu bestimmen.

rücksichtlich auf Abordnung von Kommissären zu denselben dasjenige Anwendung, was im §. 44 in Bezug auf die Versammlungen einzelner Advokatenvereine enthalten ist [17].

Cap. IV.

Beendigung des Amtes der Advokatur.

§. 74. Das Amt der Advokatur wird beendigt: 1) durch bei dem Ministerium der Justiz angezeigte und von diesem genehmigte Entsagung; — 2) durch Uebernahme eines Amtes, mit welchen nach Gesetzen oder sonst verfassungsmässigen Vorschriften die Advokatur unvereinbar ist, doch gilt für Uebernahme eines solchen Amtes nicht die in Gemässheit der Strafprozessordnung erfolgte Verpflichtung zum Amte eines Hilfsrichters; — 3) durch Verlust des Sächsischen Unterthanenrechts; — 4) durch Entsetzung [18].

Es leidet aber die Bestimmung dieses Paragraphen unter 2 nicht Anwendung auf diejenigen, welche zu der Zeit, wo gegenwärtige Advokatenordnung in Wirksamkeit tritt, bereits zu einem Amte gelangt sind, dessen Uebernahme sie verpflichtete, sich der gleichzeitigen Ausübung der Advokatur zu enthalten, indem sie, dafern nicht sonst ein

---

[17]) Zu §. 73. — Wenn mehrere oder alle Advokatenvereine des Landes zu einer Versammlung zusammentreten, liegt die Leitung der Verhandlungen in derselben dem Vorstande eines Advokatenvereines oder einem Stellvertreter desselben ob. In dem Gesuche um Genehmigung der Versammlung mehrerer oder aller Advokatenvereine können auch mehrere Vorstände oder Stellvertreter derselben als Leiter der Verhandlung für die verschiedenen Gegenstände bezeichnet werden. — Schriften, welche aus den Beschlüssen der Versammlung mehrerer oder aller Advokatenvereine hervorgehen, sind von den Vorständen aller derjenigen Advokatenvereine zu unterzeichnen, welche an einer solchen Versammlung Theil nahmen, oder von ihren Stellvertretern. Die Unterzeichnung geschieht, dafern die Betheiligten sich nicht über eine andere Ordnung einigen, in der Maasse, dass der im Amte der Advokatur Aeltere vor dem darin Jüngeren den Vorrang hat. (Ausf. Vdg. §. 16.)

[18]) Zu §. 74. — Sobald eine Advokatenkammer Kenntniss davon erhält, dass das Amt der Advokatur eines der Mitglieder des Advokatenvereins aus einem der im §. 74 unter 2 und 3 der Advokatenordnung angegebenen Gründe beendigt worden ist, hat sie dem Ministerium der Justiz hierüber Anzeige zu machen. Dieselbe unterbleibt jedoch, wenn der Grund zur Beendigung der Advokatur, eine durch das Ministerium der Justiz geschehene Amtsübertragung ist. (Ausf. Vdg. §. 17.)

gesetzliches Bedenken obwaltet, nach Beendigung oder Aufgabe jenes Amtes wieder zur Ausübung der Advokatur gelassen werden sollen.

Ob derjenige, dessen Advokatur aus einem der unter 1, 2 und 3 aufgeführten Gründe beendigt war, alsdann, wenn er später, beziehentlich nach Wiedererlangung des Sächsischen Unterthanenrechts oder Aufgabe des mit der Advokatur unvereinbaren Amtes, um Wiederverleihung derselben bittet, einer Prüfung und in welcher Maasse er derselben zu unterwerfen sei, soll in jedem vorkommenden Falle von dem Ermessen des Ministeriums der Justiz abhängen.

§. 75. Wenn das Amt des Advokaten sich aus einem der im §. 74 aufgeführten Gründe beendigt hat, so ist dies vom Ministerium der Justiz öffentlich bekannt zu machen.

Cap. V.

Uebergangsbestimmungen, Eintritt der Wirksamkeit der Advokatenordnung und Ausführung derselben.

§. 76. Diejenigen, zu der Zeit, wo gegenwärtige Advokatenordnung in Kraft tritt, bereits immatrikulirten Notare, welche nicht Advokaten sind, sollen, so lange sie sich nicht in einem Amte befinden, mit welchem die Ausübung des Notariats unvereinbar ist, bis dahin, wo sie die Advokatur erlangen, und in Folge dessen Mitglieder des Advokatenvereins, wegen standesunwürdigen Lebenswandels, sowie wegen Vernachlässigung ihres Berufs ebenso, wie dies rücksichtlich der Rechtskandidaten in den §§. 69 und 70 bestimmt ist, der Aufsicht der Advokatenkammer und der Disziplinargewalt des Advokatenvereins, in dessen Bezirke sie wohnen, unterworfen sein.

§. 77. Die im §. 76 gedachten Notare haben in dem Falle, dass sie sich zu der Zeit, wo die Advokatenordnung in Kraft tritt, nicht in einem mit der Ausübung des Notariats unvereinbaren Amte befinden, innerhalb vierzehn Tagen von der nun gedachten Zeit an, ausserdem innerhalb vierzehn Tagen von derjenigen Zeit an gerechnet, wo sie in Folge der Aufgabe oder der Beendigung des Amtes der eben erwähnten Art wieder zur Ausübung des Notariats berechtigt werden, demjenigen Advokatenvereine, in dessen Bezirke sie wohnen, bei Vermeidung einer an denselben zu erlegenden Disziplinarstrafe von fünf Thalern ihren Wohnsitz anzuzeigen. Bei der Verlegung des Wohnsitzes in den Sprengel eines andern Gerichtsamtes leidet auf sie dasselbe Anwendung, was in dieser Beziehung rücksichtlich der Advokaten in dem §. 29 bestimmt ist [19]).

§. 78. Ein zu der Zeit, wo gegenwärtige Advokatenordnung in Kraft tritt, bereits immatrikulirter Advokat ist zwar, wenn und so lange er sich in einem mit Ausübung der Advokatur unvereinbaren Amte befindet, nicht Mitglied des Advokatenvereins, gehört aber demselben an, sobald er in Folge der Aufgabe oder Beendigung jenes Amtes wieder zur Ausübung der Advokatur berechtigt wird. Innerhalb vierzehn Tagen, von der Zeit an gerechnet, wo dieser Fall eintritt, hat er demjenigen Advokatenvereine, in dessen Bezirke er seinen Wohnsitz hat, oder nimmt, bei Vermeidung einer an denselben zu erlegenden Disziplinarstrafe von fünf Thalern, sowohl über seine Wiedergelangung zur Ausübung der Advokatur, als auch über den Ort seines Wohnsitzes Meldung zu thun und zugleich seine Einschreibung in das Verzeichniss des Advokatenvereins zu beantragen [20]).

§. 79. Das Ministerium der Justiz wird nach Publikation dieser Advokatenordnung im Bezirke jedes Appellationsgerichts aus den in

---

[19]) Zu §. 77. — Für diejenigen Notare, welche zufolge der Vorschrift im ersten Satze des §. 77 der Advokatenordnung verbunden sind, innerhalb vierzehn Tagen von der Zeit an gerechnet, wo die Advokatenordnung in Kraft tritt, ihren Wohnsitz dem Advokatenvereine anzuzeigen, ist diese Frist von der Zeit an zu rechnen, wo die erstmalige Konstituirung der betreffenden Advokatenkammer durch das Ministerium der Justiz öffentlich bekannt gemacht wird. Von der nämlichen Zeit an ist die zur Anzeige des Wohnsitzes bei dem Advokatenvereine in demselben §. 77 bestimmte vierzehntägige Frist für diejenigen Notare zu rechnen, wo die erstmalige Konstituirung der Advokatenkammer öffentlich bekannt gemacht wird, durch Aufgabe oder Beendigung eines mit der Ausübung des Notariats unvereinbaren Amtes wieder zur Ausübung des Notariats berechtigt werden. — Die Advokatenkammer ist verpflichtet, ein Verzeichniss der §. 76 gedachten Notare zu halten, eintretende Veränderungen ungesäumt in demselben nachzutragen, auch dasselbe wenigstens allhalbjährlich einmal einer genauen Prüfung zu unterziehen und die nöthigen Berichtigungen vorzunehmen. Sie hat, wenn ein Notar seinen Wohnsitz in den Bezirk eines anderen Advokatenvereins verlegt, oder, wenn er Advokat wird, oder wenn er aufhört, Notar zu sein, denselben in dem Verzeichnisse zu streichen. (Ausf. Vdg. §. 18.)

[20]) Zu §. 78. — Advokaten, über welche der §. 78 der Advokatenordnung Bestimmungen trifft, haben innerhalb der dort zur Anzeige ihres Wohnsitzes bei dem Advokatenvereine vorgeschriebenen Frist denselben auch dem Ministerium der Justiz anzuzeigen und zwar bei Vermeidung einer an die Sportelkasse des Letzteren zu erlegenden Disziplinarstrafe von fünf Thalern. (Ausf. Vdg. §. 19.)

demselben wohnenden Advokaten einen Ausschuss bestellen, welcher die erstmalige Wahl der Advokatenkammer zu leiten hat [21]).

[21]) Zu §. 79. — Das Ministerium der Justiz wird durch die Leipziger Zeitung diejenigen Advokaten, welche von ihm dazu bestimmt sind, den in Gemässheit des §. 79 der Advokatenordnung zu bestellenden Ausschuss zu bilden, so wie denjenigen unter ihnen bekannt machen, welcher die Mitglieder des Ausschusses zur Konstituirung desselben zusammen zu rufen hat. Auf die von diesem hierzu erfolgte Einladung hat jeder Ausschuss aus seiner Mitte zur Leitung seiner Geschäfte einen Vorstand, sowie zur Abfassung der erforderlichen Schriften einen Sekretär zu wählen. Die Wahl zuerst des Vorstandes und hierauf des Sekretärs geschieht durch absolute Stimmenmehrheit, und, wenn eine solche bei der ersten Abstimmung nicht erlangt wird, sodann durch relative Stimmenmehrheit. Bei Stimmengleichheit giebt das Loos den Ausschlag. Ueber die Wahlhandlung nimmt der zur Leitung der Konstituirung des Ausschusses Beauftragte ein Protokoll auf, welches zur Bestätigung der Richtigkeit desselben von noch einem Ausschussmitgliede zu unterzeichnen ist. — Das Ministerium der Justiz wird jedem Ausschusse das Verzeichniss der zum betreffenden Advokatenvereine gehörenden Advokaten zustellen. Der Ausschuss hat dasselbe zu prüfen und, sofern sich Anlass zu einer Ergänzung oder Berichtigung ergiebt, diese nach vorher desshalb an das Ministerium der Justiz erstatteter Anzeige und von demselben ertheilter Zustimmung vorzunehmen, hierauf aber die Wahl der Advokatenkammer nach Massgabe der §. 31 bis 33 zu veranstalten. Behufs der Stimmenabgabe werden den Mitgliedern des Vereines vom Ausschusse Stimmzettel zugestellt, welche von dem Vorstande und dem Sekretär des Ausschusses signirt sind. Zur Vornahme der Wahl ist eine Versammlung des Advokatenvereines zu veranstalten. Die Zustellung der Stimmzettel geschieht durch die Post mittelst rekommandirter Zuschriften oder durch einen vom Ausschusse mittelst Handschlags zur Behändigung verpflichteten Boten. Die Einladung zur Wahlversammlung erfolgt zugleich mit Zustellung des Stimmzettels, oder auch durch Bekanntmachung in der Leipziger Zeitung. Zu berücksichtigen sind nicht blos diejenigen Stimmzettel, welche von den in der Versammlung erschienenen Advokaten abgegeben, sondern auch diejenigen, welche von den nicht erschienenen Advokaten bis zu der in der Einladung anzuzeigenden Zeit, wo die Auszählung der Stimmzettel beginnt, dem Ausschusse übersendet werden. Stimmenabgaben mittelst anderer als der vom Ausschusse zugestellten Stimmzettel kommen nicht in Betracht. — Der Ausschuss hat über das Wahlgeschäft vollständige Akten zu halten, zu denen insbesondere auch die Stimmzettel zu nehmen sind, und sobald dasselbe beendigt ist, über das Ergebniss, unter Beifügung der Akten, Anzeige an das Ministerium der Justiz zu erstatten. — Dieses wird hierauf, wenn die Wahl ordnungsmässig erfolgt ist, eines der Kammermitglieder beauftragen, die erstmalige Wahl des Vorstandes und des Sekretärs der Kammer, sowie eines Stellvertreters für einen jeden derselben zu leiten, auch zu diesem Geschäfte ein anderes Kammermitglied als Sekretär zuordnen. Der zur Leitung der Wahl Beauftragte hat mit möglichster Beschleunigung sowohl die Mitglieder der Kammer, als auch die

§. 80. Von der durch das Ministerium der Justiz mittelst Verordnung bekannt zu machenden Zeit an, wo gegenwärtige Advokatenordnung, welche für alle, auch die schon vor ihrem Erscheinen immatrikulirten Advokaten verbindend ist, in Wirksamkeit zu treten hat, verlieren alle in Gesetzen und Verordnungen enthaltene, ihr entgegenstehende Bestimmungen und Vorschriften ihre Kraft.

Unser Ministerium der Justiz ist ermächtigt, die zur Ausführung dieser Advokatenordnung erforderlichen Anordnungen zu erlassen.

Stellvertreter derselben mittelst rekommandirter Zuschriften oder mittelst Umlaufs, dessen Behändigung von Jedem, welchem er vorgelegt worden, durch seine Namensunterschrift zu bescheinigen ist, zu einer Wahlversammlung einzuladen. Sofern Kammermitglieder ausbleiben sollten, haben für die Ausbleibenden Stellvertreter, und zwar stets zunächst der im Amte der Advokatur Aeltere, an der Abstimmung Theil zu nehmen. Auch der zur Leitung des Wahlgeschäfts Beauftragte, sowie der Sekretär stimmen mit. Die Abstimmung geschieht mittelst von dem zur Leitung der Wahl Beauftragten ausgegebener, von diesem und dem Sekretär signirter Stimmzettel. Zuerst wird die Wahl des Vorstandes, dann die des Stellvertreters für denselben, hierauf die Wahl des Sekretärs und dann die des Stellvertreters für denselben vorgenommen. Wenn bei der ersten Abstimmung für eine dieser Stellen eine absolute Stimmenmehrheit nicht erlangt wird, ist die Abstimmung zu wiederholen und es entscheidet, wenn auch jetzt eine absolute Stimmenmehrheit nicht erlangt wird, nunmehr die relative Stimmenmehrheit. Zwischen denen, welche bei der zweiten Abstimmung eine gleiche Stimmenzahl erhalten haben, giebt, sofern es auf Entscheidung der Frage ankommt, wem der Vorzug gebühren soll, das Loos den Ausschlag. Es sind über das Wahlgeschäft vollständige Akten zu halten und dem über die Wahlhandlung vom Sekretär aufgenommenen Protokolle die Stimmzettel beizufügen. Sobald das Wahlgeschäft beendigt ist, hat der zur Leitung desselben Beauftragte dem Ministerium der Justiz, unter Beifügung der Akten, über den Erfolg Anzeige zu erstatten. Nachdem Letzteres hierauf, wenn das Wahlgeschäft ordnungsmässig ausgeführt befunden worden, die Wahl der Advokatenkammer und ihrer Stellvertreter, nicht minder die Wahl des Vorstandes und des Sekretärs der Advokatenkammer, sowie der Stellvertreter für diese beiden Letzteren durch die Leipziger Zeitung bekannt gemacht hat, tritt die Advokatenkammer in die durch die Advokatenordnung und gegenwärtige Verordnung bestimmte Wirksamkeit.

II. Prüfungen.

Quelle: Verordnung vom 16. November 1859, die Prüfungen für die juristische Praxis und das Richteramt betreffend.

Um die Prüfungen für die juristische Praxis, d. i. für die Verleihung eines rechtswissenschaftliche Vorbildung erfordernden Amtes einschliesslich der Advokatur und des Notariats, sowie die Prüfungen für die Verleihung eines selbstständigen Richteramtes im Staatsdienste mit der neueren Gesetzgebung und dem gegenwärtigen Bedürfnisse in Einklang zu bringen, wird mit Allerhöchster Genehmigung unter Aufhebung der Verordnung vom 9. Juli 1836 hierdurch Folgendes festgesetzt:

§. 1. Beiderlei Prüfungen erfolgen bei dem Justizministerium durch die dazu verordnete Kommission.

§. 2. Die Prüfungen sind schriftlich und mündlich.

§. 3. Die Zulassung zu der Prüfung für die juristische Praxis findet nur dann statt, wenn zwischen dem Eingangstage des an das Justizministerium zu richtenden desfallsigen Gesuchs und dem Tage des von dem Bittsteller bei der Juristenfakultät bestandenen Examens wenigstens ein Jahr inne liegt und durch glaubwürdige Zeugnisse beigebracht wird, dass in der Zwischenzeit der Kandidat mit Fleiss bemüht gewesen ist, sich in der Rechtswissenschaft weitere Ausbildung und praktische Uebung zu verschaffen. Dem Gesuche muss die Censur der Fakultät über die daselbst erfolgte Prüfung des Kandidaten, dessen akademisches Sittenzeugniss und eine Bescheinigung, welche sein Unterthanenrecht nachweist, beigefügt sein. Bei denjenigen, die erst in späteren Jahren um Zulassung zur Prüfung für juristische Praxis nachsuchen, nachdem sie inmittels anderen Beschäftigungen sich hingegeben haben, bleibt es der Erwägung des Justizministeriums vorbehalten, inwiefern sie überhaupt noch zuzulassen, oder vorher, ihrer Befähigung halber, einer anderweitigen Prüfung zu unterwerfen sein möchten.

§. 4. Die schriftliche Prüfung für die juristische Praxis besteht nach wie vor in der Ausarbeitung eines schriftlichen gutachtlichen Vortrags aus einer Civilprozesssache und eines dergleichen aus einer Kriminaluntersuchungssache, beider mit Beifügung der Entscheidung und besonderer Entscheidungsgründe.

§. 5. Die dazu erforderlichen Akten werden von dem Justizministerium selbst ausgewählt und dem Kandidaten entweder durch die

Kanzlei des Justizministeriums oder durch ein hierzu zu beauftragendes Untergericht zugestellt.

§. 6. Bei der Auswahl der Akten wird darauf Bedacht genommen werden, dass dieselben zu ihrer Bearbeitung nicht einen allzugrossen Aufwand an Zeit und Mühe erfordern, gleichwohl aber dem Kandidaten ein genügendes Material zur Darlegung seiner juristischen Kenntnisse bieten. Man wird sich bei der Wahl der Civilakten nicht auf solche beschränken, in denen auf geführten Beweis und Gegenbeweis definitiv zu erkennen ist. Zu der strafrechtlichen Probearbeit werden entweder gerichtsamtliche Untersuchungen, über welche das Enderkenntniss zu sprechen, oder Voruntersuchungen, über welche ein Verweisungserkenntniss zu fällen ist, gewählt werden.

§. 7. Die aus diesen Akten gefertigten Probeschriften sind innerhalb dreier Monate von Empfang der Akten an bei dem Justizministerium einzureichen. Diese Frist kann nur auf Ansuchen aus erheblichen Gründen von dem Justizministerium verlängert werden. Nach erfolgtem Ablaufe der vorschriftmässigen oder vom Justizministerium verlängerten Frist werden die später eingereichten Arbeiten nicht weiter berücksichtigt, es bleibt jedoch dem Kandidaten unbenommen, unter Erlegung der durch die Aktenvorlegung bereits erwachsenen Kosten, um Vorlegung anderer Akten nachzusuchen.

§. 8. Bei der Ausarbeitung der Probeschriften ist die Benutzung literarischer Hilfsmittel und die Bezugnahme darauf nicht ausgeschlossen, doch wird bei der Beurtheilung weniger auf den Umfang der Arbeit und auf die gelehrte Ausstattung derselben, als auf bewiesene Rechtskenntniss, Urtheilsfähigkeit und Gewandtheit der Darstellung gesehen werden.

§. 9. Die mündliche Prüfung besteht in einem *Colloquium* vor der Prüfungskommission, zu welchem der Kandidat auf die vom Justizministerium erhaltene Veranlassung sich einzufinden hat, von welchem er aber, dafern die eingereichten Probeschriften bei der vorausgehenden Prüfung ganz ungenügend befunden werden sollten, zurückgewiesen werden kann. Das *Colloquium* wird an die eingereichten Probeschriften anknüpfen, sich aber nach Befinden auch über andere Rechtsmaterien verbreiten.

§. 10. Sollte der Kandidat aus erheblichen Gründen am Erscheinen zu dem festgesetzten Prüfungstage behindert sein, so hat er solches dem Justizministerium in Zeiten anzuzeigen. Bei unentschuldigtem oder doch nur ungenügend entschuldigtem Ausbleiben ist es dem Ermessen des Justizministeriums überlassen, ob der Kandidat überhaupt noch zum *Colloquium* zuzulassen, oder nicht, auch können ihm ersteren Falles nach Befinden andere Akten zu Fertigung neuer Probeschriften vorgelegt werden.

§. 11. Werden die Probeschriften als ungenügend zurückgewiesen (§. 9), oder besteht der Kandidat die mündliche Prüfung so wenig, dass ihm keine Censur ertheilt werden kann: so kann er erst nach Jahresfrist von Neuem um Vorlegung von Akten nachsuchen. Dabei hat er anderweite glaubhafte Zeugnisse beizubringen, dass er in der Zwischenzeit fortgesetzt bemüht gewesen sei, sich in der Rechtswissenschaft weitere Ausbildung und praktische Uebung zu verschaffen. Eine fernerweite dritte Zulassung zur Prüfung findet nicht Statt.

§. 12. Die zu ertheilenden Censuren sind: vorzüglich gut, gut, hinlänglich.

Ein Rechtsanspruch auf vorzugsweise Zulassung zur juristischen Praxis ist mit der ersten dieser Censuren nicht verbunden.

§. 13. Den Kandidaten für ein selbstständiges Richteramt werden zum Behufe der schriftlichen Prüfung vorgelegt:

1) Akten über einen Civilprozess,

2) Akten über eine Kriminaluntersuchung,

beide von der im §. 6 gedachten Beschaffenheit,

3) Akten über einen Gegenstand aus dem Gebiete der freiwilligen Gerichtsbarkeit.

Aus den Akten unter 1 und 2 haben dieselben jedoch nur ein Erkenntniss nebst besonderen Entscheidungsgründen, aus den Akten unter 3 eine von dem Justizministerium näher zu bestimmende praktische Arbeit zu fertigen und bei dem Justizministerium einzureichen.

Was im §. 8 bestimmt ist, leidet auf diese Arbeiten ebenfalls Anwendung. Die Einreichung derselben wird binnen sechs Monaten von Vorlegung der Akten an erwartet.

§. 14. Die mündliche Prüfung für das Richteramt besteht in einem mündlichen Vortrage aus den im §. 13 unter 1 und 2 gedachten Akten vor der Prüfungskommission und einem sich hieran anschliessenden *Colloquium*, bei welchem auch Fragen über Gegenstände der Verwaltung nicht ausgeschlossen sein werden. Die Zulassung zu dieser Prüfung findet ebenfalls nur dann Statt, wenn die schriftlichen Probearbeiten nicht ungenügend ausgefallen sind. Ebenso gilt für dieselbe die Bestimmung in §. 10. — Zulassung zu anderweiter Prüfung in den im §. 11 gedachten Fällen findet dagegen hier in der Regel nicht Statt.

§. 15. Censuren werden bei der Prüfung für ein selbstständiges Richteramt nicht ertheilt. Es wird dem Kandidaten nur eröffnet, ob die Prüfung befriedigend, oder nicht befriedigend ausgefallen ist.

§. 16. Die zeither nach der Verordnung vom 9. Juli 1836 unter 4 erforderlich gewesene Eidesleistung fällt künftig sowohl bei den Probeschriften für die juristische Praxis, als auch bei denen für das Richteramt hinweg. Dagegen hat der Kandidat am Schlusse einer jeden Probeschrift die eigenhändig geschriebene Versicherung abzugeben, dass er dieselbe selbst und ohne fremde Beihilfe gefertigt habe, und diese Versicherung, nachdem er die mündliche Prüfung bestanden, an Eidesstatt mittelst Handschlags zu bekräftigen.

§. 17. Vorstehende Bestimmungen leiden auf alle diejenigen Prüfungen Anwendung, zu denen die Akten vom 1. Januar 1860 an ausgegeben werden.

HERZOGTHUM OLDENBURG.

I. Advokaten-Ordnung.

Quelle: Anwalts-Ordnung für das Herzogthum Oldenburg vom 18. Juni 1858 (Gesetzblatt, XVI. Band, 24. Stück, Nr. 43).

I. Zulassung, Wohnsitz.

Art. 1.

§. 1. Die Zulassung als Anwalt bei einem Obergerichte erfolgt durch das Appellationsgericht.

§. 2. Dieselbe ist eine widerrufliche, so lange der Zugelassene nicht die Hauptprüfung bestanden und bei derselben wenigstens den zweiten Charakter erhalten hat.

§. 3. Wenn das Interesse eines Dienstes eine Ausnahme begründet, kann auch ohne die Voraussetzung des §. 2 eine unwiderrufliche Zulassung erfolgen.

§. 4. Die unwiderrufliche Zulassung als Anwalt bei einem Obergerichte schliesst die Zulassung bei dem Schwurgerichte, und für die beim Obergerichte zu Oldenburg zugelassenen Anwälte auch bei dem Appellations- und Oberappellationsgerichte ein. Die bei den übrigen Obergerichten unwiderruflich zugelassenen Anwälte haben das Recht, auch die Zulassung bei dem Appellations- und dem Oberappellationsgerichte zu verlangen. Die Partei, welche sie in einem bürgerlichen Rechtsstreite bevollmächtigt hat, kann jedoch für die Reisekosten des Anwalts zum Appellations- oder Oberappellationsgerichte von ihrem Gegner keinen Ersatz fordern.

Die Zuordnungen bei dem Appellations- und dem Oberappellationsgerichte sind so zu führen, dass der der Zuordnung bedürftigen Partei entweder ein bei dem Obergerichte ihres Wohnortes, oder ein bei dem Obergerichte zu Oldenburg zugelassener Anwalt zugeordnet wird. Der zugeordnete auswärtige Anwalt hat gegen seine Partei, im Falle der nachträglichen Einforderung seiner Gebühren, keinen Anspruch auf Ersatz der Kosten der zu diesen Gerichten gemachten Reisen.

Art. 2.

§. 1. Vor der Zulassung hat das Appellationsgericht die Gutachten der Anwaltskammer und des betreffenden Obergerichts zu fordern.

§. 2. Der aus dem Anwaltsstande Ausgestossene, sowie der nach Art. 77 §. 1 des Civilstaatsdienergesetzes vom 26. März 1855 aus dem Dienste entfernte, oder durch Richterspruch für zeitig unfähig zu öffentlichen Aemtern erklärte Staatsdiener können nur mit Zustimmung der Anwaltskammer als Anwalt zugelassen werden.

Art. 3.

§. 1. Vor dem Dienstantritte hat jeder als Anwalt Zugelassene folgenden Eid zu leisten:

„Ich schwöre, dass ich die Pflichten des mir übertragenen Amtes eines Anwalts gewissenhaft erfüllen will."

§. 2. Nach der Eidesleistung hat das Appellationsgericht die Zulassung in den Oldenburgischen Anzeigen bekannt zu machen. Die Zurücknahme einer Zulassung ist gleichfalls in den Oldenburgischen Anzeigen bekannt zu machen.

Art. 4.

§. 1. Der Anwalt hat seinen Wohnsitz am Sitze des Obergerichts zu nehmen, bei welchem er zugelassen ist.

§. 2. Derselbe darf wider seinen Willen nicht versetzt werden.

§. 3. Mit dem Aufgeben des Wohnsitzes (§. 1) geht das Recht der Ausübung der Anwaltspraxis verloren.

§. 4. Wenn ein Anwalt länger als vierzehn Tage von seinem Wohnorte abwesend sein will, hat er dies der Staatsanwaltschaft des Obergerichts, bei welchem er zugelassen ist, anzuzeigen. Zu einer längeren Abwesenheit als sechs Wochen ausserhalb der Ferienzeit hat der Anwalt beim Appellationsgerichte Urlaub nachzusuchen. Im Falle einer solchen längeren Abwesenheit ohne Urlaub kann das Appellationsgericht die Zulassung als Anwalt zurücknehmen.

Zum Eintritt in den Landtag darf der Urlaub nicht verweigert werden.

§. 5. Die Zustellungen erfolgen auch bei Abwesenheit der Anwälte in ihrer Wohnung, wenn sie nicht dem Gerichte einen andern bei demselben zugelassenen Anwalt als ihren Stellvertreter bezeichnet haben.

II. Amtsführung.

Art. 5.

§. 1. Ueber die Befugniss der Anwälte zur Vertretung der Parteien bestimmen die Strafprozessordnung und das Gesetz, betreffend den bürgerlichen Prozess, das Nähere.

§. 2. Die Ablehnung einer Vertretung steht jedem nicht zugeordneten Anwalte frei. Ueber die Annahme oder Ablehnung muss der Anwalt sich ungesäumt erklären, und wenn er vorauszusehen hat, dass seine Ablehnung für den Vollmachtgeber Versäumnisse oder andere erhebliche Nachtheile zur Folge haben wird, Vorsorge zur möglichsten Abwendung derselben treffen.

§. 3. Der Anwalt hat die freiwillige Vertretung abzulehnen:

a) in Betreff eines nach klaren Gesetzen unbegründeten civilrechtlichen Anspruchs, oder wenn er überzeugt ist, dass die Partei wissentlich einen ungerechten Anspruch geltend macht, oder nur zur Verzögerung der Sache Dienliches vorbringt;

b) wenn er in derselben Angelegenheit früher Vertreter des Gegners gewesen ist, oder sonst das von diesem ihm geschenkte Vertrauen durch Annahme der Vertretung verletzen würde;

c) wenn er so sehr mit Geschäften überhäuft ist, dass er die neue Vertretung nicht mit der erforderlichen Sorgfalt würde wahrnehmen können.

§. 4. Der zugeordnete Anwalt kann, wenn er von dem Ungrunde eines civilrechtlichen Anspruchs beziehungsweise der Bestreitung eines solchen Anspruchs, oder von der Schuld eines strafrechtlich Beschuldigten überzeugt ist, zwar nicht die Vertretung überhaupt und die nöthige Darstellung der Thatsachen ablehnen, ist aber nicht verpflichtet, eine rechtliche Begründung hinzuzufügen. Eine solche Unterlassung giebt kein Recht auf Zuordnung eines andern Anwalts.

§. 5. Sind zwischen dem zugeordneten Anwalte und seiner Partei Zwistigkeiten entstanden, welche einer gehörigen Fortführung des Rechtsstreits hinderlich sind, so kann der Staatsanwalt, nach Befinden unter Nichtanrechnung der nicht beendigten Sache im Turnus, einen anderen Anwalt zuordnen.

§. 6. Der Anwalt, welcher eine Sache wider einen Gegner annimmt, den er entweder in einer andern streitigen oder nicht streitigen Sache vertritt, oder mit dem er in einem Grade verwandt oder verschwägert ist, welcher den Richter unfähig macht, oder mit dem er in vertrauter Freundschaft lebt, hat seinen Vollmachtgeber von solchen Umständen ungesäumt zu benachrichtigen.

Art. 6.

§. 1. Die wechselseitige Befugniss des Vollmachtgebers und des Anwaltes zur Kündigung richtet sich nach den Gesetzen über den Bevollmächtigungsvertrag.

§. 2. Der Anwalt kann zu jeder Zeit von seiner Partei einen Vorschuss wegen seiner Gebühren und Auslagen fordern. Er ist berechtigt, die Vollmacht zu kündigen, wenn die gerichtlich festgestellten Gebühren oder der gerichtlich bestimmte Vorschuss von der Partei nicht innerhalb der gerichtlich bestimmten Zeit bezahlt werden.

Art. 7.

Ein vor Beendigung des Prozesses über die Gebühren des Anwalts geschlossener Vertrag ist nur insoweit rechtsverbindlich, als die nach den Bestimmungen der Gebührentaxe dem Anwalte zukommenden Gebühren nicht überschritten sind.

Art. 8.

Der Anwalt muss sich von seinem Vollmachtgeber zeitig mit Instruktion versehen lassen. Die Gegenwart seines Vollmachtgebers im Verhandlungstermine befreit ihn nicht von der Pflicht, gehörig vorbereitet zu sein.

Art. 9.

Der Anwalt hat seinem Vollmachtgeber eine Mittheilung über den Stand der ihm zur Besorgung anvertrauten Geschäfte nicht vorzuenthalten, und wenn nicht Anderes verabredet worden, wichtige Vorfälle, insbesondere abgegebene Erkenntnisse ungesäumt mitzutheilen.

Art. 10.

§. 1. Der Anwalt hat vollständige und geordnete Handakten zu führen und zu denselben insbesondere zu nehmen:

a) die von seiner Partei erhaltene Instruktion, soweit ihm nicht Geheimnisse anvertraut sind;
b) die Entwürfe der für seine Partei verfassten Schriften;
c) die in Bezug auf die Sache an ihn gelangten Schriften, soweit sie nicht an seine Partei ausgehändigt sind.

§. 2. Die Handakten sind auf Verlangen dem Gerichte und der Anwaltskammer vorzulegen.

§. 3. Der Vollmachtgeber ist berechtigt, die Handakten einzusehen und Abschriften auf seine Kosten zu verlangen.

§. 4. Nach beendigter Sache oder gekündigter Vollmacht kann der Vollmachtgeber die Auslieferung der Handakten fünf Jahre lang, der von ihm dem Anwalte anvertrauten Urkunden jedoch dreissig Jahre lang verlangen, wenn er die Gebühren und Auslagen bezahlt und eine auf Verlangen zu beglaubigende Erklärung dahin ausgestellt hat, dass ihm aus der Führung des betreffenden Geschäftes ein Anspruch an den Anwalt nicht zustehe, er auch für den Fall, dass ihm ein solcher noch künftig bekannt werden sollte, auf dessen Geltendmachung im Voraus verzichte.

§. 5. Kündigt jedoch ein Anwalt unzeitig die angenommene Vollmacht, oder wird er an der Ausführung durch eigene Schuld verhindert, so kann der Vollmachtgeber verlangen, dass ihm entweder kostenfreie Abschrift der Handakten oder diese selbst ohne die im §. 4 angegebenen Voraussetzungen ausgeliefert werden.

§. 6. Schon vor Ablauf der fünf Jahre (§. 4) kann der Anwalt die Handakten ohne die ihm von der Partei anvertrauten Urkunden vernichten, wenn der Vollmachtgeber dieselben innerhalb eines Jahres nach geschehener Aufforderung nicht zu sich genommen hat.

Art. 11.

§. 1. Die Schriften der Anwälte müssen auf gewöhnlichem Schreibpapiere, leserlich und richtig geschrieben, paginirt und vom Anwalt unterschrieben bei Gericht eingereicht werden.

§. 2. Als Rubrik müssen dieselben enthalten:

a) die Angabe des Gerichts, bei welchem die Eingabe gemacht wird;
b) die genaue Bezeichnung der Parteien nach Namen, Stand oder Gewerbe, Wohnsitz und Prozesseigenschaft;
c) die Angabe des Prozessgegenstandes, in bürgerlichen Rechtsstreitigkeiten unter möglichst genauer Angabe seines Werthes;
d) die Benennung des etwaigen Gegenanwaltes;
e) die Angabe der Zahl der Anlagen.

Wenn sich im Laufe des Prozesses der Inhalt der Rubrik ändert, ist die neue Angabe der älteren hinzuzufügen.

§. 3. Die Schriften dürfen keine Beleidigung oder muthwillige Kränkung des Gerichts, der Gegenpartei oder ihres Vertreters enthalten, soweit solche nicht aus der nothwendigen Angabe der Thatsachen, auf welche die Anträge gestützt werden, hervorgeht.

§. 4. Schriften, deren Abfassung den gesetzlichen Vorschriften nicht entspricht, kann das Gericht ohne Mittheilung an den Gegner, nöthigenfalls unter Bestimmung einer neuen Frist zur Eingabe der verbesserten Schrift, zurückweisen, oder nach Streichung des gesetzwidrigen Theiles mittheilen.

Art. 12.

§. 1. Die Disziplinarstrafgewalt über die Anwälte wird von der Anwaltskammer ausgeübt.

§. 2. Von der Disziplinarstrafgewalt der Anwaltskammer völlig unabhängig ist die Strafgewalt der Gerichte im Falle der Uebertretung eines Strafgesetzes und die Befugniss der Gerichte zur Anwendung von Zwangsmitteln, um einen Prozess in seinem gesetzlich geregelten Gange und die Ordnung in den Sitzungen aufrecht zu erhalten. Zu diesen Zwecken kann das Gericht, abgesehen von den besonderen Bestimmungen der Prozessgesetze, eine Ordnungsstrafe, bestehend in einer Brüche bis zu zehn Thalern, wider den schuldigen Anwalt erkennen. Wider den Anwalt, gegen dessen Versäumniss ein Termin angesetzt, oder eine Restitution gegen die Versäumniss eines Termins oder einer Frist zur Einlegung oder Einführung eines Rechtsmittels ertheilt werden muss, soll stets eine Brüche von wenigstens zwei ein halb Thalern erkannt werden. Ausserdem ist ein Anwalt stets in diejenigen Kosten eines Prozesses zu verurtheilen, welche durch seine Schuld veranlasst sind.

Art. 13.

§. 1. Kein Anwalt darf eine Nebenbeschäftigung betreiben, durch welche der Würde oder den Obliegenheiten seines Amtes Eintrag geschehen könnte.

§. 2. Giebt ein Anwalt dem Gutachten der Anwaltskammer zuwider eine solche Beschäftigung nicht auf, so hat das Appellationsgericht seine Zulassung als Anwalt zurückzunehmen.

III. Anwaltskammer.

1. Allgemeine Bestimmungen.

Art. 14.

Die im Herzogthume zugelassenen Anwälte werden, um die Interessen ihres Standes wahrzunehmen, durch die Anwaltskammer des Herzogthums Oldenburg in der durch dieses Gesetz bestimmten Weise vertreten.

Art. 15.

Die Anwaltskammer führt ein Dienstsiegel, hat in ihren Angelegenheiten Portofreiheit im Herzogthume, und Eingaben an dieselbe, sowie ihre Verhandlungen und Verfügungen sind frei von Stempel und Sporteln.

Art. 16.

§. 1. Die Anwaltskammer steht unter der unmittelbaren Oberaufsicht des Staatsministeriums, welches solche durch das Organ des Oberstaatsanwalts oder seines Vertreters ausübt.

§. 2. Der Oberstaatsanwalt ist unter möglichster Angabe der zur Verhandlung kommenden Gegenstände von den Sitzungen der Anwaltskammer zeitig zu benachrichtigen; die Beschlüsse derselben sind ihm mitzutheilen.

§. 3. Beschwerden über den Oberstaatsanwalt sind an das Staatsministerium zu bringen.

2. Zusammensetzung und Wahl.

Art. 17.

§. 1. Die Anwaltskammer besteht aus sieben unwiderruflich zugelassenen Anwälten, welche auf drei Jahre von sämmtlichen Anwälten gewählt werden. Von den bei dem Obergerichte zu Oldenburg zugelassenen Anwälten müssen wenigstens zwei, von den bei jedem der anderen Obergerichte zugelassenen Anwälten muss wenigstens einer gewählt werden.

§. 2. Die Wahl erfolgt in der allgemeinen Anwaltsversammlung. Dieselbe kann von demjenigen abgelehnt werden, welcher unmittelbar vorher Mitglied der Anwaltskammer war. Ueber die Zulässigkeit einer Ablehnung aus anderen Gründen entscheidet die Anwaltskammer.

§. 3. Scheidet ein Mitglied der Anwaltskammer aus, so kann diese einen bis zur nächsten allgemeinen Anwaltsversammlung eintretenden Stellvertreter wählen.

3. Geschäftsordnung.

Art. 18.

Die Anwaltskammer hat ihren Sitz in der Stadt Oldenburg.

Art. 19.

Die Anwaltskammer wählt aus ihren Mitgliedern einen in der Stadt Oldenburg wohnhaften Vorsitzenden, einen Stellvertreter desselben und zwei Schriftführer, von welchen einer das Geschäft des Kassenführers übernimmt und wenigstens einer in der Stadt Oldenburg wohnen muss.

Art. 20.

§. 1. Die Zusammenberufung der Anwaltskammer erfolgt durch den Vorsitzenden. Auf Verlangen von drei Mitgliedern der Kammer muss dieselbe erfolgen. Die Art und Weise der Zusammenberufung wird von der Anwaltskammer festgestellt.

§. 2. Die Anwaltskammer ist beschlussfähig, wenn alle Mitglieder derselben geladen und wenigstens fünf erschienen sind.

§. 3. In der Sitzung müssen sämmtliche Mitglieder erscheinen, oder ihr Ausbleiben entschuldigen. Wer dagegen handelt oder wessen Entschuldigungsgründe die Anwaltskammer nicht für genügend erkennt, verfällt in eine Geldstrafe von fünf Thalern.

§. 4. In den im Art. 24 a—d gedachten Fällen kann der Vorsitzende einen Beschluss der Anwaltskammer durch schriftliche Abstimmung veranlassen.

§. 5. Zur Abgabe eines Gutachtens über die Gebührenforderung eines Anwalts genügt die Theilnahme der in der Stadt Oldenburg wohnenden Mitglieder der Anwaltskammer, wenn deren wenigstens drei erschienen sind. Sind nicht drei in Oldenburg wohnende Mitglieder erschienen, so kann der Vorsitzende ein anderes Mitglied der Anwaltskammer zuziehen, bis solche Zahl erreicht ist.

Art. 21.

Die Anwaltskammer beschliesst nach absoluter Stimmenmehrheit. Bei Stimmengleichheit entscheidet in Disziplinarstrafsachen die gelindere Meinung, in anderen Fällen die Stimme des Vorsitzenden.

Art. 22.

Zu den Sitzungen der Anwaltskammer haben sämmtliche Anwälte, die Rechtskandidaten, welche sich bei einem Anwalte für den Staatsdienst oder die Anwaltschaft vorbereiten, und von der Staatsanwaltschaft der Oberstaatsanwalt und dessen Vertreter Zutritt. Die Zulassung einer grösseren Oeffentlichkeit ist dem Beschlusse der Anwaltskammer überlassen, in Disziplinarstrafsachen jedoch nur mit Zustimmung des Beschuldigten.

Art. 23.

§. 1. Der Vorsitzende leitet die Verhandlung, eröffnet und schliesst die Sitzung und handhabt die Ordnung.

§. 2. Der Oberstaatsanwalt und dessen Vertreter sind berechtigt, gutachtliche Erklärungen abzugeben und Anträge zu stellen.

§. 3. Ueber die in jeder Sitzung gefassten Beschlüsse und die Namen der dabei anwesenden Mitglieder der Anwaltskammer und der Staatsanwaltschaft ist von einem der Schriftführer ein Protokoll aufzunehmen, welches nach geschehener Vorlesung vom Vorsitzenden und Protokollführer zu unterzeichnen ist. In Disziplinarstrafsachen sind die Protokolle in Gemässheit der Bestimmungen im 14. Titel der Strafprozessordnung aufzunehmen.

4. Geschäftskreis und Wirksamkeit im Allgemeinen.

Art. 24.

Die Anwaltskammer ist berufen;

a) die Erlassung neuer, die Aenderung bestehender Gesetze beim Staatsministerium zu beantragen;

b) Mängel in der Verwaltung der Rechtspflege bei den Gerichten und dem Staatsministerium zur Sprache zu bringen;

c) zur Wahrung der Standesinteressen geeignete Massregeln bei dem Staatsministerium zu beantragen;

d) auf Erfordern des Staatsministeriums oder der Gerichte Gutachten abzugeben;

e) Streitigkeiten zwischen Anwälten oder zwischen einem Anwalte und seinem Vollmachtgeber zu vermitteln;

f) Disziplinarverfügungen zu erlassen, zu deren Beachtung alle Anwälte verpflichtet sind;

g) gegen Anwälte Disziplinarstrafen zu erkennen;

h) zur weiteren Ausführung oder Ergänzung dieses Gesetzes statutarische Bestimmungen zu erlassen;

i) die Anwaltskasse zu verwalten;

k) darauf zu achten, dass die Rechtskandidaten, welche sich bei einem Anwalte für den Staatsdienst oder Anwaltsstand vorbereiten, auf eine ihre Ausbildung fördernde Weise beschäftigt werden.

5. Abgabe von Gutachten.

Art. 25.

Die Anwaltskammer ist verpflichtet, auf Erfordern des Staatsministeriums oder des Appellationsgerichts über die Festsetzung der Anwaltszahl bei den Obergerichten, über die Zulassung einer Person als

Anwalt, über die Befähigung eines Anwalts und über die Zulässigkeit der Nebenbeschäftigung eines Anwalts ihr Gutachten abzugeben.

Art. 26.

§. 1. Die Anwaltskammer ist verpflichtet, auf Erfordern der Gerichte ihre Gutachten darüber abzugeben, ob die Gebührenforderung eines Anwalts der Taxe gemäss oder überhaupt den geleisteten Bemühungen entsprechend sei.

§. 2. Von Amtswegen können die Gerichte vor Abgabe eines die Gebühren eines Anwalts feststellenden Bescheides das Gutachten der Anwaltskammer fordern. Auf Antrag eines Betheiligten müssen sie dasselbe fordern, wenn wider einen solchen Bescheid Beschwerde erhoben ist. Ein zweites Gutachten über dieselbe Gebührenrechnung kann nicht gefordert werden.

§. 3. Für die Erstattung des Gutachtens über die Gebührenforderung eines Anwalts ist eine Vergütung an die Anwaltskammer zu leisten, auf welche die Bestimmungen des Art. 171 d des Gesetzes, betreffend den bürgerlichen Prozess, Anwendung finden.

6. Vermittelung entstandener Streitigkeiten.

Art. 1.

§. 1. Sind in Veranlassung der Amtsführung eines Anwalts Streitigkeiten zwischen Anwälten oder zwischen einem Anwalte und seinem Vollmachtgeber entstanden, so kann der Vorsitzende der Anwaltskammer, im ersten Falle selbst von Amtswegen, im letztern jedoch nur auf Antrag oder mit Zustimmung des Vollmachtgebers, seine Vermittelung eintreten lassen, die betreffenden Personen vor sich laden und eine gütliche Ausgleichung versuchen.

§. 2. Die Anwälte, auf deren Ladung die Bestimmung des Art. 49 §. 1 Anwendung findet, sind zu einer wahrhaften Erklärung über den Gegenstand des Streites verpflichtet.

§. 3. Das weitere Verfahren ist dem Ermessen des Vorsitzenden überlassen. Derselbe kann auch andere Mitglieder der Anwaltskammer, von deren Mitwirkung er sich einen Erfolg verspricht, zu dem Ausgleichungsversuche zuziehen, und, wenn die Betheiligten in dem Bezirke eines andern Obergerichts als Oldenburg wohnen, einen der Anwaltskammer angehörigen bei dem betreffenden Obergerichte zugelassenen Anwalt mit dem Ausgleichungsversuche beauftragen.

7. Disziplinarverfügungen.

Art. 28.

Die von der Anwaltskammer zum Zwecke der Erhaltung der Würde des Standes und der innern Ordnung unter den Anwälten beschlossenen Disziplinarverfügungen bedürfen der Genehmigung des Staatsministeriums und sind, wenn diese erfolgt ist, allen Anwälten bekannt zu machen.

8. Statuten.

Art. 29.

§. 1. Statutarische Bestimmungen (Art. 24 h) dürfen nichts enthalten, was mit den Gesetzen in Widerspruch steht, und werden durch diese stets aufgehoben oder abgeändert.

§. 2. Dieselben bedürfen der Genehmigung des Staatsministeriums. Ist diese erfolgt, so sind dieselben öffentlich bekannt zu machen.

9. Anwaltskasse.

Art. 30.

§. 1. Jeder neu zugelassene Anwalt hat ein Eintrittsgeld von zehn Thalern in die Anwaltskasse zu entrichten.

§. 2. Sämmtliche Strafgelder (Art. 20 §. 3, Art. 33 §. 1d) fliessen in die Anwaltskasse.

§. 3. Reichen die Einnahmen zur Befriedigung des Bedürfnisses nicht aus, so kann die Anwaltskammer mit Genehmigung des Staatsministeriums die Erhebung eines Beitrages von sämmtlichen Anwälten beschliessen.

Art. 31.

Für Reisen zu den Sitzungen der Anwaltskammer haben die Mitglieder derselben, welche nicht in Oldenburg ihren Wohnsitz haben und für Reisen zu der allgemeinen Anwaltsversammlung haben alle nicht am Orte dieser Versammlung wohnenden Anwälte einen aus der Anwaltskasse zu entrichtenden Anspruch auf die erforderlich gewesenen Transportkosten und zwei Thaler Tagegelder, denen für jede ausserhalb des Wohnortes zuzubringende Nacht ein Thaler hinzugeht. Die Bestimmung der Vergütung für andere Reisen der Anwälte ist der Anwaltskammer überlassen.

IV. Disziplinarstrafgewalt.

1. Gegenstand.

Art. 32.

Der Disziplinarstrafgewalt unterliegt jedes die Pflichten des Anwaltes oder die Würde des Standes beeinträchtigende, dienstliche oder ausserdienstliche Benehmen eines Anwaltes, insbesondere:

a) unziemliches oder unsittliches Betragen, wenn dadurch Anstoss oder Aergerniss gegeben wird, z. B. Trunkenheit, Spiel, Schuldenmachen etc.;
b) Ungehorsam gegen die berechtigten Anordnungen der Anwaltskammer, ihres Vorsitzenden oder Beauftragten;
c) achtungswidriges Betragen gegen die Gerichte;
d) Beleidigung der Gegenpartei oder ihres Vertreters;
e) wiederholte Versäumniss;
f) absichtliche Entstellung der Wahrheit;
g) Weigerung der Vertretung einer Partei, welcher der Anwalt zugeordnet ist;
h) Uebernahme einer Vertretung, zu deren Ablehnung der Anwalt verpflichtet ist;
i) Verletzung der Pflicht der Treue (Prävarikation).

2. Strafen.

Art. 33.

§. 1. Disziplinarstrafen sind:

a) einfache Rüge;
b) schriftlicher Verweis;
c) Verweis vor der Anwaltskammer;
d) Geldstrafen bis zu hundert Thalern;
e) Suspension von aller Anwaltsthätigkeit bis auf die Dauer von zwei Jahren;
f) Ausstossung aus dem Anwaltsstande.

§. 2. Die Ausstossung kann nur erkannt werden, wenn ein Anwalt als unwürdig erscheint, dem Stande ferner anzugehören.

3. Verfahren in erster Instanz.

Art. 34.

Einfache Rügen kann die Anwaltskammer auf Antrag der Staatsanwaltschaft beim Obergerichte zu Oldenburg oder von Amtswegen erkennen. Vorher ist der Beschuldigte aufzufordern, sich über den Gegenstand der Beschuldigung schriftlich oder mündlich vor dem Vorsitzenden oder einem von diesem beauftragten Mitgliede der Anwaltskammer zu erklären. Rechtsmittel sind unzulässig.

Art. 35.

§. 1. Die im Art. 33 §. 1 b bis f genannten Strafen kann die Anwaltskammer nur in Folge einer Klage der Staatsanwaltschaft erkennen.

§. 2. Die Erhebung und Verfolgung dieser Klage liegt der Staatsanwaltschaft beim Obergerichte Oldenburg ob.

Art. 36.

§. 1. Die Anzeige von Disziplinarvergehen geschieht bei der zuständigen Staatsanwaltschaft (Art. 35 §. 2). Will diese die Sache nicht verfolgen, so ist Beschwerde an den Oberstaatsanwalt zulässig.

§. 2. Die Gerichte und andere öffentliche Behörden und Beamte sind verpflichtet, von Disziplinarvergehen der Anwälte, welche amtlich zu ihrer Kenntniss kommen, der zuständigen Staatsanwaltschaft sogleich Mittheilung zu machen, und derselben alle darauf bezüglichen Verhandlungen zu übersenden.

Art. 37.

Die Klage der Staatsanwaltschaft auf eine Disziplinarstrafe muss die Benennung des beschuldigten Anwalts, die möglichst genaue Angabe der Thatsache, welche demselben zur Last gelegt wird, und den Antrag auf die zu erkennende Strafe enthalten.

Art. 38.

§. 1. Hält die Anwaltskammer eine Klage der Staatsanwaltschaft sofort für unbegründet, so hat sie dieselbe zurückzuweisen, im Falle der Antrag auf eine der im Art. 33 §. 1 e oder f genannten Strafen geht, jedoch nur mit Zustimmung des Oberstaatsanwalts. Gegen die Zurückweisung findet kein Rechtsmittel statt.

§. 2. Findet eine Zurückweisung nicht Statt und ist nicht blos eine einfache Rüge beantragt, so hat die Anwaltskammer eine Untersuchung anzuordnen, mit deren Vornahme einen Anwalt zu beauftragen und einen Schriftführer zu dessen Verfügung zu stellen.

Art. 39.

§. 1. Der mit der Führung der Untersuchung Beauftragte kann den Beschuldigten und alle Anwälte des Herzogthums bei Vermeidung der im Art. 20 §. 3 angedrohten Strafe vorfordern und vernehmen. Andere Personen kann derselbe mit ihrer Zustimmung vernehmen.

§. 2. Ist eine eidliche Vernehmung oder sind weitere Untersuchungshandlungen erforderlich, so hat der Beauftragte das zuständige Obergericht darum zu ersuchen. Die Bestimmungen der Art. 213—215 der Strafprozessordnung finden hierbei Anwendung.

§. 3. Eine eidliche Vernehmung soll, wenn nicht Gefahr im Verzuge ist, nur auf Antrag der Staatsanwaltschaft oder des Beschuldigten stattfinden. Einem solchen vor Beginne der mündlichen Verhandlung vor der Anwaltskammer gestellten Antrage muss stattgegeben werden, wenn die Aussage bei der mündlichen Verhandlung berücksichtigt werden soll.

Art. 40.

Nach beendigter Untersuchung werden die schriftlichen Verhandlungen dem Vorsitzenden der Anwaltskammer übergeben, welcher der Staatsanwaltschaft, dem Beschuldigten und seinem Vertheidiger deren Einsicht gestattet und Termin zur mündlichen Verhandlung vor der Anwaltskammer ansetzt.

Art. 41.

§. 1. In der Sitzung der Anwaltskammer zur mündlichen Verhandlung trägt der Vorsitzende oder ein von ihm aus den Mitgliedern ernannter Berichterstatter das Ergebniss der Voruntersuchung vor. Der Staatsanwalt begründet die Klage und stellt einen bestimmten Strafantrag, hinsichtlich dessen er an frühere Anträge nicht gebunden ist. Der Beschuldigte wird mit seiner Vertheidigung gehört. Im Falle einer Erwiederung des Staatsanwaltes und gegen jede sonstige Erklärung ist dem Beschuldigten das letzte Wort zu gestatten.

§. 2. Nach Beendigung der Vorträge (§. 1) erklärt der Vorsitzende die Verhandlung für geschlossen, die Anwaltskammer zieht sich zurück, beschliesst in Abwesenheit der nach Art. 22 zu der Sitzung zugelassenen Personen zunächst über eine etwaige Ergänzung der Untersuchung, und falls diese nicht für erforderlich gehalten wird, in der Sache nach gewissenhafter Ueberzeugung, ohne an positive Beweisregeln gebunden zu sein. In Betreff der Strafe ist sie an den Antrag der Staatsanwaltschaft nicht gebunden, und kann die im Art. 33 §. 1 d genannte Strafe mit einer der unter b und c genannten verbinden.

§. 3. Der mit der Untersuchung beauftragte Anwalt hat, wenn er Mitglied der Anwaltskammer ist, an den Beschlüssen nicht Theil zu nehmen.

§. 4. Nachdem Beschluss in der Sache gefasst ist, eröffnet der Vorsitzende das Urteil mit kurzer Angabe der Entscheidungsgründe.

Art. 42.

Bleibt der Beschuldigte im Termine zur mündlichen Verhandlung ohne genügende Entschuldigung aus, so wird demungeachtet mit Verhandlung der Sache und Abgabe des Urteils verfahren.

Art. 43.

Die Mitglieder der Anwaltskammer, gegen welche eine der im Art. 33 §. 1 b—f genannten Strafen von der Anwaltskammer erkannt ist, scheiden aus dieser Kammer aus.

4. Berufung.

Art. 44.

Gegen das Urteil der Anwaltskammer steht nur

a) dem Beschuldigten, wenn auf Suspension oder Ausstossung erkannt ist, und

b) der Staatsanwaltschaft, wenn ihrem Strafantrage auf Suspension oder Ausstossung nicht stattgegeben ist,

das Rechtsmittel der Berufung an ein Dienstgericht zu.

Art. 45.

§. 1. Die Berufung muss bei Strafe des Verlustes innerhalb zehn Tagen nach Verkündigung des Urteils, oder wenn der Beschuldigte hierbei nicht gegenwärtig war, nach Zustellung des Urteils an den Beschuldigten, bei der Anwaltskammer schriftlich oder zum Protokolle angemeldet werden.

§. 2. Die rechtzeitige Anmeldung der Berufung ist dem Gegner mitzutheilen und hemmt die Vollstreckung.

5. Verfahren in zweiter Instanz.

Art. 46.

Die fernere Betreibung der Sache in zweiter Instanz liegt der Staatsanwaltschaft beim Oberappellationsgerichte ob. Dieser sind die Akten zu übergeben und hat sie dieselben dem Präsidenten des Oberappellationsgerichts mit dem Antrage auf Bildung des Dienstgerichts und Bestimmung einer Sitzung zur mündlichen Verhandlung vorzulegen.

Art. 47.

§. 1. Das Dienstgericht wird gebildet

a) aus dem Präsidenten des Oberappellationsgerichts oder dessen zeitigen Vertreter als Vorsitzenden;

b) aus drei in einer Sitzung des Oberappellationsgerichts durch das Loos zu bestimmenden Mitgliedern des Oberappellationsgerichts;

c) aus drei in Gemässheit der Bestimmungen des Art. 17 §. 2 von sämmtlichen Anwälten auf drei Jahre gewählten unwiderruflich zugelassenen Anwälten des Herzogthums, unter Ausschluss des Beschuldigten, der Mitglieder der Anwaltskammer und des mit der Untersuchung beauftragten Anwaltes.

§. 2. Der Sekretär und die Unterbeamten beim Oberappellationsgerichte fungiren auch bei dem Dienstgerichte.

Art. 48.

§. 1. In der Sitzung des Dienstgerichts trägt der Vorsitzende oder ein von ihm aus den Mitgliedern ernannter Berichterstatter das Ergebniss der bis dahin stattgehabten Verhandlungen vor. Hierauf wird derjenige, welcher die Berufung angemeldet hat, und wenn dies von beiden Theilen geschehen ist, zuerst der Staatsanwalt mit der Begründung seiner Beschwerde, sodann der Gegner mit seiner Gegenerklärung gehört, und im Uebrigen in Gemässheit der Bestimmungen des Art. 41 verfahren. Auch finden die Bestimmungen der Art. 21, 22 und 23 auf die Sitzung des Dienstgerichts Anwendung.

§. 2. Bis zum Beginn der mündlichen Verhandlungen in der Sitzung des Dienstgerichts kann die Berufung zurückgenommen werden. In Betreff der Anschliessung finden Art. 412 §. 1, 2, 5 und Art. 413 der Strafprozessordnung Anwendung.

§. 3. Erscheint in der Sitzung des Dienstgerichts der Berufende weder persönlich, noch durch einen zulässigen Vertreter, ohne auch genügend entschuldigt zu sein, so wird seine Berufung sofort verworfen.

§. 4. Hält das Dienstgericht die Beschwerde des Beschuldigten für begründet, so kann dasselbe statt der von der Anwaltskammer erkannten Ausstossung oder Suspension auf eine der andern im Art. 33 §. 1 genannten Disziplinarstrafen erkennen.

§. 5. Gegen das Urteil des Dienstgerichts findet kein Rechtsmittel statt.

6. Allgemeine Bestimmungen über das Verfahren.

Art. 49.

§. 1. Die Zustellung der Ladungen des mit der Untersuchung Beauftragten oder des Vorsitzenden der Anwaltskammer, Namens der letzteren, erfolgt, soweit nöthig, durch Vermittelung der Staatsanwaltschaft nach den Vorschriften des den bürgerlichen Prozess betreffenden Gesetzes.

§. 2. Die Zustellung an die Staatsanwaltschaft erfolgt auf die im Art. 206 der Strafprozessordnung bestimmte Weise.

Art. 50.

Die Rechte und Pflichten der zuständigen Staatsanwaltschaft sind, soweit dieses Gesetz ein Anderes nicht bestimmt, nach den Bestimmungen der Strafprozessordnung zu beurtheilen.

Art. 51.

In der Hauptverhandlung vor der Anwaltskammer und dem Dienstgerichte kann sich der Beschuldigte eines Anwalts als Vertheidigers bedienen und durch denselben vertreten lassen. Die desfallsigen Kosten fallen stets dem Beschuldigten zur Last. Die Bestimmungen der Art. 179 und 182 §. 2 der Strafprozessordnung finden hierbei Anwendung.

Art. 52.

§. 1. Die Ablehnung des mit der Untersuchung Beauftragten, der Mitglieder der Anwaltskammer oder der Staatsanwaltschaft, oder des Dienstgerichts, sowie der Schriftführer richtet sich nach den Bestimmungen im fünften Titel der Strafprozessordnung.

§. 2. Fallen so viele Mitglieder der Anwaltskammer aus, dass nicht die zur Beschlussfassung nöthige Zahl von fünf Mitgliedern übrig bleibt, so hat die Anwaltskammer sich bis zu dieser Zahl durch Wahl aus den übrigen unwiderruflich zugelassenen Anwälten, unter Ausschluss des mit der Untersuchung Beauftragten, zu ergänzen.

§. 3. Für die ausfallenden Mitglieder des Dienstgerichts, welche dem Oberappellationsgerichte angehören, hat dieses sich durch das Loos (Art. 47 §. 1) zu ergänzen.

§. 4. Für die ausfallenden Mitglieder des Dienstgerichts, welche dem Anwaltstande angehören, treten Stellvertreter ein.

Zu diesem Zweck haben die Anwälte neben den drei Mitgliedern des Dienstgerichts in gleicher Weise einige Stellvertreter unter Bezeichnung der Reihefolge zu wählen.

Art. 53.

In Betreff der Wiedereinsetzung in den vorigen Stand gegen die Versäumung der Frist zur Anmeldung der Berufung finden die Bestimmungen des Art. 208 der Strafprozessordnung Anwendung.

Art. 54.

§. 1. Wiedereinsetzung in den vorigen Stand gegen die Versäumung eines Termins zur mündlichen Verhandlung vor der Anwaltskammer oder dem Dienstgerichte wird — jedoch nur dem Beschuldigten — von dem Gerichte, bei welchem die Versäumung geschah, ertheilt, wenn

a) der Termin ohne jedes eigene Verschulden des Beschuldigten versäumt ist, und

b) die Wiedereinsetzung innerhalb 10 Tagen nach Beseitigung der Umstände, welche die Versäumung veranlasst und die frühere Erhebung des Gesuchs ohne jedes eigene Verschulden verhindert haben, nachgesucht ist.

§. 2. Das Gesuch ist unter Angabe und Bescheinigung der die Wiedereinsetzung begründenden Thatsachen schriftlich oder mündlich zum Protokolle zu erheben.

§. 3. Das Gesuch hemmt das weitere Verfahren, insbesondere auch die noch nicht ausgeführte Vollstreckung des Urteils.

§. 4. Erkennt das Gericht das Gesuch für begründet, so hebt es das gesprochene Urteil auf und verordnet die Wiederaufnahme des Verfahrens. Eine beglaubigte Abschrift des über den Beschluss aufgenommenen Protokolls ist dem Beschuldigten mitzutheilen. Rechtsmittel finden nicht statt.

§. 5. Versäumt der Beschuldigte abermals den nach Wiederaufnahme des Verfahrens zur mündlichen Verhandlung angesetzten Termin, so findet eine Wiedereinsetzung in den vorigen Stand nicht Statt.

Art. 55.

§. 1. Jedes Strafurteil muss den Beschuldigten zugleich in die baren Kosten des Verfahrens verurteilen, welches wegen der die Bestrafung begründenden Handlung stattgefunden hat, Gerichtssporteln und Stempelpapier werden nicht berechnet.

§. 2. Die Kosten einer von dem Beschuldigten mit Erfolg, oder von der Staatsanwaltschaft ohne Erfolg eingelegten Berufung können dem Beschuldigten nicht zur Last gelegt werden.

§. 3. Die Staatsanwaltschaft kann nur in die Kosten einer ohne Erfolg eingelegten Berufung verurteilt werden. Soweit im Uebrigen eine Verurteilung des Beschuldigten nicht erfolgt, oder der Verurteilte zur Bezahlung unvermögend ist, sind die baren Kosten aus der Anwaltskasse zu erstatten.

Art. 56.

§. 1. Jedes Urteil ist schriftlich abzufassen, ohne dass jedoch die Verkündigung desselben von dieser Abfassung abhängig ist.

§. 2. Die Urschrift des Urteils soll enthalten:

a) das Datum,
b) die Namen der Richter, des Schriftführers und des Staatsanwalts,
c) die genaue Bezeichnung des Beschuldigten und der Beschuldigung,
d) die Schlussanträge des Staatsanwalts und des Beschuldigten,
e) die Entscheidung über Strafe und Kosten und
f) die Entscheidungsgründe.

Dieselbe wird von allen Mitgliedern des Gerichts, welche zum Urteil mitgewirkt haben, und dem Schriftführer unterschrieben und dem Beschuldigten in beglaubigter Abschrift mitgetheilt. — Die Beglaubigung erfolgt bei der Anwaltskammer von einem der Schriftführer.

7. Vollstreckung.

Art. 57.

§. 1. Die Vollstreckung der auf Ausstossung, Suspension, Geldstrafe und Kostenersatz lautenden Erkenntnisse erfolgt auf den Grund eines mit der Bescheinigung des Schriftführers über die Rechtskraft versehenen beglaubigten Auszugs aus dem ergangenen Urteile und ist durch die Staatsanwaltschaft des Obergerichts zu Oldenburg zu bewirken.

Ausstossung und Suspension werden von dem Appellationsgerichte in den oldenburgischen Anzeigen bekannt gemacht.

§. 2. Rügen werden durch mündliche oder schriftliche Benachrichtigung vom Vorsitzenden der Anwaltskammer, schriftliche Verweise durch Zustellung des Urteils (Art. 56) ertheilt.

§. 3. Ein Verweis vor der Anwaltskammer wird in einer Sitzung derselben von dem Vorsitzenden zu Protokoll ertheilt. Stellt der Verurteilte auf eine wiederholte, bei Brüche zu verfügende Ladung sich nicht ein, so werden ein Auszug aus dem Urteile und der Ungehorsam von der Staatsanwaltschaft (§. 1) in den oldenburgischen Anzeigen bekannt gemacht.

V. Allgemeine Anwaltsversammlung.

Art. 58.

§. 1. Jährlich findet eine vom Vorsitzenden der Anwaltskammer zu berufende allgemeine Anwaltsversammlung statt, in welcher der Vorsitzende der Anwaltskammer über deren Thätigkeit in dem verflossenen Jahre berichtet, die Kassenrechnung vorlegt, die erforderlichen Wahlen zur Anwaltskammer und zum Dienstgerichte vornehmen lässt, und von den Anwälten etwa zu machende Anträge an die Anwaltskammer, welche die Wahrung der Standesinteressen zum Zweck haben, zur Berathung bringt.

§. 2. Die allgemeine Anwaltsversammlung beschliesst nach absoluter Stimmenmehrheit. Die Bestimmungen der Art. 16, 22 und 23 finden auch auf die allgemeine Anwaltsversammlung Anwendung.

Art. 59.

§. 1. Sind Wahlen zur Anwaltskammer oder zum Dienstgerichte vorzunehmen, so muss wenigstens die Hälfte aller Anwälte des Herzogthums gegenwärtig sein. Andernfalls ist eine neue Versammlung einzuberufen, auf welche die Bestimmungen des Art. 20 §. 3 Anwendung finden.

§. 2. Wenn die allgemeine Anwaltsversammlung nicht selbst eine andere Wahlart beschliesst, so ist für jede zu wählende Person besonders abzustimmen. Wird die absolute Mehrheit bei der ersten Abstimmung nicht erreicht, so werden diejenigen beiden Personen, welche die meisten Stimmen erhalten haben, auf die engere Wahl gebracht. Bei Stimmengleichheit entscheidet das Loos.

§. 3. Das Ergebniss der Wahl ist dem Oberstaatsanwalte mitzutheilen und öffentlich bekannt zu machen.

VI. Uebergangsbestimmungen.

Art. 60.

Die zur Zeit, in welcher dieses Gesetz in Wirksamkeit tritt, im Herzogthum zugelassenen Anwälte sind bei demjenigen Obergerichte als zugelassen anzusehen, in dessen Bezirke sie ihren Wohnsitz haben. Dieselben können ihren bisherigen Wohnsitz behalten, müssen in diesem

Falle jedoch am Sitze des Obergerichts, bei welchem sie zugelassen sind, einen dort wohnenden Anwalt bevollmächtigen, an welchen die Zustellungen für sie gültig erfolgen können, und dürfen auf den Grund ihres vom Obergerichte entfernten Wohnsitzes keine höhere Gebühren in Anspruch nehmen.

Art. 61.

Sobald dieses Gesetz in Wirksamkeit getreten ist, wird das Staatsministerium eine allgemeine Anwaltsversammlung berufen, um unter Leitung des Oberstaatsanwalts die Wahl der Mitglieder der Anwaltskammer vornehmen zu lassen. Die erste Wahl soll für die Zeit bis zum 1. Januar 1861 gelten.

Art. 62.

Die Bestimmung des Zeitpunktes, wann dieses Gesetz in Wirksamkeit tritt, erfolgt im Verordnungswege.

II. Prüfungen.

Quelle: Landesherrliche Verordnung vom 20. März, publ. am 27. März 1830 (Gesetzsammlung von 1830, Nr. 19). — Bekanntmachung der Prüfungs-Kommission vom 28. Juni, publ. den 9. Juli 1836, Modifikationen in der Einrichtung der durch die Verordnung vom 20. März 1830 angeordneten Prüfungs-Kommission betreffend.

§. 1. Jeder Kandidat der Rechte, der nach vollendeten akademischen Studien in den Civil-Staatsdienst aufgenommen zu werden wünscht, muss sich einer vorläufigen Prüfung unterwerfen, von deren Ausfalle die Zulassung zur Untergerichts-Praxis, die Anstellung als Sekretär bei den Landgerichten, die Anstellung als Auditor bei den Kollegien und bei den Aemtern ohne entscheidendes Votum, abhängig ist.

§. 2. Jeder, welcher sich demnächst zu einer Beförderung im Civil-Staatsdienste qualifizirt zeigen will, muss sich einer Haupt-Prüfung unterwerfen, von deren Erfolge die Zulassung zur Praxis bei den Obergerichten, die Anstellung als Sekretär bei den oberen Landesbehörden, die Beförderung zu Stellen, welche ein entscheidendes Votum geben, abhängt [1]).

---

[1]) Nach §. 2 der Anwalts-Ordnung ist die Zulassung als Anwalt bei einem Obergerichte eine widerrufliche, so lange der Zugelassene nicht die Haupt-

Ein gänzlich ungünstiger Ausfall der Haupt-Prüfung hat die Zurücknahme der Zulassung zur Untergerichts-Praxis, so wie auch der bisherigen Anstellung zur Folge.

§. 3. Zu diesen Prüfungen bestellen Wir eine Kommission, die Unserem Kabinet unmittelbar untergeordnet sein und aus einem Präsidenten, aus einem Mitgliede Unseres Ober-Appellations-Gerichts, zwei Mitgliedern Unserer Oldenburgischen Regierung, zwei Mitgliedern Unserer Oldenburgischen Justiz-Kanzlei und einem Mitgliede Unserer Oldenburgischen Kammer bestehen soll, welche Wir ernennen werden.

Ausserdem werden Wir aus den gedachten Kollegien sechs ausserordentliche Mitglieder der Kommission bestellen, welche im Falle der Abwesenheit, Krankheit oder sonstiger Verhinderung ordentlicher Mitglieder für sie einstweilen einzutreten verbunden sind [2]).

§. 4. Die Prüfungs-Kommission soll sich von drei zu drei Jahren in der Maasse erneuern, dass mit Ablauf eines jeden Jahres zwei ordentliche Mitglieder nach dem Dienstalter aus- und zwei ausserordentliche Mitglieder aus demselben Kollegium wieder eintreten, deren Stelle sodann gleichfalls aus demselben Kollegium wieder zu besetzen ist. Die solchergestalt nach und nach ausgetretenen Mitglieder sind verbunden, nach beendigtem Turnus, in der Ordnung ihres Austritts, der Kommission wieder beizutreten.

§. 5. Zur vorläufigen Prüfung kann sich bei der Prüfungs-Kommission jeder Rechts-Kandidat, welcher Unser Unterthan ist, oder dazu besondere Erlaubniss erhalten hat, melden, sobald er seine akademischen Studien in den drei vorschriftsmässigen Jahren vollendet hat.

Das zu dem Ende von ihm selbst zu entwerfende und eigenhändig zu schreibende Gesuch muss eine kurze Erzählung seiner Lebensumstände und seiner wissenschaftlichen Bildung enthalten, und zu Anlagen haben:

1. die vor dem Abgange zur Universität erforderlichen Zeugnisse der Maturität und des dreijährigen Besuches der ersten Klasse einer

---

Prüfung bestanden und bei derselben den zweiten Charakter erhalten hat. — Daraus geht hervor, dass die Prüfungs-Verordnung vom J. 1830 nicht blos eine für den Civil-Staatsdienst bestimmte Verfügung ist, sondern auch für die Anwartschaft auf die Ernennung zum Anwalt erforderlich ist.

[2]) Die Prüfungs-Kommission soll, statt des im §. 3 der Verordnung (vom 20. März 1830) bestimmten Personale künftig bestehen: aus acht Mitgliedern der oberen Justiz-Kollegien, aus vier Mitgliedern der oberen Administrativ-Kollegien. (Bekanntmachung vom 28. Juni 1836; —1.)

zur Vorbereitung auf die Universität geeigneten Unterrichts-Anstalt oder der erhaltenen Befreiung von letzterem;

2. die akademischen Zeugnisse und
3. die etwa schon abgelegten Proben erlangter Kenntnisse.

§. 6. Die vorläufigen Prüfungen sind künftig in jedem halben Jahre auf einmal vorzunehmen. Es hat daher Jeder, welcher dazu zugelassen zu werden wünscht, sich innerhalb vier Wochen nach Ostern und Michaelis bei der Kommission zu melden und sein vorschriftsmässig verfasstes Gesuch (§. 5) einzureichen. Wer sich zu spät meldet, ist zum nächsten Termin zu verweisen. Eben so soll es gehalten werden, wenn die erforderlichen Zeugnisse nicht vollständig oder nicht in gehöriger Form beigebracht oder nicht genügende Ursachen zur Erlangung einer angemessenen Befristung vorgebracht sind.

§. 7. Die vorläufige Prüfung derjenigen Kandidaten, gegen deren Zulassung die Prüfungs-Kommission keinen Anstand findet, soll in der Aufgabe eines Thema, das den Kandidaten zur Ausarbeitung in ihrer Wohnung gegeben wird und wobei dieselben sich aller ihnen bekannten Hilfsmittel, aber keiner fremden persönlichen Hilfe bedienen dürfen, und in der Vorlegung von vierundzwanzig Fragen bestehen, welche von den Kandidaten im einsamen Zimmer blos aus dem Gedächtnisse und ohne alle literarische Hilfsmittel schriftlich zu beantworten sind. Zur Einreichung der Ausarbeitung des Thema ist eine in der Regel nicht zu verlängernde Frist zu bestimmen. Wird dieselbe nicht eingehalten, so kann der Kandidat im nächsten Jahre sich wieder melden, hat aber zu gewärtigen, dass er bei abermaligem Versäumniss nicht weiter zugelassen werde. In jedem Falle ist ihm ein neues Thema aufzugeben. Die Kandidaten haben in ihren Probearbeiten die von ihnen gebrauchten literarischen Hilfsmittel jederzeit genau anzuführen, und denselben ist die Versicherung auf Ehre und Gewissen hinzuzufügen, dass sie sich dabei keiner fremden Hilfe bedient haben [3]).

---

[3]) Die vorläufige Prüfung, welcher sich jeder Kandidat der Rechte, der nach vollendetem akademischem Studium in den Civil-Staatsdienst aufgenommen zu werden wünscht, unterwerfen muss (§. 1, 6, 7 der Verordnung [vom 20. März 1830]), liegt allein den Mitgliedern aus den Justiz-Kollegien ob, und wird vom Präsidenten und vier Räthen vorgenommen, von letzteren, nach einem Wechsel, mittelst dessen jährlich am 1. Juni zwei aus- und zwei eintreten, die ausgetretenen aber auch in Verhinderungsfällen Ersatz geben. (Bekanntmachung vom 28. Juni 1836. —2.)

§. 8. Wenn ein Rechtskandidat zugleich in den kameralistischen Wissenschaften, Polizei, Oekonomie, Baukunst, Mathematik, sich einer Prüfung zu unterwerfen wünscht: so hat er solches in seinem Gesuche anzuführen, damit darauf bei der Einrichtung der Prüfung Rücksicht genommen werden kann [4]).

§. 9. Die Prüfungs-Kommission hat die Arbeiten der Kandidaten einer sorgfältigen Beurteilung zu unterziehen und den Grund der befundenen Tüchtigkeit der Geprüften mit dem ersten, zweiten und dritten Charakter, nach Umständen mit angemessener besonderer Modifikation, zu bezeichnen und darüber denselben ein Attestat auszustellen.

§. 10. Zu den Haupt-Prüfungen können diejenigen, welche als Sekretäre bei den Untergerichten oder als Auditoren bei einem Kollegium oder Amte angestellt sind, sich melden, wenn sie zwei Jahre im Dienste gestanden und sich in den ihnen anvertrauten Geschäften die Zufriedenheit ihrer Vorgesetzten erworben haben. Ein Anwalt, der zur Praxis bei den Obergerichten zugelassen zu werden wünscht, muss zwei Jahre bei den Untergerichten zu deren Zufriedenheit praktizirt haben.

§. 11. Die Haupt-Prüfung soll theils schriftlich, theils mündlich sein. Dem Kandidaten ist zu dem Ende von der Prüfungs-Kommission eine Akte zur schriftlichen Relation zuzustellen, welche in einem zu bestimmenden Termine, unter Beobachtung dessen, was oben am Schlusse des §. 7 vorgeschrieben ist, um so gewisser einzureichen ist, als eine Verlängerung desselben nur aus den erheblichsten Gründen bewilligt werden darf, ausserdem aber gegen den Säumigen mit angemessenen Verfügungen zu verfahren ist. Zur Prüfung der Relation ist,

---

[4]) Eine im §. 8 der Verordnung (vom 20. März 1830) freigestellte vorläufige Prüfung in den kameralistischen Wissenschaften wird, wenn von einem Kandidaten der Rechte darum nachgesucht ist, besonders unter Leitung des Präsidenten von den vier Mitgliedern aus den administrativen Kollegien vorgenommen, und darüber ein besonderer Charakter ertheilt und Bericht erstattet. Ausser der schriftlichen Ausarbeitung (welche, nach der Beschaffenheit des Thema entweder in der Wohnung des Kandidaten oder in einsamem Zimmer der Prüfungs-Kommission, etwa mit ihm dazu gegebenen Hilfsmitteln, zu verfertigen aufgegeben werden kann), genügt eine Anzahl von zwölf Fragen zur schriftlichen Beantwortung aus dem Gedächtniss, ohne literarische Hilfsmittel. (Bekanntachung vom 28. Juni 1836. — 4.)

sofort nach deren Eingang, von dem Präsidenten, ein Mitglied der Kommission, in der Regel nach einem bestimmten Turnus zu ernennen, welches dieselbe einer genauen Kritik zu unterziehen und dann in Umlauf zu setzen hat. Hiernächst ist die mündliche Prüfung, welcher in der Regel die ausserordentlichen Mitglieder der Kommission beiwohnen sollen und die Mitglieder Unseres Ministeriums, sowie die Vorstände der oberen Behörden beiwohnen können, vorzunehmen, bei welcher der Kandidat zuvörderst aus einer Civil- oder Kriminal-Akte mündlichen Vortrag abzustatten hat.

Sodann sind ihm von dem Mitgliede der Kommission, welches die Prüfung der Relation vorgenommen hat, und einem andern, durch den Präsidenten, nach einem in der Regel zu beobachtenden Turnus, zu ernennenden Mitgliede, Fragen aus den verschiedenen Theilen der Rechtswissenschaft, auch aus dem vaterländischen Rechte, so wie aus den wichtigsten Theilen der Staatswissenschaften, vorzulegen, wobei es aber den übrigen Mitgliedern der Kommission unbenommen ist, auch einzelne Fragen an den Kandidaten zu richten [5]). Will sich ein Kandidat vor-

---

[5]) An der Haupt-Prüfung, wie solcher nach §. 11 der Verordnung (vom 20. März 1830) ein Jeder, der sich zu einer Beförderung im Civil-Staatsdienste qualifizirt zeigen will, sich unterziehen muss, nehmen mit dem Präsidenten, sowohl die vier bei den vorläufigen Prüfungen (Nr. 2) fungirenden Mitglieder aus den Justizkollegien, als zwei durch gleichen Wechsel bestimmte Mitglieder aus den administrativen Kollegien Theil, den ersteren liegt aber ob: die spezielle Kritik der schriftlichen und mündlichen Proberelation aus der Civil- und Kriminalakte, sowie die mündliche Prüfung über die Rechtswissenschaft, deren Hilfswissenschaften und die Benutzung der dem Kandidaten in seinen Vorbereitungsstellen gegebenen Gelegenheit zur Anwendung derselben. Ist der Kandidat mehr und besonders in der letzten Zeit in Stellen angewandt gewesen, welche ihm zugleich Gelegenheit gegeben haben, sich in administrativen Geschäften zu üben, so wird eines der beiden fungirenden Mitglieder aus den administrativen Kollegien zum Mitexaminator, besonders über administrative Gegenstände, ernannt, aus welchem Fache denn auch die Akte zum mündlichen Vortrage gewählt werden kann. Alle sieben Mitglieder votiren über die Qualifikation des Kandidaten zur Beförderung im Civil-Staatsdienste überhaupt und den danach zu bestimmenden Charakter. Die genaueren Modifikationen, auch in Beziehung auf Verschiedenheit der Fächer, werden in den die Stelle eines detaillirten Protokolls vertretenden Bericht aufgenommen. (Bekanntmachung vom 28. Juni 1836. — 4.)

züglich in dem Fache der Administration eine Aussicht der Beförderung eröffnen, so ist ihm noch insbesondere ein Thema aus dem Gebiete der Staatswissenschaften aufzugeben und die mündliche Prüfung auf dieses Fach in gleichem Verhältnisse wie auf das juristische zu richten [6]).

§. 12. Unmittelbar nach geendigter Prüfung ist über den Grad der dadurch und durch die Proberelation bewiesenen Geschicklichkeit von der Kommission, nach der Mehrheit der Stimmen der ordentlichen Mitglieder derselben, zu entscheiden, welcher Charakter dem Kandidaten in der oben §. 9 bestimmten Art beizulegen sei? worüber ihm dann ein Zeugniss auszustellen ist.

§. 13. Einem Kandidaten, der in Folge der vorläufigen Prüfung nur den dritten Charakter verdient hat, und dem daher weder die Zulassung zur Advokatur noch die Anstellung bei den im §. 1 benannten Behörden bewilligt werden kann, so wie demjenigen, der in Folge der Hauptprüfung nur den dritten Charakter erhalten hat oder der zurückgewiesen ist, in welchem letzteren Falle die Bestimmung im §. 2 eintritt, wollen Wir gestatten, sich zu einer zweiten Prüfung zu melden, bei deren Erfolg es dann sein Bewenden haben muss. Ein Kandidat der Hauptprüfung, welcher um Zulassung zur zweiten Prüfung nachsuchen will, ist aber verbunden, solches innerhalb Jahresfrist nach der ersten Prüfung zu thun.

§. 14. Ueber den Ausfall der Prüfungen ist an Uns, unter Beifügung der Arbeiten, deren Kritik und der aufgenommenen Protokolle, Bericht zu erstatten, auch, nach einer Hauptprüfung zu bemerken, zu welchem Theile des Staatsdienstes der Geprüfte vorzüglich fähig scheine.

---

[6]) Meldet sich ein Kandidat der Hauptprüfung, ausser jener nothwendigen Prüfung, nach §. 11 am Ende der Verordnung (vom 20. März 1830) zu einem besondern staatswissenschaftlichen Examen, so fällt dasselbe, unter Leitung des Präsidenten, den vier Mitgliedern aus den administrativen Kollegien zu. Dem Kandidaten wird ein staatswissenschaftliches oder kameralistisches Thema zur schriftlichen Bearbeitung (nach Beschaffenheit desselben im Hause oder in einem einsamen Zimmer der Prüfungs-Kommission, mit oder ohne Hilfsmittel), gegeben, und nach dessen Einlieferung und Kritik ein Termin zur mündlichen Prüfung im Fache der Staatswissenschaften, durch zwei Mitglieder, angesetzt, in Folge dieser Prüfung aber durch den Präsidenten und die vier Mitglieder der Charakter besonders bestimmt und darüber Bericht erstattet. (Bekanntmachung v. 28. Juni 1836. —5.)

§. 15. Die Kanzlei-Geschäfte und sonstige Dienstleistungen sind von dem bei Unserm Ober-Appellations-Gerichte angestellten Personal zu besorgen.

§. 16. Gegenwärtige Verordnung soll für Unsere gesammten Lande verbindliche Kraft haben und in solche mit dem 1. Junius d. J. treten.

HERZOGTHUM BRAUNSCHWEIG.

I. Advokaten - Ordnung.

Quelle: Advokaten-Ordnung für das Herzogthum Braunschweig vom 19. März 1850. (Gesetz- und Verordnungs-Sammlung 1850, Nr. 17.)

I. Von dem Amte der Advokaten und Anwälte.

§. 1. Das Amt des Advokaten besteht darin, vor Gericht die Rechte der Parteien in mündlichen Vorträgen auszuführen. (Vgl. jedoch §. 4 der Civil-Prozessordnung [1]).

Das Amt des Anwalts besteht darin, die Parteien vor den Kreisgerichten, dem Obergerichte und dem Kassationshofe zu vertreten, alle zur Regelmässigkeit des Verfahrens nöthigen Anträge und Handlungen vorzunehmen, so wie die zur Vorbereitung der mündlichen Hauptverhandlung erforderlichen Schriftsätze anzufertigen.

Gleichmässig sind die Anwälte berechtigt, den Parteien in allen aussergerichtlichen Angelegenheiten Rechtsbeistand zu leisten.

§. 2. Zum Anwalte kann Niemand ernannt werden, der nicht zugleich Advokat ist.

Die Zahl der Anwälte in den einzelnen Kreisen soll nach dem Bedürfnisse, nach zuvor eingezogenem Gutachten des Obergerichts und

---

[1]) §. 4 der Civ.-Proz.-Ordnung lautet: Bei den Amts- und Stadtgerichten kann jeder zum Auftreten vor Gericht Berechtigte seinen Rechtsstreit selbst führen, oder einen gehörig Bevollmächtigten für sich auftreten lassen. — Personen, die nicht im Stande sind, ihre Sache verständlich und gehörig mündlich vorzutragen, oder welche durch Leidenschaftlichkeit und ungehöriges Benehmen den Lauf der Verhandlungen dauernd stören, hat das Gericht aufzugeben, einen Bevollmächtigten für sich auftreten zu lassen. — Die Parteien sind befugt, ihren Bevollmächtigten auch aus der Zahl der rezipirten Advokaten und Anwälte zu nehmen; ebenso können sie einen rezipirten Advokaten lediglich als Rechtsbeistand zuziehen, Prozessschriften, wo solche zulässig sind, müssen jedenfalls von der Partei selbst oder von einem Advokaten oder Anwalte ausgearbeitet sein.

der Advokatenkammer, durch eine Verordnung festgesetzt werden. Die Zahl der Advokaten ist unbeschränkt.

§. 3. Den Advokaten steht die Wahl ihres Wohnortes am Sitze eines Kreisgerichts frei; durch die Niederlassung daselbst erlangen sie indess das Wohnortsrecht nicht ohne Weiteres und die Bestimmungen des §. 9 der Verordnung vom 4. Mai 1830, das Wohnortsrecht betreffend, leiden nicht auf sie, sondern nur auf die Advokat-Anwälte Anwendung.

Dem Advokat-Anwalte wird bei seiner Anstellung sein Wohnort am Sitze eines Kreisgerichts angewiesen; nur aus Rücksicht auf das Interesse des Publikums kann einem Advokat-Anwalte ein Wohnort am Sitze eines Amtsgerichts, nach zuvor eingefordertem Berichte der Advokatenkammer, vom herzoglichen Staatsministerium gestattet werden.

Von dem ihm angewiesenen Wohnsitze darf ein Advokat-Anwalt wider seinen Willen nicht versetzt werden.

Eben so wenig darf er denselben eigenmächtig verlegen und handelt er dem zuwider, so geht das Recht der Ausübung der Anwalts-Praxis für ihn verloren.

Advokaten haben von einem Wechsel ihres Wohnorts bei Vermeidung einer Ordnungsstrafe der Advokatenkammer Anzeige zu machen.

II. Erfordernisse zum Amt eines Advokaten und Anwalts und Ernennung zu demselben.

§. 4. Zur Advokatur ist jeder unbescholtene Staatsbürger, der das fünfundzwanzigste Lebensjahr vollendet und die vorgeschriebenen Prüfungen bestanden hat, zuzulassen.

Die Zulassung zur Advokatur erfolgt durch die Advokatenkammer; gegen abschlägige Verfügungen steht dem Betheiligten der Rekurs an die richterliche Disziplinarbehörde zu.

Die Ernennung zum Anwalte und zum Obergerichtsadvokaten erfolgt vom Herzoglichen Staatsministerium nach erfordertem Berichte der Advokatenkammer.

Treten in Beziehung auf eine vakante Anwaltsstelle mehrere Bewerber auf, so entscheidet über den Vorrang unter denselben in der Regel der Zeitpunkt der zurückgelegten zweiten Staatsprüfung.

Auswärtigen Advokaten kann, falls das Bedürfniss des Publikums dieses erheischt, nach erfordertem Berichte der Advokatenkammer, das

Auftreten vor hiesigen Gerichten gestattet werden. Die Zulassung derselben ist aber jederzeit widerruflich.

Die Advokaten sowohl als die Anwälte haben vor dem Oberstaatsanwalte in der Advokatenkammer folgenden Eid zu leisten:

„Ich schwöre, dass ich das mir übertragene Amt eines Advokaten (Anwalts) in Gemässheit der bestehenden Gesetze und Verordnungen mit Fleiss und Gewissenhaftigkeit ausüben will, so wahr etc."

III. Rechte und Pflichten.

§. 5. Sämmtliche Advokaten sind berechtigt, vor den Kreisgerichten und den Schwurgerichten aufzutreten.

Vor dem Obergerichte und dem Kassationshofe sind nur die Obergerichtsadvokaten berechtigt aufzutreten und die Gerichte haben in Strafsachen, wo ein Vertheidiger von Amtswegen zu bestellen oder wo ihnen die Wahl des Vertheidigers vom Angeklagten überlassen ist, solche vorzugsweise aus der Zahl der Obergerichtsadvokaten ihres Kreises zu ernennen.

Die Anwälte, als solche, können nur vor den Gerichten auftreten, bei welchen sie angestellt sind; Prozessschriften dagegen dürfen sie für alle Gerichte des Herzogthums anfertigen.

§. 6. Von den zum Berufskreise der Advokaten und Anwälte gehörenden Geschäften ist jeder Andere ausgeschlossen.

Zur Vertretung vor den Amts- und Stadtgerichten sind auch andere Bevollmächtigte, jedoch ohne Anspruch auf eine andere Vergütung, als die Prokuraturgebühr, zulässig.

Verträge zwischen derartigen Bevollmächtigten und ihren Auftraggebern über ein Honorar sind nichtig und ohne Wirkung.

Eine denselben gegebene Vergütung kann zurückgefordert werden.

Dasselbe findet statt, wenn Nichtberechtigte Rath oder Gutachten in Rechtssachen ertheilen, oder aussergerichtliche Rechtsangelegenheiten besorgen.

§. 7. Die Disziplinargewalt über die Advokaten und Anwälte wird ausschliesslich von der Advokatenkammer ausgeübt.

Wird in schriftlichen Eingaben der Advokaten oder Anwälte die Würde des Gerichts verletzt, so ist das Gericht befugt, dieselben zurückzugeben und die Staatsanwaltschaft zur Erwirkung der Bestrafung des Exhibenten im Wege des Kriminal- oder Disziplinar-Verfahrens aufzufordern.

Der Antrag auf eine der im §. 17 erwähnten Disziplinarstrafen erfolgt bei der Advokatenkammer durch den Oberstaatsanwalt.

Gegen die Entscheidungen der Advokatenkammer steht sowohl dem betheiligten Exhibenten als dem Oberstaatsanwalte der Rekurs an die richterliche Disziplinar-Behörde zu.

§. 8. Der Anwalt kann bei der Uebernahme einer Sache einen angemessenen Vorschuss und nach dessen Verbrauch jederzeit einen neuen verlangen; wird dieser nicht rechtzeitig gezahlt, so kann er seine Thätigkeit versagen oder einstellen.

§. 9. Zahlungsbefehle über die Kostenrechnungen der Advokaten und Anwälte erlassen die Gerichte der Hauptsache. Wenn rücksichtlich der in der Taxe nicht absolut bestimmten Ansätze für gerichtliche Geschäfte, oder rücksichtlich der Ansätze für aussergerichtliche Geschäfte Streitigkeiten über deren Betrag zwischen dem Anwalte und Advokaten und dessen eigner Partei entstehen, so hat auf den Antrag des einen oder andern Theils die Advokatenkammer ihr Gutachten über jenen Betrag abzugeben.

§. 10. In Beziehung auf gerichtliche Geschäfte sind alle, eine Abweichung von der Gebührentaxe enthaltenden Verträge zwischen der Partei und dem Anwalte verboten und ohne jede Wirkung.

In Beziehung auf aussergerichtliche und Advokatur-Geschäfte sind dagegen Verträge zwischen Anwalt und Partei, Advokaten und Klienten, gültig, insoweit sie schriftlich abgefasst sind.

§. 11. Rücksichtlich derjenigen Advokaten und Anwälte, welche jetzt bereits ein Amt versehen, oder ein Gewerbe betreiben, hat es dabei sein Bewenden; in der Folge aber dürfen sie zwar Ehrenämter ohne Weiteres, andere Nebengeschäfte und Aemter aber nur nach erfordertem Gutachten der Advokatenkammer und Genehmigung des Staats-Ministeriums übernehmen und betreiben.

Die Verordnung vom 19. Juli 1827 wird, so weit sie die Advokaten betrifft, aufgehoben. Den Anwälten ist jedoch unbenommen, die darin erwähnten Geld- und anderen Negozen zu betreiben, jedoch nur gegen ein nach der Taxe für aussergerichtliche Geschäfte zu bestimmendes Honorar.

§. 12. Insofern diese Ordnung keine Abänderungen der für die Verhältnisse der Advokaten und Anwälte zu ihren Klienten, Parteien und den Gerichten jetzt geltenden Bestimmungen enthält, bleiben dieselben bestehen.

IV. Advokatenkammer.

§. 13. Die Advokaten und Anwälte des Herzogthums werden durch die Advokatenkammer vertreten, in der durch dieses Gesetz (§. 16) bestimmten Weise.

§. 14. Die Advokatenkammer steht unter der unmittelbaren Oberaufsicht des Herzoglichen Staats-Ministeriums, welches solche durch das Organ des Oberstaatsanwaltes ausübt.

§. 15. Der Oberstaatsanwalt als Regierungs-Kommissär ist berechtigt, allen Sitzungen der Advokatenkammer und den Generalversammlungen der Advokaten beizuwohnen. Er ist daher von denselben zeitig zu benachrichtigen und alle Beschlüsse der Kammer und Generalversammlungen sind ihm mitzutheilen.

Legt er Einspruch gegen dieselben ein, so ist deren Ausführung bis dahin, dass das Staats-Ministerium entschieden hat, auszusetzen.

Diese Vorschrift bezieht sich nicht auf Disziplinarverfügungen (§. 16).

§. 16. Die Advokatenkammer hat folgenden Geschäftskreis:

1. Die Rollen der Ober-Gerichtsadvokaten, Advokat-Anwälte und Advokaten zu führen;
2. die Wahrnehmung der Standesinteressen durch Anträge an die Landesregierung;
3. die Sorge für Erhaltung und Entfaltung eines würdigen Standesgeistes, Aufrechthaltung der innern Ordnung unter den Advokaten und Anwälten, mit der Befugniss, zur Wahrnehmung dieser Ordnung Disziplinar-Verfügungen zu erlassen und gegen die Mitglieder wegen ordnungswidrigen oder unangemessenen Verhaltens Disziplinarstrafen zu erkennen, den Streitigkeiten, wozu die Amtsführung der Advokaten oder Anwälte Veranlassung geben möchte, sowohl der Partei, als Dritten gegenüber, auf deren Antrag oder mit deren Zustimmung, vorzubeugen oder eine gütliche Beilegung zu versuchen, und auf Antrag eines oder mehrerer Betheiligten ein Gutachten über die Begründung der Beschwerde und die daraus entspringende Entschädigungsverbindlichkeit des Advokaten oder Anwaltes abzugeben; Beschwerden der Advokaten und Anwälte gegen einander zu entscheiden;
4. über die Streitigkeiten rücksichtlich der Ansprüche der Advokaten oder Anwälte auf Honorar oder Auslagen abzugeben:
5. auf Erfordern der Landesregierung Gutachten abzugeben;
6. die Kassenverwaltung zu führen;

12*

7. die Rechte auszuüben, die derselben später durch besondere Gesetze werden beigelegt werden.

Beschwerden der Advokaten oder Anwälte gegen Behörden oder Beamte können nur durch die Advokatenkammer, wenn diese solche für begründet hält, verfolgt werden und sind daher bei dieser anzubringen.

§. 17. Die Advokatenkammer ist folgende Disziplinarstrafen nach Anhörung des Betheiligten zu erkennen berechtigt:

1. Warnungen;
2. Geldstrafen bis zu fünfzig Reichsthalern;
3. Schriftliche Verweise;
4. Verweise vor versammelter Kammer;
5. Verlust des Stimmrechts und der Wählbarkeit auf ein Jahr;
6. Androhung des Antrags auf Suspension.

Es bleibt dem Ermessen der Advokatenkammer überlassen, unter diesen Strafen zu wählen und mehrere derselben zugleich anzuwenden.

Gegen solche Strafverfügungen findet ein Rekurs an die gerichtliche Disziplinarbehörde statt, welcher innerhalb vierzehn Tagen nach der Behändigung schriftlich bei der Advokatenkammer einzureichen und von dieser nach Bericht an die gerichtliche Disziplinarbehörde zu befördern ist.

Die Mitglieder der Advokatenkammer, gegen welche eine der unter 3, 4, 5 und 6 aufgeführten Strafen erkannt, oder ein Antrag auf Suspension gestellt ist, scheiden aus der Kammer aus.

§. 18. Die Advokatenkammer hat ihren Sitz zu Wolfenbüttel. Sie besteht aus neun Mitgliedern, von welchen aus den Obergerichtsadvokaten und Advokat-Anwälten des Kreises Braunschweig drei, aus denen des Kreises Wolfenbüttel zwei Mitglieder, aus denen der übrigen vier Kreise aber je ein Mitglied zu wählen sind.

Unter den für die Kreise Braunschweig und Wolfenbüttel zu wählenden Mitgliedern muss je eins aus den Obergerichtsadvokaten dieser Kreise genommen werden.

§. 19. Die Wahl, deren Ergebniss bekannt zu machen ist, erfolgt in einer Generalversammlung, in welcher mindestens zwei Dritttheile aller Advokaten erschienen sein müssen, nach absoluter Stimmenmehrheit der erschienenen Advokaten und Anwälte. Die durch den Vorsitzenden der Advokatenkammer oder einem von ihm zu beauftragenden Obergerichtsadvokaten zu leitenden Wahlen geschehen auf drei Jahre, und das Herzogliche Staatsministerium wird von deren Ergebniss benachrichtigt. Das Ausbleiben der Wahlberechtigten ohne genügende Entschuldigung hat eine Geldstrafe von zehn Reichsthalern zur Folge. Nur wiedererwählte Mitglieder der Advokatenkammer können die Wahl für das Mal ablehnen, andere nur aus triftigen Gründen, worüber die Advokatenkammer entscheidet.

Hat bei der ersten Abstimmung keiner die vorgeschriebene Stimmenzahl, so sind die drei Personen, welche die meisten Stimmen haben, auf eine engere Wahl zu bringen. Befinden sich mehr als drei Personen in der relativen Stimmenmehrheit, so sind die auf die engere Wahl zu bringenden Personen durch das Loos zu bestimmen, und zwar findet eine Loosung nur unter den Personen statt, welche gleiche Stimmen haben, und derjenige, welcher eine grössere Stimme für sich hat, wird, ohne zu loosen, mit auf die engere Wahl gebracht. Bei der zweiten Abstimmung entscheidet die relative Stimmenmehrheit und bei Gleichheit der Stimmen das Loos.

§. 20. Die Advokatenkammer wählt mit absoluter Stimmenmehrheit aus ihren Mitgliedern einen an ihrem Sitze wohnhaften Vorsitzenden, einen Stellvertreter desselben und zwei Schriftführer, wovon einer das Geschäft des Kassenführers übernimmt. Scheidet in der zwischen den Generalversammlungen der Advokaten liegenden Zeit ein Mitglied aus der Advokatenkammer aus, so ist diese berechtigt, einen Substituten desselben zu ernennen, welcher die Funktionen des Ausgeschiedenen bis zur nächsten Generalversammlung zu versehen hat.

Die Mitglieder der Kammer sind beständige Delegaten für ihren Wahlkreis, sie können von dem Vorsitzenden mit allen dort vorfallenden Geschäften beauftragt werden, und es ist ihre Obliegenheit, der Kammer von Allem Anzeige zu machen, was zu deren Wirkungskreise gehört. Sie haben ausserdem das Recht der Erinnerung den Advokaten und Anwälten ihres Kreises gegenüber.

§. 21. Die Kammer beschliesst nach absoluter Stimmenmehrheit, und ist beschlussfähig, wenn mindestens fünf Mitglieder anwesend sind. Bei Stimmengleichheit entscheidet in Disziplinarstrafsachen die gelindere Meinung, in anderen Fällen gibt der Vorsitzende den Ausschlag.

§. 22. Die Advokatenkammer versammelt sich, so oft der Vorsitzende dieselbe zusammenruft. Die Mitglieder müssen erscheinen, oder ihre Stellvertreter dazu auffordern, dies der Kammer anzeigen, und zugleich genügende Gründe ihres eigenen Ausbleibens anführen. Wird etwas hiervon versäumt, so verfällt der Ausbleibende in eine Strafe von fünf

Reichsthalern, ebenso der ohne Entschuldigung ausbleibende Stellvertreter.

§. 23. Jährlich findet eine vom Präsidenten auszuschreibende allgemeine Advokaten- und Anwaltversammlung statt, worin die versammelte Kammer über ihre Thätigkeit in dem verflossenen Jahre berichtet, die Kassenrechnung vorlegt, die erforderlichen Wahlen vornehmen lässt, und die von Standesgenossen etwa zu machenden Vorschläge zur Verbesserung der Stellung und Abhilfe vor Mängeln nach Massgabe der Geschäftsordnung zur Berathung bringt. Der Druck des Protokolls kann beschlossen werden. Dasselbe ist dem Oberstaatsanwalte mitzutheilen.

§. 24. Die durch die Geschäftsführung der Advokatenkammer entstehenden Kosten, wozu auch die Reisekosten der Mitglieder zu den Versammlungen gehören, werden von den sämmtlichen Advokaten und Anwälten aufgebracht; ein Advokat-Anwalt trägt doppelt so viel bei als ein Advokat. Die sämmtlichen Strafgelder fliessen ebenfalls in die allgemeine Kasse. Auch soll jeder neu zugelassene Advokat ein Eintrittsgeld von fünf Reichsthalern und jeder neu ernannte Anwalt ein solches von zehn Reichsthalern entrichten.

§. 25. Die sämmtlichen Advokaten und Anwälte haben den Beschlüssen und Verfügungen der Kammer Folge zu leisten. Diese hat das Recht, den Oberstaatsanwalt zur Vollstreckung derselben zu requiriren, oder nach Befinden gegen den Ungehorsamen wegen der Nichtbefolgung Disziplinarstrafen zu verfügen, und wenn selbst die nach §. 17 zulässige Androhung des Antrags auf Suspension fruchtlos bleiben sollte, bei der obersten richterlichen Disziplinarbehörde diese oder selbst die Entlassung vom Amte zu beantragen. Die beiden letztgenannten Strafen können jedoch im Disziplinarwege, mit Ausnahme der §. 7 erwähnten Fälle, nur auf Antrag der Advokatenkammer verhängt werden. Die Beantragung derselben hat aber die vorläufige Suspension des Betheiligten unmittelbar zur Folge.

Der Oberstaatsanwalt hat den auf die Ermittlung oder Feststellung von Thatsachen gerichteten Requisitionen der Advokatenkammer Folge zu geben.

§. 26. Die Kammer, welcher der Gebrauch eines Dienstsiegels zusteht, führt den Titel: „Advokatenkammer des Herzogthums Braunschweig“. Sie geniesst Portofreiheit; die Eingaben und Erlasse an dieselbe, ihre Verhandlungen, so wie ihre Erlasse sind frei von Stämpel und jeder Gebühr.

V. Transitorische Bestimmungen.

§. 27. Die zur Zeit der Publikation der Advokaten-Ordnung bereits zugelassenen Advokaten werden sämmtlich Advokat-Anwälte.

Diejenigen Advokaten, welche zu dieser Zeit am Sitze eines Amtsgerichtes ihren Wohnort haben, sind zwar berechtigt, vor den Kreisgerichten ihrer Kreise ohne den Beistand eines am Sitze dieser Gerichte wohnhaften Anwalts aufzutreten, jedoch ist in den betreffenden Prozesssachen neben denselben jedenfalls ein am Sitze des zuständigen Gerichts wohnhafter Anwalt und Substitut für denselben (Civ.-Proz.-Ordnung §§. 5 und 7)[2]) zu bestellen.

---

[2]) Die §§. 5 und 7 der Civ.-Proz.-Ordnung lauten: §. 5. Bei den Kreisgerichten, dem Obergerichte und dem Kassationshofe müssen die Parteien von einem am Sitze des betreffenden Gerichts wohnhaften Anwalte vertreten werden. Dieser gilt dem Gerichte und dem Prozessgegner gegenüber, auch wenn die Anfertigung der Prozessschriften einem auswärtigen Anwalte übertragen ist, als der Anwalt der Partei. — §. 7. Der Anwalt hat sich bei dem Kreisgerichte durch eine, auf ihn ausgestellte, öffentlich beglaubigte Vollmacht, welche dem Gegner in Abschrift mitzutheilen ist, zu legitimiren. Die Vollmacht muss die allgemeine Befugniss zur Substitution und zur Ernennung eines Anwalts in den obern Instanzen, zugleich aber die Ernennung eines am Orte des Kreisgerichts wohnhaften Substituten, sowie für das Obergericht eines in Wolfenbüttel wohnhaften Anwalts und Substituten für denselben enthalten. — Diese Prozessvollmachten sollen bei allen Kreisgerichten gleichlautend sein. Ein Formular derselben ist dieser Prozessordnung in der Anlage A beigefügt. — Das Formular der Vollmacht lautet: Ich Endesunterzeichneter ertheile hiermit für mich und meine .... dem Herrn .... und Jedem, den derselbe an seiner Statt znr Ausführung dieses Auftrags bestellen wird, insbesondere aber für den Fall, dass dieser Auftrag durch seinen Tod oder auf andere Weise erlöschen sollte, dem Herrn .... die Vollmacht, in meiner Rechtsache bei dem Kreisgerichte .... wider .... wegen .... als Anwalt mich zu vertreten und alle zur Ausführung und endlichen Erledigung dieses Rechtsstreites erforderlichen Handlungen vorzunehmen, insbesondere Erklärungen jeder Art abzugeben, Behauptungen der Gegenpartei zuzugestehen, abzuläugnen oder sich mit Nichtwissen zu erklären, Urkunden anzuerkennen oder abzuläugnen, Eide zuzuschieben, anzunehmen, zurückzuschieben und zu erlassen; Arreste und Exekutionen zu beantragen, Litisdenunziationen vorzunehmen, mich gegen anzustellende Interventionen zu vertheidigen, Rechtsmittel jeder Art gegen nachtheilige Bescheide oder Erkenntnisse einzulegen, den Rechtsmitteln oder dem Prozesse zu entsagen, Vergleiche zu schliessen und das durch Erkenntniss oder Vergleich Gewonnene in Empfang zu nehmen und darüber zu quittiren, endlich aber Advokaten für die mündlichen Hauptverhandlungen in allen Instanzen zuzuziehen. — Für den Fall

§. 28. In jedem einzelnen Kreisgerichtsbezirke soll bis dahin, dass die Zahl der darin angestellten Anwälte auf die verordnungsmässige Normalzahl gesunken sein wird, nur bei jeder dritten, durch endgültiges Ausscheiden oder durch Uebersiedeln in einen andern Kreis entstehenden Erledigung ein Anwalt neu aufgenommen werden.

§. 29. Sofort nach Publikation dieser Ordnung wird Herzogliches Staatsministerium eine General-Versammlung der Advokaten berufen, um die Wahlen der Mitglieder der Advokatenkammer vornehmen zu lassen. Die Wahlen der Kammerbeamten bringt das älteste Kammermitglied zur Ausführung.

§. 30. Die nächsten Wahlen sollen für die Zeit bis 1. Jänner 1852 gelten.

§. 31. Alle dieser Ordnung entgegenstehenden Gesetze und Verordnungen, namentlich alle diejenigen, welche die Advokaten von einzelnen gerichtlichen oder aussergerichtlichen Geschäften ausschliessen, mit Einschluss des §. 28 des Gesetzes vom 20. Dezember 1834, die Organisation der Herzoglichen Landes-Oekonomie-Kommission betreffend, werden hiermit aufgehoben.

Alle, die es angeht, haben sich hiernach zu achten.

---

endlich, dass in diesem Rechtsstreite Berufungen oder Kassationsbeschwerden einzulegen und zu verfolgen sein würden und ich eines Anwalts bei dem Obergerichte oder dem Kassationshofe benöthigt wäre, ernenne ich hiermit den Herrn .... und bevollmächtige denselben, die Rechtsmittel nach seinem Ermessen einzuführen oder gegen die von der Gegenpartei gegen mich eingewandten Rechtsmittel meine Rechte wahrzunehmen und mich in jeder Hinsicht bei dem Obergerichte oder dem Kassationshofe zu vertreten. Auf den Fall vorübergehender Behinderung oder Abgangs desselben ernenne ich zu seinem Substituten den Herrn .... und ermächtige ausserdem, falls etwa beide verhindert werden sollten, meinen oben bestellten Herrn Anwalt, bei dem Obergerichte oder Kassationshofe andere Anwälte und Substitute zu ernennen. — Indem ich dasjenige, was meine in dieser Vollmacht bestellten Anwälte und deren Substituten in diesem Rechtsstreite für mich thun und vornehmen, als meine eigenen Handlungen anerkenne, verpflichte ich mich zugleich, sie für ihre Mühewaltung und Auslagen vollständig zu entschädigen und verpfände dafür mein gesammtes Vermögen, insbesondere dasjenige, was ich von der Gegenpartei in der Hauptsache und an Kosten erstreiten werde, welches ich ihnen, soweit es zu ihrer Befriedigung erforderlich ist, zugleich förmlich zedire und abtrete. — Zur Urkund dessen habe ich diese Vollmacht, nachdem solche vollständig ausgefüllt war, eigenhändig unterzeichnet und meine Unterschrift öffentlich beglaubigen lassen. — So geschehen ....

II. Prüfungen.

Die Prüfungen in Braunschweig sind einerseits durch ein Prüfungsgesetz und andererseits durch eine Instruktion für die Prüfungs-Kommission geregelt, wovon die letztere das erstere ergänzt. Es folgt demnach unter **1.** das Prüfungsgesetz und unter **2.** die Instruktion.

1. Prüfungs-Gesetz.

Quelle: Gesetz vom 5. März 1850, die Einrichtung einer Kommission zur Prüfung der Kandidaten der Rechte, der Advokatur, des Notariats und des Richteramtes und die von diesen zu bestehenden Prüfungen betreffend. (Gesetz- und Verordnungs-Sammlung 1850, Nr. 8.)

§. 1. Die Kommission zur Prüfung der Kandidaten der Rechte, der Advokatur, des Notariats und des Richteramtes soll aus einem Präsidenten und vier Mitgliedern bestehen.

Nur Mitglieder des Obergerichts, Staatsanwälte, welche zu den höheren juristischen Aemtern befähigt sind, und Obergerichtsadvokaten können Mitglieder dieser Kommission sein.

Der Präsident und zwei Mitglieder sind aus den Mitgliedern des Obergerichts und mindestens ein Mitglied ist aus der Zahl der Obergerichtsadvokaten zu nehmen.

Die Mitglieder der Kommission werden durch die Landesregierung widerruflich ernannt; der Auftrag erlischt von selbst mit Ablauf von drei Jahren.

Der Präsident bezieht eine Remuneration von zweihundert Reichsthalern und jedes der Mitglieder eine solche von hundertfünfzig Reichsthalern, und der Sekretär hundert Reichsthaler.

Die Sekretariats-Kanzlei- und Botengeschäfte sollen von dem Personal des Obergerichts versehen werden.

§. 2. Diese Kommission wird zugleich mit dem Gesetze vom 21. August 1849, die Gerichtsverfassung betreffend, in Wirksamkeit treten, und ihren Sitz in Wolfenbüttel haben. Die bis dahin noch nicht beendigten Prüfungen werden von der jetzt bestehenden Examinations-Kommission an dieselbe abgegeben.

§. 3. Sie wird bei den anzustellenden Prüfungen nach einer ihr von der Landesregierung zu ertheilenden Instruktion [3]) verfahren.

---

[3]) Diese Instruktion ist mittels Verordnung vom 27. Nov. 1850 (Gesetz- und Verordnungssammlung Nr. 47) publizirt worden, und folgt deren Abdruck weiter unten (S. 188 ff.).

§. 4. Niemand kann zur juristischen Laufbahn zugelassen werden, bevor er in die Zahl der Kandidaten der Rechte aufgenommen ist.

§. 5. Jeder männliche Landeseinwohner, welcher das einundzwanzigste Jahr zurückgelegt, das fünfundzwanzigste aber noch nicht überschritten hat und sich über sein sittliches Verhalten gehörig ausweiset, wird zur Prüfung der Rechtskandidaten zugelassen. Ueber diese Eigenschaften hat er sich vor der Examinations-Kommission auszuweisen, und diese stellt darauf mit ihm die erste Prüfung an, welche hauptsächlich darauf zu richten ist, ob der zu Prüfende die erforderliche allgemeine Bildung und insbesondere diejenigen theoretischen Rechtskenntnisse besitzt, welche nothwendig sind, um in die juristische Laufbahn mit Nutzen einzutreten.

Nach bestandener Prüfung wird der Geprüfte in die Zahl der Kandidaten der Rechte aufgenommen.

Erfolgt die Meldung zur ersten Staatsprüfung nach zurückgelegtem fünfundzwanzigsten Lebensjahre des Examinanden, so ist die Zulassung zu derselben nur nach vorgängiger landesherrlicher Dispensation statthaft.

§. 6. Die Kandidaten der Rechte werden behufs ihrer fernern Ausbildung

bei einem Amts- oder Stadtgerichte ein Jahr,
bei einem Staatsanwalte oder Untersuchungsrichter sechs Monate,
bei einer Landes-Verwaltungs- oder geeigneten Kommunalbehörde ein Jahr, und
bei einem ihnen nöthigenfalls anzuweisenden Anwalte sechs Monate beschäftigt.

Sie können als Sekretäre bei allen Gerichten des Landes angestellt werden.

§. 7. Jeder Rechtskandidat, welcher diesen Kursus vollendet hat, wird, insofern er Zeugnisse über sein sittliches Verhalten beibringt, und insofern noch nicht über fünf Jahre seit seiner Zulassung als Kandidat verstrichen sind, zu der zweiten Prüfung zugelassen.

Der Zweck dieser Prüfung ist die Befähigung desselben zu dem Amte eines Kreis-, Amts- oder Stadtrichters, eines Staats-Anwaltes, eines Advokaten oder Notars zu ermitteln.

Sie soll sowohl auf gediegene theoretische Rechtskenntniss, als auf die praktische Brauchbarkeit des Kandidaten gerichtet werden.

§. 8. Diejenigen, welche diese zweite Prüfung bestanden haben, werden unter die Zahl der Advokaten aufgenommen und sind befugt, alle diesen nach Massgabe der Advokatenordnung zustehenden Rechte auszuüben. Sie können zu Anwälten, Notaren, Richtern bei Kreis-, Amts- und Stadtgerichten und zu Staats-Anwälten ernannt werden.

§. 9. Eine dritte Prüfung soll stattfinden, um die Befähigung derer zu ermitteln, welche in höhere juristische Aemter, nämlich als Mitglieder des Obergerichts, als Kreisgerichts-Direktoren, als Oberstaatsanwalt, dessen Substitut oder als Obergerichts-Advokat eintreten wollen.

Der Zweck dieser Prüfung ist die Befähigung zu diesen Aemtern, namentlich die dazu erforderliche wissenschaftliche juristische Bildung und praktische Geschicklichkeit des zu Prüfenden zu ermitteln.

Erst nach Ablauf von drei Jahren nach der zweiten bestandenen Prüfung können die zu Prüfenden zu diesem dritten Examen zugelassen werden.

§. 10. Hat ein Kandidat in der mit ihm angestellten Prüfung die erforderlichen Kenntnisse nicht gezeigt, so steht es in dem Ermessen der Prüfungskommission, denselben entweder definitiv oder auf ein bis zwei Jahre zurückzuweisen.

§. 11. An Prüfungsgebühren werden folgende Pauschalsätze erhoben und für die Staatskasse berechnet:

für die	erste Prüfung	8	Rthlr.
„ „	zweite „	12	„
„ „	dritte „	16	„

Diese Gebühren sind in dem Sekretariate der Prüfungskommission einzuzahlen; ausser denselben werden Nebengebühren oder Auslagen nicht berechnet.

Transitorische Bestimmungen.

§. 12. Alle Advokaten, welche zur Zeit des Eintritts der Wirksamkeit dieses Gesetzes zugelassen sind, erhalten das Recht, zu Obergerichtsadvokaten ernannt zu werden, nachdem sie entweder seit fünf Jahren die advokatorische Praxis ausgeübt und zugleich das Richterexamen bestanden, oder nachdem sie seit zehn Jahren die advokatorische Praxis ausgeübt haben.

Sie sind berechtigt, mit Uebergehung der zweiten juristischen Prüfung, nach dreijähriger advokatorischer Praxis sich zur dritten Prüfung zu melden.

Sie erhalten, auch bevor sie zu Obergerichtsadvokaten ernannt sind, das Recht, vor dem Obergerichte, nicht aber vor dem Kassationshofe, in denjenigen Sachen, welche sie in erster Instanz geführt haben, aufzutreten.

Um als Richter oder Staatsanwälte angestellt zu werden, haben sie die durch dieses Gesetz vorgeschriebene Prüfung zu machen.

§. 13. Diejenigen, welche zur Zeit des Eintritts der Wirksamkeit dieses Gesetzes die Richterprüfung bestanden haben, können zu jedem Richteramte, zu Staatsanwälten und zu Advokaten ernannt werden; höhere juristische Aemter können sie erst dann bekleiden, wenn seit der bestandenen Richterprüfung zehn Jahre verflossen sind.

Es ist ihnen unbenommen, sich sofort zu der dritten juristischen Prüfung zu melden.

Sie sollen bei Besetzung öffentlicher Aemter vorzugsweise berücksichtigt werden.

§. 14. Das bisherige Notariatsexamen befähigt ohne weitere Prüfung zum Notariate.

§. 15. Das bisherige Advokaten-Examen befähigt ebenfalls ohne weitere Prüfung zur Advokatur.

§. 16. Das bestandene bisherige Auditoren-Examen steht der in diesem Gesetze vorgeschriebenen ersten Prüfung gleich, und die Zeit, welche die Auditoren bereits im Vorbereitungsdienste zugebracht haben, wird ihnen angerechnet.

Sie sollen aber von dem Zeitpunkte an, wo die neue Gerichtsverfassung ins Leben tritt, auf die in diesem Getetze vorgeschriebene Weise beschäftigt werden.

§. 17. Die Verordnung vom 1. Mai 1826, ingleichen das Gesetz vom 21. Dezember 1837 und die Verordnung vom 24. Januar 1838, die Errichtung einer Examinations Kommission zur Prüfung der Kandidaten des Rechts betreffend, wird zu dem Zeitpunkte, wo dieses Gesetz in Wirksamkeit tritt, aufgehoben.

Alle, die es angeht, haben sich hiernach zu achten.

2. Instruktion.

Quelle: Verordnung vom 27. Nov. 1850, die Instruktion für die Kommission zur Prüfung der Rechte, der Advokatur, des Notariats und des Richteramtes betreffend. (Gesetz- und Verordnungs-Sammlung 1850, Nr. 47.)

Zur Ausführung der Vorschrift des §. 3 des Gesetzes vom 5. März d. J. die Errichtung einer Kommission zur Prüfung der Kandidaten der Rechte, der Advokatur, des Notariats und des Richteramtes betreffend, verordnen Wir Folgendes:

§. 1. Die Herzogliche Kommission zur Prüfung der Kandidaten der Rechte, der Advokatur, des Notariats und des Richteramtes wird bei den ihr überwiesenen Prüfungen nach der dieser Verordnung beigefügten Instruktion verfahren.

§. 2. Alle Gerichte werden hierdurch angewiesen, der gedachten Kommission die von derselben zum Zwecke der Prüfungen verlangten Akten, insofern solche entbehrt werden können, einzusenden und auch sonst deren auf die Prüfungen sich beziehenden Requisitionen Genüge zu leisten.

Dieselbe ist befugt, ebenso wie das Herzogliche Obergericht, Pönalmandate innerhalb ihres Geschäftskreises an die Herzoglichen Kreis-, Amts- und Stadtgerichte zu erlassen.

Alle die es angeht, haben sich hiernach zu achten.

Instruktion für die Herzogliche Kommission

zur Prüfung der Kandidaten der Rechte, der Advokatur, des Notariats und des Richteramtes.

Allgemeine Bestimmungen.

§. 1. Die Kommission hat alle diejenigen zu prüfen, welche Landeseinwohner sind und zur juristischen Laufbahn zugelassen werden wollen.

§. 2. Sie betreibt ihre Geschäfte kollegialisch. Zu einer jeden Prüfung sind wenigstens drei Mitglieder erforderlich. Bei Gleichheit der Stimmen entscheidet die des Präsidenten.

§. 2. Nach dem Zwecke der Kandidaten soll ihre Prüfung verschieden sein.

I. Prüfung derjenigen, welche in die Zahl der Kandidaten der Rechte aufgenommen werden wollen.

Die Prüfung derjenigen, welche in die Zahl der Kandidaten der Rechte aufgenommen werden wollen, soll nur zweimal in jedem Jahre, gleich nach Ostern und gleich nach Michaelis, zu der von der Kommission zu bestimmenden Zeit geschehen.

§. 4. Der Kandidat hat sich dazu, wenn er das einundzwanzigste Jahr zurückgelegt, das fünfundzwanzigste aber noch nicht überschritten hat, spätestens vier Wochen vor Ostern oder vier Wochen vor Michaelis zu melden. Eine Anmeldung nach zurückgelegtem fünfundzwanzigsten Lebensjahre ist nur nach vorgängiger landesherrlicher Dispensation zuzulassen; eine Anmeldung nach jenem Termine aber ist bis zur nächstfolgenden Prüfung zurückzulegen.

§. 5. Die Anmeldung soll geschehen durch ein schriftliches, von dem Kandidaten selbst ohne Beihilfe verfasstes und eigenhändig geschriebenes Gesuch, welches enthalten muss:

1. Ort, Jahr und Tag seiner Geburt;
2. Wohnort und Stand des Vaters, auch ob derselbe noch lebt oder ob und wann derselbe verstorben ist;
3. die Angabe darüber, wie er seine Schulbildung erlangt und seine juristischen Studien betrieben hat;
4. die bestimmte Erklärung, dass er als Kandidat der Rechte zugelassen werden wolle;
5. des Kandidaten Wohnort und das Datum.

Daneben hat der Kandidat nachzuweisen, dass er Landeseinwohner ist, das einundzwanzigste Lebensjahr zurückgelegt, das fünf- und zwanzigste aber nicht überschritten hat und zugleich ein Zeugniss über sein sittliches Verhalten beizubringen.

§. 6. Findet nach dieser Angabe die Kommission den Kandidaten nicht zulässig zur Prüfung, so ist derselbe mit Angabe der Gründe zurückzuweisen.

Findet die Kommission Anmeldung oder Anlagen mangelhaft, so ist der Kandidat anzuweisen, den ihm zu bemerkenden Mängeln abzuhelfen. Dies muss binnen der ihm dazu gesetzten Frist geschehen, widrigens die Anmeldung als verspätet zurückzulegen ist (§. 4).

§. 7. Findet die Kommission Anmeldung und Anlagen genügend oder ist den Mängeln abgeholfen, so ist dem Kandidaten die Zeit, wann die Prüfung beginnen soll, bekannt zu machen. Spätestens am Tage zuvor hat derselbe sich bei dem Präsidenten und den Mitgliedern der Kommission persönlich einzufinden und weitere Anweisung zu erwarten.

§. 8. Die nicht vorschriftsmässig Erschienenen sind von der bevorstehenden Prüfung auszuschliessen. Dieselben können zwar, wenn sie erhebliche Behinderungsgründe bescheinigen, zu der nächsten Prüfung sich wieder melden; geschieht solches aber nicht, oder bleiben sie abermals unentschuldigt zurück, so hat die Kommission sie zu einer Prüfung überall nicht weiter zuzulassen.

§. 9. Den Erschienenen wird der Präsident das Lokal der Prüfung und die Stunde, zu welcher sie sich daselbst einzufinden haben, anzeigen.

Zu einer und derselben Prüfung sind so viele Kandidaten zugleich zuzulassen, als die Kommission für angemessen hält.

§. 10. Sogleich nach dem Erscheinen in dem bestimmten Lokale und zu der festgesetzten Zeit sind von der Kommission vorher entworfene, aber bis dahin geheim zu haltende Fragen aus allen Theilen des gemeinen Rechts, aus dem gemeinen Prozesse, aus der Rechtsgeschichte, aus der Rechtsphilosophie, imgleichen leichte Rechtsfälle, theils in lateinischer, theils in deutscher Sprache, zur Beantwortung und zur Entscheidung, auch Stellen aus dem *Corpus juris civilis* und *canonici* zur Erklärung, numerirt, von einem Mitgliede der Kommission einem jeden Kandidaten mitzutheilen, mit Anweisung des Zimmers zu der Arbeit, auch mit Bestimmung der Zeit, zu welcher sie abgegeben werden muss. Diese Aufgaben sollen für alle zugleich zu prüfenden Kandidaten dieselben sein.

Von einem jeden Kandidaten sind die Antworten, Entscheidungen und Erklärungen, unter Angabe der Gründe, in derselben Sprache, in welcher die Aufgaben abgefasst sind, und mit deren Nummern versehen, auf die rechte Hälfte des Papiers in Folioformat, dessen linke Hälfte leer zu lassen, ohne alle Beihilfe eines der Anwesenden oder Besprechung darüber mit einem derselben und ohne alle literarische Hilfsmittel, auch ohne aus dem Lokale sich zu entfernen, binnen der bestimmten Frist niederzuschreiben. Dieses soll unter Aufsicht eines Mitgliedes der Kommission oder des Sekretärs derselben geschehen.

Ist die Frist abgelaufen, so hat jeder Kandidat seine Arbeit auch wenn dieselbe unvollendet wäre, am Schlusse mit dem Datum und seinem vollen Namen versehen, sammt den ihm mitgetheilten Fragen, dem mit der Empfangnahme beauftragten Kommissionsmitgliede einzuhändigen und dieses hat hierauf alle Kandidaten mit der Anweisung zu entlassen, ihre Vorladung zu einer mündlichen Prüfung an einem der nächstfolgenden Tage zu erwarten.

Ueber den ganzen Vorgang hat der Sekretär der Kommission ein Protokoll aufzunehmen.

§. 11. Die von jenem Kommissionsmitgliede dem Präsidenten sogleich zuzustellenden Arbeiten lässt dieser, nachdem er selbst sie sofort geprüft und mit einander verglichen hat, unter den Kommissionsmitgliedern zu gleichem Ende und damit jedes Mitglied darüber hiernächst sein Gutachten abgeben kann, zirkuliren.

§. 12. Nach beendigter Zirkulation, an einem der nächstfolgenden Tage, stellt die Kommission nach einer verabredeten Ordnung und über gemeinschaftlich bestimmte gleichmässige, als die vorhin gedachten Gegenstände mit allen Kandidaten zugleich eine mündliche Prüfung in deutscher Sprache an, wobei sie besonders zu erforschen hat, ob dieselben gute natürliche Fähigkeiten und eine gesunde Beurtheilungskraft besitzen, auch deutliche und zusammenhängende Kenntnisse in der Theorie der Rechtsgelehrsamkeit sich erworben haben.

Der Sekretär der Kommission hat auch über diese Prüfung ein Protokoll aufzunehmen, welches, ausser dem Allgemeinen, das von der Kommission sofort nach Entlassung der Kandidaten abzugebende Gutachten über das Ergebniss der Prüfung in Beziehung auf jeden Kandidaten enthalten muss.

§. 13. Nach dem Ausfalle beider Prüfungen beschliesst die Kommission, nachdem ein jedes Mitglied sein motivirtes Gutachten abgegeben hat, über das einem jeden Kandidaten zu ertheilende Zeugniss. In diesem Zeugnisse ist auszudrücken: ob der Kandidat vorzüglich oder gut oder hinlänglich bestanden, wobei es dem Ermessen der Kommission überlassen bleibt, die einzelnen Censurgrade noch durch Unterabtheilungen (mit A. und B.) genauer zu bezeichnen. Dieses Zeugniss ist demselben unter der Unterschrift und dem Siegel der Kommission verschlossen zuzustellen.

§. 14. Von den Kandidaten, welchen auch nicht einmal das Zeugniss des letzten Censurgrades hat ertheilt werden können, sind diejenigen, welche völlig unfähig befunden werden, gänzlich abzuweisen, diejenigen aber, welche noch Hoffnung zu ihrer Qualifikation für einen öffentlichen Dienst im Rechtsfache gelassen haben, ist in einer Resolution zu gestatten, binnen einer sogleich zu bestimmenden Frist von einem oder zwei Jahren noch einmal zu einer Prüfung sich zu melden. Nach dem gleichen Ausfalle der zweiten Prüfung sind jedoch dieselben zu einer weiteren Prüfung nicht zuzulassen.

Wenn Kandidaten, welche sich zu dieser Prüfung gemeldet hatten, ihre Meldung wieder zurückgenommen haben, oder wenn sie, unter Gestattung einer nochmaligen Prüfung abgewiesen, binnen der ihnen bestimmten Frist sich nicht gemeldet, *resp.* ihre Meldung zurückgenommen haben, oder endlich, wenn sie gänzlich abgewiesen sind, so hat die Kommission hiervon, behufs Heranziehung derselben zum Militärdienste, den betreffenden Kreisdirektionen *resp.* Stadtmagistraten sofort Anzeige zu machen.

II. Prüfung der Kandidaten der Advokatur, des Notariats, der Staatsanwaltschaft und des Richteramtes.

§. 15. Diejenigen, welche sich dieser zweiten Prüfung unterwerfen wollen, können sich zu derselben nur melden,

1. wenn noch nicht über fünf Jahre seit ihrer Zulassung als Rechtskandidaten verstrichen sind,
2. wenn sie nachweisen, dass sie den im §. 6 des Gesetzes, die Einrichtung einer Kommission zur Prüfung der Kandidaten der Rechte etc. betreffend, vorgeschriebenen dreijährigen Kursus vollendet haben, und
3. zugleich Zeugnisse sowohl über ihren Fleiss, als über ihr sittliches Verhalten von denjenigen Behörden und Personen, bei welchen sie sich während ihres dreijährigen Kursus ausgebildet haben, beibringen.

§. 16. Ist die Anmeldung von der Kommission zulässig befunden, so hat dieselbe dem Kandidaten

1. Akten über eine Civil- oder Kriminalsache entweder zur Ausarbeitung einer prozessualischen Parteischrift oder einer Vertheidigungsschrift, oder zu schriftlicher Abfassung eines freien Vortrages einer Prozesshandlung oder einer Vertheidigung,
2. Akten über eine Civil- oder Kriminalsache zur Ausarbeitung einer förmlichen Relation aus derselben mit Votum, auch mit dem Entwurfe des Erkenntnisses, sammt Zweifels- und Entscheidungsgründen, endlich
3. die Aufgabe zu einem rechtlichen Gutachten oder zur Aufnahme eines Kontrakts, einer Ehestiftung oder eines Testaments

an seinen Wohnort zuzufertigen und ihm zur Vollendung dieser Arbeiten eine ihrer Beschaffenheit nach angemessene und unter dem Präjudize, dass mit Zurücknahme der Akten die Anmeldung zurückgewiesen wird, zu beobachtende Frist zu setzen, welche jedoch drei Monate nicht überschreiten darf. Der Kandidat hat eine Empfangsbescheinigung an die Kommission einzusenden.

§. 17. Die Kandidaten haben die Schriften zwar vollständig, aber mit Vermeidung aller zweckwidrigen Weitläufigkeit, Digressionen und

Wiederholungen auszuarbeiten. Sie können dabei aller literarischen Hilfsmittel sich bedienen, haben jedoch die benutzten zu allegiren.

Die vollendeten Arbeiten und zwar die Relation unter Beifügung einer tabellarischen Inhalts-Uebersicht, sind, jede besonders, rein und deutlich in Folioformat geschrieben, geheftet und paginirt, auch am Schlusse mit der schriftlichen eigenhändigen Versicherung an Eides Statt:

> „dass sie bei der Ausarbeitung fremder Hilfe sich nicht bedient, auch weder die zu den Akten eingereicht gewesenen gleichmässigen Schriften, noch die ergangenen Erkenntnisse eingesehen oder sonst deren Inhalt erfahren haben“.

imgleichen mit der vollen Namensunterschrift und dem Datum versehen, mit Rückgabe der ihnen mitgetheilten Akten, an den Sekretär der Kommission, unter Beifügung der im §. 11 des Prüfungsgesetzes festgesetzten Gebühren einzusenden.

Waren ihnen jene Schriften oder Erkenntnisse schon bekannt, so haben sie davon bei der Kommission sofort Anzeige zu machen, worauf ihnen den Umständen nach andere Akten zuzufertigen sind.

§. 18. Der Präsident lässt die eingegangenen Arbeiten, nachdem er selbst sie eingesehen, bei den Kommissionsmitgliedern mit den Akten zirkuliren und ernennt zur Begutachtung derselben einen Referenten und einen Korreferenten.

§. 19. Fiele der auf dieses, in einer Kommissionssitzung zu erstattende Gutachten, von der Kommission gefasste Beschluss dahin aus:

> „dass die Arbeit, auch wegen unzweckmässiger, im Geschäftsgange unausführbarer Weitläufigkeit, untauglich und danach der Kandidat zu einem der in dem §. 15 bezeichneten Aemter nicht befähigt sei,“

so ist derselbe ohne weiteres zurückzuweisen; jedoch kann ihm dabei nach dem Ermessen der Kommission freigelassen werden, zu dieser Prüfung noch einmal binnen einer bestimmten Frist sich zu melden (§. 14).

§. 20. Ist die Arbeit nicht untauglich befunden, so ist der Kandidat zur weiteren Prüfung auf eine bestimmte Zeit vorzuladen.

Diese Prüfung soll jährlich zweimal, zu Ostern und Michaelis, stattfinden, es können jedoch nur diejenigen Kandidaten zu derselben zugelassen werden, welche wenigstens drei Monate vor diesem Termine ihre schriftlichen Probearbeiten eingereicht haben. Die Anzahl der zu einer solchen Prüfung vorzuladenden Kandidaten hat die Kommission nach den Umständen zu bestimmen.

Der vorgeladene Kandidat darf hierauf ohne Bescheinigung erheblicher Behinderungsgründe bei Verlust seines Anspruchs auf Fortsetzung dieser Prüfung, nicht zurückbleiben. Derselbe hat sich spätestens am Tage vor dem Termine, zu welchem er vorgeladen ist, bei dem Präsidenten und den Mitgliedern der Kommission persönlich zu melden.

Einem jeden der erschienenen oder am Sitze der Kommission wohnhaften Kandidaten ist eine zweite Akte, und zwar, nach dem Ermessen der Kommission, über eine Civil- oder Kriminalsache, in seine Wohnung zu verabfolgen, mit der Anweisung, aus derselben entweder zu einer mündlichen Relation mit Votum, oder zu einem freien mündlichen Vortrage einer prozessualischen Verhandlung- oder einer Vertheidigung vor der Kommission an einem bestimmten Tage sich vorzubereiten.

§. 21. Zu der bestimmten Zeit ist von ihm dieser Vortrag frei und, ohne einen schriftlichen Aufsatz abzulesen, zu halten, und er darf dabei nur zur Unterstützung des Gedächtnisses schriftlicher Bemerkungen sich bedienen.

Die Mitglieder der Kommission können über den Gegenstand des Vortrages Fragen an ihn richten, und Erläuterungen verlangen.

§. 22. An demselben oder einem der nächstfolgenden Tage ist mit dem Kandidaten eine mündliche, besonders auf die Ermittelung seiner praktischen Befähigung gerichtete Prüfung anzustellen. Dieselbe bezieht sich zunächst auf seine schriftlichen Ausarbeitungen, umfasst jedoch auch andere Gegenstände aus allen Theilen der Rechtsgelehrsamkeit, insbesondere aus der einheimischen Verfassung und Gesetzgebung.

Auch sind ihm einige Rechtsfälle zur Entscheidung vorzulegen.

§. 23. Ueber alle diese Prüfungen, deren Ergebniss und das Gutachten der Kommission darüber, ist ebenfalls nach §. 12 dieser Instruktion, ein Protokoll aufzunehmen. Auch ist übrigens ebenso, als in den §§. 13 und 14 vorgeschrieben ist, zu verfahren und sind in dem auszustellenden Zeugnisse die Grade der Qualifikation des Kandidaten mit den §. 13 vorgeschriebenen Censuren zu bezeichnen. Ausserdem hat die Kommission über den Ausfall jeder zweiten Prüfung dem Herzoglichen Staatsministerium eine tabellarische Liste einzureichen.

III. Prüfung Derjenigen, welche in höhere juristische Aemter, nämlich als Mitglieder des Obergerichts, als Kreisdirektoren, als Oberstaatsanwalt, dessen Substitut oder als Obergerichtsadvokat eintreten wollen.

§. 24. Diejenigen, welche sich dieser dritten Prüfung unterwerfen wollen, können zu derselben erst nach Ablauf von drei Jahren, nach der zweiten bestandenen Prüfung, zugelassen werden.

§. 25. Wird die Anmeldung von der Kommission zulässig befunden, so hat dieselbe dem Kandidaten die Akten über eine Civilsache und über eine Kriminalsache zur Anfertigung einer von der Kommission zu bestimmenden schriftlichen Arbeit zuzustellen.

Zur Vollendung dieser Arbeiten, während welcher er sich in Wolfenbüttel aufhalten muss, ist demselben eine den Umständen angemessene Frist zu gestatten, welche jedoch zwei Monate nicht überschreiten darf.

Bei der Ausarbeitung und Ueberreichung dieser Arbeiten sind die Bestimmungen des §. 17 zu beobachten.

§. 26. Im Uebrigen ist, was die Entscheidung über die schriftlichen Arbeiten des Kandidaten anbetrifft, nach den Vorschriften der §§. 18 und 19 zu verfahren und, wenn die Arbeiten nicht untauglich befunden sind, die Prüfung nach den Bestimmungen der §§. 20 bis 23, jedoch mit der Modifikation fortzusetzen, dass die weitere Prüfung mit jedem einzelnen Kandidaten besonders vorgenommen wird und dass die Kommission in dem auszustellenden Zeugnisse sich lediglich darüber auszusprechen hat, ob der Kandidat die zu den höheren juristischen Aemtern erforderliche Befähigung besitzt.

Durch die Prüfung soll ermittelt werden, ob der Kandidat in theoretischer Hinsicht die zu einer selbstständigen Beherrschung der Rechtsmaterien erforderliche Bekanntschaft mit den Rechtsquellen und der juristischen Literatur besitzt und ob derselbe in praktischer Hinsicht gewöhnliche Fälle mit Leichtigkeit und Sicherheit zu behandeln, schwierigere aber gründlich, erschöpfend und lichtvoll zu beurtheilen, darzustellen und vorzutragen vermag.

Bei der Auswahl der Akten, sowohl für die schriftlichen Arbeiten als für den mündlichen Vortrag und bei der mündlichen Prüfung ist hierauf die gehörige Rücksicht zu nehmen und dem Kandidaten Gelegenheit zu geben, sich über seine theoretische und praktische Befähigung zu den höheren juristischen Aemtern auszuweisen.

§. 27. Transitorische Bestimmungen.

1. Die Vorschriften dieser Instruktion sollen auch in Ansehung der von den Kandidaten schon nachgesuchten aber noch nicht vollendeten Prüfungen, soweit als solches ohne Beschwerde der Kandidaten geschehen kann, nach dem Ermessen der Kommission, Anwendung finden.
2. Diejenigen Kandidaten, welche sich, nachdem sie die erste Prüfung nach der Instruktion vom 24. Januar 1838 bereits bestanden, gegenwärtig zu der Advokaten- und Notariats-Prüfung gemeldet haben, werden so angesehen, als ob sie sich zu der zweiten Prüfung in Gemässheit der gegenwärtigen Instruktion gemeldet hätten und es sind auf diese letzte Prüfung die Vorschriften dieser Instruktion anzuwenden.
3. Denjenigen Advokaten, welche seit länger als fünf Jahren das Advokaten-Examen bestanden haben und sich zu der zweiten Prüfung melden wollen, ist zu diesem Zwecke annoch eine Frist von zwei Jahren gestattet.
4. Denjenigen Advokaten, welche, wenn sie bereits drei Jahre advokatorische Praxis betrieben, sich bis zum 1. Juli d. J. zur Richteramtsprüfung gemeldet, soll gestattet sein, mit Uebergehung der zweiten Prüfung, nachträglich noch zu der dritten Prüfung sich zu melden. Sie haben, wenn sie von dieser Befugniss Gebrauch machen wollen, die Meldung innerhalb vier Wochen, von Zeit der Bekanntmachung dieser Instruktion, bei der Kommission schriftlich einzureichen und diese hat mit denselben, unter Zurücknahme der ihnen etwa schon zugestellten Examen-Akten, *resp.* unter Zurückgabe der von ihnen schon eingereichten Probearbeiten, die Prüfung nach den Vorschriften dieser Instruktion vorzunehmen.

GROSSHERZOGTHUM BADEN.

I. Advokaten-Ordnung.

Quelle: Gesetz und Allerhöchste Einführungsverordnung vom 22. Sept. 1864, die Anwalts-Ordnung betreffend. (Regierungs-Blatt 1864, Nr. L.)

1. Anwalts-Ordnung.

Titel I.

Von dem Anwaltsstande im Allgemeinen.

§. 1. Zum Eintritt in die Anwaltsrechte befähigt ist jeder inländische Rechtsgelehrte, welcher nach Erstehung der obersten juristischen Staatsprüfung noch mindestens zwei Jahre bei Staatsstellen oder unter der Leitung eines Anwalts gearbeitet hat.

§. 2. Beim Vorhandensein der Voraussetzungen des §. 1 kann die Aufnahme in den Anwaltsstand nur aus solchen Gründen verweigert werden, welche eine gänzliche oder zeitweise Entziehung der Anwaltschaft rechtfertigen würden.

§. 3. Pensionirte Staatsdiener werden nur ausnahmsweise mit Zustimmung des Anwaltsausschusses zur Anwaltschaft zugelassen.

§. 4. Das Justizministerium verfügt über die Aufnahme in den Anwaltsstand nach Vernehmung des Appellationsgerichts und der Anwaltskammer.

§. 5. Das Recht der Anwaltschaft kann nur auf den Grund dieses Gesetzes oder durch strafgerichtliches Urtheil ganz oder auf gewisse Zeit entzogen werden.

§. 6. Die Anwälte können an den Orten, an welchen sich ein Kollegialgericht befindet, ihren Wohnsitz frei wählen und nach Belieben ändern. Sie haben innerhalb vier Wochen Anzeige von dem gewählten und dem verlassenen Wohnsitze bei dem Justizministerium, dem Appellationsgericht und der Anwaltskammer der betreffenden Kreise zu machen.

Durch Verordnung des Justizministeriums wird bestimmt, an welchen anderen Orten Anwälte sich niederlassen dürfen und in welcher Zahl. Wird an einem solchen Orte eine Anwaltsstelle erledigt, so wählt unter mehreren Bewerbern das Justizministerium nach Anhörung des Appellationsgerichts und der Anwaltskammer.

§. 7. Jeder Anwalt kann bei allen Gerichten des Landes unmittelbar Schriftsätze einreichen und mündlich verhandeln, nachdem er an dem Sitze des auswärtigen Gerichts, wenn es ein Kollegialgericht ist, zur Empfangnahme aller an ihn gerichteten Beschlüsse einen Gewalthaber aufgestellt hat.

Das Recht, als Anwälte bei dem Oberhofgericht aufzutreten, steht nur denjenigen zu, welche die Anwaltschaft bereits seit mindestens fünf Jahren ununterbrochen ausgeübt haben.

§. 8. Die in dem Bezirke eines Appellationsgerichts ansässigen Anwälte bilden einen Anwaltsverein.

Jeder Anwaltsverein steht unter der Leitung einer aus dessen Mitte gewählten Anwaltskammer.

Für die Gesammtheit des Anwaltsstandes besteht ein Anwaltsausschuss.

Titel II.

Von den Rechten und Pflichten der Anwälte.

§. 9. Die Anwälte leisten vor dem Antritte ihres Berufes in öffentlicher Gerichtssitzung den Eid:

„Ich schwöre Treue dem Grossherzog und der Verfassung, Gehorsam dem Gesetze, des Fürsten wie des Vaterlandes Wohl nach Kräften zu befördern und alle Pflichten eines Anwalts gewissenhaft zu erfüllen.“

§. 10. Die Anwälte sind befugt, Alles, was sie zur Vertretung der Rechte ihrer Partei für dienlich erachten, unumwunden vorzutragen und ihre Angriffs- und Vertheidigungsmittel in jeder Weise zu gebrauchen, welche mit ihrer Vollmacht und den Gesetzen vereinbar ist und ihrem Gewissen nicht widerstreitet.

§. 11. Geleistete Anwaltsdienste begründen ein Recht auf Belohnung nach Massgabe der Taxordnung, vorbehaltlich jedoch der gesetzlichen Bestimmungen über das Armenrecht.

Bemühungen, welche in der Taxordnung nicht vorgesehen sind, werden nach Uebereinkunft mit den Parteien oder nach Billigkeit vergütet.

Auf Verlangen des Anwalts oder seiner Partei wird das Kostenverzeichniss von dem Gerichte, bei welchem die Vertretung stattgefunden hat, geprüft und beurkundet, dass dasselbe und wie weit es mit der Taxordnung und den Akten übereinstimmt oder nicht.

Vor Beendigung des Prozesses ist es dem Anwalte nicht erlaubt, gewisse Prozente des Streitgegenstandes oder den Streitgegenstand ganz oder theilweise, oder für die in der Taxordnung vorgesehenen Geschäfte höhere, als die dort festgesetzten Gebühren sich als Belohnung auszubedingen.

§. 12. Die Anwälte sind verpflichtet, die ihnen anvertrauten Geschäfte mit Eifer, Treue und Verschwiegenheit zu besorgen und überhaupt durch Redlichkeit, Ehrenhaftigkeit und Uneigennützigkeit in ihrem dienstlichen und ausserdienstlichen Benehmen die Ehre und Würde des Standes aufrecht zu erhalten.

§. 13. Der Anwalt muss die Vertretung ablehnen, wenn er die Gegenpartei in der gleichen oder in einer damit zusammenhängenden Sache vertreten hat, oder wenn er überhaupt die Treue und Verschwiegenheit gegen einen früheren Auftraggeber durch die Annahme verletzen würde.

Auch darf er keine Sache vertreten, in welcher er vorher als Richter thätig gewesen ist.

§. 14. Einer zahlungsfähigen Partei, deren Vertretung keiner der am Gerichtssitze wohnenden Anwälte freiwillig übernimmt, kann ein solcher von dem Gerichte aufgestellt werden. In einem solchen Falle finden die Bestimmungen der §§. 165 und 166 der Prozess-Ordnung [1]) Anwendung.

§. 15. Wo Verhältnisse obwalten, die eine Befangenheit gegen die Partei, welche der Anwalt vertreten soll, bei diesem besorgen lassen,

---

[1]) *Schuldigkeit der Armen zum Kostenersatze.* §. 165. Kommt der Arme zu hinreichendem Vermögen, so muss er die Gerichtssportel- und Stämpelgebühren, so wie die taxordnungsmässigen Gebühren seines Vertreters, soweit dieser nicht schon befriedigt ist (§. 161), nachzahlen. — §. 166. Auf die Befugnisse der Gegenpartei, den ihr gebührenden Kostenersatz von der zum Armenrechte zugelassenen Partei beizutreiben, hat die Bewilligung des Armenrechts keinen Einfluss. — Der im §. 165 berufene §. 161 lautet: Wird in der Folge die Gegenpartei in die Kosten verurtheilt, so hat sie die bis dahin vorgemerkten Gerichtssportel- und Stämpelgebühren, sowie dem Anwalt der Armenpartei die taxordnungsmässigen Gebühren zu bezahlen, der Armenpartei selbst aber für ihre Gänge und Auslagen Vergütung zu leisten.

muss er die Partei vor der Annahme des Auftrags von diesem Verhältniss in Kenntniss setzen.

§. 16. Die Anwälte sind verpflichtet, ihre schriftlichen Arbeiten und die ihnen zukommenden Schriftstücke und Briefe in Handakten zu sammeln und solche, mit Ausnahme des Briefwechsels mit der eigenen Partei, nach Erledigung des Auftrags dem Gewaltgeber auf Verlangen auszufolgen.

Die Handakten dürfen bis nach Zahlung der Gebühren und Auslagen zurückbehalten werden.

§. 17. Die Anwälte haben die Parteien in der Regel in eigener Person zu vertreten. In Verhinderungsfällen dürfen sie einen anderen Anwalt zum Stellvertreter für bestimmte einzelne Prozesshandlungen ernennen.

§. 18. Wenn ein Anwalt sich auf länger als vierzehn Tage von seinem Wohnsitze entfernt, hat er dem Gericht, bei welchem er angestellt ist, die Dauer der Abwesenheit anzuzeigen und einen allgemeinen Stellvertreter zu bezeichnen.

Länger als zwei Monate wird ein solcher Stellvertreter nur zugelassen, wenn die Abwesenheit durch ein öffentliches Ehrenamt veranlasst ist, oder wenn das Justizministerium die Erlaubniss zur Abwesenheit ertheilt hat.

Das Justizministerium kann in solchen Fällen auch gestatten, dass ein Referendär zum Stellvertreter ernannt wird.

Titel III.

Von den Anwaltsvereinen und Anwaltskammern.

§. 19. Zum Geschäftskreis des Anwaltsvereins gehört:

1. die Berathung über allgemeine Angelegenheiten der Anwälte des Bezirks und des Landes;
2. die Bewilligung der Mittel zur Bestreitung des für die gemeinschaftlichen Angelegenheiten erforderlichen Aufwands und die Bestimmung des Beitrags der Mitglieder;
3. die Wahl des Vorstehers, der Mitglieder der Anwaltskammer und ihrer Stellvertreter;
4. die Entwerfung oder Abänderung der Geschäftsordnung für die Anwaltskammer, vorbehaltlich der Genehmigung des Beschlusses durch das Justizministerium;

5. die Prüfung und Genehmigung der Rechnung, welche von dem Rechnungsführer der Anwaltskammer nach je zwei Jahren zu stellen ist.

§. 20. Der Anwaltsverein versammelt sich am Sitze des Appellationsgerichts. Zur Beschlussfähigkeit der Versammlung ist die Anwesenheit mindestens eines Drittheils sämmtlicher Mitglieder des Vereins erforderlich.

Die Beschlüsse der Versammlung werden mit Stimmenmehrheit gefasst; bei Stimmengleichheit giebt die Stimme des Vorsitzenden den Ausschlag.

§. 21. Die Anwaltskammer besteht aus einem Vorsteher, vier ordentlichen Mitgliedern und zwei Stellvertretern.

Der Vorsteher, zwei Mitglieder und die Stellvertreter müssen am Sitze der Anwaltskammer wohnhaft sein.

Die Mitglieder der Anwaltskammer werden jeweils auf zwei Jahre gewählt.

§. 22. Wählbar sind alle im Bezirk des Anwaltsvereins angestellten Anwälte, mit Ausnahme derjenigen, gegen welche

1. zur Zeit der Wahl ein dienstpolizeiliches oder strafrechtliches Verfahren anhängig ist;
2. im strafrechtlichen oder dienstpolizeilichen Verfahren eine höhere Strafe als Verweis oder Geldbusse erkannt worden ist, sofern nicht fünf Jahre seit dem Erkenntniss abgelaufen sind.

§. 23. Der Gewählte darf nur ablehnen, wenn er schon in den letztverflossenen zwei Jahren Mitglied der Anwaltskammer war, oder wenn er durch anhaltende Krankheit verhindert ist.

Wer ohne solchen Grund die Wahl ablehnt, wird von der Anwaltskammer in eine Strafe von zehn bis fünfzig Gulden verfällt, und verliert das Wahlrecht und die Wählbarkeit in diese Kammer.

§. 24. Von jeder Wahl in die Anwaltskammer muss dem Justizministerium unter Mittheilung der Wahlakten und den im Kreise befindlichen Kollegialgerichten Anzeige gemacht werden.

§. 25. Die Anwaltskammer ernennt aus ihrer Mitte den Rechnungsführer und den Schriftführer. Beide Aemter können einem Mitglied übertragen werden.

§. 26. Das Amt eines Mitglieds der Anwaltskammer ist ein Ehrenamt; es werden demselben nur die Reise- und andere bare Auslagen aus der Vereinskasse ersetzt.

§. 27. Der Anwaltskammer liegt ob:

1. die Handhabung der Disziplin über die Anwälte des Bezirks;
2. die Beilegung von Zwistigkeiten unter denselben auf Antrag eines Betheiligten;
3. die Erstattung von der Regierung oder den Gerichten verlangter Gutachten;
4. die Erstattung von den Betheiligten verlangter Gutachten über Honorare der Anwälte;
5. die Unterhaltung des dienstlichen Verkehrs mit Behörden, Anwälten und allen Denjenigen, welche mit ihr in geschäftliche Beziehungen treten.

§. 28. Die Anwaltskammer hat ihre Versammlungen am Sitze des Appellationsgerichts.

Zur Beschlussfähigkeit der Anwaltskammer ist die Anwesenheit von mindestens drei, in Disziplinarsachen von fünf Mitgliedern erforderlich.

Die Beschlüsse werden mit Stimmenmehrheit gefasst. Bei Stimmengleichheit giebt der Vorsitzende den Ausschlag.

§. 29. Hat das Oberhofgericht seinen Sitz an einem andern Orte, als das Appellationsgericht, in dessen Bezirk sich das erstere befindet, so versammeln sich der Anwaltsverein und die Anwaltskammer am Sitze des Oberhofgerichts.

Titel IV.

Von dem Anwaltsausschuss.

§. 30. Der Anwaltsausschuss wird aus dem Vorsitzenden und denjenigen zwei Mitgliedern jeder Anwaltskammer gebildet, welche die meisten Stimmen bei der Wahl erhalten haben.

Der Vorsitzende der Anwaltskammer am Sitze des obersten Gerichtshofs ist Vorstand des Ausschusses.

§. 31. Dem Ausschuss liegt ob:

1. die Erstattung von Gutachten, welche die Regierung von ihm verlangt;
2. die Handhabung der Disziplinargewalt über die Anwälte in den in §. 37 vorgesehenen Fällen;
3. die Vertretung der Interessen des Anwaltsstandes.

§. 32. Die Sitzungen des Ausschusses sind am Sitze des obersten Gerichtshofes.

Zur Beschlussfähigkeit des Ausschusses ist die Anwesenheit von mindestens sieben Mitgliedern erforderlich.

Die Beschlüsse werden mit Stimmenmehrheit gefasst. Bei Stimmengleichheit giebt der Vorsitzende den Ausschlag.

§. 33. Bleibt eine Versammlung des Ausschusses oder der Anwaltskammer wegen ungerechtfertigten Ausbleibens einzelner Mitglieder beschlussunfähig, so werden diese Mitglieder in eine Geldstrafe von zehn bis fünfzig Gulden oder zur Erstattung der ausgelegten Reisekosten verfällt.

Titel V.

Von der Aufsicht über die Anwälte.

§. 34. Die Aufsicht über das dienstliche und ausserdienstliche Verhalten der Anwälte steht den Anwaltskammern und dem Justizministerium zu.

§. 35. Gegenstand dienstpolizeilichen Einschreitens ist jedes dienstliche oder ausserdienstliche Benehmen des Anwalts, wodurch er seine Berufspflichten oder die Würde und Ehre des Standes verletzt. Dieses Einschreiten findet namentlich auch gegen diejenigen statt, welche muthwillige Prozesse führen oder übermässige Gebührenforderungen machen.

§. 36. Die Strafen, welche je nach der Schwere, Fortsetzung oder Wiederholung der Vergehungen ausgesprochen werden können, sind

1. Verweis,
2. Geldstrafen bis zu dreihundert Gulden,
3. Dienstsperre von drei Monaten bis auf die Dauer von zwei Jahren,
4. gänzliche Entziehung der Anwaltschaft.

Die Geldstrafen fallen in die Kasse der Anwaltskammer.

§. 37. Die Anwaltskammer kann Verweis und Geldstrafen erkennen.

Hält sie eine schwerere Strafe für angemessen, so verweist sie die Erledigung der Sache an den Ausschuss.

Bleibende Entziehung der Anwaltschaft kann von dem Ausschuss nur mit einer Stimmenmehrheit von zwei Dritteln ausgesprochen werden. Sie wird, wie auch die erkannte Dienstsperre, vom Justiz-Ministerium vollzogen.

§. 38. Bedarf die Anwaltskammer zur Untersuchung eines Disziplinarvergehens der Mitwirkung eines Richters, so beauftragt auf deren Ansuchen das Appellationsgericht einen Richter mit Vornahme der erforderlichen Untersuchungshandlungen.

Wegen Beitreibung erkannter Geldstrafen kann sich die Anwaltskammer unmittelbar an das Amtsgericht wenden.

§. 39. Von jedem über die Anschuldigung eines Disziplinarvergehens erlassenen Erkenntniss hat die Anwaltskammer dem Staatsanwalt des Appellationsgerichts Nachricht zu geben.

§. 40. Gegen das Erkenntniss der Anwaltskammer steht sowohl dem Angeschuldigten als dem Staatsanwalt die Berufung an das Appellationsgericht mit Frist von vierzehn Tagen zu.

Bei Erkenntnissen des Ausschusses geht die Berufung an das Oberhofgericht.

§. 41. Die Verhandlungen in Disziplinarsachen sind nicht öffentlich.

Das Erkenntniss wird auf den Grund innerer Ueberzeugung gefällt.

§. 42. Unabhängig von der Disziplinargewalt der Anwaltskammer und des Ausschusses ist die Strafgewalt der Gerichte im Fall der Uebertretung eines Strafgesetzes.

Ebenso können die Gerichte wegen Ordnungswidrigkeiten und ungebührlichen Benehmens, welches sich ein Anwalt in schriftlichen Vorträgen an das Gericht oder in einer mündlichen Verhandlung vor demselben zu Schulden kommen lässt, Verweise, Geld- und Gefängnissstrafen erkennen.

Von Erkenntnissen dieser Art ist dem Vorstand der Anwaltskammer Nachricht zu geben und diese kann wegen derselben Handlung dienstpolizeilich gegen den Anwalt einschreiten.

§. 43. Der Staatsanwalt hat vermöge eigenen Rechts oder auf Veranlassung der Gerichte oder anderer Behörden das Benehmen eines Anwalts, welches ein disziplinarisches Einschreiten begründet, dem Vorstand der Anwaltskammer zum Zweck der Bestrafung anzuzeigen.

Erfolgt auf Erinnerung kein Erkenntniss, so kann auf Antrag des Staatsanwalts das Appellationsgericht eine Frist zur Erledigung setzen und nach deren fruchtlosem Ablauf die Entscheidung der Sache, vorbehaltlich der Berufung an das Oberhofgericht, an sich ziehen.

Vorübergehende Bestimmungen.

§. 44. Anwälte, welche bei Einführung dieses Gesetzes ihren Wohnsitz an einem Orte haben, an welchem nach §. 6 die Niederlassung von Anwälten nicht gestattet ist, müssen binnen Jahresfrist ihren Wohnsitz nach §. 6 wählen oder beim Justizministerium die Bewilligung nachsuchen, ihren bisherigen Wohnsitz beizubehalten.

Den Bewerbern um Anwaltsstellen an Orten, an welchen kein Kollegialgericht ist, gehen jedenfalls diejenigen vor, welche an dem betreffenden Orte schon bisher als Anwälte niedergelassen waren.

Waren an dem Orte bisher mehr Anwälte, als in Zukunft zugelassen werden, so muss der jüngste, von der Zeit der Erstehung der obersten juristischen Staatsprüfung an gerechnet, zurücktreten, sofern er nicht binnen Jahresfrist beim Justizministerium die Erlaubniss zu Beibehaltung seines Wohnsitzes erwirkt.

§. 45. Die erste Versammlung der Anwaltsvereine beruft und leitet behufs der Wahl der Anwaltskammern ein Beauftragter des Justizministeriums.

Schlussbestimmung.

§. 46. Das Justizministerium ist mit dem Vollzuge dieses Gesetzes und mit Erlassung der nöthigen Vollzugsverordnungen beauftragt.

2. Einführungs-Verordnung.

§. 1. Vorstehende Anwaltsordnung tritt mit dem ersten Oktober d. J. in Wirksamkeit.

§. 2. Wenn am gedachten Tage eine neue Taxordnung für die Anwälte noch nicht verkündet ist, so besteht einstweilen die gegenwärtige Taxordnung mit folgenden Bestimmungen fort.

§. 3. Für vorbereitende Schriften wird, ohne Rücksicht auf deren Bogenzahl, diejenige Gebühr bewilligt, welche sich nach der Taxordnung für einen Schriftsatz von zwei und einem halben Bogen ergiebt. Ebenso für Schriftsätze in Rechtspolizeisachen, und ist bei letzteren im Zweifel die dritte Taxklasse massgebend.

§. 4. Für die mündliche Hauptverhandlung gilt stets der höchste Ansatz der betreffenden Klasse.

§. 5. Die Ansätze, welche die Taxordnung für Rechtssachen bei dem Hofgericht bestimmt, gelten auch für Rechtssachen bei dem Kreisgericht.

II. Prüfungen.

Quellen: Allerhöchstlandesherrliche Verordnung vom 16. Dezember 1853, über die Vorbereitung zum öffentlichen Dienste in der Justiz- und der inneren Staatsverwaltung. (Regierungsblatt Nr. XLIX, S. 429 ff.) — Vollzugsverordnung des Justizministeriums vom 7. April 1854 zu der höchstlandesherrlichen Verordnung über die Vorbereitung zum öffentlichen Dienste in der Justiz- und der inneren Staatsverwaltung. (Regierungsblatt Nr. XV. S. 127 ff.)

1. Prüfungs-Verordnung.

§. 1. Wer zu einem Staatsdienste in der Justiz- oder der inneren Staatsverwaltung, zu dessen Bekleidung umfassende Rechtskenntnisse erforderlich sind, oder zur Advokatur gelangen will, muss

1. die Rechtswissenschaft und die in §. 3, Ziffer 15 und 16 bezeichneten staatswissenschaftlichen Fächer auf einer Hochschule studirt,
2. hierauf eine Prüfung vor der in §. 2 bezeichneten Behörde bestanden,
3. sodann die Fortsetzung seiner Studien, insbesondere in den Landesgesetzen, sowie seiner praktischen Vorbereitung mindestens weitere zwei Jahre gewidmet und
4. hierüber eine zweite Prüfung vor einer hiezu bestellten Kommission bestanden haben.

I. Erste Prüfung.

§. 2. Das Justizministerium wird die Prüfung der Rechtskandidaten jährlich zweimal, im Frühjahr und Spätjahr [2]), unter Mitwirkung von Kommissarien des Ministeriums des Innern vornehmen.

§. 3. Wer zu dieser Prüfung zugelassen werden will, muss nach vollendetem Lyzealkurs während sieben Semestern auf einer inländischen oder ausländischen Hochschule Vorlesungen über folgende Fächer fleissig besucht haben:

1. Römisches Recht,
2. Geschichte des römischen Rechts,
3. Französisches Civil- und badisches Landrecht,
4. Deutsches Privatrecht,
5. Civilprozess,

---

[2]) Die Prüfung der Rechtskandidaten wird — statt jährlich zweimal (§. 2 der Prüfungs-Verordnung) — jährlich einmal und zwar im Spätjahr vorgenommen. (Bekanntmachung des Justiz-Ministeriums vom 23. Juli 1857. —1.)

6. Kriminalrecht,
7. Kriminalprozess,
8. Staatsrecht,
9. Deutsche Staats- und Rechtsgeschichte,
10. Kirchenrecht,
11. Philosophie des Rechts (Naturrecht),
12. Lehenrecht,
13. Civilprozesspraxis und Referirkunst,
14. Gerichtliche Medizin,
15. Nationalökonomie,
16. Polizeiwissenschaft.

§. 4. Nach zurückgelegtem siebenten Semester kann sich ein Kandidat sogleich der Prüfung unterziehen.

Er muss sich derselben spätestens anderthalb Jahre nach seinem Abgang von der Hochschule unterziehen. Spätere Zulassung findet nur statt, wenn Krankheit oder andere unabwendbare Hindernisse bescheinigt werden. Wer die Prüfung nur theilweise ersteht, wird so angesehen, als wenn er gar nicht daran Theil genommen hätte.

§. 5. Die Anmeldungen zur Frühjahrsprüfung müssen im April [3]), die zur Spätjahrsprüfung im Oktober schriftlich bei dem Justizministerium eingereicht werden und folgende Beilagen enthalten:

1. das Maturitätszeugniss,
2. Sitten- und Studienzeugnisse der besuchten Hochschulen,
3. Nachweisungen über den Besuch dreier Vorlesungen aus dem Lehrkreise der philosophischen Fakultät nach Massgabe des §. 19 Unserer Verordnung über die Gelehrtenschulen vom 31. Dezember 1836 (Regierungsblatt 1837, Nr. VIII) und der Bekanntmachung Unseres Ministeriums des Innern vom 1. November 1839 (Regierungsblatt Nr. XXX) [4]).

---

[3]) Vgl. Note 2.

[4]) Gesetz über Gelehrtenschulen vom 31. Dez. 1836 (Regierungsblatt 1837 VIII. S. 53—64). §. 19. Wer in einem wissenschaftlichen Berufsfache, wofür die Landesgesetze einen akademischen Kurs und eine Staatsprüfung vorschreiben, sich nach Vollendung seiner akademischen Studien prüfen lassen will, ist gehalten, der Prüfungsbehörde die Zeugnisse darüber vorzulegen, dass er vor dem Bezuge einer Universität, die in den §§. 14 und 17 gegenwärtiger Verordnung bezeichnete Prüfung erstanden und hierauf die unbedingte Entlassung erhalten habe, so wie darüber, dass er zu seiner weiteren allgemeinen wissen-

4. endlich, soweit es nöthig, eine Nachweisung über das Staatsbürgerrecht des Kandidaten.

§. 6. Der Anfangstermin der Prüfung wird jeweils öffentlich bekannt gemacht und den zugelassenen Kandidaten noch besonders eröffnet.

Dieselben haben sich am Tage vor dem Beginne der Prüfung dahier einzufinden und zwanzig Gulden als Prüfungstaxe an die Registratur des Justizministeriums zu entrichten.

Wer verhindert ist, an der Prüfung Theil zu nehmen, hat dies dem Justizministerium vor Beginn derselben schriftlich anzuzeigen.

§. 7. Den erschienenen Kandidaten werden gemeinschaftliche Fragen aus den in §. 3, Ziffer 1 bis 11, 15 und 16 genannten Fächern zur schriftlichen Beantwortung gegeben, bei welcher sie sich keiner anderen Hilfsmittel, als (bei Ziffer 1 und 2) des *Corpus juris civilis* bedienen dürfen.

---

schaftlichen Fortbildung in einem jeden der ersten drei Semester seiner akademischen Studienzeit wenigstens eine Vorlesung aus dem Lehrkreise der philosophischen Fakultät mit Fleiss gehört habe. — Wer diesen Forderungen nicht Genüge leistet, kann zur Staatsprüfung nicht zugelassen werden. Eine Dispensation kann nur für diejenigen stattfinden, welche von einem entlegenen Orte im Auslande, wo sie öffentlichen oder Privatunterricht erhalten haben, unmittelbar eine ebenfalls entlegene ausländische Universität bezogen haben und glaubhafte Zeugnisse über einen vor dem Uebergange zu Universitätsstudien genossenen genügenden Unterricht beibringen. In diesem Falle ist die Prüfungsbehörde ermächtigt, die Betheiligten zur Staatsprüfung in seinem Berufsfache unter der Bedingung zuzulassen, dass er zuvörderst sich der Nachprüfung in den Lyzealkenntnissen unterwerfe. — Die im §. 19 bezogenen §§. 14 und 17 lauten: §. 14. Die Abiturienten aus der obern Ordnung der sechsten Klasse der Lyzeen haben eine besondere Maturitätsprüfung zu bestehen. — Die Zulassung zur Abiturientenprüfung kann solchen Schülern verweigert werden, welche im letzten Jahre wegen schlechter Aufführung bestraft und mit der Ausweisung aus der Anstalt bedroht worden sind. — §. 17. Jeder, der aus einer auswärtigen Lehranstalt oder aus einem Privatunterricht zur Universität übergehen will, hat sich ebenfalls und zwar vor dem Bezuge einer Hochschule in allen Fächern, die in der obersten Klasse eines Lyzeums vorkommen, einer mündlichen und schriftlichen Prüfung zu unterwerfen, insofern er sich einem Berufe widmet, wofür ein akademischer Kurs und eine Staatsprüfung vorgeschrieben sind, und er später auf Zulassung zu dieser Staatsprüfung Anspruch machen will. — Melden sich solche junge Leute, welche aus einer öffentlichen Anstalt wegen schlechter Aufführung ausgewiesen wurden, so wird die Oberschulbehörde über die Zulassung zur Prüfung nach Erwägung der Ursache der Ausweisung und der für spätere Zeit beigebrachten Sittenzeugnisse entscheiden.

§. 8. Nach der schriftlichen Prüfung hat sich jeder Kandidat einzeln vor der im §. 2 bezeichneten Behörde einer mündlichen Prüfung aus dem römischen Recht, dem badischen Landrecht, dem Kriminalrecht und Civilprozess, so wie der Nationalökonomie zu unterziehen.

§. 9. Nach Beendigung beider Prüfungen setzt das Justizministerium auf den Grund kollegialischer Berathung fest, welche Kandidaten bestanden sind.

Sie werden nach der Reihenfolge ihrer Befähigung mit einem der Prädikate: „vorzüglich —", „gut —", „hinlänglich befähigt" unter die Rechtspraktikanten aufgenommen und erhalten darüber eine von dem Präsidenten des Justizministeriums unterzeichnete Urkunde.

§. 10. Die Kandidaten, welche nicht bestanden sind, werden auf ein Jahr zurückgewiesen.

Sie müssen sich spätestens nach anderthalb Jahren der weiteren Prüfung unterziehen, wenn sie nicht Hindernisse der im §. 4 bezeichneten Art bescheinigen können.

Wer zum zweitenmale in der Prüfung nicht bestanden ist, wird für immer zurückgewiesen.

II. Praktische Vorbereitung.

§. 41. Die Rechtspraktikanten haben ihre Studien, besonders in den Landesgesetzen, fleissig fortzusetzen und zum Behuf ihrer praktischen Ausbildung wenigstens zwei Jahre lang sich in den Geschäften der Rechtsverwaltung zu üben.

§. 12. Diese praktischen Uebungen werden bei den Bezirksämtern begonnen, können aber auch nach Massgabe der nachstehenden Vorschriften bei den Hofgerichten fortgesetzt und beendigt werden.

§. 13. Den Rechtspraktikanten soll in der Regel freigestellt werden, die Bezirksämter, bei welchen sie die vorgeschriebene Praxis nehmen wollen, selbst zu wählen. Dem Justizministerium ist aber vorbehalten, dieselben auf ihr Ansuchen oder auch ohne solches, bestimmten Bezirksämtern, bei welchen Gelegenheit zu ihrer tüchtigen Ausbildung vorhanden ist, zuzuweisen.

Die Zahl der bei einem Amte zugelassenen Praktikanten soll in der Regel die der Beamten nicht übersteigen. Dem Justizministerium ist vorbehalten, in einzelnen Fällen weitere Zulassungen zu gestatten.

§. 14. Die Beschäftigung eines Rechtspraktikanten bei Bezirksämtern muss mindestens ein Jahr gedauert haben, bevor er zur Praxis bei einem Hofgerichte zugelassen werden kann.

Wünscht er Letzteres, so hat er seine Bitte dem Justizministerium vorzutragen. Dieses wird über Leistungen und Betragen desselben Bericht erheben und ihn, wenn er hinreichend vorbereitet erscheint, auch sein Betragen untadelhaft war und Gelegenheit zu seiner Verwendung vorhanden ist, einem Hofgerichte zuweisen.

Inzwischen hat er seine Dienstleistungen bei einem Amte, und zwar in Justiz- oder in Verwaltungsgeschäften fortzusetzen oder auch bei einem Amtsrevisorate zu praktiziren.

Dem Justizministerium ist vorbehalten, in einzelnen Fällen, wo es dies für angemessen erachtet, Rechtspraktikanten auch ohne ihr Ansuchen einem Hofgerichte zum Behufe ihrer praktischen Ausbildung zuzuweisen.

§. 15. Diejenigen, welche zur Praxis bei einem Hofgerichte zugelassen werden, haben solche bis zum Ablaufe des zweiten Jahres fortzusetzen; sie muss, wenn sie erst nach anderthalb Jahren beginnen konnte, jedenfalls sechs Monate dauern.

III. Zweite Prüfung.

§. 16. Diejenigen Rechtspraktikanten, welche sich um eine Anstellung als Richter oder Staatsanwalt, um eine selbstständige Beamten- oder Kollegialstelle im Verwaltungsfach, oder um die Anwaltschaft zu bewerben gedenken, haben sich nach Beendigung der zweijährigen praktischen Uebungen und spätestens vier Jahre nach der ersten Prüfurg einer zweiten Prüfung zu unterziehen.

§. 17. Diese Prüfung wird von einer Kommission, welche das Justizministerium nach vorgängigem Benehmen mit dem Ministerium des Innern ernennt, jährlich einmal (im Spätjahr) [5]) kostenfrei vorgenommen.

---

[5]) Se. Königliche Hoheit der Grossherzog haben durch höchste Entschliessung aus Grossherzoglichem Staatsministerium vom 20. Sept. d. J. Nr. 853/4 gnädigst geruht, den §. 17 der höchsten Verordnung vom 16. Dez. 1853 über die Vorbereitung etc. dahin abzuändern, dass die jährlich vorzunehmende zweite juristische Prüfung künftig — statt im Spätherbst — jeweils in den Gerichtsferien stattzufinden habe. (Bekanntmachung des Justizministeriums vom 29. Dez. 1864, Reg. Bl. Nr. LVII.) — Der §. 245 der Civ.-Proz.-Ordnung erklärt für

Sie hat den Zweck, die praktische Tüchtigkeit der zu Prüfenden, sowohl hinsichtlich der festeren Begründung ihres theoretischen Wissens und der genauen Kenntniss der vaterländischen Gesetze und Staatseinrichtungen, als auch in Betreff der Geschäftsgewandtheit zu erforschen.

§. 18. Die Rechtspraktikanten, welche sich dieser Prüfung unterziehen wollen, haben sich im Laufe des Monats August [6]) bei dem Justizministerium zu melden, unter Benennung der Behörden, bei denen sie praktisch beschäftigt waren.

Der Meldung ist ein Verzeichniss der von dem Bittsteller bearbeiteten Vorträge oder Urteile mit Entscheidungsgründen anzuschliessen, welches am Schlusse die Versicherung desselben auf den abgelegten Diensteid enthalten muss, dass er diese Arbeiten selbst gefertigt habe.

Das Justizministerium erhebt hierauf umfassenden Bericht der genannten Behörden darüber, ob der Rechtspraktikant hinreichende Beweise von eifrigem Studium der Landesgesetze, von Fleiss, Gediegenheit und Gewandtheit in der Geschäftsbehandlung geliefert habe. Es fordert ferner von den verzeichneten praktischen Arbeiten je drei für das Civil- und das Kriminalfach ein.

Alle diese Vorlagen werden der Prüfungskommission zugestellt, welche den Rechtspraktikanten sofort zur Prüfung einruft.

§. 19. Die zweite Prüfung umfasst:

Badisches Staatsrecht (Verfassungs- und Verwaltungsrecht),
Landrecht (einschliesslich des Handels- und Wechselrechts),
Strafrecht,
Strafverfahren,
Prozessordnung in bürgerlichen Rechtsstreitigkeiten.

Sie beginnt mit schriftlicher Beantwortung gemeinschaftlicher Fragen aus diesen Fächern.

Hierauf hat jeder Rechtspraktikant vor versammelter Kommission einen mündlichen Vortrag aus dem Geschäftskreise des Richteramtes,

---

Gerichtsferien, ausser den Sonn- und gebotenen Feiertagen, die Tage vom Christabend bis zum Dreikönigtag.

[6]) Die Rechtspraktikanten, welche sich der zweiten Prüfung unterziehen wollen, haben sich — statt im Laufe des Monats **August** (§. 18 der Prüfungs-Verordnung) — im Laufe des Monates **Juli** bei dem Justizministerium zu melden. (Bekanntm. des Just.-Min. v. 23. Juli 1857. — 8.)

der Staatsanwaltschaft oder der Advokatur zu halten. Die Akten, aus welchen der Vortrag zu erstatten ist, werden ihm unter Bezeichnung der Aufgabe spätestens acht Tage vor der Prüfung zugestellt. Es können hiezu dieselben Akten, in welche sich schriftliche Ausarbeitungen des Praktikanten finden, benützt werden.

Zuletzt ist mit jedem einzelnen eine mündliche Prüfung aus den genannten Fächern vorzunehmen.

§. 20. Die Kommission hat auf Grund der im §. 18 erwähnten Vorlagen und der Ergebnisse der vorgenommenen Prüfung gutachtlichen Bericht unter Anschluss sämmtlicher Akten an das Justizministerium darüber zu erstatten, welche der Geprüften als „vorzüglich", „gut" oder „hinlänglich" bestanden und welche als nicht bestanden anzusehen seien.

Das Justizministerium entscheidet über das Ergebniss der Prüfung, es ernennt die Bestandenen zu Referendären und stellt ihnen eine Beurkundung darüber aus.

Die Nichtbestandenen dürfen sich noch einmal, jedoch nur zu einer der zwei nächstfolgenden Jahresprüfungen einfinden [7]). Sie haben inzwischen ihre Praxis bei Aemtern fortzusetzen. Melden sie sich nochmals zur Prüfung, so treten die Vorschriften des §. 18 abermals in Anwendung.

IV. Beschäftigung der Referendäre.

§. 21. Die Referendäre können bei Bezirksämtern zu richterlichen oder Verwaltungsgeschäften oder bei einem Gerichtshofe oder Staatsanwalte oder bei einem Verwaltungskollegium als Hilfsarbeiter verwendet werden. Mit besonderer Bewilligung des Hofgerichts dürfen sie auch bei einem Anwalte arbeiten und, soweit dies gesetzlich zulässig ist, als dessen Stellvertreter bei Gerichten auftreten.

Diejenigen, welche die erste oder doch die zweite Prüfungsnote erhalten haben, sollen in Bezug auf Anstellung im Staatsdienste oder auf Verleihung von besoldeten Praktikantenstellen, so wie bezüglich der Erlaubniss zur Ausübung der Anwaltschaft vorzugsweise berücksichtigt werden.

---

7) Die in der Prüfung nicht bestandenen Rechtskandidaten müssen sich spätestens nach zwei Jahren — statt nach anderthalb Jahren (§. 20 der Prüfungs-Vdg.) — der weiteren Prüfung unterziehen. (Bekanntm. des Justiz-Min. vom 23. Juli 1857. — 2.)

V. Allgemeine und vorübergehende Bestimmungen.

§. 22. Wir empfehlen Unseren Bezirksämtern, sowie den Vorstehern und Mitgliedern der Gerichtshöfe und Verwaltungskollegien, die bei ihnen beschäftigten Rechtspraktikanten und Referendäre in ihrer praktischen Ausbildung, wie in der Fortsetzung ihrer Studien, namentlich im Studium der Landesgesetze, durch Aufmunterung und Anleitung kräftig zu unterstützen. Wir erwarten, dass sie über deren dienstliches und ausserdienstliches Leben sorgfältige Aufsicht führen und bei Ausstellung von Dienstzeugnissen für dieselben mit strenger Gewissenhaftigkeit verfahren werden.

§. 23. Die Disziplinargewalt über die Rechtspraktikanten und Referendäre wird, nach den zu erlassenden näheren Bestimmungen, den Behörden, bei denen sie beschäftigt sind, beziehungsweise den diesen vorgesetzten Behörden, übertragen. Dem Justizministerium ist das Recht vorbehalten, denselben die durch die Prüfung erlangte Befähigung zur Praxis und Anstellung auf bestimmte Zeit oder für immer zu entziehen.

§. 24. Gegenwärtige Verordnung findet auch auf die schon vorhandenen Rechtspraktikanten Anwendung. Dieselben haben sich spätestens im Spätjahr 1855 der zweiten Prüfung zu unterziehen.

Denjenigen, welche vor mehr als vier Jahren als Rechtspraktikanten aufgenommen worden sind, oder welche wenigstens sechs Monate lang zur Zufriedenheit der vorgesetzten Behörden eine Amtsverwaltung geführt, die Stelle eines besoldeten Praktikanten bei Aemtern bekleidet, bei einem Gerichtshofe oder Ministerium oder einem Verwaltungskollegium praktizirt haben, oder welche für befähigt zur Ausübung des Schriftverfassungsrechts erklärt sind, kann das Justizministerium die Ernennung zu Referendären unter Erlassung der zweiten Prüfung bewilligen [8]).

§. 25. Den Rechtskandidaten, welche vor dem Spätjahr 1852 die Hochschule verlassen, sich aber der Prüfung noch nicht unterzogen,

---

[8]) Diejenigen Rechtspraktikanten, welche nach §. 24 der allerhöchst. Vdg. vom 16. Dez. v. J. (Reg.-Bl. Nr. L) die Erlassung der zweiten Prüfung und die sofortige Ernennung zu Referendären nachsuchen wollen, haben ihr Gesuch mit der nöthigen Nachweisung binnen vier Wochen bei der unmittelbar vorgesetzten Behörde einzureichen, welche solches — und zwar Bezirks- oder Mittelbehörden, mit Ausnahme der Gerichtshöfe, durch Vermittlung der ihnen vorgesetzten Behörden — mit gutachtlicher Aeusserung hierher gelangen lassen wird. (Vdg. des Just.-Min. vom 7. Apr. 1864. Reg.-Bl. Nr. XV, S. 133.)

oder welche vor demselben Zeitpunkt eine Prüfung mit ungenügendem Erfolge bestanden und sich seitdem zu einer weitern nicht wieder eingefunden haben, wird hiezu eine letzte Frist von einem Jahre anberaumt.

§. 26. Alle älteren Vorschriften über die Prüfung und praktische Ausbildung der Rechtspraktikanten sind aufgehoben.

Das Justizministerium ist mit dem Vollzuge beauftragt und hat die dazu nöthigen Bestimmungen zu erlassen.

2. Vollzugs-Verordnung.

Zum Vollzuge der allerhöchsten landesherrlichen Verordnung vom 16. Dezember 1853, Regierungsblatt Nr. L, die Vorbereitung zum öffentlichen Dienste in der Justiz- und der innern Staatsverwaltung betreffend, wird im Einverständnisse mit grossherzoglichem Ministerium des Innern verordnet:

I. Beschäftigung der Rechtspraktikanten bei den Bezirksämtern.

§. 1. Bei den Bezirksämtern sind die Rechtspraktikanten in der Weise zu beschäftigen, dass sie die Einrichtungen und Geschäftsformen kennen lernen, eine umfassende und lebendige Anschauung von der Uebung der Rechtspflege gewinnen und schliesslich in die richterlichen Geschäfte selbst eingeführt werden.

§. 2. Sie sind zunächst zu Kanzleiarbeiten aller Art zu verwenden.

Erst wenn sie sich vollkommene Kenntniss der Geschäftsformen verschafft haben, darf ihnen auch die Entwerfung einzelner richterlicher Verfügungen, Berichte, Urteile mit Entscheidungsgründen, Zusammenstellungen in Strafsachen und dergleichen anvertraut werden.

Solche Arbeiten hat jedoch der Beamte, bevor sie ausgefertigt oder sonst vollzogen werden, genau zu prüfen, dem Praktikanten die daran wahrgenommenen formellen oder materiellen Mängel bemerklich zu machen, die nöthigen Berichtigungen oder nach Umständen die völlig neue Bearbeitung von ihm vornehmen zu lassen, und erst, wenn die Arbeit tadelfrei befunden wird, solche zu unterzeichnen.

§. 3. Die selbstständige Leitung von Untersuchungen oder von mündlichen Verhandlungen in bürgerlichen Rechtsstreisigkeiten ist den Rechtspraktikanten nicht gestattet.

Jedoch kann ihnen die Vornahme einzelner Verhandlungen oder Untersuchungsgeschäfte, in Anwesenheit und Leitung des Beamten, übertragen werden.

§. 4. Die Beschäftigung der Rechtspraktikanten in Verwaltungssachen (§. 14 der Verordnung) ist nach Analogie der vorstehenden Bestimmungen einzurichten.

II. Beschäftigung der Rechtspraktikanten bei Amtsrevisoraten.

§. 5. Rechtspraktikanten, welche sich wenigstens ein Jahr lang bei Bezirksämtern in den Geschäften der Rechtspflege geübt haben, können auch bei Amtsrevisoraten praktiziren. Sie können diese Praxis mit der bei einem Amte oder Hofgerichte verbinden, wenn dies mit den Anforderungen des Dienstes vereinbar ist.

Die Amtsrevisoren werden denselben Gelegenheit geben, sich mit allen Theilen der Rechtspolizeiverwaltung bekannt zu machen; sie können denselben, nach gehöriger praktischer Vorbereitung, auch einzelne Geschäfte zur Bearbeitung übertragen.

§. 6. Rechtspraktikanten, welche nach einjähriger Amtspraxis zum Notariatsfach überzutreten wünschen, sind, sobald sie die erforderliche praktische Befähigung erlangt haben, in derselben Weise, wie Amtsrevisorats-Assistenten, zu den Geschäften der Rechtspolizeiverwaltung zu verwenden.

Sie können alsdann, wenn sie in dieser Eigenschaft ein Jahr lang sich mit gutem Erfolge beschäftigt haben, ohne die für das Notariatsfach sonst vorgeschriebene praktische Prüfung (Verordnung v. 18. September 1849, Regierungs-Blatt Nr. LXII) zu Notaren ernannt werden.

III. Beschäftigung der Rechtspraktikanten bei den Hofgerichten.

§. 7. Bei den Hofgerichten sind die Rechtspraktikanten gleichfalls zunächst mit den Geschäftsformen bekannt zu machen und im Anfang ausschliesslich zum Sekretariatsdienst zu verwenden.

Später kann ihnen auch die Entwerfung wichtiger Verfügungen, oder die Ausarbeitung von Urteilen mit Entscheidungsgründen nach den Beschlüssen des Gerichtshofes, übertragen werden.

§. 8. Zeigt ein Rechtspraktikant bei diesen Arbeiten hinreichende Kenntnisse und praktisches Geschick, so kann ihm der Hofgerichtsvorstand die Erstattung von Vorträgen in einfacheren Civil- und Strafsachen auftragen. Sein Aktenauszug mit dem Entwurfe des Urteils und der Entscheidungsgründe ist jedoch von dem Vorstande vor der betreffenden Sitzung einem Gerichtsmitglied (in Strafsachen, nach §. 35 des Einführungsgesetzes vom 5. Februar 1851, zweien Gerichtsmitgliedern) zur Vergleichung mit den Akten und zur weitern Prüfung zuzustellen.

In der Sitzung hat der Rechtspraktikant den Vortrag mündlich zu erstatten und seinen Antrag zu begründen. Bei der Berathung wird ihm, wenn Anstände gegen den gestellten Antrag erhoben werden, der Vorsitzende nochmals das Wort gestatten. Es versteht sich, dass er an der Abstimmung nicht Theil zu nehmen hat.

Er hat in der Sitzung überhaupt, oder wenigstens bezüglich der von ihm vorgetragenen Sache, das Protokoll zu führen.

IV. Beschäftigung der Referendäre.

§. 9. Die Referendäre dürfen bei Bezirksämtern hilfsweise zu richterlichen Geschäften jeder Art, mit Ausnahme von Ehesachen, verwendet werden; ihre Verfügungen bedürfen jedoch vor der Ausfertigung, Verkündigung oder sonstigen Vollziehung, die Prüfung des Beamten, welcher sowohl den Entwurf als die Ausfertigung zu unterzeichnen hat. Auch dürfen ihnen nur bestimmte einzelne Geschäfte von dem verantwortlichen Beamten übertragen, nicht alle in einem gewissen Theile des Amtsbezirkes vorkommenden Geschäfte ein für allemal zugewiesen werden.

Nur wenn und so lange ihnen eine Amtsverwaltung übertragen ist, sind sie von diesen Beschränkungen befreit. Auch sind in der Regel nur Amtsverwalter zur Abnahme von Eiden und Handgelübden berechtigt. Den Hofgerichten ist jedoch gestattet, auch anderen Referendären die Ermächtigung hierzu, sofern das Interesse des Dienstes bei einzelnen Aemtern es verlangt, zu ertheilen.

Die Hofgerichte werden streng darüber wachen, dass in andern Fällen die selbstständige Vornahme richterlicher Geschäfte durch Referendäre nicht statt finde, und dass die den Amtsrichtern obliegende Prüfung der Arbeiten mit der gehörigen Sorgfalt geschehe.

§. 10. Bei den Hofgerichten sind die Referendäre zu Sekretariatsdiensten und zur Vortragserstattung in der oben (§. 8) bestimmten Weise zu verwenden.

§. 11. Referendäre dürfen auch beim Oberhofgerichte beschäftigt werden. Ihre Verwendung ist dem Ermessen des Oberhofgerichts-Vorstandes überlassen, jedoch mit der Beschränkung, dass ihnen die Erstattung von Vorträgen nicht erlaubt werden darf.

§. 12. Referendäre, welche sich in der hofgerichtlichen Praxis besonders auszeichnen, können vom diesseitigen Ministerium auch zur Praxis bei dem Staatsanwalte zugelassen werden. Sie dürfen von demselben zu schriftlichen Ausarbeitungen und zu mündlichen Vorträgen verwendet werden. Jene Ausarbeitungen sind aber von dem Staatsanwalte oder seinem Stellvertreter zu prüfen und zu unterzeichnen, und den mündlichen Vorträgen hat einer von diesen Beiden anzuwohnen, und die etwa nöthigen Ergänzungen oder Berichtigungen sogleich in geeigneter Weise vorzunehmen.

Solche Referendäre sollen aber nebenbei auch von dem Hofgerichte noch zu Geschäften der bürgerlichen Rechtspflege verwendet werden.

§. 13. Den Anwälten ist die Art der Verwendung der bei ihnen beschäftigten Referendäre zwar freigestellt, es wird aber auch ihnen zur Pflicht gemacht, sich die gründliche und allseitige Ausbildung derselben für ihren Beruf angelegen sein zu lassen.

Auf eigenen Namen dürfen die bei Anwälten beschäftigten Referendäre vorbehaltlich der Bestimmung des §. 124 der Prozessordnung keine Anwaltsgeschäfte vornehmen, ausser in Armensachen oder in Strafsachen, welche ihnen von einem Gerichte übertragen werden.

Zur Uebernahme von Armensachen und Offizialvertheidigungen sind sie in gleichem Maasse, wie die wirklichen Anwälte, verpflichtet.

So lange ein Referendär bei einer Staatsbehörde beschäftigt ist, darf er keine Anwaltsgeschäfte besorgen. Dagegen darf er gleichzeitig bei mehreren Anwälten, mit Wissen derselben, arbeiten.

§. 14. Bei Bezirksämtern in ihrer Eigenschaft als Verwaltungsbehörden ist die Beschäftigung der Referendäre nach Analogie der obigen Vorschriften (§. 9) einzurichten.

Bei Verwaltungs-Kollegien sind dieselben zu Sekretariatsdiensten und nach Ermessen des Vorstands auch zu Referatsarbeiten zu verwenden.

V. Disziplinar-Bestimmungen.

§. 15. Binnen acht Wochen nach seiner Aufnahme hat jeder Rechtspraktikant bei diesseitigem Ministerium seinen Eintritt bei einem Bezirksamte anzuzeigen oder um Zuweisung an ein solches nachzusuchen.

§. 16. Die Rechtskandidaten werden von dem Amte, bei welchem sie zuerst eintreten, nach folgender Formel beeidigt:

„Ich schwöre Treue dem Grossherzog und der Verfassung, Gehorsam dem Gesetze, des Fürsten und des Vaterlandes Wohl nach Kräften zu befördern und überhaupt alle Pflichten des mir übertragenen Dienstes gewissenhaft zu erfüllen.“

Diese Beeidigung umfasst sämmtliche Arten der Beschäftigung im öffentlichen Dienste oder in der Advokatur.

§. 17. Die Rechtspraktikanten und Referendäre, welche mit Gehalt angestellt sind, haben zunächst die damit verbundenen Geschäfte zu besorgen und können nur in so weit, als es unbeschadet dieser Dienstleistung möglich ist, zu anderweiten Geschäften zugelassen werden.

Söhne, Brüder, Neffen oder Schwäger des Vorstandes oder eines Mitgliedes einer Stelle dürfen bei derselben nicht mit Gehalt angestellt werden.

§. 18. Sie haben die Geschäftszimmer derjenigen Behörden, bei denen sie beschäftiget sind, regelmässig während der vorgeschriebenen Arbeitszeit und so lange es der Dienst sonst erfordert, zu besuchen, und sich allen Anordnungen dieser Behörden in Bezug auf die Besorgung der vorkommenden Arbeiten sowie hinsichtlich ihres Verhaltens im Dienste pünktlich und willig zu fügen.

Auch die unentgeltlich Arbeitenden haben sich allen Geschäften, die ihnen nach dem Bedürfnisse des Dienstes übertragen werden, zu unterziehen.

Sie haben das Dienstgeheimniss streng zu bewahren. Sie sollen sich, neben gediegener und rascher Behandlung der Geschäfte, auch die Integrität, Ordnung und Reinlichkeit der Akten angelegen sein lassen und sich einer deutlichen Handschrift befleissigen.

Ueber die von ihnen bearbeiteten Vorträge oder Urteile haben sie ein Verzeichniss zu führen.

Auch ihr Verhalten ausser Dienst haben sie so einzurichten, wie es ihr künftiger Beruf erfordert.

§. 19. Sie dürfen ihre Beschäftigung bei einer Staatsbehörde ohne Urlaub nicht unterbrechen.

Dieser Urlaub wird bis zur Dauer von vier Wochen von der Behörde, bei welcher der Betreffende beschäftigt ist, ertheilt. Längerer Urlaub ist bei dem betreffenden Ministerium nachzusuchen.

Diejenigen, welche einer bestimmten Stelle zugewiesen sind, dürfen dieselbe nur mit Erlaubniss der Behörde, von welcher die Zuweisung ausging, verlassen. Denjenigen, welche nur von dem Vorstand einer Stelle zur Praxis bei derselben zugelassen sind, kann diese Erlaubniss jederzeit wieder entzogen werden, sowie auch ihnen der Austritt freisteht; Beides vorbehaltlich der üblichen oder bedungenen Aufkündigung.

§. 20. Für jeden Rechtspraktikanten werden bei seinem ersten Eintritt in die Praxis Dienstakten angelegt, welche bei jedem Dienstwechsel an die neue Behörde, bei welcher derselbe eintritt (rücksichtlich der bei Anwälten Beschäftigten an das betreffende Bezirksamt), abzugeben und von dieser fortzuführen sind.

§. 21. Jährlich in der ersten Hälfte des Monats Mai haben die Bezirksämter an das vorgesetzte Hofgericht einen Bericht über die bei ihnen beschäftigten Rechtspraktikanten und Referendäre zu erstatten, welcher sich bei jedem derselben umständlich und genau äussert:

1. Ueber dessen Betragen im Dienste und ausser dem Dienste;
2. über dessen Fleiss in Besorgung der ihm obliegenden Geschäfte und in Fortsetzung seiner Studien;
3. über die von demselben gefertigten grösseren Arbeiten, unter namentlicher Angabe der Betreffe.

Rücksichtlich der bei einem Amtsrevisorate Arbeitenden ist eine Aeusserung dieser Behörde beizufügen.

Die Anwälte, bei denen Referendäre beschäftigt sind, übergeben ein pflichthaftes Zeugniss über die nämlichen Punkte dem Bezirksamt, welches dieselben mit seinem Berichte dem Hofgerichte vorlegt.

Das Konzept oder ein Auszug des Berichtes (beziehungsweise eine Abschrift des Zeugnisses) wird zu den Dienstakten des Betreffenden genommen.

§. 22. Das Hofgericht lässt eine tabellarische Zusammenstellung der eingekommenen Berichte und Zeugnisse fertigen und legt dieselbe unter Beifügung seiner eigenen Aeusserung über die darin Verzeichneten, sowie über die bei ihm selbst oder dem Staatsanwalt beschäftigten Rechtspraktikanten und Referendäre hierher vor.

Hinsichtlich der bei dem Oberhofgericht arbeitenden Referendäre macht dieses die entsprechende Vorlage.

§. 23. Bei Denjenigen, welche im Laufe des Jahres von einer Stelle austreten, ist der erwähnte Bericht an das Hofgericht sofort zu erstatten, und dessen Inhalt seinerzeit in die Jahrestabellen aufzunehmen. Rücksichtlich der bei einem Gerichtshofe Arbeitenden wird einstweilen Vormerkung zu den Dienstakten genommen.

§. 24. Ueber die in der Verwaltung Beschäftigten berichten die Aemter in der angegebenen Zeit an die Kreisregierungen, welche darüber Vorlage an Grossherzogliches Ministerium des Innern machen. Mittelbehörden machen über die bei ihnen Beschäftigten dem betreffenden Ministerium Vorlage.

KÖNIGREICH WÜRTTEMBERG.

I. Advokaten-Ordnung.

Quelle: Berner F. — Das Verfahren in bürgerlichen Streitsachen vor den Württembergischen Gerichten. Stuttgart 1858, S. 194 ff.

I. Erfordernisse der Ausübung der Advokatur.

Die öffentlich rechtlichen Verhältnisse der praktizirenden Rechtsgelehrten, welche in Württemberg von früher Zeit her als ein besonderer Stand vorkommen, sind durch die königliche Verordnung vom 6. November 1822 festgestellt worden. Nach derselben theilen sich die Advokaten in zwei Klassen ab; die eine begreift die Prokuratoren bei den höheren Gerichten, die andere die Rechtskonsulenten, welche sich zunächst mit der Rechtspraxis bei den Oberamtsgerichten beschäftigen. Den Rechtskonsulenten sind die sogenannten Rechtspraktikanten gleichgestellt. Die Rechtskonsulenten, wie die Prokuratoren, werden vom König ernannt, erstere nachdem auf die bei dem Justizministerium anzubringenden Gesuche der durch die Erstehung der beiden juristischen Dienstprüfungen befähigten Bewerber nach Vernehmung des betreffenden Gerichtshofes die höchste Entschliessung über das Gesuch eingeholt worden ist, letztere nach den über die Besetzung von Staatsdiensten bestehenden Normen. Sämmtliche Advokaten werden in die Matrikel, von der bei jedem Gerichtshofe ein Exemplar aufzubewahren ist, eingetragen und bei dem Gerichtshofe des Kreises, in welchem ihr Wohnort gelegen ist, auf den in den Vorschriften für die Verpflichtung der Angehörigen des Justizdepartements enthaltenen Eidesvorhalt verpflichtet. Ausser den in die Matrikel Aufgenommenen ist Niemand berechtigt, diejenigen juristischen Geschäfte zu besorgen, welche nach den bestehenden Gesetzen nur von rechtsgelehrten Advokaten versehen werden können (§. 1–6 der kgl. Vdg. v. 7. Aug. 1822). Ausländische Advokaten sind daher von der Zulassung als solche bei den Württembergischen Gerichten ausgeschlossen (Generalreskript vom 25. Dez. 1795).

Eine Ausnahme hievon machen die badischen Advokaten, indem ein Zusatzartikel zum Staatsvertrage mit der Krone Baden vom 3. Januar 1826 bestimmt, dass die öffentlichen Rechtsanwälte des einen Staates in Angelegenheiten von Unterthanen dieses Staates bei den Gerichten des andern Staates zur Ausübung der Advokatur zugelassen werden, jedoch, was die untern Instanzen betrifft, nur in sofern, als die betreffende Landesgesetzgebung die Beiziehung von Advokaten überhaupt gestattet, und bei den höheren Gerichten mit der Beschränkung der Einreichung der Schriftsätze durch einen daselbst angestellten Prokurator. (Reg.-Blatt von 1834, S. 389 u. 390.)

Auch lässt das Königliche Ober-Tribunal ausländische Advokaten bei den höhern Gerichten als Schriftverfasser zu, wenn ihre Schriften der Form und dem Inhalte nach überhaupt als zulässig erscheinen und mit dem „*vidit*“ eines bei dem betreffenden Gerichtshofe angestellten Prokurators versehen sind. (Beschluss des Ober-Tribunals vom 22. November 1830.)

In den bei den Bezirksgerichten anhängigen Civilprozessen sind ausländische Advokaten ganz so, wie die nicht zur Rechtspraxis zugelassenen Personen zu behandeln.

In Betreff der Zulassung von zur Rechtspraxis nicht ermächtigten Personen zur Vertretung und Vertheidigung Dritter in den bei den Bezirksgerichten anhängigen Civilprozesssachen aber hat das Königliche Ober-Tribunal die dermalen geltenden Grundsätze nach Massgabe der bestehenden Gesetzgebung in einem Gemeinbescheid vom 29. Sept. 1854 (Reg.-Blatt S. 104) folgendermassen zusammengestellt:

I. Zur Rechtspraxis nicht ermächtigte Personen sind schon aus dem Grunde dieser mangelnden Ermächtigung bezüglich der Vertretung oder Vertheidigung Dritter in deren Prozessen bei den Bezirksgerichten beschränkt.

A. Bei mündlichen Verhandlungen werden

1. andere als zur Rechtspraxis ermächtigte Personen oder Mitglieder der betreffenden Gemeinderäthe der Regel nach nur als Bevollmächtigte einer Partei, nicht aber als blosse Fürsprecher oder Beistände neben derselben zugelassen. (Organisations-Edikt über die Rechtspflege in den unteren Instanzen. §§. 75 u. 76.)

2. Ausländische Advokaten stehen in dieser Beziehung den zur Rechtspraxis nicht ermächtigten Personen gleich, und können daher wie diese nur in der Eigenschaft von Bevollmächtigten im Gegensatz von blossen Fürsprechern oder Beiständen, vor den Bezirksgerichten erscheinen. Auch diese beschränkte Zulassung der ausländischen Advokaten findet jedoch nur statt, in soferne bei den Gerichten derjenigen Staaten, welchen sie angehören, die Württembergischen öffentlichen Rechtsanwälte gleichfalls in solcher Weise zugelassen werden. Wo aber dieses, wie z. B. in Bayern, nicht der Fall ist, sind die ausländischen Advokaten auch als Bevollmächtigte von den Gerichten zurückzuweisen.

3. Frauenspersonen ist es gestattet, auch andere als die in Ziffer 1. genannten Personen, so ferne sie die allgemeine Fähigkeit haben, vor Gericht zu stehen, als Fürsprecher oder Beistände zu den gerichtlichen Verhandlungen mitzubringen. (Pfandentwicklungsgesetz vom 21. Mai 1828, Art. 3.)

B. Was die Verfassung von Schriften für Dritte betrifft, so dürfen Personen, welche zur Rechtspraxis nicht ermächtigt sind, nur

1. einfache schriftliche Erklärungen, als Grundlage der mündlichen Verhandlungen (Justiz-Novelle vom 15. September 1822, §§. 18 und 30), also ohne Ausführung,
2. die in dem §. 13 der Justiz-Novelle erwähnten Schriftsätze, also die Klage, die Vernehmlassung darauf, die Replik und die Duplik ohne Ausführung, mithin als blosse Geschichtserzählungen in Verbindung mit den Gesuchen der Parteien,
3. schriftliche Beweismittelanzeigen (Organisations-Edikt §. 5) gleichfalls ohne Ausführung verfassen.
4. Schriftsätze, mit welchen Rechtsausführungen verbunden sind, dürfen nur von der Partei selbst oder einem zur Rechtspraxis ermächtigten Rechtsfreunde derselben verfasst werden. (Organisations-Edikt §. 121. Justiz-Novelle §. 18.) Unter Rechtsausführung wird aber hier nicht blos die Erörterung und Anwendung von Rechtssätzen, — rechtliche Deduktionen im engeren Sinne, — sondern jede Ausführung und Begründung des Anspruchs der Partei, sowohl in thatsächlicher als rechtlicher Beziehung, oder je nach Beschaffenheit der Sache, in der einen oder anderen dieser Beziehungen verstanden.

5. Eine weitergehende Befugniss zur Schriftverfassung für Dritte kommt den zur Rechtspraxis nicht ermächtigten Personen auch dann nicht zu, wenn sie als deren Bevollmächtigte vor Gericht handeln.

6. Letzteres gilt insbesondere auch von ausländischen Advokaten, welche, mögen sie bevollmächtigt sein oder nicht, gleich den zur Rechtspraxis nicht ermächtigten Personen auf die Verfassung der in Ziff. 1—3 genannten Schriften beschränkt sind. So ferne jedoch in dem Staate, welchem der auswärtige Advokat angehört, die Württembergischen Rechtsanwälte von der Schriftverfassung für Dritte in den vor den dortigen Gerichten verhandelten Civilprozessen gänzlich ausgeschlossen sind, wie z. B. in Bayern, sollen die von einem Advokaten dieses Staates verfassten Schriften ohne Rücksicht auf ihren Inhalt auch von den Württembergischen Gerichten nicht angenommen werden.

II. Neben den vorangeführten Beschränkungen besteht das in dem Landrecht Thl. I, Tit. 17, §. 5 ausgesprochene, und in dem Prozess-Reskript vom 31. Dezember 1781 Ziff. 5 wiederholte unbedingte Verbot der Einmischung der sogenannten Entenmayer in prozessualische Angelegenheiten Dritter unverändert in Kraft, und es sind demgemäss diejenigen zur Rechtspraxis nicht ermächtigten Personen, welche sich die Vertretung und Vertheidigung Dritter vor Gericht zum Geschäfte machen und daher unter den, in den angeführten Gesetzesstellen erörterten Begriff eines Entenmayers fallen, auch als Fürsprecher von Frauenspersonen, so wie als Bevollmächtigte einer Partei von gerichtlichen Verhandlungen gänzlich auszuschliessen, und die von ihnen für Dritte verfassten Schriften, ohne Rücksicht auf deren Inhalt, unbedingt zurückzuweisen. Dass ein Entenmayer in einer der in dem Gesetze gedachten Richtungen erweislich bereits schädlich gewirkt hat, wird zur Anwendung dieser Gesetzesbestimmungen nicht erfordert.

Ausserdem werden im Allgemeinen die gemeinrechtlichen Eigenschaften zur Ausübung der Advokatur erfordert, indessen ergeben sich noch folgende Limitationen:

Die frühere Verordnung, wonach solche, welche das fünfundzwanzigste Lebensjahr nicht zurückgelegt hatten, nicht in die Zahl der Advokaten aufgenommen werden sollten, ist aufgehoben (kgl. Vdg. vom 21. Mai 1818 §. 6); dagegen hat die Zulassung zur Advokatur die Wirkung des Rechtsstandes der Volljährigkeit. (Ges. v. 21. Mai 1828, Art. 1.)

Nach Aufhebung der Infamie (Ges. v. 5. Sept. 1839 Art. 1) ist die Unfähigkeit zur Advokatur an die rechtskräftige Verurtheilung zur Zuchthausstrafe (Strafgesetzbuch Art. 33, Ziff. 3), ferner an die Bestrafung wegen solcher Dienstvergehen eines Advokaten geknüpft, welche bei Staatsdienern den Verlust des Amtes neben der sonst verwirkten Strafe zur Folge hätten (St. G. B. Art. 453); überdiess steht im Fall der Verurtheilung eines Advokaten wegen gemeiner Vergehen zu Arbeitshausstrafe, oder zum Verluste der bürgerlichen Ehren- und der Dienstrechte, der ihm vorgesetzten Dienstbehörde die Erwägung zu, ob ihn die bestrafte That des Vertrauens, durch welches die Uebertragung dieser öffentlichen Berechtigung bedingt wird, unwürdig gemacht habe und hat diese Kollegialstelle zutreffenden Falls die zeitliche oder bleibende Entziehung der Praxis anzuordnen (St. G. B. Art. 454). Die Verhängung einer strafrechtlichen Untersuchung äussert jene Wirkung nur dann, wenn die Versetzung in Anschuldigungsstand wegen eines Vergehens, das nach dem Endurtheil den Verlust der Advokatur zur Folge haben könnte, eröffnet ist. (St. P. O. Art. 87, St. G. B. Art. 453.)

Die Uebernahme eines besoldeten Staatsamtes und die Betreibung eines Gewerbes ist mit gleichzeitiger Advokatur unvereinbar. Die Annahme eines Korporationsamtes oder Privatdienstes ist mit derselben nur dann verträglich, wenn die Geschäfte des ersteren mit denen eines Anwalts vereinbar, oder nicht so zahlreich sind, dass sie alle Zeit des Bediensteten in Anspruch nehmen würden (kgl. Vdg. vom 6. November 1822 §§. 19. 20. Just.-Min.-Erlass v. 1. Aug. 1827), worüber nach Vorlegung des Gesuchs, um Beibehaltung der Advokatur neben Bekleidung eines solchen Amtes durch den betreffenden Gerichtshof, das Justizministerium zu entscheiden hat.

Niedrige Herkunft bildet keinen Ausschliessungsgrund. (Verfassungs-Urkunde §. 29.)

Christliches Religionsbekenntniss ist nicht erforderlich, seit die Juden ausdrücklich für zulässig erklärt sind [1]).

Gleichzeitig kann Niemand Richter und Fürsprecher sein. (Landrecht Thl. I, Tit. 17, §. 13.)

Hiedurch ist aber nicht ausgeschlossen, dass der Unterrichter in derselben Sache als Advokat in höherer Instanz handle, sofern er nur

---

[1]) Gesetz vom 25. April 1828, Art. 23. — Königl. Verordg. v. 15. Oktober 1851. (Reg.-Bl. 248—249.)

die **Aufrechthaltung** des von ihm ausgesprochenen Erkenntnisses bezweckt. (Beschluss des Ob.-Trib. v. 15. November 1830.)

Im Uebrigen ist dem Stande der rechtsgelehrten Advokaten in Württemberg folgende Organisation gegeben: Bei dem Ober-Tribunal und den Kreisgerichtshöfen sind unter dem Titel „Prokuratoren“ Anwälte aufgestellt, welche allein befugt sind, vor diesen Gerichten vorzustehen, und durch welche ausschliesslich die bei diesen Gerichtsstellen unter Beisetzung des Namens des Schriftverfassers einzureichenden Schriftsätze unterzeichnet sein müssen, wodurch sie für den Inhalt in Beziehung auf Form und Anstand haftbar werden [2]. Einer der daselbst angestellten Prokuratoren, welcher nach Vernehmung der betreffenden höheren Gerichtsstelle von dem Justizministerium ernannt wird, bildet den Vorstand der übrigen Prokuratoren des bezüglichen Gerichts, der Vorstand der Prokuratoren des Kreisgerichtshofes aber zugleich den Vorstand der in diesem Kreise wohnenden Rechtskonsulenten. Durch diese Vorstände erlassen die höheren Gerichte die allgemeinen Verfügungen an die in dem betreffenden Kreise oder Bezirke befindlichen Rechtsanwälte, und von ihnen werden die an die Gerichtshöfe gerichteten Eingaben oder Vorstellungen sämmtlicher Prokuratoren derselben vermittelt. Diese Vorstände haben den Turnus der Anwaltschaft für die zum Armenrecht zugelassenen Parteien zu bestimmen. Ihnen hat jeder Rechtskonsulent, wenn er über drei Monate abwesend ist, sowie jeder Prokurator, wenn er sich länger als auf vierzehn Tage, jedoch nicht über drei Monate von seinem Wohnort entfernt, Anzeige zu machen. Hierüber haben sie besondere Verzeichnisse zu führen, welche sie auf den 1. Januar den Gerichtshöfen zur Einsicht vorzulegen haben. Zur Belohnung für diese Funktionen sind sie von Uebernahme der Armenprozesse befreit; auch soll ihnen die ausschliessliche Führung der bei den betreffenden Gerichtshöfen vorkommenden Fiskalprozesse übertragen werden, was aber in neuerer Zeit (wenigstens bei den Gerichtshöfen) nicht mehr eingehalten wird.

Jeder Prokurator hat bei längerer Entfernung als auf drei Monate dem Gerichtshof, welchem er angehört, ein Urlaubsgesuch einzureichen und die höhere Entschliessung hierauf abzuwarten. Die Rechtskonsulenten sind, sobald sie sich von ihrem Wohnsitze länger als vierzehn Tage

---

[2]) Instruktion vom 4. und 8. Mai 1806 §§. 17 und 18, beziehungsweise §§. 16 und 18. — Instruktion vom 1. Juni und 6. August 1806 §. 2 und §. 1. — Königl. Verordg. vom 6. November 1822 §. 8.

entfernen, verbunden, dem Oberamtsrichter ihres Wohnorts und im Falle einer bleibenden Wohnsitzveränderung nicht nur dem Oberamtsgerichte, sondern auch dem Gerichtshofe, und zwar sowohl dem seines bisherigen als auch dem seines neuen Aufenthaltsortes, hiervon amtliche Anzeige zu erstatten.

Endlich ist jeder Advokat verpflichtet, zur Besorgung der ihm anvertrauten Rechtsangelegenheiten für die Fälle einer Abwesenheit oder sonstigen Verhinderung, — die Substitutions-Befugniss vorausgesetzt — entweder durch allgemeine Bestellung eines, der betreffenden Gerichtsbehörde zu benennenden, gleich berechtigten Stellvertreters im Voraus Fürsorge zu treffen, oder einen solchen im eintretenden Fall der Verhinderung mit Vollmacht zu versehen und dem Gerichte namhaft zu machen [3]).

Die Prokuratoren sind verbunden, die vorgeschriebene Amtskleidung zu tragen, so oft sie in einer Gerichtssitzung, oder vor einer gerichtlichen Deputation zu erscheinen haben.

Die Rechtskonsulenten haben sich der vorgeschriebenen Uniform zu bedienen, so oft sie vor gesessenem Oberamtsgericht handelnd auftreten, oder ausserordentlicher Weise vor einen höheren Gerichtshof einberufen werden (kgl. Vdg. v. 6. Nov. 1822, §. 21.).

Die öffentlichen Rechtsanwälte stehen in der neunten Rangstufe. (Rangordnung v. 18. Okt. 1821. — Reg.-Bl. S. 751, 752.)

II. Nothwendigkeit der Beiziehung eines Advokaten.

In Würtemberg sind Advokaten bei der Verhandlung von Untergangssachen oder geringfügigen Sachen vor den Gemeinderäthen, nicht aber bei friedensgerichtlichen Verhandlungen vor der Ortsobrigkeit, ausgeschlossen [4]). In den bei den Oberamtsgerichten anhängigen Rechtsstreitigkeiten ist die Beiziehung von Beiständen nicht nothwendig und in keinem Fall dürfen die Gerichte die Parteien zu Beiziehung von rechtsgelehrten Beiständen (Advokaten) anweisen. Die Parteien sind aber

---

[3]) Kgl. Vdg. v. 6. Nov. 1822, §§. 9—12, 14—18. — Just.-Min.-Erl. vom 18. Aug. 1833.

[4]) Organisations-Edikt §§. 4, 20. Die erstere Bestimmung ist durch die Justiz-Novelle vom 15. Sept. 1822, §. 16 nicht abgeändert; s. Adresse der Kammer der Abgeordneten v. 11. Apr. 1821, Ziffer 39, Lit. b. — Kgl. Reskr. vom 16. Juni 1821, Ziffer 38 zu b. — Landtagsabschied v. 30. Juni 1821, §. 39.

in dieser Hinsicht nicht beschränkt [5]). Bei den höheren Gerichten steht es zwar den Parteien frei, ihre Schriftsätze selbst zu verfassen, sie haben aber, wenn solches durch Dritte geschieht, sich ausschliesslich rechtsgelehrter Advokaten (rezipirter Rechtsgelehrter) zu bedienen. Ebenso ist bei den vorkommenden mündlichen Verhandlungen mit Ausnahme der Frauenspersonen, die Beiziehung eines nicht rezipirten Rechtsgelehrten als Fürsprecher unzulässig. Schriftsätze können selbst für Frauenspersonen von solchen nicht verfasst werden [6]).

III. Verbindlichkeiten eines Advokaten und Folgen ihrer Verletzung.

Das Verbot, die Vertheidigung einer ungerechten Sache zu übernehmen, ist in den Württembergischen Gesetzen ausdrücklich enthalten (Landr. Thl. I, Tit. VI, §. 6). Den praktizirenden Rechtsgelehrten ist insbesondere zur Pflicht gemacht, von ungegründeten Prozessen ihre Gewaltgeber unter gehöriger Belehrung über das richtige Sachverhältniss abzumahnen und sich zu keinerlei böslichen Umtrieben, Rechtsverdrehungen und Uebervortheilungen Anderer gebrauchen zu lassen, viel weniger den Parteien hierzu und zu Umgehung der Gesetze selbst Anleitung zu ertheilen, oder solche durch offene und verdeckte Eingebungen zu Entstellung und Abläugnung der Wahrheit zu veranlassen [7]).

Ebenso ist den öffentlichen Anwälten verboten, ohne hinreichenden Grund seinen Beistand in einer gerechten Sache zu verweigern, oder ohne erhebliche Ursache, welche dem Gerichte anzugeben ist, vor Erledigung der Sache derselben sich zu entschlagen [8]).

In ihren Schriftsätzen haben sie sich der Bestimmtheit, Bündigkeit und einer mit Deutlichkeit verbundenen Kürze zu befleissigen,

---

[5]) Organisations-Edikt §. 56, vgl. mit Justiz-Novelle vom 15. Sept. 1822. §. 16. — Ueber den Umfang der Befugniss der nicht zur Rechtspraxis legitimirten Beistände s. oben S. 223—225.

[6]) Erlass des Ober-Tribunals vom 13. Okt. 1820. — Just.-Min.-Erlass vom 13. April 1825. — Bekanntmachung des Civil-Senates des Ober-Tribunals vom 12. Januar 1844. (Reg.-Bl. S. 137.)

[7]) Eidesvorhalt für einen Prokurator, Rechtskonsulenten und Rechtspraktikanten in den Vorschriften für die Verpflichtung der Angehörigen des Justiz-Departements von 1831, S. 60. — Instruktion für die Ober-Justiz-Prokuratoren vom 6. Aug. 1806, §. 2. — Reskr. vom 19. Juli 1666.

[8]) Landrecht Thl. I, Tit. 17, §. 19 und §. 13. Hofgerichtsordnung Thl. I, Tit. 7, §. 8. Instruktion vom 1. Juni 1806 und vom 6. Aug. 1806, §. 3. — Eidesvorhalt s. Note 7.

Gründlichkeit in der Anwendung und Klarheit in der Darstellung der Rechtssätze zu zeigen, überhaupt eine logische Ordnung zu beobachten, sowie Unwahrheiten und leidenschaftliche, für den Richter oder die Gegenpartei beleidigende Ausdrücke zu vermeiden. Die Prokuratoren der höheren Gerichte sind namentlich verpflichtet, dafür zu sorgen, dass keine verworrene, ohne Sachkenntniss und logische Ordnung abgefasste, allzuweitläufige oder sonst ordnungswidrige Aufsätze eingereicht werden [9]. Prozessschriften, worin Fehler gegen den Anstand vorkommen, sollen von den Akten entfernt, Weitschweifigkeiten etc. dagegen von dem Richter gehörig gerügt werden [10].

Ferner sind die öffentlichen Anwälte verpflichtet, in den von ihnen übernommenen Sachen für den ununterbrochenen, möglichst schnellen Rechtsgang in allen Beziehungen nach Kräften zu sorgen [11].

Die Verbindlichkeit des Advokaten zur Treue gegen seinen Klienten, welche sich in der Vertheidigung des Rechts mit bestem Fleiss ohne alle Nebenrücksichten und in Beobachtung des Stillschweigens über anvertraute Angelegenheiten und Geheimnisse des Klienten äussert, so dass der Advokat, welcher die den Rechtsstreit betreffenden Geheimnisse einer Partei erfahren hat, gegen dieselbe nicht auftreten darf, ist in den Württembergischen Gesetzen namentlich hervorgehoben. Oeffentliche Rechtsanwälte, welche die ihnen vermöge ihres Berufs anvertrauten Privatgeheimnisse Anderen unbefugter Weise mittheilen, oder absichtlich zu Gunsten der Gegenpartei und zum Nachtheil ihrer eigenen Partei handeln, oder beiden Parteien in derselben Rechtssache durch Rath oder Beistand dienen, oder aus Eigennutz sich geflissentlicher Verzögerung der ihnen in ihrem Berufe anvertrauten Geschäfte schuldig machen, oder gegen besseres Wissen und aus Eigennutz unkundige Personen zu muthwilligen Prozessen veranlassen, können neben der verwirkten öffentlichen Strafe mit Entziehung der Praxis belegt werden. (St. G. B. Art. 453, 455—458.)

---

[9]) Landrecht Thl. I, Tit. 17, §. 4 und 12. — Hofgerichts-Ordnung Thl. I, Tit. 7, §. 4—6 und Tit. 9. Der Advokaten- etc. Eid. — Gen.-Reskript vom 14. Aug. 1770 I, 1. — Instruktion vom 1. Juni 1806, §. 12 und vom 6. Aug. 1806, §. 1.

[10]) Hofgerichts-Ordnung Thl. I, Tit. 7, §. 15. — Beschluss des Ober-Trib. vom 18. Aug. 1831.

[11]) Landrecht Thl. I, Tit. 17, §. 7. — Hofgerichts-Ordnung a. a. O. Note 8. — Instruktion vom 1. Juni 1806, §. 3. — Eidesvorhalt Note 7.

Dagegen ist die Bestimmung des römischen Rechts, dass, wer den Rechtsbeistand seines Gegners zur Untreue gegen seine Partei (Prävarikation) verleitet, sachfällig werde, in Württemberg gesetzlich aufgehoben. (Ges. v. 5. Sept. 1859, Art. 10.)

Ueber die Haftungspflicht der Advokaten wegen des dem Klienten zugefügten Schadens enthalten die Württembergischen Gesetze keine besonderen Vorschriften. Die wegen der Restitution geltenden Grundsätze werden später angeführt werden.

Die Verpflichtung der Advokaten zur Führung geordneter Manualakten, sowie dass wegen der Geschäftsbesorgung für den Klienten die Grundsätze über den Mandatsvertrag gelten, wird in der Praxis nicht bezweifelt.

IV. Rechte des Advokaten. Belohnung desselben.

Das Recht der Advokaten auf ein Honorar (Deservit) ist in der Württembergischen Gesetzgebung ausdrücklich ausgesprochen, indessen ist eine vollständige Taxe nirgends festgestellt, sondern die Grösse der Belohnung für die meisten Fälle in das Ermessen des Gerichts gestellt, welches hierbei die Grösse und Wichtigkeit der Sache, den Umfang und Gehalt der geleisteten Dienste zu beachten hat [12]).

Die in einzelnen Gesetzen, Verordnungen und Normalverfügungen zerstreuten, grösstentheils aber auf die Praxis der Gerichte, insbesondere des kgl. Ober-Tribunals sich gründenden Gebühren der öffentlichen Rechtsanwälte sind in dem beiliegenden Regulativ zusammengestellt, welches der Civil-Senat in Tübingen, nach vorgängiger Kommunikation mit dem Civil-Senat des kgl. Ober-Tribunals und der übrigen drei Gerichtshöfe, im J. 1851 hat entwerfen lassen und seitdem zur Anwendung bringt. Die inzwischen eingetretenen Aenderungen sind nachgetragen; auch sind durch gefällige Mittheilungen noch mehrfache weitere Zusätze aus der Praxis des kgl. Ober-Tribunals hinzugekommen.

Die nach diesem Regulativ bei den höheren Gerichten üblichen Gebühren, welche auch bei den Bezirksgerichten anwendbar sind, gelten für alle öffentlichen Rechtsanwälte des Landes (Prokuratoren, Rechtskonsulenten und Rechtspraktikanten) mit Ausnahme der Anrechnung einer *arrha* und einer erhöhten Gebühr für einen Vorstand bei den

---

[12]) Landrecht Thl. I, Tit. 17, §§. 9 ff. — Hofgerichts-Ordnung Thl. I, Tit. 7, §§. 12—14.

Ober-Tribunal-Prokuratoren in den beim kgl. Ober-Tribunal anhängigen Prozessen, sowie der Gebühren der Prokuratoren überhaupt, soweit sie nicht Schriftverfasser sind (Revisionsgebühren etc.), wie dies Alles aus dem Regulativ selbst zu entnehmen ist.

Ein besonderer Anhang bezieht sich auf das Verfahren bei der Dekretur der Kosten der öffentlichen Rechtsanwälte sowohl als der Parteien.

Der Dekretur dieser Kosten kann weder die Wirkung eines rechtskräftigen Erkenntnisses beigelegt, noch auf den Grund derselben das aussergerichtliche Kontumazialverfahren eingeleitet werden. Vielmehr sind Klagen auf Bezahlung gerichtlich dekretirter Prozesskosten zunächst wie andere Schuldklagen zu behandeln. Wird die Forderung ganz oder theilweise bestritten, so ist das Bestrittene an den Richter zu verweisen.

Als zuständig wegen dieses Inzidenzpunktes erscheint der Richter der Hauptsache, und zwar auch dann, wenn die letztere nicht durch Urteil, sondern durch Stattgeben, Verzicht, Vergleich etc. erledigt würde [13]).

Eine förmliche prozessualische Verhandlung hierüber ist nur dann zulässig, wenn das Thatsächliche, welches einer Anrechnung zu Grunde liegt, aus den Prozessakten nicht erhellt, wo daher die Dekretur nur unter der Voraussetzung der faktischen Grundlage geschah. Wird dagegen die Taxmässigkeit des dekretirten Betrags angefochten, so findet nur eine einfache Beschwerde bei dem höheren Richter statt.

Diese Grundsätze sind auch anwendbar, wenn ein Württemberger sich bei einem im Auslande geführten Prozesse eines ausländischen Mandatars bedient hat, und dieser gegen seinen Gewaltgeber klagend auftritt, vorausgesetzt, dass auch einem Württembergischen Mandatar, der einen Ausländer vor einem Württembergischen Gerichte vertrat, ganz gleiche Behandlung zu Theil wird [14]).

---

[13]) Entscheidung des Ober-Tribunals vom 6. Feber 1857 und 9. Apr. 1858. — Das königliche Ober-Tribunal pflegt bei gerichtlichen Klagen der Anwälte gegen ihre Gewalthaber wegen Deserviten dem Beklagten freizustellen, seine Vernehmlassung entweder bei dem betreffenden Gericht zu Protokoll anzugeben, oder solche durch einen Bevollmächtigten Ober-Tribunal-Prokurator schriftlich einzureichen.

[14]) Erlass des Civil-Senates des Ober-Tribunals vom 14. März 1837. — Die Jurisdiktionsverträge mit Bayern, Baden und Hohenzollern kennen jedoch den Gerichtsstand der Konnexität nicht und leidet daher obiger Satz auf die

V. Retentionsrecht auf die Manual-Akten.

Das Retentionsrecht des Advokaten auf die Manual-Akten bis nach erfolgter Zahlung seiner Deserviten wird auch in Württemberg geübt. (Ob.-Trib.-Entscheidung v. 7. April 1830.)

Dieses Retentionsrecht findet aber nur gegenüber vom Klienten, wenn und soweit es sich um dessen alleiniges Interesse handelt, nicht aber auch dann statt, wenn die Herausgabe eines Aktenstückes zu einem andern Zweck nothwendig ist, z. B. Herausgabe einer Kontrakts-Urkunde behufs der Ertheilung des gerichtlichen Erkenntnisses, wobei es sich zugleich um einen rechtspolizeilichen, vom Willen der Kontrahenten unabhängigen Zweck handelt [15]). Nach gemachtem Gebrauch ist aber die Urkunde wieder an den Anwalt zurück zu geben.

Sodann kann auch die Herausgabe an die Partei selbst nicht verweigert werden, wenn es sich um eine blosse Verzögerung der Akten zu einem bestimmten Zweck und deren nachherige Zurückgabe handelt.

VI. Pactum de quota litis.

Das *pactum de quota litis* ist dem Advokaten bei Strafe verboten und ein solcher Vertrag im Voraus für nichtig erklärt; ebenso ist ein Vertrag über ein Palmarium, vor geendigtem Rechtsstreit abgeschlossen, als gesetzlich verboten anzusehen und erlangt auch nicht durch eine nach dem Ende des Rechtsstreites geschehene Zusage, oder erfolgte Genehmigung, Gültigkeit [16]).

Beide Verbote gelten aber nicht für Personen, welche ohne vor Gericht zu handeln, in einem Rechtsstreit thätig sind, sobald die be-

---

berührten Fälle keine Anwendung. — Nach mit der preussischen Regierung getroffener Uebereinkunft sind auf Gesuche preussischer Rechtsanwälte, oder auf die Requisitionen preussischer Gerichte, wegen Beitreibung der Mandatariengebühren nach der Feststellung des preussischen Gerichts gegen Württemberger ohne ferneres besonderes Anrufen alle erforderlichen Verfügungen zu treffen, damit die Befriedigung kostenfrei (jedoch mit Ausschluss der Portoauslagen) erfolge, insbesondere ist auch an die Orts-Obrigkeiten zu diesem Zweck die erforderliche Verfügung zu erlassen, wogegen (mit Ausschluss der Rheinprovinz) gleiche Behandlung zugesichert ist. (Bekanntmachung des Justizministeriums vom 24. November 1838.)

15) Entscheidung des Civil-Senats zu Esslingen v. 24. Juli 1849, bestätigt vom Ober-Tribunal den 10. Oktober 1843.

16) Landrecht Thl. I., Tit. 17, §§. 16 und 19. — Beschluss des Ob.-Trib. v. 16. Dezember 1825.

treffenden Vorträge nur sonst nichts Unerlaubtes enthalten. (Beschluss des Ob.-Trib. v. 24. December 1828.)

VII. Von den Prokuratoren und andern Stellvertretern der Parteien. Fälle der Nothwendigkeit der Stellvertretung.

Der Satz des gemeinen Rechtes, dass es im Allgemeinen in dem Belieben der Parteien stehe, die ihnen obliegenden gerichtlichen Handlungen durch einen Gewalthaber vornehmen zu lassen, ist im Württembergischen Rechte ausdrücklich sanktionirt [17]).

In den bei den höheren Gerichten anhängigen Rechtssachen hat sich sogar jede Partei durch einen der bei denselben angestellten Prokuratoren, durch welche die bei diesen Stellen einzureichenden Schriftsätze unterzeichnet sein müssen, in der Regel vertreten zu lassen [18]). Jede Schrift, welche mit der Unterzeichnung eines Prokurators des Gerichtshofes nicht versehen ist, sie mag von der Partei unmittelbar, oder von einem Rechtskonsulenten, oder von einem anderwärts angestellten Prokurator herrühren, insoferne sie nicht etwa eine Beschwerde gegen den Anwalt selbst enthält, ist von der Registratur des Gerichtshofes ohne Weiteres zurückzugeben [19]). Nur zu der zum Behuf der Feststellung einer Uebersicht der Streitverhältnisse und zum Vergleichsversuch etwa zu pflegenden Verhandlung und zum Zeugenverhör werden auch die Parteien selbst vorgeladen, wobei es von ihnen abhängt, ob sie dabei in Person erscheinen oder ihre Prokuratoren hierzu besonders instruiren, oder neben denselben, oder statt ihrer einen eigenen Bevollmächtigten abordnen wollen. (Provis. Vdg. v. 22. September 1822 §§. 8. 9.)

Der Verbindlichkeit der Parteien, bei den höheren Gerichten sich eines bei denselben angestellten Prokurators als Stellvertreters zu bedienen, entspricht andererseits die Verbindlichkeit der Prokuratoren zur Uebernahme eines solchen Auftrags. Wenn die Verweigerung dieser Uebernahme nicht in der schlechten Beschaffenheit der Sache, sondern in anderen Gründen (Geschäftsüberhäufung etc.) besteht und bei allen disponiblen Prokuratoren stattfindet; so muss es dem Gericht zustehen,

---

17) Landrecht Thl. I., Tit. 15, §. 1. — Organisations-Edikt §. 76.

18) Instruktion v. 4. Mai 1806 §§. 17 u. 19 und v. 8. Mai 1806 §§. 16 u. 18. — Justiz-Ministerial-Erlass v. 7. April 1819.

19) Königl. Verordg. v. 6. November 1822 §. 8, Abs. 2. (Reg.-Blatt Seite 823.)

denjenigen Prokurator, welchem die schwächeren Gründe der Verweigerung zur Seite stehen, die Uebernahme des Mandats aufzuerlegen, sofern die Partei die Wahl dem Gericht anheimgiebt. Sind die Gründe bei allen gleich, jedoch an und für sich nicht zur Ablehnung eines Mandats geeignet, so wird das Gericht demjenigen Prokurator die Sache *ex officio* übertragen, welchem die Partei das meiste Vertrauen schenkt.

Sind die Gründe der Verweigerung bei Allen unverwerflich, so wird die Bestellung eines Stellvertreters für diesen Fall aus der Zahl der übrigen öffentlichen Rechtsanwälte am Sitze des Kreisgerichtes nothwendig.

Die Ablehnung einer Sache von Seiten eines Prokurators muss jedenfalls rechtzeitig und nicht erst am Ende eines präjudiziellen Termins geschehen, wenn ihn keine Verantwortung treffen soll.

VIII. Beschränkung der Stellvertretung.

Beschränkt ist die Stellvertretung, wo es sich von Ablegung eines Eides handelt, indem sowohl beim freiwilligen als von dem Richter auferlegten Eide, die Eidesablegung durch Bevollmächtigte ohne Einwilligung des andern Theils nicht stattfindet [20]).

Ebenso haben die Parteien, wenn sie nicht erhebliche Entschuldigungsgründe für sich haben, vor dem Friedensgerichte persönlich zu erscheinen. (Organisations-Edikt §. 20.)

Bei den mündlichen Verhandlungen vor den Oberamtsgerichten sind diejenigen Parteien, welche nicht gesetzlich durch andere Personen vertreten werden, oder nicht die Besorgung aller ihrer Angelegenheiten einem Dritten übertragen haben, in der Regel verbunden, persönlich zu erscheinen, so lange die Parteien nicht über das gegenseitige Vorbringen gehört sind, und besonders kann bei der ersten Verhandlung über die Klage ohne die triftigsten Entschuldigungsgründe oder die Einwilligung des Gegentheils keine davon freigesprochen werden. Bei Streitgenossen genügt indessen, wenn sie einen oder einige aus ihrer Mitte abordnen. Zu jenen Entschuldigungsgründen gehören namentlich Krankheit, hohes Alter, Verhinderung durch amtliche Verhältnisse, wichtige ökonomische Abhaltungen, Entfernung über vier Stunden u. dgl. (Organisations-Edikt §§. 72—74.)

---

[20]) Organisations-Edikt §. 118. — Provisorische Verordnung v. 22. September 1819 §§. 8. 9.

IX. Stellvertretung der Streitgenossen, Korporationen etc.

Eine Verpflichtung mehrerer Streitgenossen, sich vor Gericht gemeinschaftlich vertreten zu lassen, findet in Württemberg nicht statt. Hiedurch ist aber nicht ausgeschlossen, dass die Gerichte, soweit nicht kollidirende Interessen einzelner Streitgenossen vorliegen, zur Erleichterung der Verhandlung auf eine gemeinsame Stellvertretung hinwirken. Dass dagegen moralische Personen, Korporationen u. dgl., sowie überhaupt solche, welche aus irgend einem Grunde nicht vor Gericht handeln können, sich vertreten lassen müssen, folgt aus der Natur der Sache. Noch ist hier die Vorschrift zu erwähnen, dass die Oberamtsgerichte in den bei ihnen anhängigen Prozessen diejenigen Parteien, welche nicht in dem Oberamtsbezirk wohnen, bei der ersten Verhandlung aufzufordern haben, allgemeine Stellvertreter für unvorhergesehene Fälle zu Protokoll zu bevollmächtigen. (Organisations-Edikt §. 74.)

X. Fähigkeit zur Prokuratur.

Die Prokuratur kann bei den höheren Gerichten in Württemberg ausschliesslich von den für diese angestellten Prokuratoren geübt werden.

Was im Uebrigen die Fähigkeit zu derselben betrifft, so wird im Landrecht auf das gemeine Recht verwiesen (Landrecht Thl. I., Tit. 16, §. 14); insbesondere sind als unfähig bezeichnet: Weibspersonen, Minderjährige und diejenigen, welche eines Verbrechens „peinlich angeklagt“ sind, ehe sie den Beweis ihrer Unschuld geführt haben und auf den Grund desselben von der Anklage entbunden wurden. (Landrecht a. a. O. §§. 15—17. 19.)

Da nach der neueren Gesetzgebung die Zulassung zur Advokatur den Rechtsstand der Volljährigkeit nach seinem ganzen Umfang begründet (Ges. v. 21. Mai 1828 §. 1), so leidet die aus der Minderjährigkeit sich ergebende Beschränkung auf praktizirende Rechtsgelehrte keine Anwendung. Unter peinlicher Anklage ist Verweisung vor ein Schwurgericht, oder Versetzung in Anschuldigungsstand wegen eines mit Zuchthaus bedrohten Verbrechens zu verstehen, weil die bleibende Unfähigkeit, Andere vor Gericht zu vertreten, nur Folge rechtskräftig erkannter Zuchthausstrafe, nicht aber der Verurtheilung zu geringeren Strafen ist. Auch findet diese Bestimmung überhaupt keine Anwendung, wenn es sich von Vertretung der Ehefrau oder der Kinder handelt, weil hinsichtlich dieser auch der zum Zuchthaus Verurtheilte nicht ausgeschlossen ist. (Ges. v. 5. September 1839 Art. 6. — Reg.-Bl. Seite 555.)

XI. Von der Form der Bestellung eines Stellvertreters.

Die gemeinrechtlichen Formen der Ernennung eines Stellvertreters mittelst Erklärung zu Protokoll oder mittelst Ausstellung einer Urkunde sind im Württembergischen Recht ausdrücklich sanktionirt.

Die erstere Art der Bevollmächtigung kommt hauptsächlich vor den Oberamtsgerichten vor. Sie kann entweder vor gesessenem Gericht, oder auch ohne Zuziehung von Gerichtsbeisitzern, vor dem Oberamtsrichter oder seinem Stellvertreter geschehen. Hierbei hat sich der Vollmachtgeber verbindlich zu machen, dass er die Handlungen des Sachwalters genehmigen und dem in der Sache ergehenden Urteil Genüge leisten wolle. Auch in dem Protokolle Vor- und Zuname des Gewaltgebers, Sachwalters und des Gegners, der Umfang der Vollmacht, die Zeit der Bevollmächtigung und der Rechtsstreit, bezüglich dessen dieselbe stattgefunden hat, zu bemerken [21]).

Ausserdem ist diese Art der Bevollmächtigung von jeder mit Civil-Gerichtsbarkeit versehenen Stelle oder einer Deputation derselben, vor dem Gerichts- oder Amtsnotar, vor einem immatrikulirten Notar, oder vor dem Ortsvorsteher zulässig [22]).

Für Vollmachtsurkunden, welche die gewönliche und bei den höhern Gerichten die ausschliessliche Art der Bevollmächtigung bilden, ist mit Rücksicht darauf, dass die früher benützten Formulare zu Vollmachten theils solche Klauseln, welche mit dem dermaligen Stande der Gesetzgebung nicht vereinbar sind, z. B. die Klausel der allgemeinen Vermögens-Verpfändung, oder wenigstens nach richtigen Begriffen keine Bedeutung haben, theils aber auch solche enthielten, wovon leicht Missbrauch gemacht werden konnte, von dem Ober-Tribunal, nach vorgän-

---

[21]) Organisations-Edikt §. 58. Landrecht Thl. I., Tit. 16, §. 2. Die im Landrecht angeordnete Bekräftigung der Vollmacht mittelst Angelobens an den Gerichtsstab ist ausser Uebung gekommen und lässt sich mit dem Grundsatz der neueren Gesetzgebung, überflüssige Eide zu vermeiden, nicht vereinigen.

[22]) Landrecht Thl. I., Tit. 16, §§. 2. 3. — Notariats-Ordnung vom 25. Okt. 1808 §. 12. — Notariatsgesetz vom 14. Juni 1843 Art. 9. (Reg.-Blatt S. 373.) Vollziehungs-Verordnung von demselben Tage §. 7. (Reg.-Bl. S. 410.) — Organisations-Edikt §. 74.

giger Kommunikation mit den Gerichtshöfen, unter Billigung des Justizministeriums ein neues zum allgemeinen Gebrauch für alle Instanzen, ohne Rücksicht auf das Parteiverhältniss dienendes Formular sowohl für besondere Rechtssachen, als eine General-Vollmacht bekannt gemacht worden.

Diese Formulare lauten:

A. Vollmacht für besondere Rechtssachen.

$\binom{\text{Ich}}{\text{Wir}}$ Endesunterschriebener(e) (Name, Stand oder Gewerbe und Wohnort der Vollmachtgeber: bei mehreren Streitgenossen entweder Aufzählung derselben oder wenigstens die Bezeichnung des einen mit dem Beisatz „und Consorten") ertheile(n) für $\binom{\text{mich}}{\text{uns}}$ und $\binom{\text{meinen}}{\text{unsern}}$ Erben andurch dem (Name, Stand und Wohnort des Bevollmächtigten; bei der Aufstellung mehrerer Bevollmächtigten unter Beifügung der Klausel „sammt und sonders") den Auftrag, den zwischen $\binom{\text{mir}}{\text{uns}}$ als (Parteirolle) und (Name, Stand oder Gewerbe und Wohnort, sowie Parteirolle der Gegenpartei) bei dem (Bezeichnung des Gerichts) zu (Sitz des Gerichts) obwaltenden Rechtsstreit (Gegenstand des Prozesses) betreffend, nach seinem Gutbefinden sowohl in dieser Instanz, als auch in den folgenden Instanzen bis zu gänzlicher Erledigung der Sache zu verhandeln.

Insbesondere ist derselbe ermächtigt, Eide anzutragen und diese Anträge zurückzunehmen, angetragene Eide zu verweigern, anzunehmen oder zurückzuschieben, auch die dem Gegner auferlegten Eide zu erlassen, ingleichen Eide, sofern es von den Gerichten für zulässig erkannt wird, in $\binom{\text{meine}}{\text{unsere}}$ oder $\binom{\text{meiner}}{\text{unserer}}$ Erben Seele abzuschwören; ferner Urkunden anzuerkennen und abzuläugnen, Vergleiche einzugehen, auf den Rechtsstreit zu verzichten, Afteranwälte zu bestellen und deren Bestellung zu widerrufen, jedes dienliche Rechtsmittel einzuwenden und weiter zu verfolgen, auch $\binom{\text{mich}}{\text{uns}}$ gegen diejenigen Rechtsmittel, welche $\binom{\text{mein}}{\text{unser}}$ Gegner in Anwendung bringen möchte, zu vertheidigen.

Sollte auch die eine oder andere Handlung von $\binom{\text{mir}}{\text{uns}}$ oder $\binom{\text{meinen}}{\text{unsern}}$ Erben selbst vorgenommen werden, so ist damit die gegenwärtige Vollmacht nicht widerrufen.

Jedoch behalte(n) $\binom{\text{ich}}{\text{wir}}$ nicht nur für $\binom{\text{mich}}{\text{uns}}$ und $\binom{\text{meine}}{\text{unsere}}$ Erben die Widerrufung dieser Vollmacht überhaupt vor, unbeschadet übrigens der Giltigkeit derjenigen Handlungen, welche von $\binom{\text{meinem}}{\text{unserm}}$ Bevollmächtigten oder dessen Afteranwälten vor der, dem zuständigen Gerichte gemachten Anzeige des Widerrufs vorgenommen worden sind und der etwaigen Entschädigungs-Ansprüche der Ersteren; sondern erkläre(n) auch ausdrücklich, dass diese Vollmacht, welche zunächst für die Verhandlung in der (ersten) Instanz ausgestellt werden, für die höheren Instanzen nur in sofern giltig und wirksam sein soll, als nicht von (mir/uns) oder (meinen/unseren) Erben selbst für (meine/unsere) Rechtsvertheidigung in den höheren Instanzen andere Vorkehrungen werden getroffen werden.

Was nun dieser Bevollmächtigte oder dessen Afteranwälte in der bezeichneten Rechtssache vor sämmtlichen Gerichtsstellen für (mich/uns) oder (meine/unsere) Erben handeln werden oder bereits gehandelt haben, das verspreche(n) (ich/wir) in (meiner/unserer) Erben Namen vollkommen zu genehmigen und unverbrüchlich zu halten.

Zur Bekräftigung alles Vorstehenden habe(n) (ich/wir) die gegebene Vollmachtsurkunde eigenhändig unterschrieben.

Gegeben den (Ort, Tag und Jahr der Ausstellung der Vollmacht).

(Unterschrift des Vollmachtgebers, und zwar bei Litiskonsorten, sämmtlicher Streitgenossen.)

B. General-Vollmacht.

(Ich) Endesunterschriebene(r) (Name, Stand und Wohnort des Vollmachtgebers) ertheile für (mich) und (meine) Erben andurch dem (Name, Stand und Wohnort des Bevollmächtigten) den Auftrag, in allen bei (dem) Civilsenat (des königlichen Gerichtshofs für den Jaxtkreis) vorkommenden Angelegenheiten, welche (mein) Interesse berühren, (mich) zu vertreten.

Namentlich ist er befugt, alle (mich) betreffenden Rechtsstreitigkeiten bis zu deren gänzlicher Erledigung zu verhandeln; er darf in solche Eide antragen, und diese Anträge zurücknehmen, angetragene Eide verweigern, annehmen oder zurückschieben, auch die dem Gegner auferlegten Eide erlassen, ingleichen Eide, sofern es von den Gerichten für zulässig erkannt wird, in (meine) und (meiner) Erben Seele abschwören.

Ferner ist er berechtigt, Urkunden anzuerkennen oder abzuläugnen, Vergleiche einzugehen, auf jeden Rechtsstreit zu verzichten, Afteranwälte zu bestellen und deren Bestellung zu widerrufen, jedes dienliche Rechtsmittel einzuwenden und weiter zu verfolgen, auch (mich) gegen diejenigen Rechtsmittel, welche (mein / meine) Gegner in Anwendung bringen möchte(n), zu vertheidigen.

Alle diese Befugnisse, welche diesem (meinem) Generalagenten für die erste Instanz eingeräumt sind, kann er auch in der höhern Instanz ausüben, sofern nicht (ich) oder (meine) Erben (uns) veranlasst sehen werden, einen besondern Generalagenten beim Königlichen Ober-Tribunal zu bestellen, oder in einzelnen Rechtssachen wegen (unserer) Rechtsvertheidigung in der höheren Instanz besondere Vorkehrung zu treffen.

Was nun dieser (mein) Generalagent oder dessen Afteranwälte in (meinen) Angelegenheiten vor den gedachten Behörden für (mich) und (meine) Erben handeln werden oder bereits gehandelt haben, das verspreche (ich) in (meinem) und (meiner) Erben Namen vollkommen zu genehmigen und unverbrüchlich zu halten.

Zu Bekräftigung alles Vorstehenden habe (ich) die gegenwärtige Vollmachtsurkunde eigenhändig unterschrieben.

Gegeben den (Ort, Tag und Jahr der Ausstellung der Vollmacht). — (Unterschrift des Vollmachtgebers.)

Mit dieser Bekanntmachung wurde folgende Weisung verbunden:

1. Schon in erster Instanz haben die Oberamtsgerichte in allen Sachen, in welchen die Berichtigung der Legitimation in höheren Instanzen voraussichtlich mit Schwierigkeiten verbunden ist, namentlich wenn der Prozess Ausländer, oder wenn solcher mehrere Streitgenossen betrifft, die Einleitung zu treffen, dass Bevollmächtigte unter Benützung des unter Lit. A erwähnten Formulars aufgestellt werden.

2. So oft mehrere Bevollmächtigte aufgestellt werden, so ist in der Vollmacht nach dem Namen der Bevollmächtigten die Klausel „sammt und sonders“ deswegen beizufügen, damit durch das Austreten eines Bevollmächtigten, oder durch ein bei demselben eintretendes Hinderniss, nicht der Zweck der ganzen Bevollmächtigung vereitelt werde.

3. Rücksichtlich des Kontumazialverfahrens hat es zwar in Ansehung der vor den Oberamtsgerichten vorzugehenden Verhandlungen bei der Bestimmung der Justiz-Novelle vom 15. September 1822 §. 26 [23])

---

[23]) Hiernach ist bei dem oberamtsgerichtlichen Verfahren der Eintritt des Rechtsnachtheils des stillschweigenden Zugeständnisses, ausser den allgemeinen Voraussetzungen der Kontumazialfolge, hinsichtlich derjenigen Parteien, welche

sein Bewenden. Jedoch muss in dem Falle, wenn mehrere Streitgenossen durch Einzelne aus ihrer Mitte vertreten sind, es für genügend gehalten werden, wenn nur diesen der angedrohte Rechtsnachtheil bekannt geworden ist.

4. Bei den höheren Gerichten hingegen ergehen zwar alle Ladungen und Verfügungen an den Bevollmächtigten oder an dessen Afteranwälte und diesen werden auch alle materiellen Rechtsnachtheile angedroht. Um jedoch Missbräuche, welche von so ausgedehnten Vollmachten gemacht werden könnten, zu verhüten, auch einer in das Formular aufgenommenen Klausel ihre Bedeutung zu erhalten, so wird verfügt, dass die höheren Gerichte darauf zu sehen haben, dass die von den Bevollmächtigten der ersten, beziehungsweise auch der zweiten Instanz, auf einen Prokurator des höheren Gerichts ausgestellte Substitutionsvollmacht zugleich von der im Inland wohnenden Partei und bei mehreren Streitgenossen wenigstens von einem derselben mit unterzeichnet, oder mit dessen *vidit* versehen werde. Auch bleibt es den Gerichten unbenommen, nach Umständen, besonders bei der Einleitung des Verfahrens in der höheren Instanz, zur Verhütung von Gesuchen um Wiedereinsetzung ihre Verfügungen unmittelbar an die Partei ergehen zu lassen.

5. Die von Ausländern ausgestellten Vollmachten sind, wenn solche nicht sowohl von Seite des Gerichts als des Gegentheils als unzweifelhaft ächt anerkannt worden, nur dann anzunehmen, wie sie unter Beidrückung des amtlichen Siegels obrigkeitlich beglaubigt sind [24]).

Dass die ausgestellte Vollmacht ausser der Unterschrift von dem Gewaltgeber mit seinem eigenen, oder eines anderen, oder mit einem Gemeindesiegel versehen sei, wie solches die älteren Gesetze vorschreiben, wird nach der Praxis nicht mehr gefordert. Dagegen soll die Urkunde auch ausser dem vorerwähnten Fall, damit ihre Aechtheit keinem Zweifel unterliegt, obrigkeitlich beglaubigt sein. (Organisations-Edikt §. 74.)

Die Befugniss, Afteranwälte zu bestellen, wenigstens nach erfolgter Kriegsbefestigung, ist dem Anwalt schon durch das Gesetz gegeben,

---

sich im Königreich befinden und durch Bevollmächtigte handeln, an die besondere Bedingungen geknüpft, dass jener Rechtsnachtheil nicht blos den Bevollmächtigten, sondern auch der Partei selbst bekannt geworden sei.

[24]) Bekanntmachung des Civil-Senats des Ober-Tribunals vom 16. Dezember 1830. Dieser Bekanntmachung ist auch ein Formular einer Vollmacht zur Erhebung von Zahlungen angehängt, welches aber, da Zahlungen mit den prozessualischen Verhandlungen nicht in Beziehung stehen, hier übergangen wird.

indessen hat die Aufnahme der Substitutions-Klausel in die Vollmacht die Wirkung, dass der bestellte Afteranwalt nach erfolgter Einlassung einen weiteren Anwalt substituiren kann. (Landrecht Thl. I., Tit. 16, §. 12.) Bei Aufstellung eines Afteranwalts hat letzterer entweder durch die wirkliche Vorlegung der Vollmacht seine Beistimmung in die Nacheinsetzung zu erkennen zu geben, oder solche auf die Anzeige des ersten Anwalts schriftlich zu erklären [25]).

Ausländer, welche vor Württembergischen Gerichten in Rechtsstreitigkeiten verwickelt sind, ist gestattet, auf die nach den Gesetzen ihres Landes giltige Art Sachwalter zu bestellen und die diesen Gesetzen entsprechenden Vollmachten sind anzunehmen [26]).

XII. Bestellung der Stellvertreter

a) juristischer Personen.

Die in Württemberg bestehenden öffentlichen Korporationen haben keinen beständigen Syndikus.

Da die Gemeinden durch den Gemeinderath vertreten werden (Verwaltungs-Edikt v. 1. März 1822 §§. 4. 9. 21. 56), so ist, bei Rechtsstreitigkeiten einer Gemeinde die Vollmacht von dem gesetzlich versammelten Gemeinderath zu beschliessen, und zu unterschreiben. Zustimmung des Bürgerausschusses wird nicht erfordert; auch bedarf es einer Legitimation der Regierungsbehörde, die Gemeinde mag als Klägerin oder als Beklagte anftreten, nicht [27]). Dagegen wird von einzelnen höheren Gerichten verlangt, dass der Vollmacht entweder ein beglaubigter Auszug über diejenige Verhandlung des Gemeinderaths, in welcher die Vollmachtsertheilung beschlossen worden ist, beigelegt, oder in der Vollmacht auf dieses Protokoll sich bezogen werde. (Beschluss des Gerichtshofes in Tübingen v. 16. Sept. 1841.)

Sind bei Rechtsstreitigkeiten einer Gemeinde die sämmtlichen Mitglieder des Gemeinderaths, oder ist ihre Mehrzahl als Gegenpartei be-

---

[25]) Instruktion für die Ober-Tribunal-Prokuratoren vom 4. Juni 1806 §. 4; desgleichen für die Oberjustiz-Prokuratoren vom 6. August 1806 §. 7.

[26]) Landrecht Thl. I. Tit. 16. §. 8. — Hofgerichts-Ordnung Thl. III. Tit. 1, §. 7.

[27]) Landrecht I. Thl. Tit. 16. §. 19. — Beschluss des Ober-Tribunals vom 2. September 1825. — Erlass des Ministeriums des Innern vom 14. Juni 1823, aus welchem sich gleichfalls ergiebt, dass Beglaubigung der Vollmacht durch das Oberamt nicht erforderlich ist.

theiligt, somit unfähig, die Gemeinde zu vertreten, so ist, da eine unmittelbare Betheiligung der Bürgerschaft an der Verwaltung des Gemeindevermögens ausgeschlossen ist, nach den der Gesetzgebung zu Grunde liegenden allgemeinen Rechtsprinzipien die Vollmacht von der die Aufsicht führenden Regiminal-Behörde auszustellen [28].

Der Gemeinderath kann übrigens nicht blos dann die Vollmacht ausstellen, wenn die Streitsache das Gemeindevermögen betrifft, sondern auch in dem Falle, wenn für alle Mitglieder der Gemeinde, oder auch nur für die Mehrzahl, oder für eine Klasse der Gemeindeglieder ein Recht oder eine Verbindlichkeit aus dem Markungs- oder Gemeindeverband in Anspruch genommen wird, indem dieser als der Inbegriff aller auf der Markung liegenden Güter betrachtet wird [29].

Uebrigens wird man die auf einer sehr verbreiteten Gerichtspraxis beruhende Befugniss des Gemeinderaths, die Gemeindebürger auch in solchen Prozessen, welche nicht das Eigenthum der juristischen Gemeinde, sondern dasjenige der Gemeindebürger, oder gewisser Klassen derselben betreffen, zu vertreten, für eine blos auf Zweckmässigkeitsgründen (der leichteren Berichtigung der Legitimation etc.) beruhende, juristisch aber kaum zu rechtfertigende Thesis ansehen können.

So wenig der Gemeinderath befugt wäre, über das Eigenthum der Gemeindebürger durch Willensakte zu verfügen, so wenig brauchen sich diese gefallen zu lassen, dass jener ihre Prozessvertretung übernimmt. Der Grund aller Vertretung im Prozess ist gesetzliche Vorschrift, oder der Wille der Partei, welcher übrigens auch stillschweigend erklärt werden kann, und nur aus diesem letzteren Grunde möchte es sich rechtfertigen lassen, wenn man den Gemeinderath als Vertreter der Einzelnen zulässt.

Dagegen wird man, wenn es sich nicht um bleibende, auch die Nachkommen der Gemeindegenossen berührende Rechte oder Verbindlichkeiten, sondern um den Ersatz entzogener Nutzungen (z. B. Holz- und Waidenutzungen) handelt, welche den einzelnen Gemeindebürgern aus solchen Rechten hätten zukommen sollen, nur die betreffenden Gemeindebürger, beziehungsweise deren Erben zur Geltendmachung solcher Ersatzansprüche für befugt halten dürfen. Hiemit stimmt auch eine Entscheidung des

---

[28]) Justizministerial-Erlass vom 30. Juli 1839. (Ergänzungsband zum Reg.-Blatt II., S. 35.)

[29]) Beschluss des Ober-Tribunals vom 23. Juni 1824. — Beschluss des Ober-Tribunals vom 5. Oktober 1829 und vom 23. Juni 1843.

Civilsenats in Tübingen vom 7. August 1851, bestätigt vom Ober-Tribunal den 4. Mai 1853, überein.

In Betreff der Vertretung der durch das Gesetz vom 7. September 1853 gebildeten Theilgemeinden gelten die in eben diesem Gesetz Art. 8 (Reg.-Bl. S. 393) enthaltenen Bestimmungen, wornach bei grösseren Theilgemeinden die Vertretung dem Theil-Gemeinderath, in kleineren dagegen der Gesammtheit der stimmberechtigten Einwohner unter Leitung des Anwalts zukommt.

Die Gemeindestiftungen, zu denen auch Kirchengüter und Rechte gehören, welche nicht die Dotation einer geistlichen Stelle bilden, werden durch den Stiftungsrath vertreten, es sind daher die auszustellenden Prozessvollmachten von den beiden Vorständen des Stiftungsraths und wenigstens so vielen Mitgliedern zu unterzeichnen, dass dadurch die Hälfte der Mitglieder des Stiftungsraths überschritten wird. (Verwaltungs-Edikt §§. 121, 134, 137 und 148.) Im Uebrigen gilt auch hier das oben von den Gemeinden Gesagte.

Bei Rechtsstreitigkeiten der Amtskorporationen ist die Vollmacht von sämmtlichen Mitgliedern der Amtsversammlung auszustellen und vom Oberamte zu legalisiren.

Vollmachten der Handwerkszünfte sind vom Zunftvortand auszustellen und ist denselben ein Auszug aus dem Zunft-Versammlungs-Protokoll, in welchem die Prozessführung von der Majorität der anwesenden Zunftmitglieder beschlossen wurde, beizufügen [30]).

Gesellschaften, welche eine juristische Person bilden, werden durch die Vorsteher der Gesellschaft vertreten.

Sonstige Gesellschaften, welche korporative Rechte haben, stellen, sofern ihre Statuten nicht abweichende Bestimmungen enthalten, die Vollmacht in der Art aus, dass sie von der Mehrzahl der Genossen unterzeichnet wird. (Landrecht Thl. I. Tit. 16. §. 9.)

b) Einige Fälle der Stellvertretung nicht juristischer Personen.

1. Klagen gegen eine Aktiengesellschaft, welche keine juristische Person ist, sind gegen die Direktion derselben zu richten. (Entscheidung des Ober-Tribunals vom 26. August 1845.)

---

[30]) Landrecht Thl. I. Tit. 16. §. 9. — Vergl. mit der revidirten Gewerbeordnung vom 5. August 1836 Art. 83, 86, 98, 101.

2. Handelsgesellschaften werden durch den Inhaber der Handlungsfirma vertreten. Die blosse Ausstellung der Vollmacht unter der Firma, ohne Beifügung des Namens der dazu berechtigten physischen Person, ist jedoch nicht genügend.

3. Armenanwälte bedürfen keiner besondern Vollmacht.

4. Auch bei anderen von Richteramtswegen aufgestellten Prozessvertretern, z. B. einem Kurator *absentis*, wird keine Vollmacht erfordert.

5. Dagegen ist der Kurator eines Verschollenen, welcher nur zur Erhaltung und Verwaltung des von dem Verschollenen zurückgelassenen Vermögens bestellt worden, zur Prozessführung nicht ermächtigt.

XIII. Von der Legitimation zum Prozess.

Den Prokuratoren der höheren Gerichte, was auch für die übrigen Anwälte gilt, ist zur Pflicht gemacht, dafür zu sorgen, dass die Verhandlungen nicht durch Mängel der Legitimation aufgehalten werden mögen. Sie haben daher dafür zu sorgen, dass ihre Vollmachten nach dem vorgeschriebenen Formular ausgestellt seien, oder wenigstens alle wesentlichen Klauseln, namentlich die Substitutionsklausel enthalten, von dem Gewaltgeber gebührend vollzogen und mit den erforderlichen Tutorien, Kuratorien, Theilungsauszügen und anderen zur Berichtigung der Legitimation zum Prozess und zur Sache nöthigen Urkunden dergestalt belegt seien, dass nirgends ein Anstand vorhanden sein möge. (Instruktion vom 6. August 1806 §. 4 und vom 1. Juni 1806 §. 8.)

Ist ein Prokurator mit Generalvollmacht versehen, so hat er in jeder Instanz eine beglaubigte Abschrift derselben vorzulegen. (Dekret des Civil-Senats des Ober-Tribunals vom 3. Juli 1818.)

Mangelhafte Vollmachten werden dem Sachwalter, statt ihn zu der im Landrecht Thl. I., Tit. 16, §. 11. festgesetzten eidlichen Kaution anzuhalten, zur Ergänzung binnen einer bestimmten Frist unter Strafandrohung zurückgegeben.

Der Richter hat von Amtswegen bei dem ersten Auftreten zu untersuchen, ob, wenn Jemand das Recht eines Dritten vertheidigt, derselbe über seine Befugniss dazu sich ausweisen könne, und die Ergänzung eines etwaigen Mangels mittels schriftlicher Ausfertigung zu verfügen. Führt dieses nicht zum Zweck, so wird der säumige Vertreter zurückgewiesen. (*Argumentum* aus dem Organisations-Edikt §§. 86, 4.)

Tritt eine Aenderung in der Person des Gewaltgebers ein, so ist die Vollmacht zu erneuern. Dies hat namentlich auch dann zu geschehen, wenn eine Veränderung in der Organisation eines Kollegiums, nicht blos eine Personalveränderung, eintritt. (Entsch. des Oberappellations-Tribunals vom 2. Mai 1807.)

Durch eine in höherer Instanz erfolgende Ratihabition kann auch die aus dem Mangel gehöriger Legitimation zum Prozess in unterer Instanz sich ergebende Nichtigkeit geheilt werden. (Entsch. des Ober-Tribunals vom 22. Juni 1827.)

II. Prüfungen.

Die Prüfungen, welche für die Advokaten und die Richter dieselben sind, werden durch die königlichen Verordnungen vom 25. April 1839 und 3. Jänner 1850 geregelt, wozu die Justizministerial-Verfügungen vom 27. August 1836 und 3. Jänner 1850 kommen. Die erste Prüfung ist eine theoretische, bei welcher die Professoren der Universität Tübingen unter Beiziehung eines Regierungskommissärs die Examinanten bilden. Die Kandidaten, welche diese erste theoretische Prüfung mit Erfolg bestanden haben, treten in die Reihe der Justiz-Referendäre zweiter Klasse. Die zweite Prüfung ist eine praktische, bei welcher die Mitglieder des Ober-Tribunals zu Stuttgart examiniren. Durch Bestehung der zweiten Prüfung werden die Kandidaten Justiz-Referendäre erster Klasse, und haben die Wahl Richter oder Advokaten zu werden. Die königliche Verordnung vom 3. Jänner 1850 (Reg.-Bl. Nr. 1, I.) ändert einige Bestimmungen der über die Dienstprüfung im Justiz-Departement am 25. April 1839 ergangenen königlichen Verordnung ab und verfügt:

Zum Behufe der zweckmässigen Ausbildung der Justiz-Referendäre zweiter Klasse und im Zusammenhang mit einer Aenderung in Einrichtung der zweiten höheren Dienstprüfung, wornach die Referendäre nicht mehr, wie bisher, Relationen zu Hause zu fertigen, sondern ihre praktische Ausbildung dadurch zu bewähren haben, dass sie während des Examens selbst Fälle aus den verschiedenen Zweigen der Rechtspflege bearbeiten und ihre Arbeiten in mündlichem Vortrage rechtfertigen und in freier Rede näher begründen, verordnen Wir, nach Anhörung Unseres geheimen Rathes, wie folgt:

§. 1. Die Justiz-Referendäre zweiter Klasse haben in dieser Eigenschaft behufs ihrer praktischen Ausbildung während eines Jahres, und zwar in den ersten fünf Monaten bei einem Bezirksgerichte, während der weiteren sieben Monate bei einem Kreisgerichtshofe Probedienste zu leisten.

§. 2. Ueber die Beschäftigung der den Bezirksgerichten und Gerichtshöfen zugetheilten Referendäre enthalten die mit Unserer Genehmigung erlassenen Verfügungen vom 27. August 1836 und vom heutigen Tage die näheren Vorschriften.

§. 3. Am Schlusse des Probejahres wird von den Gerichtshöfen auf den Grund von Vorträgen der Kollegial-Mitglieder über die ihnen beigegebenen Referendäre (Ministerial-Verfügung vom heutigen Tage), sowie von Aeusserungen der Senatsvorstände über deren Leistung im Kanzleidienst in einer Plenarsitzung über die Geschäftstüchtigkeit der Referendäre umfassende Berathung gepflogen und das Ergebniss derselben, unter Anschluss der von den Referendären gelieferten Relationen im Kriminal- und Civilfache, der Prüfungs-Kommission mitgetheilt.

§. 4. Die Bittschriften um Zulassung zur zweiten höheren Dienstprüfung sind, wenn die Meldungen unmittelbar vor Beendigung der Probezeit geschehen, durch die Vorstände der Kreisgerichtshöfe, welchen die Referendäre bis dahin zugetheilt waren, mit den im §. 30 der Verordnung vom 25. April 1839 vorgeschriebenen Zeugnissen einzusenden.

§. 5. Bei der zweiten höheren Dienstprüfung ist den Kandidaten der Gebrauch von Büchern und andern literarischen Hilfsmitteln verboten, mit Ausnahme derjenigen Gesetzsammlungen, welche die Prüfungskommission ausdrücklich gestattet, und, bei der Ausarbeitung der civilrechtlichen Aufgabe, eines Lehrbuchs des Privatrechts, dessen Wahl dem Kandidaten frei steht. Eine Uebertretung dieses Verbots wird nach Massgabe des §. 3 der Königlichen Verordnung vom 25. April 1839 geahndet.

§. 6. Durch obige Bestimmungen erleiden die §§. 3, 25, 26, 27, 30 der Königlichen Verordnung vom 25. April 1839 Abänderungen.

Unser Ministerium der Justiz ist mit der Vollziehung dieser Verordnung beauftragt.

In Ausführung der vorstehenden Königlichen Verordnung wurde die Verfügung des Justizministeriums vom 3. Jänner 1850 erlassen, die Beschäftigung der den Bezirksgerichten und Kreisgerichtshöfen zugetheilten Referendäre betreffend. (Reg.-Bl. Nr. 1. II.)

Um die Vorschriften über die Beschäftigung der den Bezirksgerichten und Kreisgerichtshöfen zugetheilten Referendäre zweiter Klasse mit den Bestimmungen der Strafprozessordnung, so wie der Königlichen Verordnung vom heutigen Tage, betreffend die Dienstprüfungen im Justizdepartement, in Einklang zu bringen, wird unter theilweiser Abänderung der Instruktion vom 27. August 1836 mit Genehmigung Sr. Königlichen Majestät Nachstehendes verfügt:

Die Referendäre zweiter Klasse, welche nunmehr für die ersten fünf Monate ihres Dienstprobejahres einem der Bezirksgerichte für die weiteren sieben Monate einem der Kreisgerichtshöfe zugetheilt werden, sind

A. Bei den Bezirksgerichten in der Weise zu beschäftigen, dass sie die Geschäftsformen kennen lernen, — eine lebendige Anschauung von der Uebung der Rechtspflege gewinnen, — und schliesslich in die richterlichen Funktionen selbst eingeführt werden.

Den Bezirksrichtern, welchen alle Aufmerksamkeit auf die ihnen zugetheilten Referendäre anempfohlen wird, ist es überlassen, sich nach der Persönlichkeit dieser den Weg näher vorzuzeichnen, auf welchem jene Zwecke erreicht werden können. Als Anhaltspunkte dienen die Vorschriften in der Instruktion vom 27. August 1836 B.

Insbesondere können die Referendäre, jedoch nur unter der Verantwortlichkeit, — beziehungsweise in Gegenwart des Oberamtsrichters oder Gerichtsaktuars bei Kriminaluntersuchungen zu Führung des Protokolls, ferner zu Ausarbeitung faktischer Darstellungen, so wie faktischer und rechtlicher Vorträge, — nicht aber zu selbstständiger Führung von Untersuchungen verwendet werden.

B. Bei den Gerichtshöfen haben sich die Referendäre ausschliesslich dem Kanzleidienst zu widmen, worüber die Instruktion vom 27. August 1836 ebenfalls Anhaltspunkte giebt.

Hierauf beginnt ihre Einleitung in den Kollegialdienst und in den letzten zwei Monaten haben sie sich vorzugsweise mit Referaten über Straf- und Civilrechtssachen zu beschäftigen.

Für jedes dieser Fächer ist jeder Referendär einem Kollegial-Mitglied zuzutheilen, unter dessen Aufsicht und Weisung er nach Anleitung der Instruktion vom 27. August 1836 die ihm von diesem zugetheilten Arbeiten zu besorgen und im Kollegium vorzutragen hat.

Vorübergehende Bestimmungen.

Obiger Bestimmung zufolge, wornach die Referendäre zweiter Klasse zuerst den Bezirksgerichten auf fünf Monate und sodann den Kreisgerichtshöfen zugetheilt werden, werden sofort diejenigen Kandidaten, welche im Laufe des Monats Dezember v. J. die erste höhere Dienstprüfung erstanden haben, und in Folge dessen zu Justiz-Referendären zweiter Klasse bestellt worden sind, Bezirksgerichten, und nach Umfluss von fünf Monaten Kreisgerichtshöfen zugetheilt werden.

Dagegen haben diejenigen Referendäre zweiter Klasse, welche gegenwärtig Kreisgerichtshöfen zugetheilt sind, bei denselben im Ganzen neun Monate zu verbleiben, so jedoch, dass sie bis zu ihrem Austritt je unter Zutheilung an zwei Kollegial-Mitglieder (s. oben) vorzugsweise mit Referaten in Straf- und Civil-Prozessachen zu beschäftigen sind. Für die drei letzten Monate des Dienstprobejahres werden sie Bezirksgerichten zugetheilt werden.

Die nächstfolgende, zweite Dienstprüfung wird noch nach den früheren Normen, die im Herbst d. J. erfolgende aber nach der neuerdings erlassenen Instruktion abgehalten werden.

GROSSHERZOGTHUM MECKLENBURG-SCHWERIN UND STRELITZ.

Advokaten - Ordnung.

Quelle: Trotsche Dr. C. H. C. Der mecklenburgische Civil-Prozess. Wismar, Rostock und Ludwigshafen 1866. Bd. I. Kapitel 3. Von den streitenden Nebenpersonen. I. Von den Advokaten und Prokuratoren. (S. 436—478.)

I. Fähigkeit der Advokaten und Prokuratoren.

Die vollen Rechte eines Advokaten sind demjenigen Rechtsgelehrten zugesichert, welcher von einer Justizkanzlei [1]) als Advokat immatrikulirt und beeidigt ist [2]). Die Landesgerichte ertheilten die Matrikel anfangs Jedem, welcher sich ihnen in einem rechtswissenschaftlichen Examen über seine gehörige Qualifikation ausgewiesen hatte [3]). — Die Justizkanzlei zu Neustrelitz wurde im Anfange dieses Jahrhunderts in so ferne beschränkt, als die Rezeption in die Zahl der Advokaten und die Zulassung zum Examen erst auf Autorisation der Landesregierung geschehen durfte [4]). In Mecklenburg-Schwerin waren Graduirte der Prüfung nicht unterworfen, die Nichtgraduirten hatten hier sogar, um praktiziren zu dürfen und zur Erlangung der Matrikel eine besondere landesherrliche Dispensation nöthig [5]). Jetzt bedürfen die Justizkanzleien

[1]) So heissen die Gerichte zweiter Instanz. Sie entscheiden über Erkenntnisse der Niedergerichte und von den Justizkanzleien geht der Rechtszug an das Ober-Appellationsgericht.

[2]) Land- und Hofgerichtsordnung vom 2. Juli 1622 (L. u. H. G. O.) I. 6, §§. 1 und 2. — Gustrow'sche Canzleiordnung (G. C. O.) I. 5. §. 1. — Verordnung vom 21. Mai 1703 Nr. 5 und vom 8. Februar 1748 Nr. 5.

[3]) L. u. H. G. O. und G. C. O. a. a. O. — Ausser einer mündlichen Prüfung wurde die Anfertigung einer Relation aufgegeben.

[4]) Reskript vom 26. November 1805.

[5]) Verordnung vom 7. April 1711. — Verordnung vom 7. Juli 1770. — Publikation vom 16. April 1821 im Schweriner offiziellen Wochenblatt (O. W.) S. 128. — Die Dispensation erfolgte nach wohlbestandenem Examen allemal, meistens

überall zur Ertheilung der Matrikel in jedem einzelnen Falle Landesherrlicher Ermächtigung, und die Doktorwürde befreiet nicht mehr vom Examen, zu welchem in Mecklenburg-Schwerin ohne das Schulzeugniss über die Reife[6]) und einen dreijährigen juristischen Kursus auf Universitäten[7]) oder vor Vollendung des einundzwanzigsten Lebensjahres Niemand zugelassen wird. Das Examen ist in Mecklenburg-Schwerin einer eigenen Kommission überwiesen, in Mecklenburg-Strelitz der Justizkanzlei verblieben, und ertheilt auf den günstigen Bericht der Prüfungsbehörde das Ministerium, *resp.* die Regierung derjenigen Justizkanzlei, in deren Bezirk der Kandidat zunächst seinen Wohnsitz nehmen will, den Auftrag zur Beeidigung und Immatrikulation[8]). An die Stelle des alten Eides, welcher alle Pflichten des Advokaten im Einzelnen aufnahm und schon in zwei Punkten modifizirt war[9]) ist eine zwar wesentlich kürzer gefasste, jedoch noch nicht von Einzelnheiten freie Formel getreten[10]). Dass auch auf das bestandene Richterexamen die Immatrikulirung als Advokat erlangt werden kann, ist besonders bestimmt[11]).

---

temporär, selten für immer, und die einheimische Charakterisirung als Hofrath verlieh von selbst eine beständige Dispensation von Erlangung des Doktorgrades. — Im Strelitz'schen ist diese niemals Bedingung der Matrikel gewesen. Auch die Wismarischen Advokaten bedurften solcher Dispensation nicht, um in *Wismariensibus* advoziren zu dürfen. Verordnung vom 28. Mai 1821.

[6]) Verordnung vom 4. Mai 1833. (O. W. Stück 19) — Strelitz'sche Vdg. vom 18. Juli 1821 und 8. August 1837.

[7]) Da die Verordnung vom 23. Dezember 1826 und 2. Februar 1827 (O. W. 1827, Stück 3 und 7) und mit ihnen die vom 6. November 1793, so weit sie hier in Betracht kommen, unterm 22. Juli 1831 (O. W. Stück 37) suspendirt sind, so ist ein einjähriges Studium auf der Landes-Universität nicht mehr erforderlich.

[8]) Das Nähere hierüber und über die Art des Examens enthält die Schweriner Verordnung vom 21. April 1837. (O. W. Stück 15.) — Im Examen ist Einzelnes abgeändert durch Verordnung vom 27. Jänner 1857 (Schwer. Reg.-Blatt Nr. 3), womit zu vergleichen die Verordnung vom 20. September 1856. (Reg.-Blatt Nr. 33). — Ueber die Geschäftsordnung der Kommission s. die Verordnung vom 5. August 1837. (O. W. Stück 32.) — Das Strelitz'sche Examen ist im Ganzen das nämliche Reskript vom 13. Juli 1837 und 24. Dezember 1852.

[9]) L. u. H. G. O. I. 18. — Reskript vom 7. Oktober 1827 u. 14. Januar 1841.

[10]) Verordnung vom 18. Februar 1865. (Reg.-Blatt Nr. 8. — Offizieller Anzeiger Nr. 4.)

[11]) Verordnung vom 27. (Strelitz 29.) September 1837 §§. 2 und 11. (O. W. Stück 37.)

Der so Immatrikulirte darf bei allen Gerichten beider Länder die Advokatur betreiben [12]). Sobald er jedoch als wirklicher Beamter oder als sonstiger Offiziant bei den Departements der grossherzoglichen Kammer in fürstlichen Dienst mit Gehalt getreten ist, verliert er das Recht [13]). Desgleichen ist den Mitgliedern der Justizkanzleien, von eigenen und ihrer Kinder Sachen abgesehen [14]), sowie den Mitgliedern des Ober Appellationsgerichts, ausser in eigenen, ihrer Kinder und Geschwister Sachen [15]); ferner den ordentlichen Professoren der Rechte auf der Universität zu Rostock [16]) und den Fiskalen, diesen ausser dem Falle, wo die Städte ihnen ihre Prozesse übergeben oder wenn sie zu Kammerprokuratoren bestellt werden, die Advokatenpraxis gänzlich untersagt [17]). Sie wird auch den Subalternen bei den Landeskollegien nicht gestattet, obgleich ein solches gesetzliches Verbot nicht besteht [18]) und nur der Eid der Kanzlisten [19]) damit unvereinbar ist. Auch sonst bestehen (vergl. das Citat Note 11) derartige Beschränkungen öffentlicher Beamte, und dass eine Gerichtsperson, wenn sie auch Advokat ist, fremde Sachen bei dem Gerichte, bei welchem sie angestellt ist, nicht führen darf,

---

[12]) Verordnung vom 30. Oktober (Strelitz 4. November) 1858, (Reg.-Blatt Nr. 37. — Offizieller Anzeiger Nr. 16, — für Ratzeburg Nr. 8.) — Revid. Ober-Appellationsgerichts-Ordnung (Rev. O. A. G. O.) §. 10, die ältere §. 26 am Ende.

[13]) Reskript vom 3. Juli 1811. — Die zur Advokatur berechtigten wirklichen herrschaftlichen Offizianten dürfen gegen das Interesse des Landesherrn oder der Kammern und Reluitions-Kommission keine fremden Prozesse betreiben; sämmtliche Gerichte sind angewiesen, darauf zu halten, dass die Parteien in solchen Fällen sich einen anderen Sachwalt erwählen. Bescheid v. 15. Juni 1827. (O. W. Stück 25).

[14]) L. u. H. G. O. I. 3. §. 1. — I. 4. §. 3. — Nach der G. C. O. I. 2. §. 1 und I., 3., §. 2 sollen sie sich des Advozirens gänzlich enthalten.

[15]) O. A. G. O. §. 10. — Revid. O. A. G. O. §. 6. Nr. 2.

[16]) Verordnung vom 11. Jänner 1781. — Rostocker Erbvertrag von 1788 §. 198. Nr. II.

[17]) Reskript vom 23. November 1752 an das Landes- und Hofgericht und vom 6. Mai 1765 an die Justizkanzlei zu Schwerin. — Die L. u. H. G. O. schreibt hierüber nichts vor und die G. C. O. I. 4. §. 5 verbietet nur die Uebernahme mehrerer Privatprozesse, als die Fiskale ohne Vernachlässigung ihres fiskalischen Amtes vorstehen können.

[18]) Die in der L. u. H. G. O. I. Tit. 7—10 und G. C. O. I. Tit. 6—8 bezeichneten Pflichten derselben ergeben eben so wenig, als die Eide, ein solches Verbot.

[19]) L. u. H. G. O. I., 21.

versteht sich von selbst [20]); sie darf aber auch nicht in folgenden Instanzen als Sachwalt agiren, weil sie sich dadurch unfähig macht, nach Remission der Akten ihre amtliche Stellung einzunehmen.

Die Advokaten-Matrikel giebt jetzt nach der Auflösung des Land- und Hofgerichtes und dem Wegfallen des dortigen Justizial-Prozesses, für welchen besondere Prokuratoren angestellt waren [21]) auch das Recht zur Betreibung der Prokuratur, jedoch beim Oberappellations-Gerichte blos denjenigen Kanzleiadvokaten, welche demselben schriftlich angezeigt haben, dass sie von der Befugniss zur Uebernahme der Prokuratur Gebrauch machen wollen [22]). Nur bei dem, in unveränderter Verfassung erhaltenen Grossherzoglichen Konsistorium in Rostock [23]) und den dortigen städtischen Gerichten [24]), werden besondere Prokuratoren aus der Zahl der Advokaten in Eid genommen. Die Sache hat für den Prozess alle reelle Bedeutung verloren.

Erst aus neuerer Zeit (1840) haben wir zwei Beispiele, dass Juden Advokatenpraxis zugestanden wurde.

Das Gericht der anhängigen Sache ist befugt, die Verstösse des bei ihm auftretenden Sachwalts gegen die dem Gerichte schuldige Achtung und die Disziplin selbst zu rügen und zu strafen [25]). Im Uebrigen standen die Advokaten hinsichtlich ihrer amtlichen Führung ausschliesslich unter derjenigen Justizkanzlei, bei welcher sie immatrikulirt sind [26]), jetzt geht diejenige Justizkanzlei vor, in deren Sprengel der Advokat

---

[20]) Reg.-Reskr. an den Magistrat zu Wismar vom 4. März 1808. — Magistratspersonen können bei keinem städtischen Gerichte advoziren.

[21]) L. u. H. G. O. I. 6. §. 11. — Auch für Wismar'sche Sachen haben mit veränderter Gerichtsverfassung die Prokuratoren aufgehört.

[22]) Revid. O. A. G. O. §. 11 und Verordnung vom 1. Sept. 1840. (O. W. Nr. 29.)

[23]) Konsistorial-Ordnung Tit. 2. §. 5. — Das blosse Handgelübde statt des Eides genügt nicht mehr. (Konsistorial-Interims-Reskript §. 12.)

[24]) Rostock'sche Ger. O. Thl. I. — Tit. 7. Art. 1 und 2 und — Thl. II. Tit. 5. Art. 5. — Die Rostocker Prokuratoren müssen den Bürgereid geleistet haben und werden für den dortigen Betrieb durch den a. a. O. Th. I. Tit. 7. §. 48 formulirten Eid in Pflicht genommen.

[25]) Reskr. vom 8. April 1800. — Die näheren Nachweisungen s. unten bei den Pflichten der Advokaten. — Die Vollstreckung beantragt das Niedergericht bei der zuständigen Justizkanzlei und hat die Justizkanzlei des einen Landes gegen einen dem andern Lande Angehörigen eine Strafe erkannt, so tritt gleiche Requisition ein.

[26]) L. u. H. G. O. I. 14. §. 2. — G. C. O. I. 12. §. 2. — Zu den Staatsbeamten und öffentlichen Dienern werden die Advokaten in Bezug auf §. 1,

wohnt[27]) und wegen Missbrauchs der Rechtsverfolgung ist die Kompetenz theilweise noch anders geordnet. Die nach dem Wohnorte zuständige Justiz-Kanzlei erhält von allen Landesgerichten Nachricht von der wider einen Advokaten erkannten Disziplinarstrafe[28]) und geschieht dies in Frivolitätsfällen, wovon im nächsten Absatz die Rede sein wird, sogar auf Kosten des Bestraften. Die Disziplinargewalt der Justizkanzleien beschränkt sich keineswegs auf die gerichtlichen Angelegenheiten, sondern erstreckt sich auch auf den aussergerichtlichen Betrieb übernommener Sachen, selbst wenn dieselben auch andern Geschäftsmännern aufgetragen werden können, namentlich auf Besorgungen, welche thatsächlich und herkömmlich mit zu dem Gewerbe der Advokaten gerechnet werden, obgleich sie dafür kein ausschliessliches Privilegium haben. Nur wird hier erst auf Beschwerde der Betheiligten einzuschreiten und Verantwortung zu fordern sein.

Für das Verfahren der Niedergerichte, mit Ausschluss der Rostock'schen und Wismar'schen Gerichte und im erstinstanzlichen Verfahren der Justizkanzleien gelten gemäss der Niedergerichtsordnung vom 6. Februar 1855 folgende an die allgemeine Pflicht der Streittheile zur Wahrheit geknüpfte Vorschriften:

1. Wenn ein Advokat sich eines offenbaren Missbrauchs der Rechtsverfolgung oder Vertheidigung schuldig macht, so soll er in eine Frivolitätsstrafe verurtheilt werden (Niederger. O. §. 29). Das Vergehen liegt vor, wenn er wider besseres Wissen unwahre Behauptungen aufgestellt oder die Behauptungen des Gegners wider besseres Wissen wahrheitswidrig geleugnet hat. Schon offenbare Verschleppung der Sache fällt darunter. Der Advokat ist das erste Mal, nach der grössern oder geringern Frivolität und nach der Grösse des dem Gegner dadurch er-

---

Nr. 31 der Kompetenz-Ordnung für das Kriminalkollegium vom 12. Januar 1838 nicht gezählt. (Reskr. vom 14. April 1838.)

27) Verordnung vom 8. Januar 1839, §. 24. Abs. 2. betreffend die Rechtsmittel in Kriminalsachen. — Verordnung vom 6. Februar 1855, §. 10. Nr. 1. betreffend das Verfahren der Justizkanzlei. — Die Schwerin'schen Justizkanzleien haben sich mit dem Satze des Textes einverstanden erklärt, und hat sich das Justizministerium in einem Reskript vom 21. September 1864 der Ansicht gleichfalls angeschlossen. — Wechselt der Advokat sein Domizil, so sollen die Immatrikulationsakten an die Justizkanzlei seines neuen Wohnorts abgegeben werden.

28) Schwer. Minist.-Reskr. vom 19. Okt. 1857 und 21. Sept. 1864. — Strel. Reg.-Reskr. vom 24. Okt. 1857.

wachsenen Nachtheils, in eine Pön von fünf bis hundert Thaler Courant zu nehmen, und kann im Wiederholungsfalle zeitweilig suspendirt und selbst von der Praxis removirt werden. Ist die Sache bei einer Justizkanzlei anhängig, so erkennt sie selbst die Strafe und giebt davon auf Kosten des Sachwalts der Justizkanzlei, in deren Sprengel derselbe wohnt, Kenntniss. Dagegen ist ein Niedergericht zu der Strafverfügung nicht kompetent. Bei gegründetem Verdachte hat es daher die Akten, nöthigenfalls nach zuvoriger Vernehmung der Partei, der nach dem Wohnorte zuständigen Justizkanzlei vorzulegen, und trifft diese — eventuell nach vorgängiger weiterer Untersuchung oder Aufforderung zur Rechtfertigung — die Entscheidung [29]).

2. Weiter ist der offenbare Missbrauch der Rechtsverfolgung in der Instanz der Rechtsmittel verpönt, das zur Hand genommene Rechtsmittel mag zu den ordentlichen oder ausserordentlichen gehören, auf dem Gebiete der streitigen bürgerlichen Rechtspflege oder des fiskalischen Prozesses oder der unstreitigen Gerichtsbarkeit oder in gerichtlichen bürgerlichen Strafsachen oder wegen versagter oder verzögerter Rechtspflege ergriffen sein [30]). Bestraft wird nicht bloss die Vorsätzlichkeit, sondern schon grobe Fahrlässigkeit [31]) und unter dieser Voraussetzung wohl die Ergreifung unzulässiger Rechtsmittel, als auch die Unerheblichkeit der Beschwerden und anderes Vorgekommene.

Ueber die Statthaftigkeit des Rechtsmittels oder über die Beschwerde und das sonst Vorgebrachte muss Entscheidung erfolgt sein, daran knüpft sich die Pön, und deshalb ist zu deren Verhängung nur dasjenige Gericht kompetent, welches jene Entscheidung abgegeben hat. Dasselbe ist befugt, zur Feststellung des Vergehens und seiner Beziehungen die Partei und den Sachwalt zu vernehmen, und findet gegen die hierauf gerichtete Verfügung kein Rechtsmittel statt. (Rechtsmittelgesetz §. 8. Nr. II.)

---

[29]) Niederger. O. §. 30 und die gleichzeitige Verordnung für die Justizkanzleien, §. 10, Nr. 1.

[30]) Rechtsmittel-Ges. vom 15. Jänner 1861, §. 8. Nr. I, §. 40. Nr. III, §. 42 am Ende, §. 43. Abs. 1, §. 44. Nr. IV, §. 45. Nr. II (im Vergleich mit §. 57 lit. d des Rechtsmittelges. vom 20. Juli 1840) und §. 46. Nr. 5. — In Strafsachen wird wohl nur bei Beschwerden über das Verfahren oder wegen Unstatthaftigkeit des Rechtsmittels von der Vorschrift Anwendung zu machen sein.

[31]) Vgl. Rechtsmittelges. §. 37. Nr. VIII. — Auch die erste O. A. G. O. §. 68 und 75 verlangt nur Temerität. — Vgl. revid. O. A. G. O. §. 25. Nr. 3: „verspürter Leichtsinn und Muthwillen." — Anders die Rostock'sche Ger.-O. II. 1. am Ende.

Die Strafe für den Advokaten wird nach der Grösse der Verschuldung innerhalb der sub 1. bemerkten Grenzen abgemessen. Ausserdem trifft ihn der Verlust des Honorars für die frivole Berufung und die Verbindlichkeit, seiner Partei die verursachten Kosten zu erstatten. Dies ist gesetzliche Folge der Verurtheilung und braucht nicht besonders ausgesprochen zu werden [32].

II. Statthaftigkeit der Zuziehung.

Regelmässig ist den Parteien in allen Civilsachen und bei allen Gerichten das Auftreten durch einen Advokaten und die Zuziehung eines solchen erlaubt [33], und dürfen sie selbst dann, wenn persönliches Erscheinen nothwendig ist, mit einem Beistande kommen. Diese Regel steht für den Wechselprozess ausnahmslos fest [34] und dass das Gebot persönlichen Erscheinens auf Befolgung keinen Anspruch macht, wenn die Partei durch Krankheit oder aus andern rechtsgenüglichen Ursachen daran behindert ist, darf man als selbstverständlich bezeichnen. Unter solchen Umständen thut man genug, wenn man einen Vertreter stellt und bei entstehenden Zweifeln an der Richtigkeit des vorgebrachten Entschuldigungsgrundes diesen gehörig bescheinigt [35].

In Mecklenburg-Schwerin war die Sache für den ersten Kognitionstermin in den bei Grossherzoglichen Amts- und Stadtgerichten anhän-

[32]) Die Aberkennung oder Herabsetzung des Honorars konnte schon nach §. 27 der ersten O. A. G. O. vorkommen. — Auch schrieben die Verordnungen vom 30. Okt. 1654 und 23. Nov. 1655 vor, dass in den Appellationseid die Versicherung der Partei einzuschalten sei, sie wolle ihrem Advokaten wegen der Frivolitätsstrafe, in die er etwa werde verurtheilt werden, keine Erstattung leisten.

[33]) L. u. H. G. O. I. 6. §. fin. — G. C. O. I. 5. §. 19. — Landesgrundgesetzlicher Erbvergleich §. 405 und 406. (Der landesgrundgesetzliche Erbvergleich — L. G. G. E. V. — ist ein unter Christian Ludwig II. im J. 1755 zu Stande gekommener Vergleich zwischen den Landesherren und Ständen). — Wismar'sche Niederger. O. vom 15. Januar 1840, §. 16. — Rostock'sche Verordnung vom 17. April 1861, Nr. III. (Offiz. Beilage zur Rostock'schen Zeitung Nr. 8.)

[34]) Wechselprozess-O. vom 14. Juni 1849, §. V. Nr. 9. — Publikations-Verordnung zur Niederger. O. vom 6. Februar 1854, Nr. 2.

[35]) Niederger. O. §. 5. Nr. 3. — Entscheidung vom 7. Juni 1855. — Eine Bescheinigung wird nur „erforderlichenfalls“ verlangt, und erforderlich kann sie erst werden, wenn der Gegner die Wahrheit bestreitet. Erst nach seiner Erklärung hat der Richter die Frage zu erwägen und darf daher der Gegner die Erklärung nicht ablehnen. (Entscheidung vom 7. Mai 1860.)

gigen Sachen wesentlich umgestaltet. Die neuere Gesetzgebung hat das hier vorgefundene Prinzip weiter entwickelt und, abgesehen vom Wechselprozesse, sowie von den städtischen Gerichten zu Rostock und Wismar,

1) für das ganze erste terminliche Verfahren vor allen Niedergerichten bis zum ersten Erkenntnisse hin als Regel aufgestellt, dass beide Theile persönlich und ohne Begleitung eines Rechtsbeistandes erscheinen müssen. (Niedergerichts-Ordnung §. 5 und 9 Abs. 4.) — Hievon finden folgende Ausnahmen statt:

a) Vom persönlichen Erscheinen ist eine jede Partei, wenn sie ausserhalb des Gerichtsbezirks über zwei Meilen von dem Gerichtsorte entfernt wohnt, und ausserdem der Kläger, wenn der der niedergerichtlichen Jurisdiktion nicht unterworfen ist, dispensirt. Die Partei, welche sich auf den Exemtionsgrund berufen will, darf sich durch einen Sachwalt oder sonstigen Bevollmächtigten vertreten lassen, also nicht in Begleitung eines solchen erscheinen. Soll statt ihrer ein Sachwalt auftreten, so hat sie solches unter dem Nachtheile des Verzichts hierauf zeitig zu erklären, und zwar hat der Kläger dies bei der Extrahirung des Termins, mithin regelmässig bei Einbringung der Klage, der Beklagte aber — wenn der Kläger nicht etwa schon angezeigt hat, dass statt seiner ein Sachwalt erscheinen werde — nach der Insinuation der Ladung zu thun. Im ersten Falle ist der Beklagte bei der Citation, im zweiten der Kläger vor dem Termine davon in Kenntniss zu setzen.

Steht nur einem Litiskonsorten ein Exemtionsgrund zur Seite, so werden dadurch die andern nicht gleichfalls eximirt, wenn sie sich auch im Termine die Ausführungen des gemeinschaftlichen Sachwalts aneignen können, in so ferne also in Begleitung eines solchen handeln.

b) Die Vorschrift, dass die Parteien den Termin beziehen müssen, ohne einen Beistand mitzubringen, erleidet eine Ausnahme, wenn der Gegner sich erlaubter Weise durch einen Sachwalt vertreten lässt. Auch kann der Richter in verwickelten und schwierigen Fällen ihnen gestatten, in Begleitung eines Sachwalts zu erscheinen. Natürlich müssen die Parteien hiervon so zeitig benachrichtigt werden, dass sie davon Gebrauch zu machen vermögen.

c) Frauenzimmer sind nicht schlechthin privilegirt. Sie dürfen zwar in Begleitung ihrer natürlichen Vertreter erscheinen oder sich durch dieselben vertreten lassen. Auch steht die Zulassung eines andern männlichen Beistandes zum richterlichen Ermessen. Aber ein Anspruch auf solche Zulassung ist ihnen nicht eingeräumt, und der Richter kann das persönliche Erscheinen immer fordern, wenn er dies für den Sühneversuch oder die Instruktion der Sache als dienlich ansieht.

2) Vor den Militärgerichten findet zwar in den bürgerlichen Rechtssachen der Unteroffiziere und Soldaten, sowie der übrigen Militärpersonen von gleichem Range, der Ehefrauen, unabgesonderten Kinder und Dienstboten derselben, mündliches Verfahren statt, und sind dabei die Prozessvorschriften für die Untergerichte anzuwenden, soweit nicht besondere Bestimmungen getroffen sind. Zu diesen gehört, dass die Zuziehung von Sachwälten nur für die Streitigkeiten, welche die gedachten Personen unter einander haben, bis zum ersten Urteile hin der Regel nach ausgeschlossen ist [36].

3) Vor dem akademischen Gerichte und den städtischen Gerichten zu Rostock, Schwerin und Parchim dürfen die Parteien in Streitigkeiten zwischen der Dienstherrschaft und dem Dienenden oder zwischen ihnen und den die Miethung oder Vermiethung besorgt habenden Personen niemals in Begleitung eines Prokurators oder Sachwalts erscheinen, und das Auftreten durch einen solchen soll zwar der Dienstherrschaft oder dem Vermiether ausnahmsweise, dem Dienenden oder Miethnehmer aber nur dann verstattet sein, wenn er durch zu bescheinigende Krankheit oder Abwesenheit persönlich zu kommen behindert ist.

Auch findet in Privat-Prozesssachen der Studirenden, mögen dieselben vor dem Rektor oder dem engern Konzilium verhandelt werden, Einmischung von Advokaten gar nicht statt [37].

4) Die Wismar'schen Niedergerichte dürfen in Bagatellsachen der Regel nach Sachwälte nicht zulassen. Eine Ausnahme tritt jedoch ein, wenn auswärtige Parteien einen Sachwalt für sich handeln lassen wollen, indem dann auch die andere Partei einen Sachwalt annehmen darf [38]. Bagatellsachen sind

a) alle, wo das streitige Objekt nicht die Summe von zehn Thalern [39] erreicht, oder falls es nicht in einer Geldsumme besteht, nach richterlichem Ermessen an Werth nicht so hoch zu schätzen ist, und

---

[36]) Militär-Gesetzbuch vom 7. Februar 1855, Art. 260 und 264. — Strelitz vom 7. Mai 1859, Art. 251 und 254.

[37]) Disziplinarstatuten für die Studirenden §. 102 des nach den Bestimmungen des Reg. Reskr. vom 4. April 1849 geänderten Abdrucks. Rostock 1858.

[38]) Wismar'sche Niederger. O. vom 15. Jan. 1840, §. 16, Nr. 1 u. §. 159.

[39]) Der Mecklenburgische Thaler ist eine blosse Rechnungsmünze und giebt 48 Schillinge = $1\frac{1}{2}$ Gulden rheinisch = 1 fl. 26 kr. öst. W.

b) alle Injuriensachen zwischen Dienstboten, Gesellen, Lehrjungen, Matrosen, Arbeitsleuten und denen, die nach Wismar'schen Grundsätzen zum dritten Stande zu rechnen sind [40]).

5) Termine zur Instruktion von Ehe- und Sponsaliensachen [41]), sowie zur persönlichen Vernehmung der Parteien über Positionen im ordentlichen und fiskalischen Prozesse, sind ohne Beisein des Sachwalts abzuhalten. Die Wismarischen Niedergerichte sind allgemein berechtigt, so oft sie das persönliche Erscheinen der Parteien für nothwendig oder nützlich halten, solches zu fordern und eventuell durch angemessene Geldstrafen oder Präjudizien zu erzwingen. Dies erstreckt sich auch auf Minorenne, wenn deren Vernehmung angemessen ist. (Wismar'sche Niedergerichts-Ordnung §. 17.)

III. Nothwendigkeit der Zuziehung.

Schon die Rücksicht auf die Kosten kann einen guten Hausvater bestimmen, seine Sache selbst zu führen, und unsere Gesetzgebung hat hieran zu allen Zeiten festgehalten [42]). So wie daher jede Partei vor Gericht persönlich handeln darf, so hängt es auch von ihr ab, ob sie ihre gerichtlichen Vorträge selbst abfassen oder durch einen Sachwalt verfertigen lassen will. Nothwendig wird seine Zuziehung erst, wenn die Partei die Fähigkeit, sich deutlich auszudrücken, nicht darlegt, oder die Form nicht beobachtet. Bei Armen wird auch Letzteres übersehen. Wer aber die Eingaben nicht selbst konzipirt, darf sich dazu, bei Strafe der Retradition der Schrift, nur eines rezipirten Advokaten bedienen [43]),

---

[40]) Die Verordnung vom 3. Juli 1822 (Wism. Zeitung, Beilage zu Nr. 60), welche die Zulassung von Sachwälten beim Obergerichte in geringfügigen Streitsachen und in Injuriensachen untersagte, ist im §. VII der Verordnung vom 1. März 1864 ganz aufgehoben. (Extrabeilage zu Nr. 30 der Wism. Zeitung.)

[41]) Dies gilt auch in Rostock, obgleich nach der Rost. Ger. O. Thl. I, Tit. 24, §. 4 nach Entstehung der Güte schriftliches Verfahren stattfindet.

[42]) Dass die Rostock'sche Ger. O. I, 7, §. 8 und das Stadtr. I, 1. Art. 13 und V. 2, Art. 1 den Mitgliedern des Rathes verbietet, ihre Sachen vor den städtischen Gerichten selbst zu führen, beruht auf Schicklichkeitsrücksichten.

[43]) L. u. H. G. O. I, 6. §. 3. — G. C. O. I, 5, §. 2. — Revid. O. A. G. O. §. 10. — Strel. Gemeinbescheid vom 1. Sept. 1769 und 24. Aug. 1787. — Die Landesgerichte wachen hierüber von Amtswegen, fordern beim Verdachte, dass ein Unbefugter die Feder führe, Bericht von der Partei oder dem Advokaten, welcher die Eingabe unterschrieben hat, und strafen den anmasslichen Advokaten. Wenn auch nach dem Schwer. Reg. Reskr. vom 7. Apr. 1827 die Frage, ob

falls er nicht einem auswärtigen Advokaten oder Notar die Angelegenheit übergiebt[44]). Dies gilt jetzt, soweit nicht noch den Notaren die niedergerichtliche Praxis verstattet ist, als Regel bei allen Gerichten. Indessen erkennt man in der den Mitgliedern des Oberappellationsgerichts verstatteten Prozessführung für ihre Eltern, Kinder und Geschwister ein Prinzip, welches andern qualifizirten Personen gleiche Befugniss einräumt. In Rostock ist sie den nahe Gesipten unter der Verbindlichkeit, *de rato* zu kaviren, und auch andern Personen verliehen, wenn sie aus Freundschaft umsonst und ohne Belohnung dienen[45]). Dass diese besondern Rostock'schen Bestimmungen durch die allgemeine Landesverordnung vom 21. April 1837 beseitigt worden, hat zwar das Obergericht ausgesprochen, ist aber nicht ohne Bedenken. Nach §. 18 der Wismar'schen Niederger. O. dürfen die Parteien bei eigener legaler Behinderung für einzelne gerichtliche Handlungen einen Stellvertreter, der nicht Sachwalt ist, auch kein Honorar fordern darf, substituiren.

Was nun die Nothwendigkeit der Adhibition eines am Orte des Gerichts wohnhaften Prokurators anlangt, so ist der Punkt jetzt für beide Länder gleichmässig geordnet, jedoch haben die Aende-

---

eine Eingabe von dem unterschreibenden Advokaten selbst abgefasst ist, nicht mehr Gegenstand der richterlichen Aufmerksamkeit und Rüge ist, so hat den Landesgerichten doch die Aufsicht auf Hemmung der gesetzwidrigen Schreiberei rechtsunkundiger Winkelschriftsteller nicht geschmälert werden sollen. (Reg. Reskr. vom 21. Mai 1827 und 5. Dez. 1828. Dazu das Reskr. vom 4. Okt. 1841.) Auch ergiebt sich — wie ein an die Landesgerichte zu der Verordnung über das Armenrecht vom 13. September 1845 ergangenes Reg. Reskr. *de eod. sub 1 g* sagt — zu §. 8, Nr. 1. das gesetzliche Einschreiten gegen die sogenannten Winkeladvokaten in geeigneten Fällen von selbst. Mit Strafe ist nur die Winkelschriftstellerei bei den Landesgerichten und nach der Rostock'schen Ger. O. I, 7. §. 6 bedrohet. In andern Fällen muss daher dem Uebertreter zunächst gerichtlich für künftige Kontraventionen Strafe angedroht werden. (Erkenntniss der Justizkanzlei zu Güstrow vom 19. April 1856.) — Auch hat die Landesregierung spezielle Verbote erlassen; s. das Publikandum vom 20. Nov. 1816 im O. W. — S. 204.

[44]) Die L. u. H. G. O. und G. C. O. gestatten den Eingesessenen die Zuziehung eines auswärtigen Advokaten nur, wenn sie wegen der Qualität der Sache keinen einheimischen Advokaten bekommen können.

[45]) Der spätere Gemeinbescheid vom 13. Mai 1767 erlaubt den Bürgern und allen unter der Stadtjurisdiktion befindlichen Einwohnern ihre Schriften auch durch einen nicht immatrikulirten Prokurator unterschreiben und exhibiren zu lassen, wogegen Eingaben Anderer ohne Subskription eines immatrikulirten Advokaten und Prokurators nicht angenommen werden sollen.

rungen, welche die neueste Zeit gebracht hat, für Mecklenburg-Schwerin grössere Wichtigkeit, als für den Stargard'schen Kreis.

In Mecklenburg-Strelitz bedurfte keine Partei, die einen dort immatrikulirten Advokaten legitimirt hatte, eines Prokurators. Nur für das Fürstenthum Ratzeburg wurde durch Nr. 5 der Verordnung vom 3. Dezember 1821 eine Ausnahme gemacht, als bei dem Justizamte zu Schönberg drei Gerichtsprokuratoren angestellt wurden. Das Justizamt soll hiernach keinen schriftlichen Antrag annehmen, welcher nicht von solchem Prokurator unterschrieben ist; auch führt er fremde Sachwälte in gerichtlichen Terminen ein, indem dieselben nur in solcher Begleitung vor Gericht auftreten dürfen. Die erste Beschränkung trifft auch die Partei, welche ihre Eingaben selbst verfasst.

In Mecklenburg-Schwerin ward es verschieden gehalten. Beim Oberappellationsgerichte hatte man zu Vorträgen einen der dortigen Prokuratoren nöthig, und galt dieses auch für die Strelitz'schen Sachen. Bei den Justizkanzleien war, wenn entweder die Partei, welche ihre Sache selbst führte, oder ihr Sachwalt nicht am Sitze des Gerichts wohnte, aus der Zahl der dortigen Kanzlei-Advokaten ein Prokurator zu ernennen, welcher auch den anderswo immatrikulirten Sachwalt zu gerichtlichen Terminen einzuführen hatte. Die Justizkanzlei zu Schwerin forderte solche Bestellung immer von der dort wohnenden Partei, sowie bei der Legitimation eines dort nicht immatrikulirten Sachwalts. Ueberhaupt hatten alle fürstlichen Gerichte darauf zu sehen, dass die Partei gleich bei ihrem ersten Einbringen einen Prokurator oder Bevollmächtigten am Gerichtsorte konstituire, damit die Insinuation an sie keine Schwierigkeiten mache, eine Vorschrift, von der die Niedergerichte selten Gebrauch gemacht haben, und die voraussetzt, dass die Partei, welcher zu insinuiren ist, sich dort nicht aufhält. Auch hat sie bei den Amtsgerichten zu Insinuationen an die im Amtsbezirke Wohnenden nie gegolten, und in den kleinern Städten war die geringe Zahl der Advokaten zu berücksichtigen. Selbst für die städtischen Gerichte, mit Ausnahme derer von Rostock und in Wismar, waren gleiche Anordnungen nicht getroffen.

Vor den Rostock'schen Gerichten hat Jeder, welcher nicht unter der Stadtjurisdiktion steht, einen dortigen Gerichtsprokurator anzunehmen. Bei dem Wismar'schen Obergerichte muss sogar die dort wohnende Partei, welche ihre Eingaben selbst verfasst, einen Prokurator aus der Zahl der dortigen Advokaten haben. Bei den Niedergerichten ward dies nur gefordert, wenn die Partei sich durch einen Anwalt vertreten lässt oder auswärts wohnt; zur Entgegennahme der Ladungen und Insinuationen genügt es bei ihnen, dass der Fremde einen Wismar'schen Einwohner, der die Gebühren berichtigt, bevollmächtigt[46]).

Nirgends konnte die Partei, welche ohne Uebergabe eigener Anträge gegen sich verfahren lässt, zur Bestellung eines Prokurators angehalten werden, und überall ist bei schriftlichen Vorträgen armer Parteien, welche ohne einen Kanzleiadvokaten sind, von dem Erforderniss eines Prokurators abzusehen.

Zwei Rücksichten hatten auf die Nothwendigkeit eines Prokurators hingeleitet — Sicherung der Insinuationen und des ordnungsmässigen Betriebes. Nachdem nun für gehörige Insinuation durch die Post genügend gesorgt war, konnte die andere Rücksicht noch in Betracht kommen, wenn eine Partei ihre Sache nicht durch einen einheimischen Advokaten führen lässt. So trat, *resp.* nach Vereinbarung beider Staaten, die wichtige Veränderung ein[47]), dass es in allen Fällen, in welchen die Partei durch einen in dem einen oder andern Grossherzogthum wohnenden und bei einer der vier Justizkanzleien immatrikulirten Advokaten vertreten ist, bei keinem Gerichte des einen oder andern Landes[48]) der Bestellung eines besondern Prokurators am Orte des Gerichts mehr bedürfen solle. Geschieht sie dennoch, so fallen die dadurch entstehenden Kosten den Parteien nicht zur Last, es wäre denn, dass die mandantische Partei solche Bestellung ausdrücklich verlangt, oder dass Gefahr im Verzuge dieselbe nöthig gemacht hätte. Im letztern Falle hat eventuell auch die Gegenpartei die Prokuraturskosten zu erstatten[49]), und das richterliche Ermessen ent-

---

[46]) Wism. Niederger. O. §. 15. — Fremde sind Alle, welche ausserhalb der Stadt, des städtischen Weichbildes und der zur Stadt gehörigen Güter und Dörfer ihren Wohnsitz haben.

[47]) Schwer. Verordnung vom 27. März 1857 und 30. Okt. 1858. (Reg. Bl. 1857 Nr. 9 und 1858, Nr. 37). — Strel. Verdg. vom 4. Nov. 1858. (Off. Anz. Nr. 16, — für Ratzeburg Nr. 8.) — Die Verordnung vom 3. Febr. 1858 (Off. Anz. Nr. 2, — für Ratzeburg Nr. 2), hatte nach dem dortigen Stande der Sache nur die Nothwendigkeit eines Prokurators beim O. A. Ger. in der angegebenen Weise zu beschränken.

[48]) Demgemäss hat die Wismar'sche Verrordnung vom 11. Mai 1857 (Wism. Zeitung Nr. 57, Extrabeilage) die Note 46 allegirte Bestimmung modifizirt.

[49]) Auch in Wismar gilt dies jetzt nach der Note 48 citirten Verordnung vom 11. Mai 1857, ungeachtet der allgemeinen Vorschrift des §. 18 der Nieder-

scheidet darüber, ob wegen der Dringlichkeit der Prokurator erforderlich war.

Die rechtsgelehrten Syndici der Städte und anderer Korporationen sind als ordnungsmässige Sachwälte zum Betriebe der Rechtshändel der Kommunen gesetzlich anerkannt und stehen, auch wenn sie sonst nicht advoziren dürfen und ihre Matrikel zurückgegeben haben, doch in den Prozessen, welche sie für die Korporation führen, den immatrikulirten Advokaten ganz gleich und theilen deren Rechte vollständig, bedürfen also auch keines Prokurators am Orte des Gerichts.

Können nun auch noch immer die Landesgerichte und andere oben bezeichnete Behörden nach den angegebenen Bestimmungen von Parteien, welche ihre Sache selbst führen oder einen im Auslande wohnenden Sachwalt haben, die Bestellung eines Prokurators verlangen, so wurde doch keineswegs beabsichtigt, dies als ausnahmslose Regel hinzustellen, vielmehr darf davon nach richterlichem Ermessen Abstand genommen werden [50]). Begünstigt ist das Institut nicht mehr, und wo die pünktliche Insinuation gesichert ist, auch der gehörige Sachbetrieb nicht leidet, wird die Auflage unterbleiben können.

Das gesetzliche Präjudiz für die Fälle, welche die Bestellung eines Prokurators noch nothwendig machen, ist Retradition des Vortrags, wie aus allen angeführten Gesetzen hervorgeht. Jedoch soll es nicht zur Ausführung kommen, wenn die Partei dadurch das Fatale eines Rechtsmittels versäumen könnte, sondern statt dessen die Bestellung binnen einer angemessenen Frist bei dem Nachtheile des Verzichts auf das Rechtsmittel aufgegeben werden. Auch sonst vermeidet man möglichst die Strenge des Gesetzes und begnügt sich mit dem Befehle, einen Prokurator am Orte zu legitimiren, bei dem Nachtheile, dass solcher von Gerichtswegen werde bestellt werden, falls die Vermögensumstände der Partei nicht eine Ablehnung besorglich machen. Insbesondere werden Litiskonsorten unter solchem Präjudiz zur Ernennung eines gemeinschaftlichen Prokurators aufgefordert. In andern Fällen kann schon die Androhung der Rückgabe künftiger Eingaben, die nicht von einem Prokurator oder einheimischen Sachwalt unterschrieben worden, ausreichen.

---

ger. O. und des Nr. V. 9 d., dass, wenn auswärtige Sachwälte thätig werden, die besondern Prokuraturskosten dem sachfälligen Gegner nicht auferlegt werden.

[50]) So hat das Justiz-Ministerium zu Schwerin an die drei Justizkanzleien in Erwiederung der von ihnen aus Veranlassung des Gesetzes vom 27. März 1857 erstatteten Berichte unterm 29. Nov. 1860 reskribirt.

Die Wismar'schen Gerichte haben Abwesende, für die kein gesetzlicher Vertreter vorhanden ist, und welche auch keinen Bevollmächtigten zur Wahrnehmung ihrer Gerechtsame im Orte ernannt haben, zur Bestellung eines solchen aufzufordern, wenn sie eine gerichtliche Handlung vornehmen sollen. Fruchtet die Aufforderung nicht oder kann diese nicht ergehen, weil ihr Aufenthalt unbekannt ist, so ist für sie ein Litisprokurator einzusetzen. Auch anderswo ist die Anordnung einer Litiskuratel Seitens des Prozessgerichtes für Abwesende oder Fremde, deren Aufenthalt unbekannt ist, in Fällen, wo von ihrer Vertretung die Fortrückung der Sache abhängt oder sich in ihrem Interesse die Konstituirung eines Defensors empfiehlt, nicht ohne Beispiel.

IV. Pflichten der Advokaten und Prokuratoren.

Die Pflichten der Advokaten und Prokuratoren sind fast ganz die gemeinrechtlichen. Sie dürfen

1) den Einheimischen ihren Beistand nicht versagen[51]), wenn ihre sonstigen Pflichten damit nicht in Kollision kommen, und unter gleicher Voraussetzung die ihnen von dem kompetenten Gerichte zur unentgeltlichen Führung übertragenen Angelegenheiten armer Parteien nicht ablehnen; aber auch

2) wissentlich keine unrechte Sache vertreten[52]) und die übernommene, wenn sie dieselbe im Laufe des Prozesses für ungerecht erkennen, nicht fortführen, müssen dann vielmehr vom Prozess abrathen und zum Vergleich oder zur Leistung der Schuld ermahnen. Deshalb sollen sie sich vor Annahme der Sache nach allen Thatumständen

---

[51]) L. G. G. E. V. §. 406. — Nach der Rostock'schen Ger. O. I. 7. §. 4 und 5 besteht diese Verpflichtung auch den Ausländern gegenüber, und ist ernstliche Strafe angedroht, wenn die Ablehnung ohne erhebliche Ursachen geschieht. — Die Ratzeburg'sche Prokuraturs-O. vom 3. Dez. 1821 §. 3 verpflichten den Prokurator unbedingt zur Annahme der Geschäfte, welche das Gericht ihm aufträgt.

[52]) L. u. H. G. O. I. 6. §. 6. — G. C. O. I. 5. §. 4. — Verordnung vom 13. Sept. 1845, §. 9, Nr. 4. — Gerichtlich bestellte Armensachwälte haben ihre Gründe für die Unrechtmässigkeit der Sache, bei Ablehnung oder Aufrufung des Betriebs, dem zuständigen Gerichte anzuzeigen, dasselbe auch davon in Kenntniss zu setzen, dass sie die Partei unter Bezugnahme auf die Strafen der Frivolität abgemahnt, und im Fall eines ergangenen Erkenntnisses auf Verlangen der Armenpartei allemal die rechtzeitige Einlegung der zulässigen Rechtsmittel zu beschaffen.

fleissig erkundigen, eine als gerecht befundene aber zunächst auf billige Weise zu vergleichen suchen [53]). Auch darf ein Advokat, welcher einer Partei wegen des Betriebs ihrer Sache Rath ertheilt hat oder sich über dieselbe hat instruiren lassen und gar schon Vollmacht angenommen hatte, nicht mehr die Vertretung der Gegenpartei übernehmen, ungeachtet er sich von ihrem Unrecht vollständig überzeugt und daher, ohne irgend einen gerichtlichen Antrag gemacht zu haben, die Vollmacht pflichtmässig abgerufen hatte.

3) Den einmal übernommenen Prozess muss der Advokat auf dem möglichst kürzesten Wege zu beendigen suchen, ohne Verweitläufigung, ohne Chikane wider den Gegner, und ohne Verläugnung der Wahrheit, welche er mit möglichster Schonung des Gegners und mit Weglassung aller nicht zur Sache gehörigen Raisonnements vorzutragen hat. Sorgfältige Bearbeitung ist seine Pflicht, er darf sich daher nicht mit mehr Sachen beladen, als er gehörig betreiben kann. Seiner Partei ist er ausserdem Verschwiegenheit, Sammlung vollständiger Manualakten, und die eigene Durchführung der Sache bis zu Ende schuldig, indem er dieselbe ohne Grund, über dessen Ausreichlickeit bei einer Beschwerde der Partei gerichtliche Entscheidung eintritt, eben so wenig überhaupt abgeben, als ohne unvermeidliche Hindernisse ganz oder theilweise einem Substituten anvertrauen darf. Der letzte Satz ist hinsichtlich der Sachwälte, welche nicht am Orte des Gerichts wohnen, erheblich beschränkt, indem sie sich, zur Vermeidung unnöthiger Reisekosten, in Fällen, die ihre persönliche Anwesenheit nicht erfordern, eines gehörig zu instruirenden Substituten bedienen müssen. Die Kosten einer statt einer solchen Substitution unternommenen unnöthigen Reise solle der Gegenpartei nie, der mandantischen Partei aber nicht anders auferlegt werden, als wenn diese die eigene Reise des Sachwalts ausdrücklich verlangt hat.

Endlich darf sich der Advokat über den ihm gebührenden Lohn hinaus von der Partei nichts bedingen, besonders kein *pactum de quota litis* schliessen, und sich die Klage nicht zediren lassen. Hierbei wird auf das gemeine Recht verwiesen. Dieses aber hat kein unbedingtes Verbot der Zession von noch nicht *in lite* befangenen Forderungen an den Sachwalt, sondern untersagt nur Verträge, durch welche der Ad-

---

[53]) G. C. O. I. 5. §. 4. — Der Advokat, welcher seiner Partei seines Nutzens wegen oder sonst unbefugt vom Vergleiche abräth, soll mit Geldstrafe und nach Befinden Suspension oder Remotion belegt werden. (G. C. O. I. 5. §. 26.)

vokat seine Partei unbillig zu beschweren oder zu übervortheilen sucht, und hieran ist jenes Verbot zu knüpfen.

4) Dem Gerichte, unter dessen Augen er handelt, ist er Achtung und Bescheidenheit schuldig, und muss selbst in der äussern Form, wie durch Ueberreichung reiner, leserlicher und fleissig kollationirter Schriften, seine Achtung an den Tag legen. Respektwidrigkeiten darf und muss jedes beleidigte Gericht mit der Rejektion der Schrift und Geldbussen unmittelbar bestrafen. Endlich

5) ist den Armensachwälten, sie mögen gerichtlich bestellt sein oder nicht, bei Strafe untersagt, ohne Genehmigung des Gerichts von der Armenpartei einen Vorschuss oder irgend eine Zahlung anzunehmen. Der Advokat, welcher sich bei freiwilliger Vertretung einer Armensache wegen seiner Auslagen einen Vorschuss geben oder sich selbige demnächst erstatten lässt, thut genug, wenn er hievon bei dem ersten gerichtlichen Vortrage Anzeige macht. Dass er zur Erhebung dessen, was ihm von der rechtlichen oder vergleichsmässigen Aufkunft gebührt, gerichtliche Erlaubniss einzuholen habe, ist nicht vorgeschrieben. Sofortige Anzeige oder Vorlegung des Vergleichs, der die Bestimmung enthält, muss auch hier ausreichen.

Das Geschäft des Prokurators besteht in der Ueberreichung der gerichtlichen Eingaben, welche er mit seinem vollen Namen und dem Zusatz „*procurator relegi*“ zu unterschreiben hat, in der Abwartung der gerichtlichen Termine, in der Besorgung der Insinuationen an den Gegenanwalt, und überhaupt in der Ausrichtung der Geschäfte, welche am Orte vorzunehmen sind.

Die Annahme der ihm offerirten Prokuratur hängt von seinem Willen ab, nur die ihm vom Gerichte als Armensache übertragene darf er nicht ablehnen, auch muss der Oberappellationsgerichts-Prokurator die ihm sonst vom Oberappellationsgerichte überwiesenen Prokuraturen unweigerlich übernehmen, wenn er nicht erhebliche Ablehnungsgründe — über deren Bestand jedoch die Bestimmung des Oberappellationsgerichts zur unbedingten Richtschnur dient — anzuführen vermag. Dagegen ist er hinsichtlich des Aufrufs der einmal übernommenen Prokuratur eben so, wie der Sachwalt gebunden [54]). Die Prokuratoren des

[54]) Verzögerte Bezahlung der Prokuratur-Rechnung ist als hinreichender Grund zum Abrufung der Vollmacht in der aufgehobenen Prokuratur-O. des O. A. G. §. 12 anerkannt.

Oberappellationsgerichts müssen, wenn sie dazu Veranlassung zu haben glauben, unter Anführung der Gründe, dem Gerichte die Anzeige machen, dessen Bestimmung über die Ausreichlichkeit derselben erwarten, und bis dahin, dass die gerichtliche Resolution über die Statthaftigkeit der Entschlagung von der Sache erfolgt, und dem Prinzipal insinuirt ist, nicht nur alle Verordnungen einlösen, sondern sich überhaupt der Besorgung der Sache nach wie vor unterziehen. Andere Gerichte verlangen von dem Advokaten ungeachtet der Abrufung der Vollmacht noch die Auslösung der Verordnungen, welche auf bereits zu den Akten gekommene Anträge ergehen, daher auch der Urtel, wenn zu derselben bereits submittirt war. Letztere sollte man ihm nicht anders ansinnen, als wenn sonst die Sache verzögert würde.

Auch in anderer Hinsicht stimmen, soweit nicht der Geschäftskreis Abweichungen mit sich bringt, die Pflichten des Anwaltes mit denen des Advokaten überein, jener ist namentlich so, wie dieser für alle Konstitutionswidrigkeiten verantwortlich, darf die diesem hinsichtlich des Honorars verbotenen Pakta gleichfalls nicht schliessen, und ist der oben Nr. 5 gedachten Vorschrift unterworfen. Die Verpflichtung, den Konzipienten oder Uebersender zu benennen, fällt weg, sobald der *advocatus causae* unterschrieben hat.

Die sofortige Auslösung der gerichtlichen Verordnungen liegt zunächst dem Prokurator ob. Die Justizkanzleien geben ihm jetzt einmonatlichen Kredit. Ist die Exekution gegen ihn fruchtlos gewesen, so braucht das Gericht ihn, als unfähig, seine Prokuraturgeschäfte zu besorgen, nicht weiter als Prokurator zuzulassen.

V. Rechte derselben.

Der Klient ist verpflichtet, seinem Sach- und Anwalte die Auslagen zu ersetzen, und für die Bemühungen ein Salarium, wie das Honorar in der L. u. H. G. O. I. 6. §. 6 und 7 genannt wird, zu geben. Die Verordnung vom 20. Juli 1840, die richterliche Feststellung der Advokatur- und Prokuratur-Gebühren betreffend, nach welcher sich nicht blos alle Gerichte, sondern auch alle sonstigen Behörden im Lande, mit Einschluss der Stadt und Herrschaft Wismar, gleichmässig richten sollen, lautet in beiden Ländern gleich, nur dass die Schweriner Verordnung alle Ansätze in Thalern, die Strelitz'sche sie in Gold bestimmt. Sie wurde von der Stadt Rostock für das dortige Obergericht seit dem 1. Jan. 1843 in Anwendung gesetzt, während es für die dortigen Niedergerichte noch bei der Taxe vom 10. März 1802 verblieb. In Mecklenburg-Schwerin machte die Einführung des Vierzehn-Thalerfusses eine Umrechnung nöthig, welche durch die Verordnung vom 22. Februar 1848, unter Beibehaltung aller übrigen Bestimmungen des Gesetzes von 1840, erfolgte. Sodann erschien in beiden Ländern die Verordnung vom 11. Mai 1858, welche gleichmässig theilweise das Honorar erhöhte, auch ergänzende Bestimmungen brachte, und die Verordnung vom 20. Juli 1840 für beide Länder dadurch in volle Uebereinstimmung setzte, dass auch für Mecklenburg-Strelitz die Gebühren in Preussisch-Courant berechnet wurden. Das Strelitz'sche Gesetz liess nur Nr. II. 2, betreffend die Gebühr für die Defension in Kriminalsachen, weg und bemerkte am Schlusse, dass an Abschriftsgebühren künftig nur vier Schillinge Courant à Bogen passiren. Sonst sind keine Verschiedenheiten da. Das Gesetz ist in Weimar mit der Abänderung, dass die neuen Bestimmungen Nr. II und III, betreffend die Sätze für Termine, Sachinstruktion und Kura, im Betriebe bei den dortigen Gerichten nicht zur Anwendung kommen, publizirt, in Rostock aber einige Jahre später zwar unverändert, jedoch nur für die beim Obergerichte seit dem 1. April 1861 zur Verhandlung gediehenen und kommenden Sachen. Gleich darauf erliess die Stadt Rostock eine Gebührentaxe für die bei den Niedergerichten des dortigen Jurisdiktionsbezirkes auftretenden Sachwälte. Darnach soll in allen Sachen über dreihundert Thaler an Werth, die Gebührentaxe, welche beim Obergerichte massgebend ist, zur Anwendung kommen.

Den Advokaten und Prokuratoren stehen auf den Betrag des Honorars und Verlags, wie solcher demnächst gerichtlich festgestellt wird, Verzugszinsen zu, wenn der zur Zahlung Pflichtige damit länger als vier Wochen nach Empfang der Rechnung ausbleibt, in den Fällen, in welchen nur auf ein Moderationsdekret gezahlt werden kann, jedoch erst nach Ablauf von vier Wochen seit der Zustellung desselben.

Die Moderation geschieht in der Regel von der Behörde, vor welcher die zur Frage stehenden Verhandlungen stattgefunden haben. Befinden sich die Akten bei einem Gerichte höherer Instanz, so darf dieses die in früherer Instanz erwachsenen Kosten feststellen oder, nach seinem Ermessen, die Akten zu solchem Zwecke an den vorigen Richter zurückzusenden oder, wenn der Stand der Sache dies nicht erlaubt, die Moderatur bis zur demnächstigen Aktenremission auszusetzen. So oft der höhere Richter in Appellations- und Querelfällen ohne Einleitung des Gehörs des Gegentheils auf die blosse Einsendung der Akten erkannt hat, desgleichen in allen Rekursfällen, sind die Anträge auf Feststellung der bezüglichen Advokatur- und Prokuratur-Rechnungen, daher auch der Ansätze für Kura und Sachinstruktion, nicht bei dem Gerichte, welches über das Rechtsmittel entschieden hat, sondern bei dem Gerichte, gegen welches dasselbe gerichtet war, anzubringen und zu erledigen.

Für die Vorstellung, Gegenvorstellung und Querel, welche der Sachwalt nur in seinem Interesse gegen die Moderation seiner Rechnung erhebt, gebührt ihm kein Honorar.

Hat der Advokat blos aussergerichtliche Angelegenheiten zu besorgen gehabt, so sind die Differenzen über die Rechnung der Regel nach im Wege der Klage zur Entscheidung zu bringen, und muss das gegnerische Gehör und die Feststellung der Ansätze in faktischer Hinsicht der Moderation voraufgehen, falls nicht beide Theile Zwecks kurzer Erledigung der Differenz die gerichtliche Feststellung auf die gemachten Vorlagen erbitten.

Die Advokaten dürfen sich zu ihrer Sicherheit bei Uebernahme der Sache von ihrer Partei mit einem angemessenen, demnächst zu berechnenden, Vorschusse versehen lassen. Ferner kann der Sachwalt von Litiskonsorten gegen jeden eizelnen Mandanten *in solidum* auf Bezahlung seiner Rechnung klagen. Thut er dieses, so muss er bereit sein, demjenigen, der ihm den Gesammtbetrag bezahlt, die vollständigen Manualien herauszugeben, und hat er das Retentionsrecht daran nicht weiter, es wäre denn, dass ein anderer Streitgenosse, der seinen Antheil berichtigen will, widerspricht, in welchem Falle die Litiskonsorten den Punkt erst unter sich auszumachen haben.

VI. Legitimation zum Prozesse.

Korporationen stehen durch ihre Vorsteher und Geschäftsführer zu Recht. Das Landarbeitshaus zu Güstrow wird von der dirigirenden Kommission vertreten, welche dem Syndikus die erforderliche Vollmacht ertheilt. Die offene Handelsgesellschaft wird von jedem Gesellschafter, welcher von der Befugniss, dieselbe zu vertreten, nicht ausgeschlossen ist, die Kommanditgesellschaft von den persönlich haftenden Gesellschaftern, und die Aktiengesellschaft von dem Vorstande, giltig vor Gericht vertreten. Für die Rhederei geschieht es vom Korrespondentrheder, und statt dessen, wenn das Schiff sich ausserhalb des Heimatshafens befindet, vom Schiffer in Angelegenheiten, welche sich auf seinen Wirkungskreis beziehen.

Der *Curator hereditatis jacentis* ist zur Prozessführung in Nachlasssachen ebenso legitimirt, als der Sequester, der Testamentsvollstrecker aber nicht schon durch diese seine Eigenschaft. Für die Rechtsstreitigkeiten der Ritter- und Landschaft ist deren engerer Ausschuss, für die der Ritterschaft allein sind die Landräthe und ritterschaftlichen Deputirten zum engern Ausschuss und für die der Landschaft allein die Vorderstädte legitimirt. Die Landesklöster werden von den Provisoren und dem Klosterhauptmann vertreten. Kirchenprozesse erhebt der Prediger, muss aber die Zustimmung der kompetirenden Superintendenten doziren, oder es wird dazu aus oberbischöflicher Macht in Mecklenburg-Schwerin durch den Oberkirchenrath, in Mecklenburg-Strelitz durch das Konsistorium ein Kirchenprokurator ernannt.

Dem Patrone steht die Verwaltung des Kirchengutes und die daraus sich ergebende Repräsentation der Kirche, in deren vermögensrechtlichen Angelegenheiten unmittelbar nicht zu, und sein Defensionsrecht ist nur ein subsidiäres, tritt also erst ein, wenn die Administratoren aus besondern Gründen zur Prozessführung nicht befähigt sind. Differenzen zwischen Kompatronen über die beiderseitigen Leistungen wegen der unstreitigen subsidiären Baulast des Patrons bringt der eine gegen den andern im Prozesswege zur Erledigung. Streitige Vermögensrechte der Kirche oder Pfarre stehen dabei nicht in Frage. Blosse Schuldklagen der geistlichen Hebungen in Wismar kann der rechtsgelehrte Oekonomus anstellen, zu andern Prozessen derselben bedarf es der Zustimmung des Patronats, d. h. der beiden Bürgermeister.

Sonst ist — abgesehen von Statuten einzelner Anstalten und Gesellschaften — zu bemerken:

Der Prokurator, und, wenn ein solcher nicht bestellt ist, der Sachwalt muss sich für die Partei, für welche er auftritt, sofort bei der ersten Handlung zum Prozess legitimiren, und nur in Fällen, wo offenbar Gefahr mit dem Verzuge verknüpft ist, genügt einstweilige Kaution *de rato*, wenn die Behinderungsursache namentlich angeführt und um Frist zur Beibringung der Vollmacht ausdrücklich gebeten ist. Ausser diesem Fall soll im Anfange des ersten Verfahrens die Eingabe retradirt werden. Sonst ist die Beibringung der Vollmacht bei einer Strafe von fünf Thalern aufzugeben, und diese im Falle des Ungehorsams beizutreiben, auch zugleich die doppelte Strafe anzudrohen und eventualiter wahrzunehmen [55]). Geschieht die Einlegung eines Rechtsmittels durch einen Beauftragten ohne dessen Legitimation, so ist letztere binnen angemessener Frist zu erfordern, und zieht die Versäumung derselben den Verlust des Rechtsmittels von selbst nach sich. Ist der Punkt vom bisherigen Gerichte übersehen, so macht der Appellations- oder Querelrichter die Auflage mit gleicher Folge.

Die Legitimation geschieht durch eine schriftliche Vollmacht, wofür die Verordnung vom 28. Januar 1858 das jetzt giltige, an das *mandatum cum libera* erinnernde, Formular enthält. Es richtet den Auftrag mit auf die Erben (nicht auf sonstige Nachfolger) der Partei, und legitimirt zu dem ganzen gerichtlichen und aussergerichtlichen Betriebe, jedoch nicht zur Gelderhebung und zu aussergerichtlichen Vergleichen. Vollmachten, welche solche Zusätze enthalten, sind nicht zuzulassen. Soll der Sachwalt eine grössere Gewalt haben, so ist ihm hiefür eine besondere Vollmacht zu geben. Die Ermächtigung zur Schliessung eines gerichtlichen Vergleichs, d. h. eines Vergleichs vor den Schranken des Gerichts des anhängigen Streites darf als unwesentlich fehlen; die Gesetzgebung kann nicht gewollt haben, dass sich die Partei auch in dieser Hinsicht der Meinung ihres Sachwalts unterwerfe. Auch ist nicht zu übersehen, dass die Substitutionsbefugniss desselben nicht auf diesen Akt erstreckt ist. Ein ordnungsmässig legitimirter Sachwalt bedarf keiner neuen Vollmacht für die Rechtsmittel-Instanzen und ist sogar zur Bestellung eines für dieselben erforderlichen Prokurators befugt.

Für Bürgerschaften und Kommunen, wenn sie, als Körper betrachtet, einen Prozess führen wollen, genügt indess, wenn nicht der ein für allemal bestellte Syndikus für sie auftritt, die gewöhnliche Vollmacht nicht, indem ausserdem die, durch eine öffentliche oder quasi-öffentliche Urkunde zu liefernde, Nachweisung nöthig ist, dass alle stimmfähigen Mitglieder der Kommune ordnungsmässig zusammenberufen waren, und wenigstens zwei Drittheile sämmtlicher stimmfähigen Interessen zu dem intendirten Rechtsstreit ungezwungen ihre Einwilligung gegeben haben. Dass nur die Zustimmung derjenigen Mitglieder in Betracht komme, welche sich schon während der Versammlung für den

---

[55]). Nach der Praxis wird vor der Wahrnehmung der Strafe unter deren Reservation erst die doppelte angedroht und dann eventualiter mit Betreibung beider verfahren.

Prozess entscheiden, ist nicht bestimmt ausgedrückt; vielmehr kann sich ein Theil weitere Erwägung vorbehalten, auch genügt, wenn durch ordnungsmässige Berufung der Versammlung mit gehöriger Angabe des Zwecks jedem Mitgliede die Gelegenheit, sich über den intendirten Beschluss zu informiren und seine Ansicht zur Geltung zu bringen, gegeben und auf vorschriftsmässige Weise dokumentirt ist, dass schliesslich wenigstens zwei Drittheile der Mitglieder konsentirt haben.

Eine persönliche Legitimation vor Gericht in einem Termine ist wohl zu der einzelnen Handlung, aber jetzt nicht mehr zur Besorgung der ganzen Angelegenheit ausreichend, obgleich man bei nicht prozessualischen Angelegenheiten an das Vollmachtsformular nicht gebunden ist, und die Uebertragung des Geschäfts durch jedes andere, den Willen des Prinzipals vollständig und deutlich beurkundende, Skriptum darlegen kann.

S C H W E I Z.

I. KANTON ZÜRICH.

Advokaten-Ordnung und Prüfungen.

In Zürich bestehen viele zerstreute Bestimmungen, welche die Advokatur in diesem Kanton regeln; dazu kommen gewisse Gebräuche, auf welche an geeigneter Stelle hingewiesen werden wird.

Am 18. Dezember 1804 (Offizielle Sammlung, Bd. 2, S. 214 ff.) erschien ein Advokaturgesetz, welches zum grössten Theile durch das organische Gesetz vom 25. Brachmonat (Juni) 1831 über die Advokaten (Offiz. Sammlung der seit Annahme der Verfassung vom J. 1831 erlassenen Gesetze etc. Bd. 1, S. 248 ff.) aufgehoben wurde. Dieses letztere Gesetz bestimmt:

§. 1. Jeder Aktiv-Bürger, der sich vor dem Obergerichte theils durch gesetzliche Zeugnisse, theils durch veranstaltete Prüfung als tüchtig ausgewiesen hat, soll auf sein Verlangen gegen Erlegung der gesetzlichen Gebühr von vierzig Franken und Stellung einer Real- oder Personal-Bürgschaft von drei tausend zwei hundert Franken von dem Regierungsrath als Kantons-Prokurator patentirt und von dem Obergericht beeidigt werden.

§. 2. Jeder Kantons-Prokurator, welcher nach seiner Patentirung wenigstens drei Jahre im Kanton seinen Beruf als Rechtsanwalt ausgeübt hat, und sich hierüber durch Zeugnisse der betreffenden Bezirksgerichte ausweist, ist berechtigt, sich beim Obergericht zu einer zweiten und strengeren Prüfung zu melden, und soll, nachdem er dieselbe bestanden und sich hierüber durch ein Zeugniss des Obergerichts bei'm Regierungsrathe ausgewiesen hat, von dieser Behörde gegen Entrichtung der gesetzlichen Gebühr von hundert Franken als Kantons-Fürsprech patentirt werden.

§. 3. Die bisherige gesetzliche Abgränzung der Befugnisse der Fürsprechen und Prokuratoren wird unter folgenden näheren Bestimmungen fortbestehen: Vor dem Kriminalgerichte und den Bezirksgerichten dürfen alle gleichmässig auftreten, vor dem Obergerichte nur die Fürsprechen, mit Ausnahme der Kriminalsachen, in welchen auch die Prokuratoren als Vertheidiger zugelassen werden. Die Fürsprechen und Prokuratoren sind verpflichtet, alle von Amtswegen angeordneten, erstere die vom Obergericht und Kriminalgericht, letztere aber die vom Kriminalgericht und den Bezirksgerichten ihnen übertragenen Vertheidigungen, und zwar für unvermögende Personen unentgeltlich, zu führen.

§. 4. Die Art der Prüfungen soll bei der Revision des Advokatur-Gesetzes näher bestimmt werden. Einstweilen wird das Obergericht die erforderlichen reglementarischen Bestimmungen treffen und sie im einzelnen Falle beobachten. Die §§. 4, 15, 16, 17, 18, 19, 20, 31, 32, 33, 44 des Advokatur-Gesetzes vom 18. Dezember 1804, so wie alle darin enthaltenen Bestimmungen, welche mit gegenwärtigem Gesetze im Widerspruch stehen, sind suspendirt.

Gesetz vom 21. Christmonat 1831, betreffend eine Geschäftsordnung für den Regierungsrath. (Offiz. Sammlung etc. S. 328 ff.)

§. 11. Der Geschäftskreis des Rathes des Innern erstreckt sich über folgende Verwaltungsgegenstände: ... 8) Die Prüfung und Aufbewahrung der von den Notarien, Rechtsanwälten, Gemeindammännern und übrigen Rechtstriebbeamten zu leistenden Kautionen.

Organisches Gesetz vom 7. Brachmonat (Juni) 1831 über das Gerichtswesen im Allgemeinen und die bürgerliche Rechtspflege insbesondere. (Offiz. Sammlung etc. S. 132—174).

§. 93. Das Obergericht ... veranstaltet und leitet die Prüfungen der Kandidaten für das Notariat und die Advokatur, spricht die Fähigkeit oder Unfähigkeit der Geprüften aus, und beeidigt dieselben vor ihrem Geschäftsantritt.

§. 13. Alle Verhandlungen (vor dem Friedensrichter) geschehen mündlich und ohne Zulassung von Advokaten oder Beiständen. Doch mögen Verwandte der Parteien mit Bewilligung des Friedensrichters zugezogen werden. Als Bevollmächtigte der Parteien, welche ausser dem Zunftgerichtskreise wohnen, in welchem die Verhandlung geschieht, sind beliebige Personen ausser dem Stande der Advokaten zulässig. Bei bevogteten Personen soll der Vogt der Verhandlung und bei Vergleichen die Ratifikation der vormundschaftlichen Partei eingeholt werden.

Eine Partei, welche sich ausser dem Kantone befindet, ist berechtigt, sich durch einen Advokaten vertreten zu lassen. In diesem Falle darf sich die Gegenpartei gleichfalls eines Advokaten bedienen.

§. 40. Jede Partei, welche in dem Bezirke wohnt, ist verpflichtet, entweder persönlich ihre Sache dem (Zunft-) Gerichte vorzutragen, oder sich durch einen Anverwandten in auf- und absteigender Linie, oder in der Seitenlinie bis in den zweiten Grad, vertreten zu lassen. Ist eine Partei durch rechtmässige Gründe am Erscheinen verhindert, so darf sie sich auch durch ein Mitglied des Gemeinderathes ihres Wohnortes, insofern derselbe nicht zugleich Friedensrichter ist, und er sich zur Uebernahme eines solchen Auftrages verstehen will, unter Ertheilung gehöriger Vollmacht vertreten lassen.

Einer Partei, welche nicht in dem Bezirke wohnhaft ist, steht es frei, persönlich vor Gericht zu erscheinen und ihre Sache vorzutragen, oder einen Anverwandten, oder Gemeindevorsteher nach der vorhin ertheilten Vorschrift, oder endlich einen patentirten Rechtsanwalt für sich abzuordnen. In letzterem Falle ist auch der Gegenpartei der Gebrauch eines Anwaltes gestattet.

§. 57. Jeder hat das Recht (vor dem Bezirksgerichte) seine Prozesssache entweder selbst vorzutragen, oder sie durch einen Verwandten in auf- und absteigender Linie (wie z. B. Vater und Sohn, Schwiegervater oder Tochtermann) oder einen Bruder oder Schwager, oder einen patentirten Rechtsanwalt vortragen zu lassen.

§. 36. Bei den (Straf-) Verhandlungen vor den Zunftgerichten sollen keine Advokaten zugelassen werden.

§. 59. Jeder Angeschuldigte kann sich (vor dem Kriminalgerichte) entweder selbst vertheidigen oder durch einen der patentirten Rechtsanwälte vertheidigen lassen. Dem Angeschuldigten oder dessen Vertheidiger steht die Einsicht in sämmtliche Akten offen; auch soll dem erstern auf dessen Verlangen eine Unterredung ohne Zeugen mit dem letztern gestattet werden.

§. 60. In allen Fällen, wo es sich nach der Ansicht des Kriminalgerichts oder des Staatsanwaltes um Verhängung einer Todesstrafe, Kettenstrafe oder Zuchthausstrafe handeln könnte, soll dem Angeschuldigten, auch wenn er es nicht verlangt, insoferne er nicht schon seinen Vertheidiger bezeichnet hat, ein solcher von Amtswegen aus der Zahl der patentirten Rechtsanwälte beigeordnet werden, welchen der Präsident des Kriminalgerichts zu bezeichnen hat.

§. 61. Ob nach dem vorhergehenden Artikel ein Vertheidiger von Amtswegen dem Angeschuldigten beizuordnen sei, darüber ist bei Anlass der Vollständigkeitserklärung zu entscheiden. Bei der Bezeichnung des Vertheidigers soll der Präsident des Kriminalgerichts auf die Natur des Falles und die Fähigkeit der Anwälte Rücksicht nehmen, jedoch, ohne an eine bestimmte Ordnung gebunden zu sein, nicht Einzelne unverhältnissmässig mit solchen Arbeiten überladen.

§. 62. An dem zur Beurtheilung angesetzten Tage erscheinen der Staatsanwalt, der Angeschuldigte, allfällig dessen Vertheidiger und der Geschädigte an den Gerichtsschranken.

§. 63. Der Staatsanwalt entwickelt mündlich oder schriftlich und nach den Akten die Thatsachen etc.

§. 64. Hierauf kann gutfindendenfalls der Geschädigte in seinem Civil-Interesse das Nöthige beifügen.

§. 65. Alsdann trägt der Angeschuldigte oder der Vertheidiger mündlich oder schriftlich die Vertheidigung vor. Hat der Vertheidiger gesprochen, so soll auch der Angeschuldigte noch selbst befragt werden, ob er der Vertheidigung etwas beizufügen habe.

§. 66. Dem Staatsanwalt steht, falls er es nöthig findet, frei, die von dem Angeschuldigten oder dessen Vertheidiger aufgestellten Ansichten in einem zweiten Vortrag zu bestreiten; in diesem Fall soll aber auch dem Angeschuldigten oder dessen Vertheidiger ein zweiter Vortrag gestattet werden.

§. 67. Nach dieser öffentlichen Verhandlung fällt das Kriminalgericht in Abstand der Parteien und des Publikums das Urteil aus, welches sofort bei offenen Thüren dem Angeschuldigten eröffnet wird.

§. 68. Inner vier Tagen kann sowohl der Staatsanwalt als der Angeschuldigte gegen das Urteil die Appellation an das Obergericht ergreifen, in welchem Fall die sämmtlichen Akten unverzüglich dem Obergerichte übermacht werden sollen.

§. 69. Gegen alle Urteile des Kriminalgerichtes, welche eine Todesstrafe oder Kettenstrafe verhängen, soll, wenn nicht vom Staatsanwalt appellirt worden ist, von dem Vertheidiger an das Obergericht appellirt werden.

§. 72. ... a) Den ersten Vortrag (vor dem Obergerichte) hat der Appellant und entwickelt darin die Appellationsgründe. — b) Haben beide, der Staatsanwalt und der Angeschuldigte, appellirt, so hat der Staatsanwalt den ersten Vortrag. — c) Dem Angeschuldigten soll, wenn er es verlangt, in der Appellations-Instanz ein anderer Vertheidiger beigeordnet werden.

Obergerichtliche Verordnung über die Prüfung der Advokaten und Notare vom 2. November 1837. (Offiz. Sammlung etc. V. Bd. S. 114 ff.)

§. 1. Es sollen von nun an keinerlei Kosten für Prüfungen von Kandidaten der Advokatur oder des Notariats mehr aus der Gerichtskasse bezalt, sondern dieselben sollen von den Examinanden selbst bezogen werden, wie folgt:

I. Für die Prüfung zur Aufnahme in die Klasse der Prokuratoren

den Examinatoren	48	Franken,
der Kanzlei	4	,,
dem Weibel	1	,,
der Kanzlei, *resp.* dem damit beauftragten Mitgliede des Bezirksgerichtes für die Abfassung des schriftlichen Berichtes über jeden Probeprozess	8	,,
	61	Franken.

II. Für die Prüfung zur Aufnahme in die Klasse der Fürsprechen

den Examinatoren	72	Franken,
der Kanzlei	4	,,
dem Weibel	1	,,
	77	Franken.

Wozu noch kommt, insofern der Kandidat nach §. 8 des Reglements für die Prüfung der Advokaten anstatt eines Probeprozesses und einer schriftlichen Arbeit die Bewilligung zu einer Disputation erhält,

dem Präsidenten des Obergerichtes, demjenigen der Justiz-Kommission und jedem Mitgliede derselben, sofern sie der Disputation beiwohnen, jedem	6	Franken,
der Kanzlei	3	,,
dem Weibel	1	,,

III. Für die Prüfung der Kandidaten für das Notariat

den Examinatoren	32	Franken,
der Kanzlei	3	,,
dem Weibel	1	,,
	36	Franken.

§. 2. Obige Taxen sollen von den Kandidaten vor der Prüfung, beziehungsweise vor der Disputation, in der Kanzlei des Obergerichtes zu Handen der Personen, denen sie gebühren, entrichtet werden.

§. 3. Wird einem Kandidaten der Prokuratur die Führung eines zweiten Probe-Prozesses vor einem Bezirksgerichte auferlegt, so hat er die Taxe für den diesfalls zu gewärtigenden Bericht eben dahin zu bezahlen, ehe ihm das betreffende Gericht angewiesen wird.

§. 4. Wird ein Kandidat, welcher wegen mangelnder Fähigkeit war abgewiesen worden, zu einer zweiten Prüfung zugelassen, so hat er für diese blos die Hälfte der oben angesetzten Gebühren zu entrichten.

§. 5. Für Ausfertigung des Befähigungszeugnisses hat die Obergerichtskanzlei ausser der Siegel- und Stämpelgebühr zu beziehen:

Von einem Zeugnisse für einen Prokurator	2	Frk.
,, ,, ,, ,, ,, Fürsprech	4	,,
,, ,, ,, ,, ,, Notar	1	,,

Verordnung des Obergerichts vom 14. April 1838, betreffend die von den patentirten Anwälten einzulegende Vollmacht. (Offiz. Sammlung etc. V. Band, S. 329—331.)

1) Sämmtliche Anwälte, wenn sie in bürgerlichen Rechtsstreitigkeiten vor irgend einem Gerichte oder einer Kommission nicht in Anwesenheit ihrer Partei auftreten, haben eine gehörig schriftliche Vollmacht für die Führung der betreffenden Streitsache von Seite ihrer Partei sofort zu den Akten zu geben.

2) Es sind sowohl Generalvollmachten zu vollständiger Führung der betreffenden Streitsache, als auch Spezial-Vollmachten für eine einzelne Verhandlung vor Gericht oder einer Kommission statthaft.

Eine General-Vollmacht genügt für alle künftigen, den Prozess, hinsichtlich dessen sie ausgestellt ist, betreffenden Verhandlungen vor Gericht oder einer Kommission desselben, so wie für die dahin bezüglichen Erklärungen des Anwaltes Namens seiner Partei.

3) Die allfällige Befugniss des bevollmächtigten Anwaltes, sich bei der Führung der betreffenden Sache durch irgend einen andern Anwalt vertreten zu lassen (Substitutionsrecht), ist in der Vollmacht ausdrücklich zu erwähnen, widrigenfalls angenommen würde, dass diese Befugniss nicht eingeräumt worden sei.

4) Insofern aus der Nichtbeobachtung der in gegenwärtiger Verordnung enthaltenen Vorschriften irgend welche Nachtheile, selbst nur die geringste Verzögerung einer prozessualischen Handlung entstehen sollte, so haben sich die Anwälte allen daraus erwachsenden Nachtheil, wie die Auflegung der Gerichtsgebühren, einer Entschädigung an die Gegenpartei und allfällig einer Ordnungsbusse bis auf den Betrag von vier und zwanzig Franken, selbst zuzuschreiben.

5) Sei diese Verordnung den sämmtlichen Bezirksgerichten, sowie den sämmtlichen patentirten Anwälten mitzutheilen, durch das Amtsblatt bekannt zu machen, und in dem Jahresberichte an den Grossen Rath unter Beilegung beglaubigter Abschrift derselben besonders zu erwähnen [1]).

Nach §. 2, 3, 28 und 35 des Advokaturgesetzes vom 18. Dezember 1804 (Alte offiz. Sammlung, II, 214) ist Personen, die als Fürsprechen oder Prokuratoren nicht patentirt und beeidigt sind, die Betreibung der Advokatur nicht gestattet. Nur im ausserordentlichen Verfahren, wohin Vater-, Vormundschafts-, Ehesachen und andere dergleichen Angelegenheiten gehören, dürfen Personen, die nicht als Rechtsanwälte patentirt sind, als Bevollmächtigte eines Andern auftreten, weil das Obergericht diese Art von Geschäften niemals als „eigentliche Advokaturgeschäfte" betrachtet hat.

Stellt eine Gemeinde für Berathung und Besorgung ihrer Rechtsangelegenheiten einen besondern Beamten (Rechtskonsulenten u. dgl.) auf, so steht diesem auch die Befugniss zu, dieselbe vor Gericht zu vertreten. Es ist übrigens gehörig nachzuweisen, dass die Ernennung des Rechtskonsulenten nicht als blosse Umgehung der Advokaturgesetze im gegebenen Falle zu betrachten sei, sondern dass die betreffende Korporation wirklich auf eine mit ihrer Verfassung zusammenhängende Weise eine solche Stelle geschaffen und mit allen für ein dauerndes Institut erforderlichen Requisiten versehen habe.

Die Civilprozesse des Staates hat in der Regel der Staatsanwalt oder sein Substitut zu führen.

---

[1]) Die nachfolgenden Bestimmungen sind dem Werke: Der Zürcherische Civilprozess nach den Gesetzen und der Praxis dargestellt von Rudolf Eduard Ullmer, Zürich 1861. S. 80. 81. 84. 85. 88. 89. 104 und 105 entnommen.

In dem Auftrage zur Führung eines Prozesses, also zur gerichtlichen Geltendmachung wirklicher oder vermeintlicher Rechte des Auftraggebers, liegt mit nichten auch die Ermächtigung zu Entsagung auf den Rechtsstreit (Abstand) d. h. zu dem Aufgeben des angesprochenen Rechtes; vielmehr bedarf es zu einer solchen, um für den Geschäftsherrn verbindlich zu sein, einer hierauf gerichteten Vollmacht oder einer nachträglichen Genehmigung.

Die Bevollmächtigung zur Prozessführung schliesst noch keineswegs die Ermächtigung zum Bezug des erstrittenen Prozessobjektes in sich. Ein Anwalt, wenn er die erstrittene Forderung von der Gegenpartei einkassiren will, diese aber dessen Ermächtigung zum Inkasso bestreitet, hat also letztere nachzuweisen.

Die Vollmacht zum Inkasso schliesst das Recht zur Ertheilung des Liberationsscheines nicht in sich, weil die Praxis von jeher die Vollmachten strikte interpretirte, also eine ausdehnende Auslegung derselben nicht gestattete.

Das ertheilte Mandat dauert bis zum Widerruf fort.

Es ist zwar nur zu billigen, wenn Anwälte im Interesse ihrer Parteien allen Fleiss anwenden; dieses darf aber nicht in Chikanen und Umtriebe für die Gegenpartei, durch Erhebung unnöthiger Beihändel und Nebenfragen und noch weniger in Abläugnung der ihrer Partei bekannten Thatsachen und in kränkende Persönlichkeiten gegen den Gegner oder dritte Personen ausarten. Nach §§. 8 und 9 der Advokatenordnung vom 18. Dezember 1804 liegt es in der Stellung des Gerichtes und im Interesse des öffentlichen Wohles der Parteien selbst, sowie der Ordnung im Prozessgange, Uebelständen dieser Art zu steuern.

Das wissentliche, d. h. lügenhafte Bestreiten wahrer Thatsachen ist eine einzelne Aeusserung der mit der Ordnung des Civilprozesses unverträglichen Handlungsweise, die man Trölerei nennt. Deren Wesen besteht in dem Missbrauch der Prozessformen zu dem Zwecke, Recht zu Unrecht oder Unrecht zu Recht zu machen. Ein Anwalt, der sich zum Werkzeug von Trölerei hergiebt, verletzt dadurch seine Pflicht.

Die Anwälte können wegen unnützer Weitschweifigkeit ihrer Vorträge in den grellsten Fällen mit Ordnungsbusse belegt werden, besonders, wenn das gewöhnliche Mittel, nämlich die mündliche Zurechtweisung des Gerichtspräsidenten, fruchtlos angewendet worden ist.

Jedes Gericht ist befugt, solche Handlungen einer Partei, durch welche muthwillige Verzögerungen in einem Prozesse bewirkt werden, mit Ordnungsstrafe zu belegen.

Die Gerichte haben von Amteswegen darauf zu achten, dass Prozessverschleppungen vorgebeugt, unnöthig Wiederholungen und Weitläufigkeiten möglichst vermieden und nicht aus Unkenntniss oder Chikane der Parteien gegen einander, dem Rechtsstreite fremde oder offenbar unwesentliche Gegenstände hineingezogen, darüber verhandelt oder gar ein Beweisverfahren eingeleitet werde. — Wo Verdacht obwaltet, dass Parteien oder Anwälte gegen bessere Ueberzeugung sich Lügen und Entstellungen von Thatsachen oder trölerhafte Abläugnung von solchen erlauben, sollen sie zu Protokoll gewarnt, und wenn sich im Laufe des Verfahrens die Schuld wirklich herausstellt, nicht nur für vollständige Entschädigung der Gegner gesorgt, sondern auch die Fehlbaren nach Massgabe der Umstände geahndet und nöthigenfalls dem Obergerichte zu weiterer Verfügung Bericht erstattet werden.

Namentlich verwerflich ist und verdient Ahndung die in Parteivorträgen vorkommende Gewohnheit, von vorne herein Alles zu bestreiten und zu gewärtigen, inwiefern es dem Gegner gelingen werde, den Beweis zu führen.

Die Erfordernisse zu Ertheilung des Armenrechtes sind nach hierseitiger Praxis folgende: Der Betreffende hat sich durch ein Attestat des Gemeinderathes oder Stillstandes seines Heimats- oder Wohnortes auszuweisen, dass er a) zur persönlichen Führung seiner Sache vor Gericht nicht befugt ist, und b) dass er almosengenössig, oder dass ihm wegen gänzlicher Vermögenslosigkeit unmöglich sei, selbst einen Rechtsanwalt zu bestellen.

Das Armenrecht im Civilprozess ist darauf beschränkt, a) dass der betreffenden Partei (deren Armuth gehörig nachgewiesen ist) aus der Zahl der Rechtsanwälte von Amteswegen ein Anwalt bestellt wird, welcher zur Uebernahme einer solchen Sache verpflichtet ist und nur dann eine, nöthigenfalls durch das Gericht zu bestimmende, Entschädigung für Zeitaufwand zu erwarten hat, wenn seine Partei durch den Ausgang des Prozesses in den Stand gesetzt wird, eine solche zu leisten; — b) dass auch, insofern eine solche Partei in dem Rechtsstreit unterliegt, die ergangenen Gerichtsgebühren in der Regel nachgesehen und einzig in dem lit. a. am Ende angeführten Falle bezogen werden;

— c) dass hingegen jedenfalls die Barauslagen sowohl der Gerichtskanzleien als des Armenanwaltes nicht von dem Fiskus getragen werden, sondern von denjenigen zu ersetzen sind, welchen die Unterstützung der betreffenden Partei obliegt.

Auch Bürgern anderer Staaten wird von den hiesigen Gerichten das Armenrecht in Prozesssachen ertheilt, sofern nämlich von denjenigen Staaten, welchen die Betreffenden angehören, gegen hierseitige Kantonsangehörige das Gegenrecht beobachtet wird.

Zu Gunsten von Parteien, die im hiesigen Kanton nicht verbürgert sind oder ein genügendes Zeugniss dafür nicht beibringen können, dass daselbst in solchen Fällen hiesigen Angehörigen das Gegenrecht gehalten werde, darf jedenfalls nicht weiter gegangen werden, als oben lit. a, b, c angegeben ist.

Das Gesetz, Advokaturordnung §§. 25 und 37 vom 18. Dezember 1804, indem es den Anwälten zur Pflicht macht, „die Rechtsangelegenheiten erweislich unvermögender Personen auf Anweisung des Gerichtspräsidenten unentgeltlich zu führen," will zwar den Armen möglich machen, ihre Rechte gehörig zu wahren und daher, wo ihnen dies selbst zu thun schwer fällt und sie eines rechtskundigen Beistandes bedürfen, sich eines solchen zu bedienen, ohne dass daraus ihren unterstützungspflichtigen Verwandten oder der Gemeinde oder dem Staate selbst Kosten erwachsen oder die Armen an den guten Willen Anderer gewiesen und von denselben abhängig würden. Dagegen berechtigt nichts zu der Annahme, dass der Gesetzgeber entweder den Anwälten selbst habe zumuthen wollen, Zeit und Arbeit auch da ohne Entgelt zu verwenden oder gar Reise- oder andere Barauslagen aus ihrer Tasche da zu bestreiten, wo sie ohne Belästigung der Armen, denen sie beigegeben sind, zu ihrer Entschädigung gelangen können oder gar vollends den Vortheil der gesetzlichen Bestimmungen, der auf das Armenrecht keinen Anspruch habenden Gegenpartei zuzuwenden, welches beides geschehen würde, wenn die Letztere von einer Entschädigung, die sie als unterliegende Partei sonst träfe, blos darum befreit würde, weil dem Gegner ein Armenanwalt bestellt worden war.

II. KANTON AARGAU.

Quelle: Gesetz vom 10. Christmonat 1833 bezüglich auf die Ausübung des Advokatenberufes. (Gesetzes-Sammlung für den eidgenössischen Kanton Aargau. Bd. II. Nr. 166. S. 79 ff.) Gesetz vom 5. Wintermonat (November) 1849: vollzogen den 9. des gleichen Monats bezüglich auf die Prüfungen der Advokaten und Notare. (Ges.-Sammlung etc. Bd. III. Nr. 380. S. 617 ff.)

I. Advokaten-Ordnung.

Wir Präsident und Grosser Rath des Kantons Aargau

thun kund hiermit:

dass Wir, in Folge der durch die Verfassung vorgeschriebenen Revision der Gesetze, bezüglich auf die Ausübung des Advokatenberufes,

beschlossen haben.

§. 1. Der Beruf der Advokaten fasst deren ausschliessliche Befugniss in sich, auf betreffendes Begehren die Rechte Anderer in Civil-, Administrativ-, Zuchtpolizei- und Kriminalfällen mündlich oder schriftlich nach Vorschrift der Gesetze zu vertheidigen.

§. 2. Zu Ausübung besagten Berufes wird ein vom Obergerichte ertheiltes Patent erfordert.

§. 3. Dieses Patent soll Niemanden ertheilt werden, der nicht

a) im Zustande eigenen Rechtens ist,

b) in einer Rechtsschule die Rechtswissenschaft studirt oder den Beruf als Prokurator bereits ausgeübt hat,

c) vom Obergericht geprüft und zu erwähnter Ausübung fähig erfunden worden ist,

d) dem Staate die Summe von dreitausend Franken entweder hinterlegt oder hinlänglich versichert, und

e) den im §. 8 dieses Gesetzes vorgeschriebenen Eid geleistet hat.

§. 4. Dem Obergericht ist gestattet, zu der ihm obliegenden Prüfung einen oder zwei Juristen ausser seiner Mitte als Examinatoren beizuziehen.

§. 5. Niemand, der sich über die im §. 3 lit. a und b enthaltenen Requisite ausgewiesen, darf die Prüfung abgeschlagen, dieselbe auch nicht über sechs Wochen, von der Anmeldung an gerechnet, verschoben werden. Das Ergebniss der Prüfung soll dem Examinirten inner zwei Monaten schriftlich mitgetheilt werden.

§. 6. Jeder Geprüfte hat zu Handen der Kasse des Obergerichts an Examinationsgebühr zwei und dreissig Franken zu entrichten.

Beschliesst nach vollendeter Prüfung das Obergericht auf den gutachtlichen Vorschlag der Prüfungskommission die Abweisung des Kandidaten, so kann dieser erst nach Ablauf eines ganzen Jahres zu einer neuen Prüfung zugelassen werden.

§. 7. Dagegen hat aus gleicher Kasse derjenige Examinator, welcher nicht zugleich Mitglied des Obergerichts ist, für jeden Prüfungstag acht Franken, und für seine Reise hin und zurück eine Entschädigung von zwei Franken für jede Wegstunde zu beziehen.

§. 8. Der Anwalt leistet vor dem Obergerichte folgenden Eid:

„Ich schwöre bei dem allmächtigen und ewigen Gott: als Anwalt im Widerspruch mit meiner Ueberzeugung weder Jemand zu rathen, noch die Besorgung eines Geschäftes anzunehmen, es sei denn dieses mir von Amtswegen übertragen worden; die einmal übernommenen Geschäfte dagegen auf's Eifrigste zu besorgen; sie vor ihrem Ende ohne erhebliche Gründe nicht zu verlassen; in dem nämlichen Geschäft der Gegenpartei keinerlei Dienste zu leisten, keine Sache zu vertreten, in welcher ich vorher dem Gegentheil gedient habe; überhaupt alle meine Berufspflichten treu und gewissenhaft zu erfüllen; ohne Gefährde."

§. 9. Es giebt nur zwei Klassen von Anwälten. Die der ersten Klasse werden Fürsprecher, die der zweiten Prokuratoren genannt.

Das Recht, vor den Bezirksgerichten des ganzen Kantons zu praktiziren, ist beiden gemein; der Vorzug der Fürsprecher, mündliche und schriftliche Vorträge, je nach deren Zulässigkeit, vor dem Obergerichte zu halten, das unterscheidende Merkmal.

Von nun an sollen jedoch nur für die Klasse der Fürsprecher Patente ertheilt werden.

§. 10. Wenn einer der gegenwärtigen Prokuratoren das Fürsprecherpatent erlangen will, so hat er zu dem Ende eine nochmalige Prüfung nach den Bestimmungen des Obergerichtes zu bestehen, und wenn er sich durch gründliche Kenntnisse im Gebiet der Rechtskunde, durch wohlgelungene schriftliche Probearbeiten und mündliche Vorträge auszeichnet, so soll er in die Klasse der Fürsprecher befördert werden.

Bei der Prüfung neuer Kandidaten gelten, rücksichtlich der Leistungen derselben, die gleichen Bedingungen.

§. 11. Die Prüfungen der Kandidaten durch das Obergericht sind öffentlich.

§. 12. Jedem Anwalte liegt bei eidlicher Pflicht ob, Schriften, die er einer Partei aufgesetzt hat, als Verfasser zu unterzeichnen.

§. 13. Die Gerichtsbehörden werden darüber wachen, dass keine schriftlichen Vorträge angenommen werden, welche entweder nicht selbst von einer Partei wirklich und persönlich verfasst oder von einem zugelassenen Anwalte unterschrieben sind. Die Kosten der daherigen Untersuchung trägt der unbefugte Verfasser einer Schrift.

§. 14. Jeder unbefugte Verfasser einer Rechtsschrift hat für eine solche nichts zu fordern, das Bezogene zurückzuerstatten, und wird, wenn er kriminalisirt, bevormundet oder vergeldstagt ist, unnachsichtlich mit zweitägiger Gefängnissstrafe belegt.

§. 15. Die Anwälte sollen bei Ausübung ihres Berufes vor den Gerichten in anständiger Kleidung erscheinen, und zwar vor dem Obergericht in der für die Glieder dieses Tribunals selbst vorgeschriebenen Kleidung.

§. 16. Die vor einem Bezirksgerichte praktizirenden Anwälte werden von demselben der Reihe nach mit Vertheidigung von Delinquenten und Führung armenrechtlicher Geschäfte beauftragt, und kein Anwalt ist befugt, den daherigen Auftrag ohne besondere, von dem betreffenden Gericht als zulänglich erfundene Gründe, abzulehnen. Zu Besorgung armenrechtlicher Geschäfte vor dem Obergerichte hat dieses die Fürsprecher der Reihenfolge nach zu bezeichnen.

Das Obergericht kann auch andern Personen, als nur Armen, auf Verlangen und aus zureichenden Gründen einen Anwalt bezeichnen, der die Pflicht hat, solchen Personen, wenn nicht besondere Umstände eine Ausnahme erheischen, nach der Kehrordnung seinen Beistand zu leisten.

§. 17. Die Anwälte stehen unter der Oberaufsicht des Obergerichts. Diejenigen Anwälte, die ihren Beruf vor den Bezirksgerichten ordnungswidrig betreiben, sollen von denselben von Amtswegen dem Obergerichte verzeigt werden.

§. 18. Diese Aufsicht wird geübt:

a) durch Ertheilung schriftlicher oder mündlicher Zurechtweisungen;
b) durch Belegung mit Geldbussen von zehn bis hundert Franken;
c) durch Einstellung auf ein bis drei Monate, wenn nämlich die Anwendung der sub lit. a und b erwähnten Ahndungsmittel erfolglos geblieben wäre. Vor Erkennung der einen oder andern Strafe hat jedoch das Obergericht jedesmal die mündliche oder

schriftliche Verantwortung des betreffenden Anwalts anzuhören. Vergehen, die höhere Strafe nach sich ziehen, sind auf dem ordentlichen Rechtswege zu behandeln.

§. 19. Die Anwälte sollen dafür sorgen, dass ihre Rechtsschriften reinlich und deutlich geschrieben werden.

§. 20. Dem Anwalte gebührt für seine Leistungen:

[Folgt eine Taxordnung, welche die Mühewaltungen der Anwälte unter folgenden Rubriken behandelt: A. für Skripturen; B. für Reisen; C. für Verbeiständungen (ausser den Reisen); D. für Berathungen.]

Der Advokat hat nichts zu fordern:

a) für die Vertheidigung eines angeklagten Verbrechers, wenn dieser kein oder nicht hinlängliches Vermögen besitzt;

b) für die Besorgung des Rechts eines Klienten, der das Armenrecht geniesst und von der Gegenpartei nicht die Kosten erobert. Wenn aber in der Folge der Klient, der das Armenrecht genossen, zu Vermögen gelangt, so ist er schuldig, den Anwalt, der ihm im Armenrecht gedient hat, nach dem gesetzlichen Tarife für diese Dienste zu entschädigen;

c) für denjenigen Theil einer Rechtsschrift, wodurch die Seitenzahl vierzig überschritten wird;

d) für alle Skripturen, da, wo das Gesetz kein schriftliches Verfahren gestattet.

§. 21. Der Advokat, dessen Rechnung streitig gemacht wird, hat dieselbe demjenigen Bezirksgericht zur Moderation zu unterwerfen, vor welchem das betreffende Geschäft waltete. Dem Anwalt liegt ob, den Schuldner unter Mittheilung eines Doppels der Rechnung, wenn selbige nicht schon früher stattgefunden, zur Moderationsverhandlung vorzuladen. Ueber die untergerichtliche Moderationserkenntniss kann, sofern die Forderung hundert und sechzig Franken übersteigt, die Appellation ergriffen werden.

§. 22. Gegenwärtiges Gesetz, durch welches dasjenige vom 6. Heumonat (Juli) 1803, so wie das Dekret vom 8. Mai 1812 aufgehoben wird, soll dem Kleinen Rath zur Bekanntmachung und Vollziehung zugestellt werden.

II. Prüfung.

Quelle: Gesetz vom 5. Wintermonat (November) 1849; vollzogen den 9. gleichen Monats. (Ges. Samml. für den eidg. Kanton Aargau. Bd. III, Nr. 380, S. 617 ff.)

Wir Präsident etc. . . . thun kund hiermit:

Dass Wir im Hinblick auf die Bestimmung des §. 29 des Gesetzes über Organisation des Obergerichts vom 22. Brachmonat (Juni) 1841 [1]), in Betreff der Prüfung der Anwälte und Notare, auf den verfassungsmässigen Vorschlag des Kleinen Rathes

beschlossen:

§. 1. Zur Prüfung werden nur Kantons- und andere Schweizerbürger zugelassen, welche die durch das Gesetz vom 10. Christmonat 1833, §. 3 a und b, betreffend die Ausübung des Advokatenberufes, und durch die Notariatsordnung vom 8. Mai 1811, §. 1 a, b, c vorgeschriebenen Eigenschaften besitzen.

Diejenigen, welche die Prüfung als Anwälte bestehen wollen, haben vor Zulassung zu derselben überdies noch das durch das Schulgesetz vom 21. März und 8. April 1835, §. 130 geforderte Maturitätszeugniss vorzuweisen.

§. 2. Denjenigen, welche sich zur Prüfung der Anwälte anmelden und nicht Kantonsbürger sind, wird die Vorweisung des Maturitätszeugnisses nur dann erlassen, wenn sie sich über ihre wissenschaftliche Vorbildung genügend ausweisen können, und anderwärts schon vor dem 24. April 1835, als Anwälte patentirt worden sind, oder sich als solche anerkannt ausgezeichnet haben.

§. 3. Die Prüfung der Anwälte erstreckt sich über alle Hauptgebiete der Rechtswissenschaft, namentlich aber über die Lehren, welche die einheimische Gesetzgebung berühren, sowie über diese letztere selbst.

§. 4. Die Notare sind in beschränkterer Weise über die allgemeinen Grundzüge der Rechtswissenschaft, dann aber einlässlicher in der Lehre vom Erbrecht, von den letzten Willensverordnungen, von den dinglichen Rechten und von den Verträgen zu prüfen.

---

[1]) Das Obergericht prüft jeden, der den Beruf eines Advokaten oder eines Notars ausüben will, und ernennt und beeidigt denselben, wenn er fähig befunden wird. Das Nähere dieser Prüfungen soll durch ein besonderes Gesetz bestimmt werden (Ges. vom 22. Brachmonat 1841, §. 29. — Ges. Samml. für den eidg. Kanton Aargau, Bd. I, Nr. 77, S. 341 ff.)

§. 5. Ehe den Anwälten und Notaren der Zutritt zu den Prüfungen zu gestatten ist, haben dieselben eine Prüfungsgebühr zu Handen der Obergerichtskasse, erstere von zwei und dreissig Franken, letztere von sechzehn Franken zu entrichten.

§. 6. Die Prüfung geschieht schriftlich und mündlich. Die mündliche Prüfung wird vorher bekannt gemacht und öffentlich abgehalten.

§. 7. Den Fürsprechern werden zum Behuf der schriftlichen Beantwortung wenigstens zwölf wissenschaftliche Fragen (§. 3) eine nach der andern vorgelegt.

Es ist mit dieser Prüfung ein mündlicher Probevortrag über ein wirkliches Streitgeschäft zu verbinden.

§. 8. Die Notare haben bei der schriftlichen Prüfung aufgegebene Proben von Theilungs-, Nutzniessungs-, Ehe-, Eigenthums- und Unterpfandsverträgen, von letzten Willen u. dgl. abzufassen.

§. 9. Die schriftlichen Ausarbeitungen finden in den Räumlichkeiten des Obergerichts, in der Regel ohne Unterbrechung und unter steter amtlicher Aufsicht, statt. Andere Hilfsmittel, als die Benutzung der Gesetzbücher, werden dabei nicht gestattet.

§. 10. Ueber den Erfolg der Prüfung hat der jeweilige Prüfungsaussschuss dem Obergericht schriftlichen Bericht zu erstatten.

§. 11. Nach Prüfung des Berichtes des Ausschusses und der demselben beigelegten Arbeiten, spricht das Obergericht die Ernennung oder die Abweisung der Bewerber aus. Ist ein solcher wegen mangelnder Kenntnisse zum dritten Male zurückgewiesen worden, so darf er zu keiner weitern Prüfung mehr zugelassen werden.

§. 12. Von der Ernennung wird dem Kleinen Rathe und dem Bewerber Kenntniss gegeben, damit die vorgeschriebene Sicherheit geleistet werde. Erst wenn letztere geschehen, wird der Geprüfte zur Beeidigung vorgerufen und ihm die Ernennungsurkunde zugestellt.

§. 13. Alle frühern Bestimmungen, welche mit dem gegenwärtigen Gesetze im Widerspruche stehen, sind hiermit aufgehoben und ausser Kraft gesetzt.

§. 14 und §. 15. *Uebergangsbestimmungen.*

§. 14. Das Obergericht ist ermächtigt, Prokuratoren, welche die Staatsprüfung unter dem frühern Gesetze vom 6. Heumonat (Juli) 1803 mit gutem Erfolg bestanden und sich seither entweder in Ausübung ihres Berufes oder in öffentlichen Aemtern als tüchtig bewährt haben, auf deren Ansuchen, ohne eine neue Prüfung, zu Fürsprechern zu ernennen.

§. 15. Vorliegendes Gesetz soll dem Kleinen Rathe zur Bekanntmachung und Vollziehung zugestellt werden.

III. Beaufsichtigung der Anwälte und Notare.

Quelle: Gesetz vom 5. Wintermonat (November) 1849; vollzogen den 9. gleichen Monats. (Ges. Samml f. d. eidg. Kanton Aargau, Bd. III, Nr. 381, S. 619 u. 620.)

Wir Präsident etc. . . . thun kund hiermit:

Dass Wir, mit Rücksicht auf den §. 24 des Gesetzes über Organisation des Obergerichtes vom 22. Brachmonat (Juni) 1841 [2]), betreffend die Aufsicht über die Anwälte und Notare, auf den verfassungsmässigen Vorschlag des Kleinen Rathes

beschlossen:

§. 1. Die Anwälte und Notare stehen unter der Aufsicht des Obergerichts.

§. 2. Dasselbe übt diese Aufsicht entweder aus eigenem Antrieb, oder auf Begehren von Betheiligten, oder auf die Anzeigen der Bezirksgerichte oder anderer Behörden, welche von Amtswegen die von ihnen wahrgenommenen regelwidrigen Handlungen der Anwälte und Notare zur Kenntniss des Obergerichts zu bringen haben.

§. 3. Die Aufsicht wird ausgeübt:

a) durch Ertheilung mündlicher oder schriftlicher Zurechtweisungen;
b) durch Belegung mit Geldbusse von 10 bis 100 Franken;
c) durch Einstellung von ein bis drei Monaten;
d) durch Einstellung von drei bis zwölf Monaten.

§. 4. Vergehen, die eine höhere Strafe nach sich ziehen, sind auf dem ordentlichen Untersuchungswege zu behandeln und zu bestrafen.

---

[2]) Das Obergericht führt die Aufsicht über die Geschäftsführung der Bezirksgerichte und ihrer Vorsitzer, die Oberaufsicht über die Gerichtskanzleien, so wie die Aufsicht über die Anwälte und die geschwornen Notare. Die Art, wie diese Aufsicht ausgeübt werden soll, wird das Gesetz bestimmen. (Ges. vom 22. Brachmonat 1841, §. 24. — Ges. Samml. für den eidg. Kanton Aargau. Bd. I, Nr. 77, S. 341 ff.)

§. 5. Die Einstellung von drei bis zwölf Monaten kann nur dann ausgesprochen werden, wenn zuvor über die Beschuldigten eine Einstellung von ein bis drei Monaten verhängt und in Vollziehung gesetzt worden ist.

§. 6. Das Obergericht kann erst dann einem Anwalt oder Notar eine Geldbusse auferlegen, oder über ihn die Einstellung verhängen, wenn es demselben zuvor unter Mittheilung der Beschwerden die schriftliche oder mündliche Verantwortung abgefordert hat.

§. 7. Jede Einstellung ist amtlich bekannt zu machen. Ihre Wirkung beginnt mit der bezüglichen Veröffentlichung im Amtsblatte.

§. 8. Der Anwalt, sowie der Notar ist schuldig, diejenigen, welche er als Sachführer aus böser Absicht oder grobem Versehen in Nachtheil versetzt, zu entschädigen.

§. 9. Wenn Anwälte und Notare Geldbezüge oder andere nicht streitige Rechtsgeschäfte zur Besorgung übernehmen, so sind sie dafür ebenfalls der Aufsicht der Obergerichte unterworfen, und die von ihnen gestellte Sicherheit bezieht sich auch auf diese Geschäfte.

§. 10. Wird die Rechnung eines Anwaltes oder Notars über Besorgung nicht streitiger Geschäfte vom Auftraggeber beanstandet, so entscheidet darüber das Bezirksgericht, in dessen Amtskreis der Rechnungsgeber seinen Wohnsitz hat, auf dem Ermässigungswege.

§. 11. Das Obergericht kann auf Verlangen eines Betheiligten den Anwalt oder Notar zu jeder Zeit zur Rechnungsstellung über die ihm zur Besorgung übergebenen Geschäfte verhalten.

§. 12. Alle mit gegenwärtigem Gesetze im Widerspruche stehenden Bestimmungen sind aufgehoben.

§. 13. Der Kleine Rath ist mit der Bekanntmachung und Vollziehung dieses Gesetzes beauftragt.

III. KANTON LUZERN.

I. Advokaten-Ordnung.

Quelle: Gesetz vom 27. Weinmonat (Oktober) 1852; in Kraft getreten den 16. Jänner 1853. (Gesetze, Dekrete und Verordnungen für den Kanton Luzern, II. Bd. S. 263 ff.)

Wir Präsident und Grosser Rath des Kantons Luzern

In Ausführung des §. 21 der Staatsverfassung, welcher bestimmt, dass das Gesetz diejenigen Beschränkungen aufzustellen habe, welche hinsichtlich der Verfechtung von Rechtsgeschäften dritter Personen das öffentliche Wohl fordert;

auf den Vorschlag des Regierungsrathes und das Gutachten einer diesfalls niedergesetzten Kommission;

beschliessen:

§. 1. Jedermann ist befugt, die Rechtssachen Anderer vor Gericht zu verfechten, sobald er den nachfolgenden Bedingungen Genüge leistet.

§. 2. Derselbe hat sich bei dem Obergerichte darüber auszuweisen:

a) dass er Schweizerbürger, eigenen Rechts, zeugenfähig, nicht des Aktivbürgerrechts wegen gemeiner Verbrechen oder Vergehen verlustig und guten Leumundes sei;

b) das er die erforderliche Rechtskenntniss besitze.

Der Ausweis eines guten Leumundes wird durch Beibringung von Zeugnissen der Gemeinderäthe, in deren Gemeinden der Bewerber in den letzten fünf Jahren sich aufgehalten, geleistet.

Der Ausweis über den Besitz der erforderlichen Rechtskenntniss erfolgt durch Bestehung einer Prüfung.

§. 3. Zur Vornahme der im §. 2, lit. b vorgeschriebenen Prüfung wählt das Obergericht alljährlich eine Kommission aus drei Mitgliedern des Obergerichts und zwei rechtskundigen Männern ausser seiner Mitte.

Das Obergericht wird zur Regelung der Prüfungen ein Reglement erlassen, welches dem Grossen Rathe zur Einsicht vorzulegen ist.

Für die Abnahme der Prüfung bezahlt der Bewerber zum Voraus eine Taxe von dreissig Franken.

§. 4. Sowie der Betreffende die im §. 2 erwähnten Bedingungen erfüllt hat, wird ihm das Obergericht ein Fähigkeitszeugniss, die Rechtssachen Dritter vor Gericht verfechten zu können, ausstellen.

Ausnahmsweise kann das Obergericht Personen, welche die im §. 2 lit. a bezeichneten Eigenschaften besitzen und deren Tüchtigkeit als Rechtskundige aus mehrjähriger amtlicher Stellung oder Berufsthätigkeit bekannt ist, ohne Bestehung einer Prüfung ein solches Fähigkeitszeugniss ausstellen.

§. 5. Ohne Besitz des vorgenannten Fähigkeitszeugnisses wird Niemand zur Verfechtung von Rechtssachen Anderer vor Gericht zugelassen, ausser im Falle der Vertheidigung von kriminalgerichtlich Angeschuldigten (§. 241, Abs. I des Strafrechtsverfahrens) [1]) und in Civilsachen vor dem Friedensgericht.

§. 6. Wenn eine prozessführende Partei eine Rechtsschrift nicht selbst verfasst, sondern durch Jemand anders abfassen lässt, so soll der Verfasser sich unterzeichnen und dieser eine zur Verfechtung fremder Rechtssachen befähigte Person sein, ansonst die Schrift aus dem Recht verwiesen wird.

§. 7. Diejenigen, welche im Besitze von Fähigkeitszeugnissen sich befinden, sind gehalten, vor den Bezirksgerichten des Amtes, in welchem sie wohnen, in bedeutenden Strafprozessen die Angeklagten, welche wegen Armuth keinen Vertheidiger zu bestellen vermögen, auf Anweisung des Amtsstatthalters der Kehre nach zu vertheidigen.

Auf gleiche Weise haben sie die Civilprozesse derjenigen, welche das Armenrecht nach Vorschrift der Gesetze geniessen und keinen Vertheidiger ihrer Rechtssache haben, vor den Bezirksgerichten des Amtes zu verfechten.

§. 8. Das Obergericht soll ein von ihm ausgestelltes Fähigkeitszeugniss zurückziehen, wenn der Betreffende eine der im §. 2 lit. a vorgeschriebenen Eigenschaften verliert.

Die Suspension im Aktivbürgerrechte wegen gemeiner Verbrechen oder Vergehen zieht die Suspension in Ausübung des Advokatenberufes nach sich.

---

[1]) „Dem Angeschuldigten wird gleichzeitig eröffnet, dass er sich einen Vertheidiger wählen könne. Er kann hiefür jeden rechtsfähigen Bürger, in welchen er sein Zutrauen setzt, erbitten" (§. 241, Abs. I des Strafrechtsverfahrens vom 17. Brachmonat (Juni) 1836.)

§. 9. Das Obergericht hat ferner das Fähigkeitszeugniss auf bestimmte Zeit zurückzuziehen, wenn der Betreffende wegen Ungebührlichkeiten, Trölerei, Verschleppung der Prozesse oder unnützer Vermehrung der Kosten, wiederholt durch Verweis oder Ordnungsbusse ist geahndet worden.

§. 10. Die nächsten Anverwandten einer Person bis und mit Einschluss des zweiten Grades, sowie die Vögte und Beistände geniessen immerhin die Befugniss, die Rechtssachen ihrer Verwandten und Pflegebefohlenen vor Gericht zu verfechten.

§. 11. Patente, welche früher vom Obergericht an Fürsprecher und Rechtsanwälte ertheilt worden sind, bleiben in Kraft, vorausgesetzt, dass die Inhaber derselben die im §. 2 lit. a bezeichneten Eigenschaften besitzen.

§. 12. Gegenwärtiges Gesetz, welches drei Monate nach Ablauf der Vetozeit (somit den 1. April 1853) in Anwendung tritt, ist dem Regierungsrathe zur Bekanntmachung und zur Vollziehung zuzustellen und urschriftlich in's Staatsarchiv niederzulegen.

Organisationsgesetz vom 6. Jänner 1853, in Kraft getreten den 20. März 1853. (Gesetze, Dekrete und Verordnungen für den Kanton Luzern. II. Bd., S. 267—382). — §. 184. Ein öffentlicher Vertheidiger wird vom Grossen Rathe auf eine Amtsdauer von vier Jahren bestellt. — Er schwört demselben bei seinem Amtsantritte den vorgeschriebenen Eid. — Der öffentliche Vertheidiger ist verpflichtet, in Polizei- und Kriminalfällen jene Angeklagten, welche keinen eigenen Vertheidiger zu bestellen vermögen, vor Kriminalgericht und Obergericht zu vertheidigen. — Er führt auch vor dem Obergericht die Civilprozesse derjenigen, welche das Armenrecht geniessen und keine andern Vertheidiger ihrer Rechtssache haben. — In Strafsachen, wo mehrere unvermögliche Mitbeklagte der besondern Beschaffenheit des Straffalls wegen von einem einzigen Vertheidiger nicht vertheidigt werden können, kann das Kriminalgericht oder Obergericht noch besondere Vertheidiger für die Mitbeklagten bestellen. — Ebenso kann das Obergericht in Civilprozessen, wenn beide Parteien das Armenrecht geniessen, auch der Gegenpartei einen Sachwalter beigeben.

Regierungsbeschluss vom 14. Jänner 1852, die Umänderung der Sporteln in neue Währung enthaltend. — §. 44. Alle Verträge zwischen Sachwaltern oder Geschäftsbesorgern einerseits und ihren Parteien oder Vollmachtgebern anderseits, wodurch von erstern grössere Gebühren ausbedungen oder bezogen werden, als durch die §§. 41 und 43 des gegenwärtigen Gesetzes gestattet sind, sind ungiltig. Ueberhin sind Sachwalter und Geschäftsbesorger, welche in gegebenen Fällen mehr bezogen haben, als durch gegenwärtiges Gesetz gestattet wird, nach §. 19 des Verantwortlichkeitsgesetzes [2]) zu behandeln. Gleichzeitig ist ihnen durch das Obergericht auf eine bestimmte Zeit die Uebernahme von Rechts- und Betreibungsgeschäften zu verbieten, was öffentlich bekannt gemacht werden soll.

IV. KANTON GENF.

Quellen: *Recueil authentique des lois et actes du gouvernement de la République et Canton de Genève.* — Gesetzliche Bestimmungen vom 20. Juni 1834, die Advokaten, Prokuratoren und Gerichtsvollzieher *(huissiers)* betreffend. (Band 20, S. 165 ff.) — Verordnung vom 31. August 1835 über die Akademie von Genf. (Band 21, S. 137 ff.) — Verordnung vom 11. Juli 1836 über die Ausübung der Advokatur. (Band 22, S. 78 ff.) — Verfügung vom 7. Oktober 1844, die Tracht der Gerichtsfunktionäre und Advokaten betreffend. (Band 30, S. 397 ff.)

Um Advokat zu werden, muss man Genfer Bürger sein und den Grad eines Doktors oder Lizentiaten der Rechte an der Akademie von Genf erworben haben.

---

[2]) *Taxüberforderung.* Jede Behörde und jeder Beamtete sollen sich mit ihrer Besoldung oder den gesetzlichen Gebühren für ihre amtlichen Verrichtungen begnügen. — Die Bestechung wird als Kriminalverbrechen bestraft. — Jede Partei ist berechtigt, für die bezahlten Gebühren einen spezifizirten Empfangschein zu fordern. Vierzehn Tage nach Zustellung dieses Empfangscheins oder Kostenverzeichnisses kann sie bei der betreffenden Behörde oder bei dem betreffenden Beamteten das, was zu viel gefordert worden, wieder zurückverlangen. Wird die Rückerstattung nicht geleistet, so kann die Partei spätestens am vierzehnten Tage nach der Eingabe der Rückforderung bei der betreffenden vorgesetzten Behörde Beschwerde einreichen. — Wird die Beschwerde als begründet erklärt, so hat die Partei das Recht, das zu viel Geforderte, sowie die der Rückforderung wegen erlaufenen Kosten durch Legung eines Schatzungsbotes von dem Ueberforderer einzutreiben. — Derselbe soll überhin zu einer Ordnungsstrafe verfällt, oder je nach Umständen als Betrüger dem Strafrichter überwiesen werden. Das gleiche Verfahren soll ebenfalls stattfinden, wenn eine vorgesetzte Behörde von sich aus, ohne eingereichte Beschwerde, solche Ueberforderungen wahrnimmt.

Jene Genfer Bürger, welche an einer auswärtigen Universität zu Lizentiaten oder Doktoren der Rechte graduirt worden sind, können nur dann in die Advokatur aufgenommen werden, wenn sie sich den zwei letzten Prüfungen, welche durch den Art. 73 der Verordnung über die Akademie vorgeschrieben sind, unterziehen und von der im Art. 71 derselben Verordnung aufgestellten Prüfungskommission *(Jury)* eine günstige Beurtheilung erhalten. — Von dieser Verpflichtung sind befreit: 1. Jene Doktoren, welche, sei es in Genf, sei es an einer auswärtigen Universität als Professoren öffentlich gelehrt haben. — 2. Die Doktoren und Lizentiaten des Rechts, welche diesen Grad an einer auswärtigen Universität vor der Verordnung vom 25. Mai 1821 [1]) erlangt haben. — Die vom Staatsrath zur Ausübung der Advokatur zugelassenen Doktoren und Lizentiaten werden demselben von dem Präsidenten des Advokatenstandes, oder, wenn ein solcher nicht besteht, durch einen andern Senior der Advokatur zur Ablegung des Eides vorgestellt. — Die Bescheininigung der erfolgten Eidesablegung geschieht auf dem dem Kandidaten ausgefolgten Lizentiats- oder Doktorats-Diplome. — (Verordnung über die Ausübung der Advokatur vom 11. Juli 1836. Titel I. Von der Aufnahme der Advokaten. Art. 1—4.)

Die Verordnung vom 31. August 1835, die Akademie von Genf betreffend, enthält über die Rechtsstudien und die Erlangung des Grades eines Lizentiaten oder Doktors der Rechte in den Art. 66—75 folgende Bestimmungen:

I. Organisation der Studien.

Art. 66. Der Unterricht an der juridischen Fakultät umfasst:
Römisches Recht,
Geschichte des Römischen Rechts,

---

[1]) Die Verordnung vom 25. Mai 1821 verfügt im Art. 7: Die Genfer, welche an einer fremden Universität zu Doktoren der Rechte promovirt wurden, können als Advokaten nur dann angenommen werden, wenn sie sich von den durch die Artikel 19 und 20 der akademischen Verordnung vom 2. Oktober 1820 zum Doktorat geforderten Prüfungen den zwei letzten unterzogen haben. — Die Doktoren, welche als Professoren, sei es in Genf, sei es an einer fremden Universität, öffentlich gelehrt haben, sind von dieser Verpflichtung dispensirt. — Doktoren, welche bisher an einer fremden Universität promovirt wurden und gegenwärtig im Kanton öffentliche Aemter bekleiden, sind von dieser Bedingung gleichfalls dispensirt, wenn sie sich, nachdem sie diesen Aemtern entsagt haben, in das Tableau der Advokaten einschreiben lassen wollen.

Das geltende Civilrecht,
Handelsrecht,
Gerichtsorganisation und Civilprozess,
Strafrecht und Strafprozess,
Staatsrecht,
Völkerrecht,
Politische Oekonomie
und andere Studien, wie Rechts-Encyklopädie, gerichtliche Medizin u. s. w., welche dem jährlichen Studienprogramme beigefügt werden können.

Art. 67. Die im vorigen Artikel aufgezählten Lehrgegenstände werden unter fünf Katheder mit 108 Lektionen im Jahr folgendermassen vertheilt:

Ein Katheder für Römisches Recht und Römische Rechtsgeschichte.

Zwei Katheder für das bestehende Civilrecht, das Handelsrecht, die Gerichtsorganisation und den Civilprozess;

Ein Katheder für Strafrecht und Strafprozess;

Ein Katheder für Staatsrecht, Völkerrecht und politische Oekonomie.

Uebrigens soll für ergänzende Kurse zum Unterrichte in solchen Lehrgegenständen, deren Hinzufügung oder weitere Entwicklung für angemessen erachtet wird, vorgesorgt werden.

Art. 68. Der Unterricht an der juridischen Fakultät dauert vier Jahre. Derselbe ist für alle ordentlichen Studirenden obligatorisch.

Art. 69. Um ordentlicher Studirender an der juridischen Fakultät zu werden, ist erforderlich, dass er 1. *Bacalaureus* der schönen und philosophischen Wissenschaften sei, 2. dass er folglich einen Kurs über die Geschichte der Philosophie an der philosophischen Fakultät und zwei Kurse an der Fakultät der schönen Wissenschaften gehört, und die für diese Kurse vorgeschriebenen Prüfungen abgelegt habe.

Uebrigens kann die juridische Fakultät ausnahmsweise diejenigen, welche, ohne ordentliche Studirende der Akademie gewesen zu sein, sich zur Aufnahme als ordentliche Studirende der Rechte melden, auch wenn sie die oben angeführten Bedingungen nicht erfüllt haben, veranlassen, dass sie diese Bedingungen, wenn sie keine Bacalaurei der schönen Wissenschaften sind, durch eine Aufnahmsprüfung, ähnlich derjenigen, welche den Schülern auferlegt wird, die in die Fakultät der schönen Wissenschaften aufgenommen werden wollen, — mit Ausnahme der Prüfung über die griechische Literatur, von der die Anwärter ausgenommen sind —; und wenn sie keine Bacalaurei der Philosophie sind, durch eine Prüfung über Physik oder Chemie, nach Wahl der Kandidaten, ersetzen.

II. Bestimmung, die Grade betreffend.

Art. 70. Die Grade, welche die Fakultät der Rechte ertheilt, sind jene eines Lizentiaten und eines Doktors.

Art. 71. Diese Grade werden auf Grund von öffentlichen Prüfungen ertheilt, deren Kommission zusammengesetzt wird:

1. aus einem Staatsrath als Präsident,

2. aus Professoren der juridischen Fakultät,

3. aus drei Doktoren oder Lizentiaten der Rechte, welche vom öffentlichen Unterrichtsrath aus Jenen, welche mindestens vier Jahre ein richterliches Amt oder die Advokatur ausgeübt haben, gewählt werden.

Art. 72. Um zur Erlangung des Grades eines Lizentiaten zugelassen zu werden, muss der Kandidat als ordentlicher Studirender durch acht Semester eingeschrieben gewesen sein und die Semestralprüfungen bestanden haben.

Diejenigen, welche weder eingeschrieben waren, noch die erforderlichen Prüfungen gemacht haben, welche aber nachweisen, dass sie entweder privat oder an einer auswärtigen Universität studirt haben, können nur dann zu den öffentlichen Lizentiats-Prüfungen zugelassen werden, wenn sie sich einer vorläufigen Konsultation unterziehen, aus denen die Fakultät die Gewissheit erlangt, dass die Kandidaten die erforderlichen Kenntnisse erworben haben, um auf diesen Grad Anspruch zu haben, worüber ihnen ein offizielles Zeugniss auszustellen ist.

Art. 73. Die Prüfungen, welche zur Erlangung des Lizentiates erforderlich sind, bestehen:

1. In einer mündlichen Beantwortung, welche der Kandidat auf die Fragen, die sich auf alle Gegenstände, welche in der Fakultät gelehrt werden, beziehen und durch drei angestellte Professoren und drei in die Kommission berufene Doktoren oder Lizentiaten, an ihn gerichtet werden.

2. In einer schriftlichen Beantwortung auf eine Frage, welche ihm von der Kommission gestellt wurde. Diese Beantwortung muss bei geschlossenen Thüren, in einer gegebenen Zeit und ohne jede andere Hilfe als des Gesetzestextes ausgearbeitet werden.

3. In der lateinischen oder deutschen Vertheidigung einer gedruckten These, deren Gegenstand der Wahl des Kandidaten überlassen bleibt, gegen zwei angestellte Professoren und zwei zur Kommission berufene Doktoren oder Lizentiaten.

Die These muss aber vor der Drucklegung der Fakultät der Rechte zur Genehmigung vorgelegt werden.

Art. 74. Um zur Erwirkung des Doktorgrades zugelassen zu werden, muss der Kandidat mindestens seit zwei Jahren als Lizentiat aufgenommen worden sein. Die Fakultät der Rechte kann, nach Umständen einem Lizentiaten, der zur Doktorats-Prüfung zugelassen werden will, auch vor Ablauf des erforderlichen Zeitraums den Zutritt gewähren.

Art. 75. Die für das Doktorat erforderlichen Prüfungen bestehen:

1. In einer in der für das Lizentiat vorgeschriebenen Weise schriftlichen Beantwortung zweier von der Prüfungskommission aufgestellten Fragen, wovon die eine auf das römische Recht Bezug nehmen muss.

2. In der Vertheidigung einer sei es lateinisch oder französisch gedruckten Dissertation, deren Gegenstand der Wahl des Kandidaten überlassen wird, gegen drei Professoren der juridischen Fakultät und gegen drei Doktoren oder Lizentiaten, welche in die Prüfungskommission berufen wurden.

Die Dissertation muss vor ihrer Drucklegung der juridischen Fakultät zur Genehmigung vorgelegt werden.

Gesetz vom 20. Juni 1834, die Advokaten, Prokuratoren und Gerichtsvollzieher *(huissiers)* betreffend.

I. Titel.

Von den Advokaten.

Art. 1. Die Advokaten werden vom Staatsrath zugelassen.

Art. 2. Sie müssen vor demselben folgenden Eid schwören:

„Ich schwöre vor Gott, der Republik und dem Kanton Genf treu zu sein; mich niemals von der den Gerichten und Behörden schuldigen Achtung zu entfernen; keine Sache anzurathen oder zu unterstützen, die mir nicht gerecht oder billig erscheint, ausgenommen wenn es sich um die Vertheidigung eines Angeklagten handelt; wissentlich keine der Wahrheit entgegenstehende Argumente zur Unterstützung der mir anvertrauten Sachen vorzubringen und es nicht zu versuchen, durch was immer für einen Kunstgriff oder eine falsche Auseinandersetzung von Thatsachen oder Gesetzen den Richter irre zu führen; mich jeder beleidigenden Persönlichkeit zu enthalten und keine die Ehre und den Ruf der Parteien verletzenden Thatsachen vorzubringen, wofern dieselben für die mir übertragenen Angelegenheiten nicht unerlässlich sind; weder zur Einleitung, noch zur Fortsetzung eines Prozesses aus irgend einem auf Leidenschaft oder Interesse beruhenden Motive zu ermuthigen; endlich aus keiner persönlichen Rücksicht die Sache eines Schwachen, Fremden oder Unterdrückten abzuweisen."

Art. 3. Das Tableau der Advokaten wird alljährlich durch den Staatsrath auf den Vorschlag der Präsidenten des Gerichtshofes, des Generalprokurators oder des Präsidenten des Advokatenstandes festgestellt.

Art. 4. Jeder auf dem Tableau stehende Advokat kann vom Präsidenten jenes Gerichtes, bei welchem die Sache anhängig ist, von Amtswegen sowohl in Straf- als in Civilsachen zur Vertretung ernannt werden.

Er kann sich dieser Verpflichtung ohne eine begründete Entschuldigung und ohne die Zustimmung des Präsidenten, der ihn ernannt hat, nicht entziehen.

Als eine begründete Entschuldigung wird die Erklärung des Advokaten angesehen, dass er die Sache, ohne seinen Eid zu verletzen, nicht übernehmen könne.

Art. 5. Der Staatsrath kann auf Verlangen der Parteien gestatten, dass sie sich durch auswärtige Advokaten vor den Gerichten des Kantons vertreten lassen.

Diese Gestattung soll für jeden einzelnen Fall speziell ertheilt werden.

Art. 6. Die Advokaten haben in Strafsachen das Recht, die Parteien, in jenen Fällen, wo die Gesetze über den Strafprozess dies gestatten, zu vertreten und für sie vor den Gerichten zu plaidiren.

Art. 7. In Civilsachen sind die Advokaten berufen:

1. Die Parteien zu vertreten und für dieselben vor den Gerichten zu plaidiren;

2. alle Akte des Prozesses und der Instruktion, welche die Gesetze sowohl den Advokaten als den Prokuratoren gleichmässig und konkurrirend zugestehen, zu verfassen, mit alleiniger Ausnahme jener

Akte, welche sich auf die Exekution von unbeweglichen Gütern beziehen und welche blos den Prokuratoren zustehen [2]).

Die Bestimmungen des Gesetzes über den Civilprozess, insoweit sie auf die Prokuratoren Bezug haben, sind nur auf diese anwendbar [3]).

Art. 8. Trotzdem können Parteien persönlich erscheinen und sich selbst oder durch jene Personen, unter deren Gewalt oder Autorität sie stehen, ohne die Assistenz eines Advokaten vertheidigen, ausgenommen:

1. In den Fällen, wo die Civilprozessordnung eine abweichende Bestimmung enthält [4]);

2. dann in jenen, wo die Gerichte im Interesse der Parteien befinden würden, dass die Instruktion der Sache die Intervention eines Advokaten erfordert.

Art. 9. Die im Art. 7 festgestellten Funktionen können von einem Notar nicht in Anspruch genommen werden.

Art. 10. Die Einkünfte der Advokaten, soweit es sich um Akte des Prozesses oder um die Instruktion handelt, werden durch einen Tarif geregelt werden.

Die Honorare für die Plaidoyers und jene Akte, welche keinen Theil des Tarifs ausmachen, können die Advokaten beliebig feststellen.

Würde dagegen eine Einwendung erhoben werden, dann entscheidet der Präsident jenes Gerichtes, vor welchem die Sache plaidirt wurde, nach Anhörung des Advokaten und der Partei inappellabel.

---

[2]) Die Advokaten, welche alle vom Gesetze geforderten Eigenschaften zur Vertretung der Parteien vor den Civilgerichten in sich vereinigen, sind provisorisch und mit den angestellten Prokuratoren konkurrirend berechtigt, alle Akte zu verfassen, welche sich auf die bisher den Prokuratoren allein vorbehaltene Durchführung der Exekution auf unbewegliche Güter beziehen. — Die Bestimmungen der Civilprozessordnung über die Exekution unbeweglicher Güter, soweit sie die Prokuratoren angingen, sind fortan auch auf die Advokaten anwendbar. — Die Artikel 7 und 17 des Gesetzes vom 20. Juni 1834 sind insoweit als sie mit dem gegenwärtigen Gesetze im Widerspruch stehen, aufgehoben. — Das gegenwärtige Gesetz wird in der Session von Dezember 1846 einer Revision unterzogen werden. (Gesetz vom 16. Febr. 1844, wodurch die Advokaten zur Durchführung der Exekution auf unbewegliche Güter berechtigt werden.)

[3]) Die Prokuratoren bilden gegenwärtig keinen besondern Stand mehr. Vergleiche Art. 17, vorletzte Alinea. S. 302, wo der Vorbehalt gemacht wird, dass wenn eine Stelle eines Prokurators erledigt würde, dieselbe nicht zu besetzen sei.

[4]) Als ein solcher Fall erscheint der Tit. XXIX des Civil-Prozess-Gesetzes, welcher von der Exekution auf unbewegliche Güter handelt. Dass diese Funktionen nunmehr auch den Advokaten zustehen, geht aus der Note 2 hervor.

Art. 11. Die Advokaten, welche ihre Eintragung in das Tableau der Advokaten nach dem 1. August 1834 zur Ausübung der im Art. 7 bezeichneten Funktionen eingetragen haben wollen, müssen sich einer Vorbereitung *(stage)* unterwerfen.

Während des Vorbereitungsstadiums steht den jungen Advokaten nur in jenen Fällen und unter jenen Bedingungen das Recht, Akte des Prozesses und der Instruktion zu verfassen und vor den Civilgerichten zu plaidiren, zu, welche die Verordnung über die Vorbereitung regelt.

Art. 12. Wenn ein Advokat die Pflichten seines Amtes verletzt, kann er, nach Maass der Schwere des Falles

1. verwarnt,
2. mit Verweis belegt,
3. auf eine Zeit, die ein Jahr nicht überschreiten darf, suspendirt,
4. ausgeschlossen und aus dem Tableau gestrichen werden.

Art. 13. Die drei ersten Strafen können durch den Staatsrath und durch die Gerichte verhängt werden.

Die vom Staatsrath oder dem höchsten Gerichtshofe ausgesprochene Suspension erstreckt sich auf alle Gerichte.

Jene, welche von dem Civil- oder Zuchtpolizei- oder von dem Handelsgerichte ausgesprochen wird, erstreckt sich nur auf jenes Gericht, welches die Suspension verhängt hat.

Art. 14. Die Ausschliessung kann nur von dem Staatsrath über Einvernehmen des höchsten Gerichtshofes ausgesprochen werden.

Art. 15. Wenn es sich um die Suspension oder die Ausschliessung handelt, ist jedesmal der Generalprokurator zu vernehmen.

Art. 16. Der Staatsrath wird, nachdem er das Gutachten einer aus den Präsidenten und Vizepräsidenten der Gerichte und aus dem Generalprokurator zusammengesetzten Kommission entgegengenommen haben wird, die Verordnungen

1. über die Bedingungen, welche zur Aufnahme als Advokat erforderlich sind;
2. über die Disziplin des Standes und die Rolle der Advokaten;
3. über die Dauer und die sonstigen Bedingungen der Vorbereitung *(stage)*;
4. über den Tarif der Bezüge — erlassen.

Titel II.

Von den Prokuratoren.

Art. 17. Die gegenwärtig im Amte stehenden Prokuratoren werden fortfahren:

1. ausschliessend mit der Verfolgung der Exekution auf unbewegliche Güter betraut zu sein, bis in dieser Beziehung in anderer Weise vorgesehen werden wird [5];

2. mit den Advokaten konkurrirend alle jene Funktionen auszuüben, welche die bestehenden Gesetze denselben zuweisen.

Die Prokuratoren werden in dieser Beziehung denselben Verpflichtungen unterworfen sein, welche den Advokaten obliegt..

Wenn eine Prokuratursstelle erledigt werden sollte, wird dieselbe nicht wieder besetzt werden.

Auf Grund des Gutachtens der im Art. 16 bestimmten Kommission wird der Staatsrath den Tarif ihrer Bezüge feststellen. —

Verordnung vom 11. Juli 1836 über die Ausübung der Advokatur.

Mit Bezug auf den Art. 16 des Gesetzes vom 20. Juni 1834 und auf Grund des Gutachtens der in diesem Artikel erwähnten Kommission — wird verfügt:

Titel I.

Von der Aufnahme der Advokaten.

Art. 1—4 . . . . [6].

Titel II.

Von dem Tableau der Advokaten.

Art. 5. Das Tableau wird alle bis jetzt aufgenommenen Advokaten enthalten, welche keine mit der Ausübung der Advokatur unvereinbare Stellung einnehmen und auf dieselbe nicht verzichtet haben. Die neuen Advokaten werden nach dem Datum ihrer Aufnahme in das Tableau eingetragen werden.

Art. 6. Das Tableau wird insbesondere jene Advokaten bezeichnen, welche die zur Ausübung der im Art. 7 des Gesetzes vom 20. Juni 1834 angeführten Funktionen erforderlichen Bedingungen erfüllt und die Er-

[5] S. Note 2.

[6] Der Tit. I. Art. 2—4 bildet den Eingang der Darstellung der Advokatur in Genf.

klärung abgegeben haben, dass sie dieselben auszuüben gesonnen seien; ferner jene, welche Advokaturskandidaten *(advocats stagiaires)* sind.

Titel III.

Von der Vorbereitung.

Art. 8. Die Vorbereitung *(stage)*, welche von dem Art. 11 des Gesetzes vom 20. Juni 1834 gefordert wird, ist auf eine der beiden folgenden Arten zu vollziehen:

1. Der Advokat hat entweder während des Vorbereitungsstadiums, die Civilaudienzen der Civilgerichte zu besuchen und überdies bei einem Advokaten oder Prokurator, welcher seit vier Jahren seinen Beruf ausübt, zu arbeiten oder

2. entweder zu arbeiten oder blos die Audienzen des Civilgerichtes zu besuchen.

Art. 9. Die Dauer der Vorbereitung, welche im Punkt 1. des vorigen Artikels festgesetzt ist, beläuft sich auf zwei Jahre; die Vorbereitung im Sinne des Punktes 2. desselben Artikels auf drei Jahre, beide von dem Tage an gerechnet, an welchem der Advokat bei der Gerichtsschreiberei *(greffe)* des Civilgerichtes die Erklärung, dass er die Absicht habe, seine Vorbereitung zu beginnen, abgegeben hat.

Art. 10. Während des Vorbereitungsstadiums können die Advokaten weder Akte des Prozesses oder der Instruktion verfassen, noch vor den Civilgerichten plaidiren, es wäre denn, es geschähe im Namen und unter Verantwortlichkeit des Advokaten oder Prokurators, bei welchem sie arbeiten.

Dagegen haben sie das Recht, im eigenen Namen und unter eigener Verantwortlichkeit in Kriminal- und Zuchtpolizeisachen zu plaidiren.

Sie müssen in Strafsachen plaidiren, wenn sie von Amtswegen zur Vertheidigung von Angeklagten aufgestellt werden.

Art. 11. Die Erfüllung der für die Vorbereitung vorgeschriebenen Formalitäten wird durch Zeugnisse bescheinigt, welche von sechs zu sechs Monaten von dem Präsidenten des Civilgerichtes und von dem Advokaten oder Prokurator, bei welchem die Advokaturskandidaten gearbeitet haben, ausgestellt werden.

Art. 12. Wenn der Advokat an das Ende seiner Vorbereitung angelangt ist, muss er, um zur Verfassung der Akte, die ihm nach Art. 10 der gegenwärtigen Verordnung untersagt sind, berechtigt zu werden, sich mit seinen im vorstehenden Art. 11 erwähnten Zeugnissen bei dem Präsidenten des höchsten Gerichtshofes melden, welcher ihm das Befähigungsdekret auszufolgen hat.

Tit. IV.

Art. 13. Der Advokatenstand besteht aus all denen, welche in das Tableau eingetragen sind. Derselbe hat einen Präsidenten und einen Sekretär.

Art. 14. Die Advokaten versammeln sich in Folge der Einberufung durch den Präsidenten.

Art. 15. Es soll einen Disziplinarrath für den Advokatenstand geben, der aus dem Präsidenten, dem Sekretär und einem Mitgliede des Advokatenstandes zu bestehen hat.

Art. 16. Der Präsident, der Sekretär und das dritte Mitglied des Disziplinarrathes werden von der Gesammtheit der Advokaten durch absolute Mehrheit gewählt.

Sie werden auf drei Jahre gewählt und sind nach Ablauf dieser Zeit wieder wählbar.

Art. 17. Der Präsident muss aus jenen zehn Mitgliedern gewählt werden, die als die Ersten in dem Tableau erscheinen. Seine Wahl muss der Genehmigung des Staatsrathes unterzogen werden.

Art. 18. Der Disziplinarrath hat über die Beobachtung der Gesetze und Regeln, welche den Advokatenstand *(Barreau)* beherrschen, und darüber zu wachen, dass in demselben nichts vorkomme, welches seiner Ehre nahe tritt; er hat das Recht, an den Staatsrath Anträge, die er im Interesse des Standes für angemessen hält, zu leiten.

Art. 19. Der Präsident muss die Advokaten, welche ihre Pflichten verletzen, mahnen und verwarnen.

Art. 20. Die Ermahnung und Verwarnung kann auch in einen Verweis verwandelt werden. In diesem Falle muss der Verweis von dem Präsidenten nach dem Gutachten und in Gegenwart des Disziplinarrathes ausgesprochen werden.

Art. 21. Im Falle eines grossen Vergehens hat der Präsident, wenn der Disziplinarrath, nach Anhörung des angeschuldigten Advokaten, erachtet, dass Grund zu einer Suspension oder zu einer Ausschliessung vorhanden ist, die Berathung an den Generalprokurator zu leiten.

Art. 22. Der Präsident darf bei einer allgemeinen Versammlung der Advokaten keine der Ordnung und den Interessen des Standes fremde Berathung zulassen.

Uebergangsbestimmungen.

Art. 23. Für die seit dem 1. August 1834 und bevor die gegenwärtige Verordnung in Wirksamkeit tritt, in das Tableau eingeschriebenen Advokaten, wird die Vorbereitung von dem Tage der Aufnahme gelten, wenn sie nachweisen, dass sie seitdem den Civilaudienzen der Civilgerichte angewohnt haben; diese Vorbereitung muss aber von der Publikation dieser Verordnung an noch so lange dauern, bis die in den betreffenden Bestimmungen desselben festgesetzte Zeit abläuft.

Aufhebungsbestimmung.

Art. 24. Die Verordnung vom 25. Mai 1821 über die Ausübung der Advokatur ist aufgehoben.

Verfügung vom 7. Oktober 1844, die Tracht der richterlichen Funktionäre und Advokaten betreffend.

Art. 7. Die Advokaten, welche Doktoren der Rechte sind, tragen in der Audienz und bei feierlichen Gelegenheiten eine Robe von schwarzer Wolle ohne einen Hängemantel *(simarre)*, aber links eine doppelte seidene Achselschleife *(chausse)*, ein langes gefaltetes Halstuch und die *toque* (Kopfbekleidung) mit einer Einfassung von schwarzer Seide....

Die Advokaten, welche Lizentiaten sind, haben an der linken Achsel nur eine Pelzverbrämung zu tragen.

Art. 8. ... Die Prokuratoren tragen in der Audienz und bei feierlichen Gelegenheiten eine Robe von schwarzer Wolle ohne Achselschleifen und ohne einen Hängemantel. Die *Toque* ist von schwarzer Wolle und hat eine Einfassung von demselben Stoff.

FRANKREICH.

Die französische Advokatur.

Quelle: Mollot M. — *Reglements de la profession d'avocat.* 2. Auflage. Paris 1866. I. Bd. II. Theil. Gebräuche, Gesetze und Verordnungen. S. 194—542.

I. Das französische Barreau vor 1790.

Die Erinnerungen des französischen Advokatenstandes reichen sehr weit zurück. In Folge der römischen Invasion in Gallien nahm dasselbe römische Sitten und Gebräuche an; selbst die lateinische Sprache und das römische Recht fanden Verbreitung. Die Folge davon war, dass die Disziplin der römischen Redner auf die Gallier überging. Durch das Eindringen der Franken wurde das römische Wesen verdrängt und die Barbarei setzte sich fest (400—695). Aus jener Zeit besitzt man von der Justizpflege, von denjenigen, die dabei mitwirkten und von den Advokaten insbesondere, keine sichere Kenntniss.

Nach der allgemeinen Meinung war es Pipin der Kleine, der um 757 ein Parlament als Gerichtshof einführte, das aus Prälaten und Baronen zusammengesetzt war. Als die Pairs geschaffen wurden, gewährte der König auch diesen den Eintritt in das Parlament. Dasselbe hatte keinen festen Sitz. Es war ein wanderndes Gericht, welches den König an der Spitze von Stadt zu Stadt zog, dem die Advokaten, die sich dieser hohen Gerichtsbarkeit anschlossen, überallhin folgten. Dasselbe sprach mehr in Angelegenheiten des Staates als in denen der Bürger Recht. —

802. Die Kapitularien (I. 10. §. 9) Karl des Grossen erwähnen zuerst des Advokatenstandes. Diese Erwähnung und der frühere Bestand des Parlamentes beweisen, dass die Advokaten unter diesem und anderen Namen seit undenklicher Zeit in Thätigkeit waren. Die Kapitularien nennen dieselben: *Advocati, causidici, clamatores* und *assertores*. Der Text enthält übrigens die bemerkenswerthe Bestimmung:

„Man soll zu diesem Berufe nur milde, friedfertige, gottesfürchtige und die Gerechtigkeit wie die Wahrheit liebende Männer zulassen.“

819. Ludwig der Fromme verkündigte in einer allgemeinen Volksversammlung Folgendes: „Wenn die Wittwen, Minderjährigen und Armen vor dem Gaugrafen Prozesse haben, so gehen dieselben allen anderen voraus, und wenn die Beweise verwickelt sind, muss ihnen der Gaugraf behilflich sein und ihnen einen geschickten Mann, welcher ihre Prozesse führt und für sie plaidirt beigeben *(talem hominem qui rationem eorum teneat vel pro eis loquatur)*.

Von dieser Epoche bis zu Ludwig dem Heiligen verfällt das Barreau wieder in Dunkelheit, welche jene lange Periode der französischen Geschichte deckte. Die Lücke erklärt sich durch den barbarischen Gebrauch der Gottesgerichte, welche in der Zeit der tiefsten Unwissenheit aufkamen. Glücklicherweise traten im zwölften Jahrhundert zwei grosse Ereignisse ein: erstens wurden bei der Plünderung von Amalfi in Neapel (1135) die römischen Pandekten entdeckt; zweitens verlor das kanonische Recht seine Bedeutung. Die Geistlichen nahmen grossen Antheil an den gerichtlichen Verhandlungen, sei es als Richter, sei es als Schiedsmänner, sei es als Advokaten oder Vertheidiger. Diese bemühten sich, das römische Recht mit Eifer zu studiren und der heilige Stuhl war darüber so erschreckt, dass er sich beeilte, ihnen dieses Studium zu untersagen. Jedes Auftreten der klerikalen Advokaten vor Laiengerichten wurde ihnen verboten und sie mussten sich auf die Ausübung ihres Berufes vor geistlichen Gerichten beschränken. Dadurch verlor der Advokatenstand mehr als einen bedeutenden Kollegen im Orient wie in Frankreich, so den heil. Ambrosius, den heil. Augustinus, den heil. Johann Chrysostomus und den heil. Germanus [1]).

Die Organisation des französischen Barreau nahm ihren regelmässigen Charakter erst in den letzten Jahren, welche der Regierung Ludwig des Heiligen vorausgingen, an.

---

[1]) Der heilige Ambrosius, ein lateinischer Kirchenvater, Sohn des Präfekten der Gallier, geboren um das J. 340 und verstorben im J. 397 als Bischof von Mailand. — Der heil. Augustinus, einer der berühmtesten Kirchenväter, geboren zu Tagasta in Numidien im J. 407, Bischof zu Hippo, der 430 starb. — Der heil. Johann Chrysostomus, geboren in Antiochien gegen 341, welcher am 14. Sept. 407 in Comacea im Pontus starb. — Der heilige Germanus, geboren zu Antumnus im J. 491 und verstorben in Paris im J. 576.

1270. Zu dieser in den Annalen des französischen Advokatenstandes so glorreichen Zeit war es, dass die berühmten „Einrichtungen“ *(Établissements)* dieses Monarchen erschienen, denen Frankreich die Beseitigung der Gottesgerichte verdankt. Dieser legislative Akt wurde von einer aus Mitgliedern des königlichen Rathes und aus den geschicktesten Rechtsgelehrten zusammengesetzten Kommission redigirt. Durch denselben wurden die ersten Grundlagen des französischen Rechtes geschaffen, und man bemerkt dabei ein besonderes Kapitel (Kapitel XIV) über die Advokaten oder Fürsprecher, denen der Gesetzgeber wahrhaft berufsmässige Regeln vorschreibt. Er prägt ihnen vor allem die Verpflichtung ein, „dass sie vor Gericht keine ungerechte Sache vertreten“; er will, „dass der Advokat nach Bedürfniss Arme, Wittwen und Waisen von Amtswegen vertheidige“. „Auch müssen alle Gründe, die er zum Nachtheil der Gegenpartei geltend macht, sowohl in Bezug auf die That als auf das Recht, höflich und ohne Gemeinheit aus seinem Munde hervorgehen.“ — Ferner „darf er von demjenigen, für den er plaidirt, solange die Sache anhängig ist, nichts bedingen, denn das Recht verbietet dies in dem *Codex de postulando* durch das Gesetz, welches mit *Quisquis vult esse causidicus* anfängt.“

Unter der Regierung Ludwig des Heiligen umfasste die Rechtswissenschaft drei Hauptzweige: das Lehen-, das kanonische und das Civilrecht und diese Unmasse von Rechtslehren erhielt sich bis 1789.

1274. Zwei Jahrhunderte vor den grossen Einrichtungen *(Grands Établissements)* hatte der Papst Gregor der Siebente eine Bulle verkündigt, dass dem Papste allein, als dem Stellvertreter Christi, die Herrschaft der ganzen Welt und das Eigenthum an allem Grund und Boden gebühre. Die Advokaten, worunter Peter des Fontaines und Gui Fulcadi hervorragten — Letzterer nachmals Papst Klemens der Vierte — waren die ersten, die es wagten, diese berüchtigte Bulle zu bekämpfen und thaten dies mit vollständigem Erfolge durch ihre gelehrten und unerschrockenen Schriften. Aber nur zu bald wollte die kirchliche Autorität gegen die gefürchteten Widersacher Wiedervergeltung üben und glaubte anlässlich des am 7. Mai 1274 unter Philipp dem Kühnen, Sohn Ludwig des Heiligen, zu Lyon abgehaltenen Konzils sich in die Verfassung der Advokaten einmischen zu dürfen, indem sie ihr Honorar auf zwanzig *Livres* (= zwanzig Franken) für jede Sache, ohne Unterschied ihrer Wichtigkeit, mit der Verpflichtung, alljährlich den Eid zu schwören, dass sie nicht mehr annehmen würden, festsetzte. Die Advokaten protestirten abermals, und der König, um den Beweis zu führen, dass er das Konzil nicht anerkenne, erliess am 23. Oktober 1274 eine Ordonnanz, welche ihrerseits das Maximum des Honorars auf dreissig Franken erhöhte mit der Bestimmung, dass nach der Wichtigkeit der Sache, des Verdienstes oder der Berühmtheit des Advokaten, dessen Honorar zu bemessen sei.

Dieselbe Ordonnanz schrieb beim Antritt der Advokatur den Eid vor, der alljährlich erneuert werden musste. Dieser auf das Evangelium abgelegte Eid bekräftigte „die Verpflichtung, alle Angelegenheiten mit Sorgfalt, Fleiss und Treue zu behandeln, sie nur dann zu übernehmen, wenn sie gerecht wären, — und sich derselben zu enthalten, wenn der Advokat inne würde, dass eine Ungerechtigkeit dahinter stecke". Er anerkannte nahezu alle von den alten Barreaux angenommenen Regeln.

1277. Am 7. Jänner gab Philipp der Kühne eine Instruktion für die Prozesse heraus, welche die Richter gegen die Wiederholungen der Advokaten, die mit ein und derselben Sache zugleich betraut waren, dagegen aber auch die Advokaten gegen unzeitige Unterbrechungen durch das Gericht in Schutz nahm.

1291. Philipp der Schöne verbietet den Advokaten, „ungegründete Erstreckungen zu begehren und begründete Vertagungen zu bekämpfen; — wissentlich falsche Thatsachen vorzubringen; — die Gesetze und Gewohnheiten durch falsche Auslegungen oder untreue Zitirungen zu entstellen". — Er schreibt ihnen „Kürze und Einfachheit in ihren Plaidoyers und Pünktlichkeit bei den Audienzen" vor.

1303. Derselbe König führte den festen Sitz des Parlamentes zu Paris ein: die anderen Provinzial-Parlamente sind erst später entstanden.

1314. Am 19. März erliess er eine Ordonnanz, welche jene Philipp des Kühnen vom 23. Oktober 1274 dahin abänderte, dass bei Bemessung der Honorare zweierlei Momente zu berücksichten seien: 1. der Gebrauch des Barreau und 2. das Vermögen der Klienten.

Zu derselben Zeit erhielt der Präfekt von Paris, Stefan Boyleau, von diesem erleuchteten Monarchen Verordnungen und Statuten, welche die Kaufleute und Handwerker als Zünfte organisirte. Aber man dachte nicht daran, die Advokaten den gleichen Einrichtungen zu unterwerfen. — Man begriff, dass man ihre Unabhängigkeit achten und ihre ausnahmsweise und unantastbare Existenz, welche ihnen die Geschichte vermacht hatte und welche sie in ihrer Gänze aufrecht zu erhalten sich zur Ehre anrechneten, achten müsse. Und um dieselben um so gewisser von den Zünften zu unterscheiden, legte man ihnen nach dem Muster des römischen Barreau den Namen „Stand" (*ordre* — Orden) bei.

1327. Am 13. Februar 1327 erhielt eine Ordonnanz des Regenten Philipp v. Valois folgende regelnde Bestimmungen:

„Kein Advokat soll zum Plaidiren zugelassen werden, welcher den Eid nicht abgelegt hat und der in das Tableau der Advokaten nicht eingetragen ist". Hier der Ursprung, oder vielmehr die erste gesetzliche Sanktion des Tableau der Advokaten (*Rotulus* der römischen Advokaten).

„Es wird den Advokaten eingeschärft, dass sie sich bei Sonnenaufgang im Schlossgericht (*châtelet*) einzufinden haben, mit Ausnahme jener Zeit, deren sie zum Hören der Messe bedürfen."

„Sie haben die Sachen in der von dem Vorgesetzten (*prévôt*) festgesetzten Ordnung zu plaidiren."

„Eine Sache, die einmal begonnen hat, darf durch eine andere nicht unterbrochen werden."

„Ein Advokat darf in derselben Audienz höchstens zwei bis drei Sachen plaidiren, damit den anderen Advokaten Zeit bleibt, auch ihre Sachen zu plaidiren."

„Jeder Advokat, der sich einer Prävarikation schuldig macht, ist für immer von den Audienzen auszuschliessen."

„Das Parquet, das ist die Einzäunung oder das Innere des Barreau, ist für die Advokaten und Prokuratoren der Sachen reservirt."

1328. In diesem Jahre brach der grosse Kampf zwischen Philipp Valois und Eduard von England aus, welche um die Krone Frankreichs stritten und hier waren es wieder die Advokaten, die die Angelegenheit in ihre Hand nahmen und die Partei Philipps vertraten, indem sie sich auf das salische Gesetz stützten und dasselbe zum Siege führten.

1338. Damals erschien das Werk von Dubreuil „Der Styl des Parlaments", welches grosses Ansehen gewann. Ein Kapitel desselben ist betitelt: *De modo, gestu et habitu, quem habere debet advocatus curiae parlamenti.* Diese Lehren hielten sich mehr an die oratorische Kunst als an die Regeln des Standes.

Der Verfasser will:

1. dass der Advokat vor dem Parlamente mit imponirender Stattlichkeit und mit einem ebenmässigen Wuchse auftrete, um vor den Augen der Richter und der Zuhörer mit Vortheil zu erscheinen;

2. dass sein Antlitz offen, freimüthig, leutselig und wohlwollend sei, um sich gewissermassen von vornherein zu empfehlen;

3. dass er in seiner Haltung keine stolze Sicherheit zur Schau trage, sondern die Gunst und das Interesse der Zuhörer durch den Anschein von Bescheidenheit und Zurückhaltung hervorrufe;

4. dass er nichts Wildes und Unregelmässiges in seinen Augen und in seinem Blicke habe;

5. dass sein Benehmen gegen die Richter anständig und achtungsvoll sei, und dass er in seiner Kleidung weder mit Gesuchtheit noch mit Nachlässigkeit auftrete;

6. dass er sich beim Sprechen jeder Verzerrung des Gesichtes durch Verdrehung des Mundes oder der Lippen enthalte;

7. dass er grosse Effekte durch eine kreischende Stimme vermeide;

8. dass er es verstehe, den Anschlag in der Art zu regeln, dass er Höhe und Tiefe angemessen auseinanderhalte, dass seine Stimme voll und vernehmlich klinge und die schöne Mitte einhalte;

9. dass er beim Vortrag sich einer richtigen Aussprache bediene;

10. dass er darauf achte, die Stimme weder allzusehr zu erhöhen, noch auch fallen zu lassen;

11. Dass er dafür sorge, dass der Styl im Einklang mit dem Gegenstande, den er behandelt, sei, und dass er die Lächerlichkeit vermeide, mit allzugrosser rednerischer Emphase geringfügige Sachen vorzutragen;

12. dass er sich hüte, seinen Kopf und seine Füsse unruhigen Bewegungen auszusetzen:

13. endlich muss seine Aktion mit der Rede übereinstimmen und derselben angemessen sein, wobei er heftiges und triviales Gestikuliren zu vermeiden hat.

1344. Am 11. März 1344 hat das Pariser Parlament ein Erkenntniss in der Form einer Verordnung erlassen, welches, indem es die alten Bestimmungen reproduzirte, einige neue enthielt. Es ist zu bemerken, dass es das erste Mal war, dass das Parlament sich das Recht, das Barreau zu leiten, herausnahm.

Abweichend von den frühern Anordnungen war, dass eine Liste der beeidigten Advokaten herzustellen sei, „in welche nur die fähigsten beizubehalten, die anderen zu beseitigen wären“. — Ferner wurde anbefohlen, „dass eine Vorbereitung *(stage)* für diejenigen, welche sich der Ausübung der Advokatur widmen wollen, erforderlich sei“. — Das ist die erste so wichtige Einführung des Noviziats im Advokatenstande. „Den jungen Advokaten wird bei jeder Gelegenheit Achtung gegen die Alten empfohlen".

Die Verordnung unterscheidet endlich, indem es die Advokaten in drei Kategorien eintheilt: „1. die *Consilarii*, Rathgeber, — 2. die *Advocati proponentes*, Antragsteller oder Plaidirende, welche die den Prozess regelnden Anträge entwickeln, 3. die *Novi* oder *Audientes*, also die Neuen und Zuhörenden", das heisst die Kandidaten *(stagiaires)*.

Folgende Bestimmungen haben die Alten und das Erkenntniss des Pariser Parlamentes bestätigt und weiter entwickelt. Wir folgen in dieser Beziehung Laroche-Flavin, der das Ansehen eines Gesetzgebers besitzt, und uns nachstehende Zusammenstellung von zu verschiedenen Zeiten herrührenden Normen liefert:

1. „Die Advokaten des Gerichtshofes werden *in altero jurium*" — (d. i. im Civil- und kanonischen Rechte) „graduirt, und haben, als solche aufgenommen, den Eid zu leisten."

2. „Sie können nicht eher ihre Sache zum Vortrag bringen, als bis frühere erledigt sind."

3. „Sie müssen sich beim Beginn der Plaidoyers einfinden, widrigens sie Schadenersatz zu leisten hätten."

4. „Sie müssen kurz plaidiren und schreiben."

5. „Sie müssen die Urkunden wahr und ohne Auslassungen, Unterbrechungen und Entstellungen lesen."

6. „Sie dürfen die Audienz nur mit Bewilligung des Gerichtshofes verlassen."

7. „Sie sollen wider die Gegner oder Andere nicht mit beleidigenden Worten vorgehen."

8. „Sie können die Stadt nur, wenn sie ein Gesuch zu Händen des Prokurators überreicht und einen Substituten bestellt haben, verlassen."

9. „Sie dürfen ihren Platz nur in anständiger Kleidung, langer Robe und runder Mütze einnehmen."

10. „Wenn sie als Räthe (Richter) berufen worden, haben sie den Eid, dass sie Parteien weder in Schutz nehmen, noch berathen werden, zu leisten."

11. „Sie dürfen nicht beiden Parteien zugleich dienen."

12. „Sie müssen für Arme eintreten.“

13. „Sie dürfen weder Zustimmungs- noch Tadelsrufe gegen einander gebrauchen, auch nicht zugleich sprechen oder einander unterbrechen.“

14. „Sie dürfen eine schlechte Sache nicht aufrecht halten.“

1579. Eine Ordonnanz von Heinrich dem Dritten vom Monat Mai, genannt die Ordonnanz von Blois, muthete den Advokaten zu, ihre Schriften zu unterschreiben und, bei Strafe der Entsetzung, mit eigener Hand, was sie als Honorar empfangen haben, zu spezifiziren und niederzuschreiben. — Gegen diese Massregel, welche den alten Grundsatz des Barreau, erhaltene Honorare niemals zu quittiren, verletzte, widersetzte sich dasselbe und die Ordonnanz kam nicht zur Ausführung.

1587. Eine Erkenntniss des Parlamentes vom 22. Juni entschied, dass die Advokaten das Recht haben, überall ihren Beruf auszuüben, ohne dass sie einer besondern Genehmigung bedürften und dass es hinreiche, wenn deren Eigenschaft durch ein einfaches, vom Stabträger *(bâtonnier)* unterschriebenes Exeat dargethan wird. — Während früher der Vorstand der Advokaten Dekan *(Doyen)* hiess, kommt in diesem Erkenntniss zuerst der Ausdruck „Stabträger“ vor.

1602. Ueber eine Klage Sully's, dass ihm in einem Prozesse das Honorar des Advokaten — tausend fünfhundert Thaler — zu theuer zu stehen kam, erliess das Pariser Parlament ein Erkenntniss, dass die Ordonnanz von Blois vom Mai 1579 ausgeführt werden müsse. Hierüber traten alle Advokaten in der Zahl von dreihundert sieben sofort zusammen und beschlossen, ihrem Berufe zu entsagen. Die Gerichtspflege ward in Folge dessen unterbrochen, so dass Heinrich der Vierte sich in's Mittel legen musste und indem er zwar der Form nach das Erkenntniss des Parlamentes bestätigte, doch durch einen Freibrief vom 25. Mai 1602 die Advokaten in ihre Funktionen wieder einsetzte, indem er sie in der frühern Art und Weise verzugehen ermächtigte. Der alte Grundsatz über das Honorar blieb also unversehrt.

1629. Unter Ludwig dem Dreizehnten verbietet die Ordonnanz vom Jänner, Art. 94, den Advokaten ganz ausdrücklich, „eine Forderung, worüber ein Prozess im Zuge ist, Rechte oder Klagen bei Strafe des Verlustes der übertragenen Sache an sich einzulösen, für welche Wir befehlen, dass die Zurückforderung bis zum Ablauf von zehn Jahren nach ergangenem Urteil oder obergerichtlichem Erkenntniss stattfinden kann.“ Dieses Verbot beruht auf dem römischen *pactum de quota litis.*

1659. Ein zweites Beispiel des Zusammenhaltens der Advokaten ist folgendes: Aus Anlass der Verbannung des Generaladvokaten Talon verweigerten die Advokaten vor dem Parlament zu plaidiren und man wurde alsbald inne, dass es unmöglich sei, ihres Beistands zu entbehren. Talon wurde daher zurückberufen und nahm seine Funktionen, sehr dankbar für den Dienst, den ihm seine Kollegen geleistet haben, wieder auf.

1667. Die auf den Civilprozess bezügliche Ordonnanz Ludwig des Vierzehnten vom Monat April (Tit. XXXI, Art. 10) verfügte die jährliche Erneuerung des Tableau.

1693. Unter demselben Könige erging eine Verordnung vom 17. Juli, welche an der Spitze aller Tableaux des Pariser Advokatenstandes abgedruckt erscheint. Dieselbe lautet: „Das Tableau soll durch den Stabträger der Advokaten dem Gerichtshofe vorgelegt werden und die Eintragung in dasselbe ist nur jenen Advokaten einzuräumen, welche in voller Ausübung stehen und das Barreau mindestens zwei Jahre besucht haben.

1717. Am 12. Mai, zwei Jahre nach dem Regierungsantritt Ludwig des Fünfzehnten, befreite eine Deklaration die Drucklegung der von einem Advokaten unterzeichneten Gutachten von jeder vorläufigen Bewilligung.

1727. Ein Erkenntniss vom 23. Juli verfügt, dass die Advokaten gleich den Prokuratoren das Recht zur Verfassung von Akten und Schriftsätzen, welche die Instruktion des Prozesses bilden, haben sollen und stellte auf diese Art eine Gemeinschaft zwischen Advokaten und Prokuratoren in dem Sinne her, dass diese Arbeiten unter beide vertheilt werden sollten. Die einen und die anderen verständigten sich aber dahin, dass ein Theil ihrer Honorare zu Gunsten eines öffentlichen Armenhauses verwendet werden solle. Ausser diesen Beziehungen der Konvenienz hat niemals eine auch nur theilweise Vereinigung beider Stände stattgefunden. Jeder derselben verblieb vereinzelt, mit abgesonderten Gebieten, mit persönlichen Vorrechten und Befugnissen. Die Prokuratoren unterlagen Taxen, die Advokaten erhielten immer nur freiwillig angebotene Honorare.

1751. Die Zusammenstellung des Tableau wurde im Laufe der Zeit durch manche Unregelmässigkeiten gefälscht. Einerseits wurden die Bestimmungen vom J. 1693 und 1727, welche eine Vorbereitung von zwei Jahren forderten, um in das Tableau eingetragen zu werden, nicht pünktlich beobachtet; andererseits fand man diese für die Vorbereitung festgesetzte Zeit ungenügend. Auf einen an den grossen Senat des Parlamentes eingebrachten Antrag des Stabträgers Lefebvre-d'Ormesson, erging am 5. Mai 1751 folgende Verfügung des Parlaments: „Es wird verordnet, dass künftig nur jener Advokat in das Tableau eingetragen werden kann, welcher das Barreau durch vier Jahre besucht haben wird, über welchen Besuch er ein Zeugniss von sechs, von dem Stabträger bezeichneten Advokaten beizubringen verpflichtet ist, und nach den besagten vier Jahren kann man nur dann in das Tableau eingetragen werden, wenn man den Beruf wirklich ausübt und eine bestimmte und bekannte Wohnung in Paris hat, — es wird ferner verordnet, dass in Zukunft als Anhang zum Tableau keine Liste für jene Advokaten, welche das Barreau besuchen und welche die vorgeschriebenen vier Jahre nicht absolvirt haben, bestehen soll."

Seitdem war bis zum J. 1790 die Vorbereitung *(stage)* auf vier Jahre festgestellt.

1774. Nachstehend ein drittes Beispiel der Opferwilligkeit der Advokaten! In Folge des Zwistes, der sich zwischen dem Kanzler Maupeou und dem Parlamente erhob, standen die Parlamentsadvokaten auf Seite des Letzteren. Eine Deklaration vom 22. Februar 1771 hob das Parlament auf und setzte an die Stelle desselben einen „Rath des Königs" *(Conseil du roi)* ein, den man spottweise „das Parlament Mopeou" nannte und dieser ertheilte den Advokaten des Rathes konkurrirend mit den alten Advokaten das Recht zu plaidiren und Schriftsätze zu verfassen. Der grösste Theil der Mitglieder des Barreau verweigerte jedoch vor dem neuen Parlamente zu plaidiren. — Uebrigens war es, als Ludwig der Sechzehnte den Thron bestieg, dessen erste Sorge, das alte Parlament wieder herzustellen und durch ein Edikt vom November 1774 beseitigte er das den Advokaten des Rathes ertheilte Vertretungsrecht.

Soviel von den Gesetzen und Verordnungen, die aus Gebräuchen hervorgehend, nach und nach zu einer beständigen Uebung heranwuchsen und die wesentlichen Regeln des alten französischen Advokatenstandes und die Hauptgrundlagen seiner Einrichtung bildeten.

Es erübrigt nur noch eine kurze Uebersicht über einige andere Partikularverordnungen und Gebräuche, welche die alte Organisation und die Gerechtsame des Standes betreffen, zu liefern.

I. Vorläufige Studien. Als Vorbereitung wurde ein dreijähriges Studium des Civil- und kanonischen Rechtes gefordert, um Lizentiat, und vier Jahre, um Doktor zu werden.

II. Vorrechte. Die Advokaten genossen mancher Privilegien, namentlich der Eigenschaft des Adels, der Befreiung von Steuern und Frohnen u. s. w. Das wichtigste Privilegium aber war, dass die Advokaten das Recht hatten, lärmende Handwerker, welche sie in ihrer Arbeit störten, aus ihrer Nachbarschaft entfernen zu lassen. Auch hatten sie den Vortritt vor den Doktoren der Rechte, vor den Prokuratoren und Notaren, vor den Aerzten und vor den Substituten des königlichen Prokurators.

III. Substitutionsrecht. Die Advokaten konnten zu Substituten von Richtern und selbst zur Bildung des ganzen Gerichtshofes berufen werden.

IV. Jurisdiktion. Es gab zwei Instanzen, die hohe Gerichtsbarkeit des Pariser Parlamentes und die niedere des Schlossgerichtes *(châtelet)*. Die anderen Parlamente hatten ihren Sitz in den Hauptstädten Frankreichs. Ausserdem gab es Hofgerichte *(bailliages)* als untere Instanzen. Die Advokaten des Parlaments konnten ohne jede besondere Bewilligung vor allen Gerichten des Reiches plaidiren. Doch bestanden beim Schlossgerichte besondere Advokaten, die gleichwohl auf dem allgemeinen Tableau der Advokaten figurirten. Es war das keine Ausnahme, sondern ein lokaler Gebrauch.

V. Pariser Parlament. Dasselbe bestand aus drei Senaten: erstens aus dem Grossen Senat *(la Grand-chambre)*, wo man im sogenannten vergoldeten Saale *(chambre dorée* — jetzt der grosse Saal, wo der Civilsenat des Kassationshofes seine Sitzungen hält), mit grosser Feierlichkeit die wichtigsten Angelegenheiten plaidirte; dann zwei Senate für „Untersuchungen" *(chambres des Enquêtes)*, wo man die kleinen Sachen plaidirte, die man die Sachen von sieben Uhr nannte, weil die Audienzen für dieselben um sieben Uhr begannen. Scherzweise nannte man auch die Advokaten, welche vor den Untersuchungssenaten zu plaidiren pflegten, die Advokaten von sieben Uhr *(avocats de sept heures)*.

VI. Tracht der Advokaten. In den ältesten Zeiten des Barreau trugen die Advokaten eine Achselschleife *(chaperon)* dann ein langes seidenes Oberkleid *(simarre)* und behielten diese Tracht auch in ihren Empfangszimmern bei. Im Palais hatten sie das Recht, eine rothe Robe und eine schwarze Achselschleife zu tragen. Die Tracht hat übrigens viele Wandlungen erfahren. Vor Alters war es Gebrauch in Handschuhen zu plaidiren. Auf der Strasse trugen sie schwarze Kleider, ausgenommen während der Ferien.

VII. Stabträger. Schon in den ältesten Zeiten hat es der Advokatenstand für angemessen gehalten, für sich mehr einen Repräsentanten als einen Vorstand zu bestellen. Anfangs war dazu der Dekan *(Doyen)*, d. i. der Aelteste in der Reihe des Tableau, berufen, welcher den Advokatenstand vor dem Parlamente repräsentirte. Der Subdekan war der Nächstälteste im Tableau. Nun stellte es sich häufig heraus, dass die Dekane zu alt waren, um die Interessen der Advokaten gehörig zu leiten. Man gerieth deshalb auf den Gedanken, die Repräsentanten aus freier Wahl hervorgehen zu lassen. Der Gewählte hiess Stabträger *(bâtonnier)*. Diese Benennung rührt daher, dass mit seinem Titel die Ehre verbunden war, bei den Zeremonien der Brüderschaft vom heiligen Nikolaus, damals Patron der Advokaten, den Stab zu tragen. Auch fand die Wahl des Stabträgers immer am St. Nikolaustage des Sommers, d. i. am 9. Mai statt. Der älteste bekannte Stabträger hiess Denis Doujat (1617).

Im J. 1662, als die Zahl der Mitglieder des Pariser Advokatenstandes wuchs, traf man die Einrichtung, dass alle im Tableau eingetragenen Advokaten in zehn gleiche Abtheilungen, Kolumnen *(Colonnes)* genannt, gebracht wurden. Jede Kolumne wählte zwei Abgeordnete, welche mit dem Stabträger und den emeritirten Stabträgern eine Art Ausschuss bildeten. Und dieser Kolumnenausschuss besorgte die Geschäfte des Standes.

VIII. Tableau. Dieser offizielle Akt diente, das Vorhandensein des Standes in der Person aller Mitglieder zu manifestiren. Das Tableau wurde von dem Ausschuss der Kolumnen mit der strengsten Genauigkeit hergestellt und alljährlich nach der Anciennetät der Mitglieder erneuert. Die Anciennetät räumte gewisse bescheidene Vorrechte den später Eingetragenen gegenüber ein. So hatte der Aeltere, wenn es sich um eine Berathung handelte, das Recht, den Jüngern zu sich einzuladen. Bei öffentlichen Feierlichkeiten gebührte ihnen der Vortritt vor diesen und nur sie waren berufen, die Graduirten dem Parlamente zum Eide vorzustellen.

War das Tableau regelmässig festgestellt, so theilte es der Stabträger den „Männern des Königs“ *(gens du Roi)* — den alten Staatsanwälten — mit. Er deponirte dasselbe auf der Gerichtsschreiberei *(Greffe)* und liess es drucken. Die Deponirung erfolgte am 9. Mai eines jeden Jahres.

Nach Loisel (der 1617 starb) reichte das Tableau der bei dem Pariser Parlamente bestellten Advokaten nur bis zum J. 1363 zurück, obschon die Einführung desselben bereits im J. 1327 angeordnet worden war. In der Sammlung, welche die alte Bibliothek der Pariser Advokaten besass, befanden sich die Tableaux vom Jahre 1787 bis 1789.

Jeder Advokat war einerseits nach der Ordnung seiner Aufnahme, andererseits nach dem Alphabet eingetragen. Das letzte Tableau datirt vom 8. Mai 1789 und wurde unter dem Stabträger Samson, welcher nachmals Mitglied der konstituirenden Versammlung war, veröffentlicht.

IX. Belehrung durch die Kolumnen. Die Kolumnen hatten die Aufgabe, den Kandidaten mündliche Belehrungen zu ertheilen und diese waren verpflichtet, den Versammlungen der Kolumnen beizuwohnen. Die Belehrungen wurden von den Vorständen der einzelnen Kolumnen ertheilt.

X. Berathungsbureaux. Die Kandidaten fanden nicht minder nützliche Belehrung in den Bureaux der unentgeltlichen Berathungen, denn hier kamen streitige That- und Rechtsfragen zur Sprache. Es gab mehrere solcher Bureaux im Justizpalast, und die Advokaten ertheilten in Gegenwart der Kandidaten theils mündliche, theils schriftliche Rathschläge. Die armen Parteien, die eine Berathung wünschten, konnten einen oder mehrere der eingeschriebenen Advokaten befragen. Auch die Advokaten der anderen Parlamente hatten Berathungsbureaux.

XI. Eid. Wer den nöthigen Grad an einer Rechtsfakultät erlangt hatte, musste, um Advokat zu werden, den Eid leisten. Er wurde von einem Senior der Advokatur, der mindestens zwanzig Jahre dem Stande angehörte, dem Parlamente in grosser Audienz vorgestellt. Der Senior fragte an der Barre, ob es dem Gerichtshofe genehm sei, dem Kandidaten den Advokateneid abzunehmen und fügte hinzu: „Die Herren Männer des Königs *(MM. les gens du roi)* haben seine Urkunden eingesehen." Die Aufnahme des Advokaten wurde in das Register des Parlamentes, genannt Register der Matrikeln eingetragen, wovon man demEingetragenen einen Auszug ausfolgte. Dieser auf Pergament geschriebene Auszug hiess die Matrikel des Advokaten. Derselbe enthielt den Namen des Aufgenommenen, den des Seniors, der ihn eingeführt hatte und das Datum der Eidesleistung und wurde von dem Vorstande der Gerichtsschreiberei unterschrieben. Dieser Eid wurde alljährlich in der Eröffnungsaudienz des Parlamentes und nach der Messe zum heiligen

Geist, welche in der Kapelle des Justizpalastes zelebrirt wurde, erneuert. Der Eid wurde mit grossem Pomp und von Jedem einzeln abgenommen. Nach den Männern des Königs kamen die Advokaten nach der Ordnung ihrer Eintragung. Selbst der aktive und die emeritirten Stabträger hatten bei dieser Zeremonie keinen Vortritt vor den Anderen, auch sie traten nach der Reihenfolge ihrer Aufnahme vor.

XII. Disziplinargewalt. In allen Fällen, wo den Kolumnen das Recht der Entscheidung zustand, konnten die Betheiligten an die Gesammtheit des Standes appelliren und der Stabträger war verpflichtet, die Generalversammlung einzuberufen. Es bestanden keine Gesetze, keine Verordnungen, welche gegen den Advokaten, der die Standespflichten verletzte, Disziplinarstrafen verhängten. Aber der Stand sah ein, dass es kein dauerndes noch mögliches Zusammenhalten geben würde, wenn der Missbrauch ungestraft bliebe. Es kamen deshalb alle Mitglieder überein, nur Männer ihrer Wahl unter sich zuzulassen und behielten sich das Recht vor, Jene, welche die gemeinsamen Regeln verletzen oder durch gewisse Uebertretungen die Ehre des Standes blosstellen würden, nach Massgabe der Umstände zu strafen oder aus dem Tableau zu streichen.

Die durch den Stand festgesetzten Strafen waren, der öffentliche oder bei geschlossenen Thüren *(à huit clos)* ertheilte Verweis, die zeitweilige Suspension, die Erstattung und die Streichung aus dem Tableau, Unter „Erstattung" verstand man die Herausgabe von den dem Advokaten anvertrauten Urkunden oder von ungebührlich geforderten Honoraren. Die Streichung war blos ein formeller Akt und hatte die Folge, dass die Advokaten jeden Verkehr mit dem ihrer Achtung unwürdigen Kollegen verweigerten.

Dem Advokaten, der gegen die vom Ausschuss ausgesprochene Streichung an die Generalversammlung der Advokaten appellirte, hatte das Recht, jene Kollegen, die er für verdächtig hielt, zu verwerfen Und war die Streichung aufrecht erhalten worden, so hat doch die Schwere dieser Maassregel und das Gefühl der Billigkeit den Gebrauch herausgebildet, dem gestrichenen Kollegen den Rekurs an den öffentlich verhandelnden grossen Senat des Parlaments zu gestatten. Nur gegen die Streichung gab es eine Berufung, alle anderen Disziplinarstraferkenntnisse waren inappellabel.

Bei den Niedergerichten galt es als eine unabänderliche Regel, dass die Richter niemals in Fragen, welche den Advokatenstand betrafen, einschreiten durften. Wenn es sich um eine disziplinare Streichung handelte, hielten die Parlamente den Grundsatz fest, dass ihnen allein das Recht der Entscheidung zukomme.

So war die Lage des Advokatenstandes, als ein Dekret der konstituirenden Versammlung vom 2. September 1790 denselben zugleich mit den Parlamenten, deren Arbeiten er seit ihrer Errichtung theilte, aufhob. Der Art. 2 des Dekretes besagte: „Die „„Männer des Gesetzes"" *(hommes de loi)*, vordem Advokaten genannt, dürfen fortan keinen Stand, keine Genossenschaft bilden und dürfen bei ihren Funktionen sich keiner besonderen Tracht bedienen." Der konstituirenden Versammlung sass Thouret, Advokat beim Parlament von Rouen, vor. Das Barreau von Paris allein zählte sieben im letzten Tableau (vom, 8. Mai 1789) eingetragene Abgeordnete: Trouchet, Target, Camus, Treilhard, Martineau, Huteau und Samson, dieser letztere der aktive Stabträger und Nachfolger des im J. 1788 verstorbenen Gibier. Man war, als man die Verhandlungen über das Dekret von 1790 las, sehr erstaunt, dass unter allen Advokaten, welche in der Versammlung sassen, auch nicht eine Stimme sich erhob, um den in seiner Existenz bedrohten Stand zu vertheidigen.

II. Das französische Barreau seit 1790.

Die Wiederherstellung des französischen Advokatenstandes erfolgte durch das Gesetz vom 22. Ventôse, Jahr XII der Republik (13. März 1804). Einige diesem Gesetze vorausgehende Bestimmungen lieferten den Beweis, dass man sich nur zu bald von der Unentbehrlichkeit des Advokatenstandes überzeugte.

I. Bestimmungen, welche dem Gesetze vom 22. Ventôse J. XII vorausgingen.

1. Gesetz vom 29. August 1792. — Art. 1. Alle Urteile, bei welchen in Abwesenheit oder bei Verhinderung von Richtern beeidigte Graduirte oder Männer des Gesetzes („Advokaten") mitwirkten, werden für giltig erklärt. — Art. 2. Im Falle der Abwesenheit oder Verhinderung von Richtern sind die Tribunale beeidigte Graduirte oder Männer des Gesetzes zum Ersatz und zur Mitwirkung bei der Urteilsfällung einzuberufen ermächtigt.

2. Gesetz vom 6. Brumaire Jahr V. (27. Okt. 1796), *die Angelegenheiten der im Dienste zu Lande und zu Wasser abwesenden Militärs betreffend.* Art. 1. Die Civilgerichte der Departements sollen binnen fünf Tagen nach Wirksamkeit dieses Gesetzes, drei rechtschaffene und erleuchtete Bürger ernennen, welche einen offiziellen Rath zu bilden haben, berufen, auf Verlangen der öffentlichen Autoritäten, den Vaterlandsvertheidigern und anderen im Dienste der Armee zu Land und zu Wasser abwesenden Bürgern in ihren Angelegenheiten unentgeltlich mit ihren Rathschlägen und ihrer Vertheidigung beizustehen.

3. Gesetz vom 13. Germinal Jahr V. (19. April 1797) *über Supplirungen.* — Art. 16. Um jede Art von Unterbrechung im Laufe der Justiz zu vermeiden, hat jede Sektion des Civilgerichtes, im Falle der zeitweiligen Verhinderung einiger Richter oder in Ermanglung von Ersatzmännern, das Recht, höchstens einen oder zwei Bürger aus der Zahl Jener, welche das Amt der offiziösen Vertheidiger auszuüben pflegen, zur zeitweiligen Vervollständigung der zur Urtheilsfällung in Prozessen erforderlichen Richter zu berufen.

4. Gesetz vom 7. Messidor Jahr IX. (26. Juni 1801) *die Renten und nationalen Domänen, welche auf Gasthöfen haften, betreffend.*

Art. 11. Die Civilklagen, welche die administrativen Kommissionen in den oben angedeuteten Fällen anstrengen zu müssen glauben, müssen vorerst einem berathenden Ausschuss zur Prüfung unterworfen werden. Derselbe soll aus drei Mitgliedern, welche der Unterpräfekt aus den erleuchtetsten Rechtsgelehrten des Kreises *(arrondissement)* zu wählen hat, bestehen.

Art. 12. Der Ausschuss hat durch ein schriftliches und begründetes Gutachten zu erklären, ob Grund, sie zum Plaidiren zu ermächtigen, vorhanden sei.

Art. 13. Die Meinung des Ausschusses ist an den Präfekturrath zu übermitteln, welcher im Sinne des Gesetzes vom 28. Pluviôse Jahr VIII die Ermächtigung ertheilen oder verweigern kann.

Art. 15. Der berathende Ausschuss ist berechtigt, wenn die Sachlage es gestattet, über die streitigen Rechte einen Vergleich abzuschliessen. Derlei Vergleiche kommen provisorisch zur Ausführung, werden aber nur dann definitiv und unwiderruflich, wenn sie von der Regierung genehmigt werden, weshalb dieselben mit dem Gutachten des Präfekten und Unterpräfekten an den Minister des Innern zu leiten sind.

5. Dekret vom 2. Nivôse Jahr XI. (23. Dez. 1802.) — Art. 6. Bei den Audienzen aller Gerichte werden die Männer des Gesetzes und die Anwälte *(avoués)* eine Toga von Wolle, vorne geschlossen und mit breiten Aermeln; eine schwarze *toque* (Kopfbekleidung), eine Kravatte, ähnlich der der Richter, lange oder runde Haare tragen.

6. Bürgerliches Gesetzbuch vom 15. Germinal Jahr XI (3. April 1803). Tit. VIII, Kap. II, Abschnitt 8, *über die Minderjährigkeit, Vormundschaft und Grossjährigkeitserklärung.*

Art. 467. Der Vormund kann im Namen des Minderjährigen einen Vertrag nur auf Grund der Zustimmung des Familienrathes und des Gutachtens dreier vom kaiserlichen Prokurator des Gerichtshofes erster Instanz bestimmter Rechtsgelehtren abschliessen. Der Vertrag wird erst dann giltig, wenn der Gerichtshof erster Instanz nach Anhörung des kaiserlichen Prokurators denselben bestätigt.

Art. 484. Die vorgeschriebene Berathung ist in dem gleichen Falle auch dann erforderlich, wenn es sich um einen grossjährig gesprochenen Minderjährigen handelt.

6. Gesetz vom 21. Frimaire Jahr XII (13. Dez. 1803) *über Verträge, welche Gemeinden angehen.* — Art. 1. In allen bereits eingeleiteten oder erst einzuleitenden Prozessen zwischen Kommunen und Privaten über Eigenthumsrechte können die Kommunen einen Vergleich nur nach vorhergegangener Berathung des Gemeinderathes, auf Grund der Rathschläge dreier vom Präfekten des Departements bestimmter Rechtsgelehrten und der von eben diesem Präfekten nach Einvernehmung des Präfekturrathes ertheilten Genehmigung abschliessen.

II. Gesetz vom 22. Ventôse Jahr XII (13. März 1804.)

Art. 1 verfügt: „Die Rechtsschulen werden nach und nach im Laufe der Jahre XIII und XIV wiederhergestellt [2]). Die Studirenden können zu denselben nicht vor zurückgelegtem sechzehnten Jahre zugelassen werden."

---

[2]) Im J. 1792 verschwanden alle Rechtsschulen und diese Lücke füllte man nach drei Jahren aus, indem man an deren Stelle in jedem Departement eine Kanzel für „Gesetzgebung" einsetzte, welche einen Theil der im Monat Brumaire Jahr IV. gegründeten „Zentral-Schulen" bildeten.

Der Art. 2 bestimmt „die Gegenstände, über welche der Unterricht zu ertheilen ist“. — Das kanonische Recht machte keinen Theil derselben.

Der Art. 3 reproduzirte den längst zugelassenen Grundsatz, wornach die gewöhnliche Studienzeit zur Erlangung des Lizentiats drei Jahre, zu der des Doktorats vier Jahre gefordert wurden.

Art. 29. Es soll für die bei den Gerichten praktizirenden Advokaten ein Tableau errichtet werden.

Art. 30. Vom 1 Vendémaire Jahr VII angefangen werden die Advokaten nach der Reihenfolge des Tableau und nach ihnen die Anwälte, nach dem Datum ihrer Aufnahme, berufen, die Richter, die Regierungskommissäre und ihre Substituten in Abwesenheit von Ersatzmännern zu suppliren.

Art. 31. Die Advokaten und Anwälte sind gehalten, vor Aufnahme ihrer Funktionen einen Eid zu leisten, dass sie als Vertheidiger oder Rathgeber nichts gegen die Gesetze, die Verordnungen, die guten Sitten, die Sicherheit des Staates und die öffentliche Ruhe sprechen oder veröffentlichen und sich niemals von der den Gerichten und öffentlichen Behörden schuldigen Achtung entfernen werden.

Art. 32. Die Anwälte, welche Lizentiaten sind, können mit den Advokaten konkurrirend vor dem Gerichte, bei welchem sie angestellt sind und den Angelegenheiten, bei denen sie beschäftigt sind, plaidiren und jede Art von Schriften verfassen. — Im Falle der Abwesenheit oder der Weigerung der Advokaten kann das Gericht auch solchen Anwälten, die keine Lizentiaten sind, Sachen zu plaidiren gestatten.

Art. 38. Es wird durch öffentliche Administrativverordnungen die Ausführung dieses Gesetzes und insbesondere die Errichtung des Tableau und die Disziplin des Barreau verfügt werden.

III. Civilprozessordnung vom 24. April 1806.

Art. 118. Im Falle der Stimmengleichheit bei einem Gerichte erster Instanz soll man, um die Sache zu Ende zu bringen, einen Richter; oder in Ermanglung eines Richters einen Ersatzmann; in dessen Ermanglung einen Advokaten des Barreau, und wenn ein solcher fehlt, einen Anwalt, alle nach der Reihenfolge des Tableau berufen, und die Sache muss von Neuem plaidirt werden.

Art. 468. Im Falle der Stimmengleichheit bei einem kaiserlichen Gerichtshof (Appellhof) hat man, um die Sache zu Ende zu bringen einen oder mehrere Richter, welche die Sache nicht kennen, und zwar immer in ungleicher Zahl und nach der Reihenfolge des Tableau zu berufen. Die Angelegenheit ist von Neuem zu plaidiren, oder wenn es sich um eine schriftliche Instruktion handelt, noch einmal zu referiren.

Im Falle aber, als alle Richter die Sache kennen würden, muss man drei alte Rechtsgelehrte zur Entscheidung berufen.

IV. Dekret vom 30. März 1808, *enthaltend die Verfügung über die Ordnungspolizei und Disziplin der Gerichts- (Apell-) Höfe und Gerichte (erster Instanz).*

Art. 4, Tit. I. *Von den Apellhöfen.* Im Falle der Verhinderung eines Richters soll derselbe, um die erforderliche Zahl zu vervollständigen, durch einen Richter eines andern Senates, der eben keine Audienzen hält, oder bei dem sich mehr Richter befinden, die man zum Suppliren verwenden kann, ersetzt werden.

Art. 49, Tit. II. *Von den Gerichten erster Instanz.* Im Falle der Verhinderung eines Richters soll derselbe, um die erforderliche Zahl zu vervollständigen, durch einen Richter eines andern Senats, der zu derselben Zeit keine Audienzen hält oder durch einen Substituten, wobei in allen Fällen und soweit dies thunlich ist, die Ordnung der Ernennung beobachtet werden muss, ersetzt werden. — In Ermanglung eines Substituten soll ein dem Barreau angehöriger Advokat, und wenn ein solcher fehlt, ein Anwalt nach der Ordnung des Tableau berufen werden.

V. Strafprozessordnung vom 17. Nov. 1808, Kap. III, *Von dem Verfahren vor dem Assisengerichte.*

Art. 294. Der Angeklagte muss aufgefordert werden, sich über die Wahl eines „Rathes" *(conseil)*, der ihm zu seiner Vertheidigung behilflich sein soll, zu erklären, widrigens der Richter ihm einen solchen augenblicklich, bei sonstiger Nichtigkeit alles Folgenden, bestellen muss. — Diese Bestellung ist als nicht geschehen anzusehen und die Nullität ist nicht auszusprechen, wenn der Angeklagte später einen Rath wählt.

Art. 295. Der Rath des Angeklagten kann nur aus den Advokaten und Anwälten des kaiserlichen Gerichtshofes oder seines Sprengels von dem Angeklagten gewählt oder von dem Richter bestellt werden, ausser wenn der Angeklagte die Bewilligung des Assisengerichts-Präsidenten erhält, einen seiner Verwandten oder Freunde als Rath beizuziehen.

VI. Gesetz vom 20. April 1810 *über die Organisation der Gerichte.* — Art. 9. In dieser Sitzung (nämlich in der Sitzung, bei welcher alle Senate des kaiserlichen Gerichtshofes am ersten Mittwoch nach Ablauf der Ferien sich in dem Rathsaale versammeln) oder an einem andern zu diesem Zwecke bestimmten Tage dieser Woche hat der Gerichtshof eine an den Grossrichter zu überreichende Liste jener Richter seines Sprengels, welche sich durch Pünktlichkeit und durch beständige Erfüllung ihrer Pflichten ausgezeichnet haben, zu entwerfen; derselbe muss auch jene Advokaten namhaft machen, die sich durch ihre Einsicht, ihre Talente und vor Allem durch ihren Zartsinn und ihre Uneigennützigkeit, welche diesen Beruf kennzeichnen müssen, bemerkbar gemacht haben.

VII. Dekret vom 6. Juli 1810 *über die Organisation der Gerichte und das Amt der kaiserlichen Gerichtshöfe. — §. 4. Von der Eröffnung der kaiserlichen Gerichtshöfe nach den Ferien.*

Art. 33. Die Eröffnung der kaiserlichen Gerichtshöfe vollzieht sich alljährlich in einer feierlichen Sitzung, welcher alle Senate beiwohnen. — Art. 34. Der Generalprokurator oder einer der Generaladvokaten, den jener damit beauftragt, hat einen den Umständen angemessenen Vortrag zu halten; er hat den Advokaten und Anwälten die Summe ihrer Pflichten vorzuhalten; er hat seinem Bedauern über jene Verluste Ausdruck zu geben, welche dem Barreau im Laufe des Jahres an Mitgliedern, die sich durch ihr Wissen, ihre Talente, durch lange und nützliche Arbeiten und durch eine tadellose Redlichkeit ausgezeichnet haben, zugegangen sind. — Art. 35. Der erste Präsident nimmt sohin den Eid der in der Audienz anwesenden Advokaten neuerdings ab.

VIII. Dekret vom 14. Dez. 1810, *die Vorschrift über die Ausübung der Advokatur und über die Disziplin des Barreau enthaltend.*

Allgemeine Bestimmungen. Art. 1. In Ausführung des Art. 29 des Gesetzes vom 22. Ventôse Jahr XII, ist ein Tableau der bei den kaiserlichen Gerichtshöfen und bei den Gerichten erster Instanz fungirenden Advokaten zu errichten.

Art. 2. In allen Städten, wo die Zahl der Advokaten zwanzig übersteigt, soll ein Disziplinarrath gebildet werden.

Art. 3. In jenen Städten, wo unsere kaiserlichen Gerichtshöfe ihren Sitz haben, soll für die Advokaten ein und dasselbe Tableau und ein einziger Disziplinarrath bestehen.

Art. 4. Bei der ersten Aufstellung des Tableau haben die Präsidenten und Generalprokuratoren unserer kaiserlichen Gerichtshöfe und in den Städten, wo es keinen kaiserlichen Gerichtshof giebt, die Präsidenten und die kaiserlichen Prokuratoren der Gerichte erster Instanz einzuschreiten. Die einen und die anderen müssen sich von sechs Senioren der Advokaten, und in den Orten, wo sich deren mehr als zwanzig befinden, von drei derselben verbeistanden lassen und deren Meinung entgegenehmen.

Art. 5. In das erste Tableau sind alle diejenigen, welche im Sinne des Gesetzes vom 22. Ventôse Jahr XII das Recht zur Ausübung der Advokatur haben, aufzunehmen, vorausgesetzt jedoch, dass befriedigende Berichte über deren Fähigkeit, Redlichkeit, Anständigkeit und über ihr tadelloses Leben und Betragen vorliegen.

Art. 6. Die also vereinbarten Tableaux müssen unserm Grossrichter, Minister der Justiz, zur Genehmigung vorgelegt und sodann bei den Gerichtsschreibereien hinterlegt werden.

Art. 7. Bei der ersten Audienz, welche der Einsetzung unserer kaiserlichen Gerichtshöfe folgen wird, haben alle im Tableau eingetragenen Advokaten einzeln den im Art. 14 festgesetzten Eid abzulegen. Denjenigen Advokaten, welche bei dieser Audienz nicht erscheinen, ist eine Frist von einem Monat zu gewähren, um sich bei einer ihnen zu bestimmenden Audienz zur Ablegung des Eides einzufinden.

Art. 8. Alljährlich, nach dem Wiedereintritt der Gerichtshöfe und Gerichte, sind die Tableaux mit den durch die Ereignisse bedingten Ergänzungen und Abänderungen neuerdings in Druck zu legen.

Art. 9. Nur diejenigen, welche im Tableau eingetragen sind, bilden den Advokatenstand.

Art. 10. Die im Tableau des kaiserlichen Gerichtshofes eingetragenen Advokaten sind bei allen Appellhöfen und Gerichten erster Instanz seines Sprengels zum Plaidiren zuzulassen. — Diejenigen Advokaten, die im Tableau eines Gerichtes erster Instanz eingetragen sind, dürfen vor den Straf- und den Civilgerichten des ganzen Departements plaidiren. — Die einen und die anderen können nichtsdestoweniger mit Genehmigung unseres Grossrichter-Ministers der Justiz auch ausser dem Sprengel des kaiserlichen Gerichtshofes und des Departements, bei denen sie eingetragen sind, plaidiren.

Art. 11. Die Advokaten des kaiserlichen Gerichtshofes, welche sich bei einem Gerichtshof erster Instanz festsetzen, nehmen ihren Rang von dem Tage der Eintragung in das Tableau des kaiserlichen Gerichtshofes ein.

Art. 12. Künftig ist zur Eintragung in das Tableau der Advokaten bei dem kaiserlichen Gerichtshofe die Eidesleistung und eine Vorbereitung von drei Jahren bei einem der erwähnten Gerichtshöfe und zur Eintragung in das Tableau des Gerichtes erster Instanz eine gleiche Vorbereitung bei einem der Gerichte erster Instanz erforderlich. Die Vorbereitung kann auch bei verschiedenen Gerichtshöfen und Gerichten stattfinden, dieselbe darf jedoch nicht länger als drei Monate unterbrochen werden.

Art. 13. Die Lizentiaten der Rechte, welche als Advokaten aufgenommen werden wollen, müssen im Parquet unseres Generalprokurators erscheinen und demselben ihr Lizentiatsdiplom und das Zeugniss ihrer Einschreibung in die Rechtsschulen, welches in Gemässheit unseres Dekretes vom 4. Complémentaire Jahr XIII ihnen ausgefolgt werden musste, vorlegen.

Art. 14. Die Aufnahme erfolgt in einer öffentlichen Audienz über Einführung durch einen Senior der Advokatur und auf Antrag der Staatsanwaltschaft. Der Aufzunehmende leistet folgenden Eid: „Ich schwöre Gehorsam der Verfassung des Kaiserreiches und Treue dem Kaiser; nichts den Gesetzen, Verordnungen, guten Sitten, der Sicherheit des Staates und der öffentlichen Ruhe entgegen zu sprechen oder zu veröffentlichen; mich niemals von der den Gerichten und öffentlichen Behörden schuldigen Achtung zu entfernen; keine Sache anzurathen oder zu vertheidigen, die ich nach meiner Ueberzeugung und meinem Gewissen nicht für gerecht halte.“

Art. 15. Der Nachweis der zurückgelegten Vorbereitung oder des fleissigen Besuches der Audienzen wird durch ein von dem Disziplinarrath, oder wo ein solcher nicht besteht, von unserm Prokurator auszufolgendes Zeugniss geführt.

Art. 16. Die Advokaten können während der Vorbereitung diejenigen Sachen plaidiren, die ihnen anvertraut worden.

Art. 17. Die lizentiirten Anwälte, welche, nachdem sie drei Jahre amtirt haben, und ihren Stand verlassen wollen, um zur Advokatur zu übertreten, sind, wofern sie ihre Berechtigung und Moralität ausweisen, von der advokatischen Vorbereitung befreit.

Art. 18. Die Advokatur ist unvereinbar 1. mit jeder richterlichen Stelle, ausgenommen der eines Supplenten; 2. mit den Funktionen eines

Präfekten oder Unterpräfekten, 3. mit jenen eines Gerichtsschreibers, Notars oder Anwalts; 4. mit besoldeten Aemtern oder mit denen eines Rechnungsbeamten; 5. mit jeder Art von Handel. Wer sich als Geschäftsagent verwenden lässt, wird von der Advokatur ausgeschlossen.

Art. 19. Der Disziplinarrath ist in folgender Weise herzustellen: Der gesammte Advokatenstand, von dem Stabträger zusammenberufen, wählt mit Stimmenmehrheit aus den im Tableau eingeschriebenen und gegenwärtigen Advokaten eine doppelte Zahl von Kandidaten für den Disziplinarrath. Diese Kandidaten sind stets den in der Ordnung des Tableau vorausgehenden zwei Dritteln zu entnehmen. Diese Kandidatenliste ist durch den Stabträger unserem Generalprokurator bei unseren Gerichtshöfen zu überschicken, welcher aus derselben jene weiter unten bestimmte Zahl von Mitgliedern zum Disziplinarrath ernennt.

Art. 20. Wenn die Zahl der Advokaten mehr als hundert beträgt, dann soll der Rath aus fünfzehn Mitgliedern zusammengesetzt werden. — Sie sind aus neun zusammenzusetzen, wenn die Zahl der Advokaten fünfzig übersteigt; — aus sieben, wenn Advokaten in der Zahl von dreissig und mehr vorhanden sind; — und aus fünf, wenn die Zahl der Advokaten weniger als dreissig ausmacht. — Die Mitglieder des Raths können wieder gewählt werden.

Art. 21. Unser Generalprokurator hat aus den Mitgliedern des Raths einen Stabträger *(bâtonnier)* zu ernennen, der den Vorstand der Advokaten bildet, er hat der Generalversammluug, welche zur Wahl des Disziplinarrathes zusammentritt, vorzusitzen. Die Generalversammlung kann nur mit Zustimmung unseres Generalprokurators einberufen werden und zusammentreten.

Art. 22. Der Rath ist zu Ende eines jeden Gerichtsjahres zu erneuern, um seine Funktionen bei dem Wiedereintritt der Gerichte aufzunehmen. Das im Tableau zuletzt eingeschriebene Mitglied des Rathes versieht das Geschäft des Rathssekretärs.

Art. 23. Der Disziplinarrath hat die Aufgabe, über die Wahrung der Ehre des Advokatenstandes zu wachen — und die Grundsätze der Redlichkeit und des Zartsinns, welche die Grundlage ihres Berufes bilden, aufrecht zu erhalten — disziplinarisch die Vergehen und Fehler, ohne dem Einschreiten der Gerichte, wenn dies statthaft wäre, vorzugreifen, zu rügen oder zu bestrafen. — Er hat ferner eine besondere Aufmerksamkeit auf die Sitten und die Aufführung der jungen Advokaten, die sich im Stadium der Vorbereitung befinden, zu richten; er darf im Falle gewohnheitsmässiger Unpünktlichkeit oder bekannter Missaufführung ihre Vorbereitung um ein Jahr verlängern, ja selbst die Zulassung zum Tableau verweigern.

Art. 24. Der Disziplinarrath hat durch die Einrichtung eines Bureau für unentgeltliche Rathertheilungen, welche einmal in der Woche abzuhalten sind, und für Vertheidigung der Armen vorzusehen. Die Sachen, welche dieses Bureau für gerecht hält, sind mit seinem Gutachten an den Disziplinarrath zu leiten, welcher dieselben an die Advokaten in der Reihenfolge des Tableau zu vertheilen hat. — Wir wollen, dass das Barreau diesen Berathungen die grösste Aufmerksamkeit schenke, damit dieselben nicht dazu dienen, Dritte in Prozesse hineinzuziehen, welche in der Folge nicht einmal zum Ersatz der Gerichtskosten gelangen könnten. — Die jungen, zur Vorbereitung zugelassenen Advokaten sind gehalten, den Versammlungen der Berathungsbureaux pünktlich anzuwohnen. — Wir beauftragen unsere Prokuratoren ausdrücklich, über die Ausführung dieses Artikels insbesondere zu wachen und, wenn es nöthig wäre, jene Advokaten, welche sich in die Berathungs-Bureaux begeben müssen, selbst zu bestimmen, und zwar, soweit dies thunlich ist, nach der Reihenfolge des Tableau.

Art. 25. Dem Disziplinarrath steht es zu, nach der Sachlage, den Advokaten zu ermahnen, zu rügen, ihm die Ausübung der Advokatur auf eine Zeit, welche ein Jahr nicht überschreiten darf, zu untersagen, ihn auszuschliessen oder aus dem Tableau zu streichen.

Art. 26. Der Disziplinarrath kann das Recht der Ermahnung oder der Rüge nur, nachdem er den beschuldigten Advokaten gehört hat, in Anwendung bringen.

Art. 27. Die Suspension kann er nur dann aussprechen, wenn er den beschuldigten Advokaten mindestens zweimal in einem Zwischenraum von acht Tagen gehört oder vorgerufen hat.

Art. 28. Wenn ein Advokat sich eines schweren Fehlers, der die Streichung aus dem Tableau nöthig zu machen scheint, schuldig macht, so kann der Disziplinarrath dieselbe nur dann aussprechen, wenn er den Beschuldigten in Zwischenräumen von acht zu acht Tagen mindestens drei Mal gehört oder vorgerufen hat. Derselbe kann aber eine Frist von vierzehn Tagen zu seiner Rechtfertigung verlangen, die ihm nicht verweigert werden darf.

Art. 29. Der Advokat, gegen den eine Rüge die Suspension oder die Streichung aus dem Tableau ausgesprochen wurde, kann, wenn es ihm angemessen scheint, den Weg der Appellation an den kaiserlichen Gerichtshof betreten. — Wenn im Falle der Streichung aus dem Tableau der Advokat keine Berufung einlegt, so ist der Beschluss des Disziplinarrathes an den ersten Präsidenten und an den Generalprokurator zur Genehmigung zu leiten und im Falle dieselbe erfolgt, wird die Streichung auf dem bei der Gerichtsschreiberei erliegenden Tableau vollzogen.

Art. 30. Es ist ferner in der kürzesten Frist unserm Grossrichter-Minister der Justiz durch unsere Prokuratoren von den Voten, Berathungen und Urtheilen, welche sich auf die Suspension oder Streichung beziehen, Kenntniss zu geben.

Art. 31. Jeder Advokat, welcher, nachdem er zwei Mal, sei es in Folge eines Erkenntnisses *(arrêt)* oder eines Urteils *(jugement)* oder disziplinarisch suspendirt oder seiner Funktionen enthoben worden ist, derselben Strafe ein drittes Mal verfällt, ist von Amtswegen aus dem Tableau zu streichen.

Art. 32. An Orten, wo die Zahl der Advokaten zwanzig nicht übersteigt, ist das Gericht erster Instanz zu dem Wirkungskreise des Disziplinarrathes berufen. Würde dasselbe erachten, dass Grund zu einer Suspension oder Streichung vorhanden sei, dann hat es schriftlich die Meinung des Stabträgers abzufordern und den Beschuldigten in den durch die Art. 26, 27 und 28 vorgeschriebenen Formen zu hören und vorbehaltlich der Appellation zu erkennen.

Von den Rechten und Pflichten der Advokaten. Art. 33. Der Advokatenstand kann sich nur auf Einberufung des Stabträgers und zur Wahl des Disziplinarrathes im Sinne des Art. 19 oder zur Wahl eines Stabträgers im Sinne des Art. 21 versammeln. — Der Stabträger darf nicht gestatten, dass ein anderer Gegenstand zur Berathung kommt. Diejenigen, welche die Bestimmung dieses Artikels übertreten, können nach Art. 293 des Strafgesetzbuches über unerlaubte Gesellschaften und Versammlungen verfolgt und bestraft werden[3].

Art. 34. Wenn alle oder einige Advokaten eines Ortes sich unter was immer für einem Vorwand zur Erklärung vereinigen, dass sie ihr

[3]) Diese Strafandrohung ist durch die Ordonnanz vom 20. November 1822 Art. 45 beseitigt.

Amt nicht ausüben wollen, dann sind dieselben aus dem Tableau zu streichen und können in dasselbe nicht wieder aufgenommen werden.

Art. 35. Die Advokaten tragen die Achselschleifen ihres Grades eines Lizentiaten oder eines Doktors [4]), — die im Tableau Eingetragenen nehmen ihren Platz innerhalb des Parquets ein. — Sie plaidiren stehend und bedeckten Hauptes; aber sie müssen das Haupt entblössen, wenn sie Anträge stellen oder Prozessurkunden verlesen. — Sie werden in den vom Gesetze bestimmten Fällen zur Supplirung von Richtern oder Staatsanwälten berufen und können sich derselben ohne Gründe der Entschuldigung oder der Verhinderung nicht entschlagen.

Art. 36. Wir verbieten den Advokaten ausdrücklich, Gutachten, Denkschriften und andere Aufsätze, die sie weder verfasst noch erwogen haben, zu unterschreiben; wir untersagen ihnen gleicherweise Verträge über ihre Honorare abzuschliessen oder die Parteien zur Belohnung ihrer Mühewaltung vor dem Plaidoyer zu zwingen, alles dieses bei Strafe der Rüge für das erste Mal und der Ausschliessung oder Streichung im Falle des Rückfalls.

Art. 37. Die Advokaten dürfen ihr Amt, Recht und Wahrheit zu vertheidigen, frei ausüben; doch wollen wir gleichzeitig, dass sie sich jeder Unterschiebung von Thatsachen, jeder Ueberraschung mit Zitaten und anderer schlimmen Umzüge, ja sogar alles unnöthigen und überflüssigen Geredes enthalten. Wir verbieten ihnen, Beschimpfungen und beleidigende Persönlichkeiten gegen die Parteien oder deren Vertheidiger und ein die Ehre und den Ruf der Parteien angreifendes Faktum vorzubringen, ausser wenn die Sache solches unvermeidlich macht und sie einen ausdrücklichen und schriftlichen Auftrag dazu, sei es von ihren Klienten, sei es von den Anwälten ihrer Klienten haben; — all dies bei Strafe im Sinne des Art. 371 des Strafgesetzes [5]) verfolgt zu werden.

---

[4]) Es gibt zwei Arten von Achselschleifen, die eine ist von einem einfachen schwarzen Stoff ohne Verbrämung; die andere, die bei feierlichen Audienzen und bei Zeremonien getragen wird, ist mit einer weissen Verbrämung versehen. — Was die Achselschleife des Doktors betrifft, so pflegen die Advokaten, die diesen Grad haben, dieselbe nicht zu tragen. Sie ist übrigens von rother Seide mit einer Hermelinverbrämung.

[5]) Art. 371 St. G. lautet: Wird der Wahrheitsbeweis nicht hergestellt, so ist der Verleumder mit folgenden Strafen zu belegen: Ist die den Gegenstand der Beschuldigung ausmachende Handlung von der Art, dass sie die Todesstrafe,

Art. 38. Wir prägen ihnen ferner ein, sich niemals, sei es in ihren Vorträgen, sei es in ihren Schriften oder in sonst was immer für einer Weise von der der Justiz schuldigen Achtung zu entfernen; noch auch es an der nöthigen Rücksicht, die einem jeden Richter, vor dem sie ihren Beruf ausüben, gebührt, fehlen zu lassen.

Art. 39. Wenn ein Advokat sich in seinen Plaidoyers oder in seinen Schriften erlauben würde, die Grundsätze der Monarchie und der Verfassung des Kaiserthumes, die Gesetze und die eingesetzten Behörden, anzugreifen, soll das mit der Sache betraute Gericht, auf Antrag der Staatsanwaltschaft, augenblicklich eine der oben im Art. 25 vorgesehenen Strafen aussprechen; ohne Präjudiz ausserordentlicher Verfolgung, wenn eine solche statthaft ist.

Art. 40. Unser Grossrichter-Minister der Justiz ist berechtigt, unter seiner Autorität und nach Massgabe des Falles gegen einen Advokaten eine der im oben zitirten Art. 25 vorgesehenen Strafen zu verhängen.

Art. 41. Wenn in einer Civilangelegenheit eine Partei keinen Vertheidiger fände, hat das Gericht, wenn dies statthaft ist, einen Advokaten von Amtswegen zu bestellen.

Art. 42. Ein Advokat, der zur Vertheidigung eines Angeklagten bestellt ist, darf seine Mitwirkung, ohne die Gründe seiner Entschuldigung oder Verhinderung nachgewiesen zu haben, nicht verweigern.

Art. 43. In Anbetracht, dass wir die Kosten durch eine öffentliche Administrativverordnung feststellen wollen [6]), soll man die bei den Gerichten vorliegenden Verordnungen und Tarife bei Bemessung der Honorare und Gebühren der Advokaten berücksichtigen. In Ermanglung solcher Verordnungen und bei Gegenständen, für welche in den vorhandenen Verordnungen nicht vorgesehen ist, wollen wir, dass die Advokaten selbst ihre Honorare, mit jener Bescheidenheit taxiren, welche von ihrer Stellung wohl erwartet werden darf. In den Fällen, wo die Taxirung die Gränzen einer billigen Mässigung überschreiten würde, hat der Disziplinarrath mit Rücksicht auf die Wichtigkeit der

---

Zwangsarbeiten auf Lebenszeit, oder die Deportation nach sich ziehen würde, so wird der Schuldige mit Gefängniss von zwei bis fünf Jahren, und einer Geldbusse von zweihundert bis fünftausend Franken bestraft. — In allen anderen Fällen tritt Gefängniss von einem bis zu sechs Monaten, und eine Geldbusse von fünfzig bis zweitausend Franken ein.

[6]) Eine solche Feststellung liegt nirgends vor.

Sache und die Natur der Arbeit herabzusetzen; er muss, wenn es statthaft ist, die Erstattung, bei sonstiger Geldstrafe, anbefehlen. Im Falle Einspruchs gegen die Entscheidung des Disziplinarraths kann man an das Gericht erster Instanz rekurriren.

Art. 44. Die Advokaten müssen am Fusse ihrer Gutachten, Denkschriften und anderer Aufsätze des empfangenen Honorars erwähnen und das für Plaidoyers erhaltene quittiren [7].

Art. 45. Die von den Gerichten im Sinne der Bestimmungen des gegenwärtigen Titels ausgehenden Verurteilungen unterliegen erforderlichen Falls einer Appellation; werden aber nichtsdestoweniger provisorisch vollstreckt.

IX. Kaiserliches Dekret vom 2. Juli 1812 *über das Plaidiren vor den kaiserlichen Gerichtshöfen und vor den Gerichten erster Instanz.*

Art. 1. Vor allen kaiserlichen Gerichtshöfen des Reiches sind die im Sinne des Art. 16 unseres Dekretes vom 14. Dezember 1810 zur Audienz gelangenden Sachen von den im Tableau der Advokaten des Gerichtshofes eingetragenen Advokaten oder von jenen, die zur Vorbereitung zugelassen sind, zu plaidiren.

Art. 2. Die Inzidenzklagen, welche ihrer Natur nach summarisch zu behandeln sind und alle Nebenpunkte des Prozesses können von den instruirenden Anwälten bei den Gerichtshöfen, wo sie beschäftigt sind, plaidirt werden.

Art. 3. Dasselbe gilt von den Gerichten erster Instanz, welche sich am Sitze der kaiserlichen Gerichtshöfe befinden, von den Assisen- und den Departementsgerichten; auch hier können die Anwälte in allen summarischen Sachen plaidiren. Bei den andern Gerichten erster Instanz können sie jede Art von Angelegenheiten, bei denen sie beschäftigt sind, plaidiren.

Art. 4. Die Bestimmung des Dekretes vom 14. Dezember 1810, wornach die Advokaten mit Bewilligung des Grossrichter-Ministers der Justiz auch ausser dem Sprengel des kaiserlichen Gerichtshofes und des Departements, wo sie eingeschrieben sind, plaidiren können, ist nicht aufgehoben.

Art. 5. In Abwesenheit oder bei Weigerung der Advokaten, sei es vor dem kaiserlichen Gerichtshofe, sei es vor der ersten Instanz zu

---

[7]) Diese den Grundsätzen des französischen Advokatenstandes widerstreitenden Bestimmungen sind niemals beobachtet worden.

plaidiren, kann das Gericht die Anwälte, alle Sachen zu plaidiren, ermächtigen.

Art. 6. Wenn der mit der Sache betraute und im Besitze der Urkunden befindliche Advokat wegen Krankheit, am Tage, wo er zu plaidiren hat, nicht erscheinen kann, muss er vor der Audienz den Präsidenten hievon schriftlich verständigen und die Urkunden dem Anwalt zurückstellen; in diesem Falle kann die Sache vom Anwalt plaidirt oder auf einen spätern Tag verlegt werden.

Art. 7. Dasselbe geschieht, wenn im Augenblicke der Appellationsverhandlung der Advokat bei einem andern zugleich fungirenden Senat desselben Gerichtshofes beschäftigt ist.

Art. 8. Ausser diesen zwei Fällen kann der Advokat, wenn er, mit der Sache betraut und im Besitze der Urkunden, sich zur Appellationsverhandlung der Sache nicht einfindet, dieselbe durch sein Verschulden von der Rolle zurückzieht und sie am bestimmten Tage nicht plaidirt, persönlich zu den Kosten der Vertagung und, wenn es statthaft ist, wegen des Aufschubs zur Entschädigung der Partei verurtheilt werden.

Art. 9. Die Anwälte, welche kraft des Gesetzes vom 22. Ventôse des Jahres XII bis zur Kundmachung des gegenwärtigen Dekretes den Grad eines Lizentiaten erhalten und das im Art. 32 des besagten Gesetzes ihnen ertheilte Recht erworben haben, werden desselben auch für die Zukunft theilhaftig sein.

Art. 10. Die Präsidenten der Disziplinarkammern der Anwälte, sowie der Appellhof und das Gericht erster Instanz sind verpflichtet, innerhalb eines Monats, vom Tage der Kundmachung dieses Dekretes gerechnet, und alljährlich beim Wiedereintritt der Gerichtshöfe und Gerichte eine von ihnen unterfertigte, und für die kaiserlichen Gerichtshöfe von unserm Generalprokurator, für die Gerichte erster Instanz vom kaiserlichen Prokurator vidirte Liste auf der Gerichtsschreiberei zu hinterlegen, welche Liste in der Reihenfolge ihrer Anstellung die Namen der Anwälte, auf welche der oben angeführte Artikel Anwendung findet, zu enthalten hat.

Art. 11. Die Bestimmungen der Art. 37, 38 und 39 unseres Dekretes vom 14. Dezember 1810 sind auf die Anwälte, welche das Recht zu plaidiren haben, anwendbar.

Art. 12. Nur die Advokaten tragen im Sinne des Art. 35 des Dekretes vom 14. Dezember 1810 die Achselschleife *(chausse)* und sprechen bedeckten Hauptes.

X. Königliche Ordonnanz vom 27. Februar 1822, *welche das Dekret vom 2. Juli 1812, das Plaidiren betreffend, abändert.*

Art. 1. Die Anwälte, welche auf Grund des Gesetzes vom 22. Ventôse Jahr XII bis zur Kundmachung des Dekretes vom 2. Juli 1812 den Grad eines Lizentiaten erhalten haben, fahren fort, das durch den Art. 9 des besagten Dekretes ihnen zugestandene Recht auszuüben.

Art. 2. Die Anwälte, die keine Lizentiaten sind, und bis zur Kundmachung des Dekretes vom 2. Juli 1812 solche nicht waren, dürfen in den Sachen, bei denen sie beschäftigt sind, nur vor jenen Gerichten plaidiren, wo die Zahl der im Tableau eingetragenen, in der Hauptstadt praktizirenden und wohnenden Advokaten zur Ausführung der Plaidoyers und zur Erledigung der Geschäfte ungenügend wäre.

Art. 3. Alljährlich sollen unsere königlichen Gerichtshöfe in der ersten Hälfte des Monats November den Stand derjenigen in ihrem Sprengel befindlichen Gerichte in Erwägung ziehen, wo die Anwälte das im vorigen Artikel erwähnte Recht auszuüben berufen wären.

Art. 4. Die zur Ausführung des vorigen Artikels erforderlichen Beschlüsse werden von unseren Gerichtshöfen auf Antrag unserer Generalprokuratoren und über ein begründetes Gutachten der Gerichte erster Instanz gefasst. Dieselben sind der Genehmigung unseres Siegelbewahrers zu unterbreiten, können jedoch provisorisch zur Ausführung gebracht werden.

Art. 5. Durch Gegenwärtiges wird das Recht der Anwälte, wornach dieselben vor unseren Gerichtshöfen und Gerichten, die in den Angelegenheiten, bei denen sie beschäftigt sind, eintretenden, ihrer Natur nach summarisch zu behandelnden Inzidenzklagen und in allen Nebenpunkten zu plaidiren haben, nicht aufgehoben.

XI. Königliche Verordnung vom 20. November 1828, *die Vorschriften über die Ausübung des Advokatenberufes und die Disziplin des Barreau betreffend.*

Ludwig etc. Nachdem wir beschlossen haben, die Beschwerden, welche von verschiedenen Barreaux des Königreiches gegen die Bestimmungen des Dekretes vom 14. Dezember 1810 erhoben wurden, in Betracht zu ziehen, und nachdem wir den bei unsern Gerichten praktizirenden Advokaten das volle Disziplinarrecht einräumen wollen, welches unter den Königen, unseren Vorfahren, die Ehre dieses Standes auf die höchste Stufe erhob und in seinem Schosse die unwandelbare Tradition seiner Vorrechte und seiner Pflichten verewigte; nachdem wir überdies der Rechtsprechung, welche der Stand gegen jedes Mitglied auszuüben hat, das Ansehen und das Vertrauen sichern wollen, das auf der Unterwerfung und der Achtung beruht, die die Erfahrung der alten Advokaten von denjenigen, welche später in die advokatische Laufbahn eingetreten sind, zu fordern das Recht hat; und auf den Bericht unseres Siegelbewahrers, geheimen Staatsministers des Justizdepartements haben wir verordnet und verordnen was folgt:

Tit. 1.

Vom Tableau.

Art. 1. Die in dem kraft des Artikels 29 des Gesetzes vom 23. März 1804 (22. Ventôse, Jahr XII) errichteten Tableau eingeschriebenen Advokaten werden in Kolumnen oder Sektionen eingetheilt.

Art. 2. Es sollen sieben Kolumnen errichtet werden, wenn das Tableau hundert oder mehr Advokaten; vier, wenn es deren weniger als hundert und mehr als fünfzig; drei, wenn es deren weniger als fünfzig und mehr als fünfunddreissig; und blos zwei, wenn es deren weniger als zwei und mehr als zwanzig umfasst.

Art. 3. Die durch die vorhergehenden Artikel vorgeschriebene Vertheilung wird durch die gegenwärtig in Aktivität stehenden alten Stabträger und den Disziplinarrath vorgenommen, nachdem dieselben insoweit es sich um die Advokaten bei den königlichen Gerichtshöfen handelt, von unseren General-Prokuratoren, und soweit es die Advokaten bei den Gerichten erster Instanz betrifft, von den Prokuratoren dieser Gerichte zusammenberufen worden sind.

Art. 4. Diese Vertheilung kann alle drei Jahre erneuert werden, wofern dies durch unsere königlichen Gerichtshöfe auf Antrag unserer Generalprokuratoren oder auf Begehren des Disziplinarrathes verordnet wird *).

Art. 5. Niemand kann in das Tableau eines Gerichtshofes oder eines Gerichtes eingetragen werden, der bei diesem Gerichte oder bei diesem Gerichtshofe nicht wirklich praktizirt.

Art. 6. Das Tableau muss alljährlich zu Anfang eines jeden Gerichtsjahres neu gedruckt werden und bei der Gerichtsschreiberei der Gerichtshöfe oder der Gerichte, denen die eingetragenen Advokaten zugehören, hinterlegt werden.

---

*) Die Einrichtung der Kolumnen wurde durch die weiter unten folgende Ordonnanz vom 27. August 1830 aufgehoben.

Tit. II.

Vom Disziplinarrath.

Art. 7. Der Disziplinarrath wird erstens aus den Advokaten, die bereits die Funktionen des Stabträgers ausgeübt haben; zweitens aus zwei der ältesten einer jeden Kolumne, nach der Ordnung des Tableau; drittens aus einem Sekretär, welcher ohne Unterschied aus jenen Advokaten zu wählen ist, welche das dreissigste Lebensjahr zurückgelegt haben und mindestens zehn Jahre praktiziren, zusammengesetzt.

Art. 8. Der Stabträger und der Sekretär werden von dem Disziplinarrath durch absolute Stimmenmehrheit gewählt. Diese Wahlen sind auf Einberufung unserer Prokuratoren bei unseren Gerichtshöfen und Gerichten zu Anfang eines jeden Gerichtsjahres zu erneuern [9]).

Art. 9. Der Stabträger ist der Vorstand der Advokaten und sitzt dem Disziplinarrathe vor.

Art. 10. Wenn die Zahl der in das Tableau eingetragenen Advokaten zwanzig nicht erreicht, dann werden die Funktionen des Disziplinarrathes, wenn es sich um Advokaten handelt, die bei einem königlichen Gerichtshof praktiziren, von dem Gerichte erster Instanz jener Stadt, wo der Gerichtshof seinen Sitz hat; in den anderen Fällen von dem Gerichtshofe, welchem die im Tableau eingeschriebenen Advokaten angehören, ausgeübt.

Art. 11. Die nach dem vorigen Artikel mit den Geschäften des Disziplinarrathes betrauten Gerichte, ernennen alljährlich, am Tage der Wiedereröffnung, einen Stabträger aus den Advokaten, welche nach der Ordnung ihrer Einschreibung, die ersten zwei Drittheile des Tableau bilden.

Art. 12. Die Geschäfte des Disziplinarraths sind: 1. über die auf die Eintragung in das Standestableau bezüglichen Schwierigkeiten zu entscheiden; 2. die Ueberwachung, welche die Ehre und die Interessen des Standes nöthig machen, zu pflegen; 3. wenn es statthaft ist, die durch die Verordnungen festgesetzten Disziplinarmassregeln anzuwenden.

Art. 13. Der Disziplinarrath entscheidet über die Zulassung zur Vorbereitung jener Lizentiaten, die vor unseren königlichen Gerichtshöfen den Eid geleistet haben; über die Eintragung der Advokatur-

[9]) Die im Art. 7 und 8 enthaltenen Bestimmungen über die Zusammensetzung des Disziplinarrathes und über die Benennung des Sekretärs sind durch Art. 1 und 2 der Ordonnanz vom 27. August 1830 abgeändert worden.

kandidaten in das Tableau nach Ablauf der Vorbereitungsfrist; und über den Rang derjenigen, welche, nachdem sie bereits in dem Tableau eingeschrieben waren und die Ausübung des Berufes aufgegeben hatten, sich von Neuem einstellen, um denselben wieder aufzunehmen.

Art. 14. Die Disziplinarräthe sind verpflichtet, die Gesinnungen der Treue gegen die Monarchie und die verfassungsmässigen Einrichtungen, ferner die Grundsätze der Mässigung, der Uneigennützigkeit und der Redlichkeit, auf welchen die Ehre des Standes beruht, aufrecht zu erhalten.

Art. 15. Die Disziplinarräthe schreiten von Amtswegen oder über an sie gerichtete Klagen gegen die von den im Tableau eingetragenen Advokaten begangenen Uebertretungen und Fehltritte ein.

Art. 16. Durch die vorigen Bestimmungen ist das Recht der Gerichte gegen die von den Advokaten in der Audienz begangenen Fehltritte einzuschreiten, nicht aufgehoben.

Art. 17. Die Anwendung des Disziplinarrechtes schliesst die Verfolgung, welche die Staatsanwaltschaft oder Civilparteien zur Bestrafung von Handlungen, die ein Vergehen oder Verbrechen bilden, vor den Gerichten anhängig zu machen, Grund zu haben glauben, nicht aus.

Art. 18. Die Disziplinarstrafen sind:

Verwarnung,
Verweis,
zeitweilige Suspension,
Streichung aus dem Tableau.

Die zeitweilige Suspension darf ein Jahr nicht überschreiten.

Art. 19. Keine Disziplinarstrafe kann ausgesprochen werden, ohne dass der beschuldigte Advokat gehört oder mit einer achttägigen Frist geladen wurde.

Art. 20. In denjenigen Orten, wo die Funktionen des Disziplinarrathes vom Gerichte ausgeübt werden, kann keine Disziplinarstrafe ohne das schriftliche Gutachten des Stabträgers verhängt werden.

Art. 21. Jede auf zeitweilige Suspension oder Streichung lautende Entscheidung des Disziplinarrathes ist binnen drei Tagen an den Generalprokurator zu leiten, welcher die Ausführung zu veranlassen und zu überwachen hat.

Art. 23. Der Generalprokurator ist berechtigt, die Einsendung jeder Entscheidung, durch welche der Disziplinarrath den beschuldigten Advokaten losgesprochen hat, abzufordern.

Art. 24. Im Falle der zeitlichen Suspension oder der Streichung kann der Advokat an den kompetenten Gerichtshof appelliren.

Art. 25. Unseren Generalprokuratoren steht gleicher Weise das Recht zu, gegen die von den Disziplinarräthen im Sinne des Art. 15 ergangenen Entscheidungen zu appelliren.

Art. 26. Die Appellation, sei es des Generalprokurators, sei es des verurtheilten Advokaten, kann nur dann angenommen werden, wenn dieselbe innerhalb zehn Tagen von der vom Stabträger bewirkten Mittheilung der Disziplinar-Entscheidung ausgeführt wird.

Art. 27. Die Gerichtshöfe haben in einer Plenarsitzung und in der Rathskammer in der Weise zu erkennen, wie dies Art. 52 des Gesetzes vom 20. April 1810 für die auf Gerichtsmitglieder anzuwendenden Disziplinarmassregeln vorgeschrieben ist.

Art. 28. Wird die Appellation vom verurtheilten Advokaten eingebracht, dann können die Gerichtshöfe, wenn dies statthaft ist, selbst wenn der Generalprokurator seinerseits nicht appellirt hätte, eine schwerere Strafe verhängen.

Art. 29. Der Advokat, welcher in die Strafe des Verweises oder der Suspension verfällt, ist an die letzte Stelle der Kolumne, der er angehört, zu versetzen.

Tit. III.

Von der Vorbereitung.

Art. 30. Die Dauer der Vorbereitung beträgt drei Jahre.

Art. 31. Die Vorbereitung kann in verschiedenen Zeiträumen geschehen, doch darf dieselbe nicht länger als drei Monate unterbrochen werden.

Art. 32. Der Disziplinarrath ist nach Sachlage berechtigt, die Dauer der Vorbereitung zu verlängern.

Art. 33. Die Advokaturskandidaten bilden keinen Theil des Tableau. Gleichwohl müssen sie vertheilt und am Schlusse jeder Kolumne nach dem Datum ihrer Zulassung eingetragen werden.

Art. 34. Die Advokaturskandidaten können in einer Sache nur dann plaidiren oder Schriften verfassen, wenn sie von zwei Mitgliedern des Disziplinarrathes, die ihrer Kolumne angehören, ein Zeugniss, welches ihren durch zwei Jahre fortgesetzten fleissigen Besuch der Audienzen bestätigt, erhalten haben. Das Zeugniss muss von dem Disziplinarrath vidirt werden.

Art. 35. In jenen Orten, wo die Zahl der im Tableau eingeschriebenen Advokaten weniger als zwanzig beträgt, ist das Zeugniss des fleissigen Besuches durch den Präsidenten und durch unsern Prokurator auszufertigen.

Art. 36. Von der im Art. 34 angegebenen Verpflichtung sind jene Advokaturskandidaten befreit, welche das zweiundzwanzigste Lebensjahr erreicht haben.

Art. 37. Anwälte, die Lizentiaten der Rechte sind, müssen, wenn sie die Anwaltschaft zurückgelegt haben, und sich zur Aufnahme in die Advokatur melden, zur Vorbereitung zugelassen werden.

Tit. IV.

Allgemeine Bestimmungen.

Art. 38. Die Lizentiaten der Rechte werden von unsern königlichen Gerichtshöfen als Advokaten aufgenommen. Sie legen folgenden Eid ab: „Ich schwöre Treue dem König und Gehorsam der Verfassung, als Vertheidiger und Rathgeber nichts was den Gesetzen, den Verordnungen, den guten Sitten, der Sicherheit des Staates und der öffentlichen Ruhe entgegen wäre, zu sprechen und zu veröffentlichen, und mich niemals von der den Gerichten und öffentlichen Behörden schuldigen Achtung zu entfernen."

Art. 39. Die im Tableau unserer königlichen Gerichtshöfe eingetragenen Advokaten dürfen blos vor diesen plaidiren. Sie können ausserhalb des Sprengels des Gerichtshofes, bei dem sie praktiziren, nur dann plaidiren, wenn sie über das Gutachten des Disziplinarrathes die Zustimmung des ersten Präsidenten dieses Gerichtshofes und die Ermächtigung unseres Siegelbewahrers des geheimen Staatsministers der Justizdepartements erhalten haben.

Art. 40. Die Advokaten, welche bei einem Gerichte erster Instanz praktiziren, können nur vor dem Assisengerichte und vor den anderen Gerichten erster Instanz desselben Departements plaidiren [10]).

Art. 41. Der von Amtswegen zur Vertheidigung eines Angeklagten bestellte Advokat kann seine Mitwirkung ohne Gründe der Entschuldigung oder Verhinderung vor dem Assisengerichte dargethan zu haben, nicht verweigern. Im Falle des Widerstandes ist das Assisengericht berechtigt, eine der oben Art. 18 festgesetzten Strafen zu verhängen.

---

[10]) Art. 4 der Ordonnanz vom 27. August 1830 hebt die Art. 39 und 40 auf und dehnt das Recht zu plaidiren auf alle Gerichte des Reiches aus.

Art. 42. Der Advokatenstand ist mit allen Funktionen des richterlichen Standes mit Ausnahme der Supplirung; mit den Funktionen eines Präfekten, Unterpräfekten oder eines Generalsekretärs der Präfektur; mit jenen eines Gerichtsschreibers, Notars oder Anwalts; mit besoldeten Aemtern und mit dem eines Rechnungsbeamten; ferner mit jeder Art von Handel unvereinbar. Personen, die sich als Geschäftsagenten verwenden lassen, sind von der Advokatur ausgeschlossen.

Art. 43. Gegen jeden Angriff, den ein Advokat in seinen Plaidoyers oder in seinen Schriften gegen die Religion, gegen das Prinzip der Monarchie, gegen die Verfassung, die Gesetze des Königreiches oder die bestehenden Autoritäten zu richten wagt, schreiten die mit der Sache befassten Gerichte auf Antrag der Staatsanwaltschaft ein und sprechen eine der im Art. 18 vorgesehenen Strafen, ohne Präjudiz einer ausserordentlichen Verfolgung, wenn eine solche statthaft ist, aus.

Art. 44. Wir verpflichten unsere Gerichtshöfe, sich genau an den Art. 9 des Gesetzes vom 9. April 1810 zu halten und in Folge dessen unserm Siegelbewahrer, Minister der Justiz, alljährlich jene Advokaten, die sich durch ihre Einsicht, ihre Talente und namentlich durch ihren Zartsinn und ihre Uneigennützigkeit, welche diesem Beruf eigen sein soll, bemerkbar machten, zur Kenntniss zu bringen.

Art. 45. Das Dekret vom 10. Dezember ist aufgehoben. Alle vom Barreau beobachteten Gebräuche, welche sich auf die Rechte und Pflichten der ihrem Berufe nachgehenden Advokaten beziehen, werden hiermit aufrecht erhalten.

XII. Königliche Ordonnanz vom 27. August 1830, Bestimmungen über die Ausübung der Advokatur enthaltend.

Art. 1. Vom Zeitpunkt der Kundmachung der gegenwärtigen Ordonnanz gerechnet, werden die Disziplinarräthe unmittelbar von der Generalversammlung aller im Tableau eingetragenen Advokaten gewählt. Die Wahl findet mittels Stimmzetteln und durch relative Mehrheit der anwesenden Mitglieder statt [11]).

Art. 2. Die Disziplinarräthe sind an jenen Orten provisorisch aus fünf Mitgliedern zusammenzusetzen, wo die Zahl der eingetragenen Advokaten weniger als dreissig ausmacht, diejenigen inbegriffen, wo bisher die Funktionen der besagten Räthe von den Gerichten gehandhabt wurden;

[11]) Vgl. Dekret vom 22. März 1852, Art. 1 und 4 unten.

aus sieben, wo die Zahl der eingetragenen Advokaten zwischen dreissig und fünfzig beträgt; aus neun, bei einer Zahl von fünfzig bis hundert; aus fünfzehn, bei einer Zahl über hundert; aus einundzwanzig in Paris.

Art. 3. Der Stabträger des Standes wird von derselben Versammlung in einem besondern Wahlgang und zwar vor der Wahl des Disziplinarrathes, durch absolute Stimmenmehrheit gewählt [12]).

Art. 4. Von eben dieser Zeit an hat jeder in was immer für einem Tableau eingetragene Advokat das Recht, vor allen königlichen Gerichtshöfen und vor allen Gerichten des Königreichs, ohne einer besondern Bewilligung zu bedürfen, mit Ausnahme der im Art. 295 der Strafprozessordnung enthaltenen Bestimmung [13]) zu plaidiren.

Art. 5. In möglicht kurzer Zeit wird mit einer endgiltigen Revision der die Ausübung der Advokatur betreffenden Gesetze und Verordnungen vorgegangen werden.

XIII. Dekret vom 22. März 1852, die Wahlen des Barreau betreffend.

Art. 1. Die Disziplinarräthe der bei den Gerichtshöfen und Gerichten praktizirenden Advokaten werden fortan von der Generalversammlung aller in das Tableau eingetragenen Advokaten unmittelbar gewählt. Die Wahl erfolgt mittels Stimmzetteln, jedoch durch absolute Stimmenmehrheit der anwesenden Mitglieder.

Art. 2. Der Stabträger des Advokatenstandes ist von dem Disziplinarrath durch absolute Stimmenmehrheit zu wählen. Derselbe kann nur aus den Mitgliedern des Disziplinarrathes hervorgehen.

Art. 3. Künftig kann der Advokat, welcher einer der im Art. 18 der Ordonnanz vom 20. November 1822 bezeichneten Strafen verfällt, nach Umständen und durch dieselbe Entscheidung, des Rechtes während eines zehn Jahre nicht überschreitenden Zeitraumes einen Theil des Disziplinarrathes zu bilden beraubt werden.

Art. 4. In Paris können Advokaten, die noch nicht zehn Jahre im Tableau eingeschrieben sind, und in andern Städten, wo der Sitz eines Appellhofes ist, jene, welche noch nicht fünf Jahre im Tableau

---

[12]) Diese Bestimmung ist durch Art. 2 des Dekretes vom 22. März 1852 abgeändert worden.

[13]) S. diesen Artikel unter V.

eingetragen sind, zu Mitgliedern des Disziplinarrathes nicht ernannt werden.

Art. 6. Die Sekretäre der Advokatenkonferenz werden vom Standesrathe, auf Präsentation des Stabträgers bestellt. Die Advokaturskandidaten, die disziplinarisch bestraft wurden, sind von dem Konkurse ausgeschlossen.

Art. 6. Alle Bestimmungen der Ordonnanzen vom 20. November 1822 und vom 27. August 1830, welche mit dem gegenwärtigen Dekrete nicht im Widerspruch stehen, bleiben unberührt.

E N G L A N D.

Quelle: Gneist, Dr. Rudolf. Das heutige englische Verfassungs- und Verwaltungsrecht. Berlin 1857. I. Bd. Zweiter Theil. Der heutige Beamtenstaat. VI. Die Gerichtsbehörden des gemeinen Rechts, *(Courts of Common Law.)* — V. Die Advokaten *(Counsel)*. VI. Die Anwälte *(Attorneys)* S. 502—510.

1. Die Advokaten.

In England zerfallen die Rechtsbeistände, wie in Frankreich in Advokaten und Anwälte, welche seit Jahrhunderten völlig getrennte Berufsstände bilden. Den höheren Stand *(Superior Branch)* bildet der Advokat *(Counsel)*, welcher als Rechtskonsulent den Anwalt der Partei berathet, Anweisung giebt über die Art und den Umfang der Beweisführung, hauptsächlich aber im Audienztermine die Rechte der Partei ausführt, Zeugen verhört, Beweise analisirt, Richter und Geschworne adressirt. Nur diese Advokatur macht den Anspruch auf die Stellung eines gelehrten Standes und bildet seit Jahrhunderten vier freie Innungen, *(Lincoln's Inn, Inner Temple, Middle Temple, Gray's Inn)*, jede mit einem gewählten Verwaltungsrath von Aeltesten *(Benchers)*. Diese Innungen im weiteren Sinne umfassen den ganzen gelehrten Juristenstand des gemeinen Rechtes *(Common Law)*. Die Stufen des Innungswesens, welche seit dem Mittelalter oft gewechselt, haben sich jetzt wesentlich zu folgenden drei vereinfacht:

1. Die Studirenden, gewissermassen die passiven Mitglieder der Innung, deren Studienkursus nominell durch den Verwaltungsrath geregelt wird, seit 1851 durch eine gemeinschaftliche Studienkommission aller vier Inns. — Nach drei- bis fünfjährigem Aufenthalt in der Innung kann der Studirende gegen Zahlung von Gebühren „zur Barre berufen" werden *(called to the bar)* und rückt damit in die höhere Klasse — 2. der praktizirenden Advokaten *(Barristers)*, welche nur durch die Inns kreirt werden können, und damit

zur Praxis bei allen Reichsgerichten, den Wandergerichten *(Circuits)*, den Gerichtstagen *(Sessions)* und überhaupt allen Gerichtshöfen des gemeinen Rechts befugt sind. Eine Minderzahl der *Barristers* widmet sich der Praxis bei den Billigkeitsgerichten. Nach längerer Praxis kann der *Barrister* durch Kooptation der Innung — 3. graduirter Advokat *(Sergeant at Law)*, Doktor des gemeinen Rechtes werden, und tritt damit in eine engere Innung ein — Doktoren-Innung *(Sergeants Inn)*. — Da die Mitglieder der Innung Zeitlebens anzugehören pflegen, so gehören zu den vier Inns viele hundert Mitglieder, welche nie praktizirt oder zu praktiziren die Absicht gehabt haben. Zur *Sergeants Inn* gehört das höhere Richterpersonal. Das frühere Privilegium der *Sergeants* vor dem Gerichtshof der gemeinen Klagen in Banksachen *(Court of Common pleas in Banco)* zu plaidiren, hat durch 9 und 10 Victoria c. 54 aufgehört. Noch immer aber hat der *Sergeant* einen Vortritt in der Reihenfolge der im Audienztermin zu verhandelnden Prozesse. Eine solche Präzedenz kann auch ausdrücklich von der Krone verliehen werden, und neuerdings geschieht dies durch die Ernennung zum „Königlichen Rath" *(Queen's Counsel)*, welche im Wesentlichen als Titulatur auf Vorschlag des Lord Kanzlers ertheilt wird. Die Rechtsgelehrtenliste *(Law List)* von 1856 enthält 3816 Advokaten, darunter 28 *Sergeants at Law*, 100 *Queen's Counsel*, an deren Spitze als Ehren-Senior der alte königliche Rath *(Queen's Ancient Sergeant)* steht.

Ausser den *Barristers* giebt es ausserordentliche Advokaten *(Special Pleaders)*, die sich nicht förmlich zur Barre berufen lassen, sondern für die Anwälte schwierige Schriftsätze ausarbeiten und eine Art von Notaren *(Conveyancers)* bilden, welche sich mit der Aufnahme von Rechtsgeschäften über Grundstücke befassen. Bei den Billigkeitsgerichten heissen die *Special Pleaders* — Billigkeitsschriftenverfasser *(Equitydraftsmen)*. — Man nennt dies eine Praxis „unter der Barre" *(under the Bar)*. — Viele *Barristers* sind in Aemtern thätig, andere blos Ehren halber *Barristers*. Alle diese können zu keiner Praxis kommen.

Da die meisten Geschäfte der Reichsgerichte auf den *Circuits* verhandelt werden, so lassen sich die meisten praktizirenden Advokaten bei einem *Circuit* einschreiben und folgen dann den reisenden Richtern dahin, wo sie Aufträge haben oder erwarten. Schicklichkeitshalber darf man nur an einem *Circuit* theilnehmen. Für die Quartalsitzungen von Middlesex, für den Centralhof zu London und für zweiundneunzig wichtige *Sessions* hat sich ein noch engerer Kreis von praktizirenden Advokaten gebildet; in Manchester, Liverpool und ein Paar anderen Orten sogar eine örtliche Barre *(Local Bar)* von Advokaten, die dort ihren Wohnsitz nehmen, sich aber freilich mehr mit Bankrottfällen und Realitätengeschäften abgeben. Uebrigens bleibt das Advokatenpersonal noch in London konzentrirt, wo der praktizirende Advokat sich sein Bureau *(Chambers)* in den weitschichtigen Gebäuden der Inns miethet.

Der Verwaltungsrath besteht in *Lincoln's Inn* aus sechsundfünfzig, im *Inner Temple* aus zweiundvierzig, im *Middle Temple* aus achtundzwanzig, in *Gray's Inn* aus einundzwanzig *Benchers*. Darunter sind gewöhnlich eine Anzal richterlicher Personen, sehr viele *Queen's Counsel*; jedenfalls sind es Advokaten von wenigstens siebenjähriger Praxis. Sie üben eine Disziplinargewalt gegen Studirende bis zu Relegation *(Expulsion)*, gegen einen *Barrister* bis auf Untersagung der Praxis für zwei Jahre *(Screening)* oder auf Entfernung von der Barre für immer *(Disbarring)*. Die Praxis ist wie bei allen Ehrenräthen sehr milde; ein Rekurs dagegen an die Richter der Reichsgerichte ist zulässig, aber sehr selten von Erfolg. Bei wichtigen Fragen treten die *Benchers* der vier Inns wohl zu gemeinsamer Berathung zusammen, z. B. 1833 bei der ersten Zulassung eines Juden zur Advokatur. Förmlich inkorporirt sind diese Inns übrigens niemals.

Die titulirten Advokaten *(Queen's Counsel)* erhalten durch den Rathstitel einen Sitz innerhalb der Barre gleich dem Staatsanwalt *(Attorney General*, auch *Solicitor General)* das Recht, eine seidene Robe zu tragen, Vortritt im Range der Audienz, in der Regel auch höhere Gebühren. Die Ertheilung des Titels gilt als Auszeichnung im Berufskreise. Eine Verweigerung aus politischen Parteirücksichten ist selten und unter öffentlicher Missbilligung eingetreten. — Der Rang des *Sergeant at Law* wurde früher mit grossen Promotionsfeierlichkeiten ertheilt, giebt das Recht der purpurfarbenen oder scharlachfarbenen Robe, und ist nothwendige Durchgangsstufe für die Richter der Reichsgerichte.

Seit dem fünfzehnten Jahrhundert ist die Advokatur allmälig die ausschliessliche Vorstufe zum Richteramt geworden, die neueren Gesetze bestimmen sogar die Qualifikation zu dem Richteramt ausdrücklich nach fünfzehn-, zehn-, sieben- oder fünfjähriger Advokatenpraxis. Durch die ausschliessliche Gelegenheit zur Ausbildung im praktischen Recht hat die Advokatur viele Stellen im Parlament und überhaupt einen grossen gesellschaftlichen Einfluss gewonnen. Durch das Zusammenwohnen in den Inns, wo sich alle Bureaux befinden, durch die gemeinschaftlichen Mahle während der Termine *(terms)*, durch die gemeinschaftlichen Rundreisen, durch das Verbleiben der Richter in *Sergeants Inn* hat sich ein starker korporativer Geist gebildet und erhalten. Die Richter selbst verlieren nie das Bewusstsein der Angehörigkeit zu einer Genossenschaft, in der sie von den Studienjahren an bis zum Lordkanzleramt bleiben und in welcher sich auch während schlimmer Zeiten ein tüchtiger Sinn erhielt.

Das Resultat einer solchen Gestaltung ist ein hoher Grad von Ehrenhaftigkeit im Handeln, ein zartes Ehrgefühl, Freimuth und Unabhängigkeit der Gesinnung. Die freie Konkurrenz hat hier wie in der französischen Advokatur eine gewisse Lebensfrische erhalten, und einen Sinn, welcher innerhalb der ständischen Parteiregierung den festen Halt des Verfassungsrechtes bildete. Aus Ehrenrücksichten darf der Advokat kein Honorar einklagen, er ist unverantwortlich für das, was er zur Sache spricht; unverantwortlich für Versehen. Nur für Betrug und Collusion kann er zur Rechenschaft gezogen werden. Das Honorar der Advokaten bestimmt und zahlt der Anwalt bei Uebersendung des *Status causae.* Es ist nicht nur gegen die Etikette, sondern auch gegen die allgemeine Praxis der Barre, jemals von dem Honorar Notiz zu nehmen oder zu sprechen. Aus Ehrenrücksichten galt es für den Advokaten nur schicklich, zwei Guineen oder nichts zu nehmen.

Und dennoch sind trotz ihrer ehrwürdigen Erinnerungen die alten Advokaten-Innungen im ökonomischen und intellektuellen Verfall begriffen. Es bewährt sich der Satz, dass Innungen, aus geschlossenen Berufsständen gebildet, trotz aller Grösse der Entwicklung allmälig in Isolirung zerfallen. Indem man die Advokatur zu einer „edlen freien Kunst" erhob, die untergeordnete Arbeit *(Underwork)* den Anwälten zuschob, der Advokat in vornehmer Stellung sich von jedem Verkehr mit dem Publikum abschloss, so suchten die als erwerbende Klasse ausgestossenen Anwälte den Mangel an Ehre durch desto höhern Geldgewinn zu ersetzen. Die lukrative Seite der Advokatur ging immer mehr auf sie über und die Masse der jüngern Advokaten — entschiedene Talente ausgenommen — kommt dadurch allmälig umgekehrt in ein Verhältniss der Protektion zu den Anwälten, deren Gunst und Vertrauen ihnen eine Praxis verschafft. Der Anwalt, von der Advokateninnung ausgeschlossen, lässt nun womöglich seinen Sohn studiren, um durch ihn seine Sachen plaidiren zu lassen.

Schon die Studienzeit in den Inns ist ziemlich so kostbar, wie die auf den englischen Universitäten, und die ersten fünf Jahre der Praxis geben auch dem tüchtigen Barrister wenig Aussicht, seine Kosten zu decken. Ein einzelner Kursus in den Bureaux eines Advokaten kostet auf ein Jahr sechshundertdreissig Thaler Gold, die Gesammtkosten für fünf Jahre etwa sechs bis zehntausend Thaler Gold, die ersten Jahre der Praxis kosten fast eben so viel, während das Publikum die Lage des Standes nur nach den wenigen grossen Loosen und nach den Richtergehalten beurtheilt. In der That legt die Advokatur ihren Mitgliedern grosse Opfer auf, sie ist im günstigsten Falle einer der schwersten Berufe, nicht selten mit dem Opfer der Gesundheit, noch öfter mit dem Opfer der Lebensfreude errungen. Und auch dem Publikum kann die Zahl der glänzenden Namen in der Barre von London auf die Dauer unmöglich den Mangel rechtsverständiger Rathgeber im ganzen Lande ersetzen. — Das sogenannte Gunstgeschäft für junge Advokaten ist durch die verbesserte Prozessordnung weggefallen, nach welcher viele interlokutorische Anträge nicht mehr plaidirt, sondern durch Dekrete des Richters erledigt werden. Die Menge der jüngeren Advokaten sieht sich daher genöthigt, auf eine Anstellung im Staatsdienst zu denken und verliert eben damit die genossenschaftliche Selbstständigkeit.

Fast nicht minder bedenklich ist der intellektuelle Zustand der Advokatur. Die abgeschlossene korporative Bildung giebt allerdings den gelehrten Berufen, die unter wechselnden Parteiregierungen nothwendige Selbstständigkeit; sie macht aber die gesellschaftliche Stellung zur Hauptsache, die geistige Entwicklung zur Nebensache. Sie erzeugt tüchtige Individuen, bildet aber nicht eine Klasse von wissenschaftlichen Juristen. Einer Korporation praktizirender Advokaten kann auch bei der höchsten Ehrenhaftigkeit die wissenschaftliche Ausbildung ihrer Konkurrenten nicht als der Hauptzweck erscheinen. Gerade von ihrem Standpunkt aus liegt die Auffassung nahe, dass es beim Juristen darauf ankomme, immer nur recht praktisch das zu lernen, was man unmittelbar zur Anwendung gebraucht. Demgemäss gestaltet sich der Studienkursus dahin:

1. Zur Aufnahme in die Innung ist keine Vorbildung nöthig, sondern nur ein Zeugniss von zwei *Barristers*, welches eine blosse Förmlichkeit, höchstens ein Attest für die Respektabilität des Kandidaten ist. Die Forderung einer gewissen Schul- oder Vorbildung „würde in Wider-

spruch stehen mit dem Rechte aller Unterthanen Ihrer Majestät zur Aufnahme in die Inns".

2. Die älteren Inns sorgten durch Vorlesungen für die Ausbildung ihrer Lehrlinge. Allein dies dauerte nur so lange, wie die Eifersucht auf die Behauptung der *Common Law* gegen Geistlichkeit und fremde Rechte. Sie zerfallen im siebzehnten Jahrhundert und verschwinden im achtzehnten. Die sogenannten Disputirübungen *(Mootings)* sind eine blosse Förmlichkeit. Der Studienkursus reduzirt sich daher auf eine Theilnahme an den Gastmählern des Inn während des *Term*. Durch eine *Praesumptio juris et de jure* folgt daraus die Anwesenheit im Inn, und aus der Anwesenheit wiederum die Vermuthung wirklicher Studien. Für diese steht die Bibliothek der Innung offen. Auch bei den Universitäten zu Oxford und Cambridge bestehen die beiden Rechtsstühle nur nominell. Erst seit 1845 ist die Wiedereinführung von Vorlesungen versucht, und 1851 ein Rath für Rechtsunterricht *(Council of Legal Education)* gebildet, bestehend aus dem zeitigen *Solicitor General* und sieben Mitgliedern der Inns. Die jetzt bestellten fünf Vorleser *(Readers)* behandeln 1. das Verfassungsrecht und die Rechtsgeschichte *(Constitutional Law and Legal History)*; 2. das Billigkeitsverfahren *(Equity)*; 3. das Gesetz über Grundeigenthum etc. *(Law of real property etc.)*; 4. Rechtsprechung und Civilrecht *(Jurisprudence and Civil Law)*; 5. gemeines Recht *(Common Law)* — bisher im äusserst dürftigen Maassstabe. Es ist natürlich nicht leicht, aus einem Advokaten ohneweiters einen Rechtsprofessor zu machen und die grossen Fonds der Inns werden für die Anstellung von Beamten, Beiträge zu den Gastmählern und Verwaltungskosten absorbirt. Die Studirenden haben die Wahl, diese Vorlesungen zu hören oder sich von Zeit zu Zeit einem Examen zu unterwerfen. Auch sind drei Stipendien von fünfzig Guineen gestiftet.

3. Für seine praktische Ausbildung bleibt es dem Studirenden überlassen, gegen hundert Guineen Honorar je auf ein Jahr in die *Chambers* eines Advokaten oder *Special Pleader* zu gehen. Der Studirende ist jedoch auch hier sich ziemlich selbst überlassen. Er sieht die einzelnen Vorgänge, er mag sie aufzeichnen oder nicht, wie ihm beliebt. „Er sieht die Fälle, welche dem Advokaten zur Beantwortung vorgelegt werden, er sieht die Antworten und mag darüber mit seinem Lehrer sprechen und diskutiren, aber die Regel ist, dass er sich selbst überlassen bleibt."

4. Nach fünfjährigem Aufenthalt im Inn (für Graduirte an den Universitäten nach drei Jahren) tritt dann gegen eine Zahlung einer Gebühr von fünfzig Pfund Sterling die Berufung zur Barre ein, und die weitere Ausbildung wird der Praxis überlassen, welche auch wirklich tüchtige Juristen bildet, aber in mässiger Zahl und in der Regel nur in einem Spezialzweig ausgezeichnet. Die englische Jurisprudenz verliert eben dadurch die Beherrschung ihres Gebiets. Der Zustand der Gesetzgebung und der schwerfällige Formalismus der Praxis sind zum Theil nothwendige Folge des Mangels einer juristischen Generalbildung. Die Advokaten, welche zu *Queen's Counsel* oder zu *Sergeants* befördert sind, werden allerdings in die Kommission der reisenden Richter ihres *Circuit* aufgenommen, fungiren gelegentlich als Substituten und bilden sich dadurch zum Richteramt vor. Nur die enge Kollegialität der Westminsterhöfe aber macht es möglich, mit Richtern auszureichen, die gewöhnlich nur in einem Zweig eine wirkliche Bildung erworben haben. Bei der Menge der neu angestellten Einzelrichter fällt diese Möglichkeit der gegenseitigen Ergänzung hinweg, weshalb die Praxis der Kreisrichter bis jetzt noch zerfahren und unsicher genug ist.

Die Vorschläge zur Abhilfe dessen wiederholen sich von Jahr zu Jahr. Ein neuester geht dahin, die Inns zu einer Universität zu vereinigen mit einem Kanzler und Senat. Die aufzunehmenden Rechtsstudirenden sollen entweder ein Abiturienten-Examen als Baccalareus der schönen Wissenschaften *(Bachelor of Arts)* oder eine Spezialprüfung aus englischer Geschichte und Latein bestehen. Vor der Zulassung zur Barre soll eine Prüfung 1. aus Verfassungsrecht, englischer Rechtsgeschichte, Jurisprudenz und römischem Recht; 2. aus gemeinem Recht *(Common Law)*, aus dem Billigkeitsverfahren *(Equity)* und aus Grundbesitzlehre *(Real Property)* vorangehen, so dass der Kandidat aus jeder der zwei Reihen eine Disziplin wählen darf.

2. Die Anwälte (Attorneys).

Den Anwälten fällt in der englischen Geschäftstheilung die Vorbereitung des Prozesses, die Einziehung der Information, die Verhandlung mit den Parteien, die Anfertigung der einleitenden Schriftsätze, kurz die ganze Prozessführung soweit zu, bis die Sache in einem *status causae (brief)* dem Advokaten als Grundlage seines mündlichen Vortrags vor Gericht vorgelegt werden kann. Der Advokat verhandelt der Etikette gemäss nie mit der Partei selbst, die er gewöhnlich gar nicht kennt. Ausser dem persönlichen Verkehr und der ganzen Korrespondenz mit der Partei führt der Anwalt die Geschäfte unserer Notare, Privatagenten, Kommissionäre, Häuser- und Gütermäkler, Bauernadvokaten und Winkelkonsulenten, entwirft Kauf- und Miethskontrakte, Schuldverschreibungen, Heiratskontrakte u. s. w. Bei kleinen Gerichten, bei welchen die Advokaten herkömmlich nicht plaidiren, namentlich bei vielen Kreis-, Stadt- und Polizeigerichten, versieht er zugleich die Stelle des Advokaten. Ferner werden die Stellen der Untersheriffs, der Schreiber bei den Friedensgerichten *(Clerks of the Peace)*, der Stadtschreiber *(Town Clerks)*, der Gerichtsschreiber und alle Subalternstellen, bei denen es auf eine gewisse technisch-juristische Bildung ankommt, mit Anwälten besetzt. Die Juristenliste *(Law List)* von 1856 enthält daher begreiflicherweise 2993 Londoner Anwälte *(London Attorneys)*, 6686 Land-Anwälte *(Country Attorneys)*. In Prozessen vor den Reichsgerichten bedürfen die Bewohner der Provinzen zweier Anwälte, indem der *Country Attorney* sich mit einem *London Attorney* in Korrespondenz setzt. In grossen Geschäften treten auch oft zwei oder drei *Attorneys* in eine Firma zusammen und beschäftigen zuweilen 30 Schreiber und mehr. Dem Publikum gegenüber treten die Anwälte also wie Handlungshäuser und kleine Geschäftsleute auf. Den Gerichten gegenüber sind sie Unterbeamte des Hofes, bei dem sie eingeschworen sind, und welcher eine Disziplinargewalt über sie ausübt. Bei den Billigkeitsgerichten partizipirend heisst der Anwalt Sachwalt *(Solicitor)*, doch ohne erheblichen Unterschied der Stellung.

Durch eine umständliche Anwaltsordnung 6 et 7 Vict. c. 73 sind jetzt 32 ältere Gesetze aufgehoben, 58 Gesetze theils beibehalten, theils modifizirt. Jeder Anwalt muss bei dem Gericht, bei welchem er praktiziren will, gehörig zugelassen und immatrikulirt sein. Ein Registrator *(Registrar)* soll eine alphabetische Liste dieser Anwälte führen, bei ihm sind die Bestallungen, Certifikate zu extrahiren (doch so, dass das Amt des Registrators vorläufig der inkorporirten Gesellschaft der Anwälte übertragen wird). Sodann ist bei dem Stämpelamt ein jährlicher Stämpel zu lösen. Anwälte, die bei einem Reichsgericht zugelassen sind, können sich auch in die Stelle eines jeden anderen Gerichtshofes einzeichnen; Anwälte des Kanzleihofes bei anderen Billigkeits- und Bankrottgerichten. Zugleich wird die Lehrzeit und das Recht der Lehrkontrakte für angehende Anwälte *(Articled Clerks)* regulirt. Das vorgesetzte Gericht kann einen Anwalt wegen schlechten Betragens ausschliessen *(strike of the rolls)*, seine Kostenrechnungen taxiren und ermässigen, wobei ihm jedoch ein Retentionsrecht an den Manualakten zusteht.

Schon frühzeitig hat sich die Gesetzgebung mit den Anwälten beschäftigt. Durch 13 Edw. I. c. 10 werden sie im Allgemeinen zugelassen, während es früher erst einer Spezialerlaubniss bedurfte. Nach 4. Hen. IV. c. 18 sollen die Richter sie prüfen, vereidigen, unbrauchbare entfernen. Durch 33. Hen. VI. c. 7. wird sogar die Zahl der Anwälte in Norfolk und Suffolk beschränkt. Beim summarischen Strafverfahren ist ihre unbedingte Zulassung erst durch 6 et 7 Will. IV. c. 114 ausgesprochen. Schon im Jahre 1800 waren in London 1800, in den Provinzen 3500 Attorneys.

Wenn man den *Attorney* einen „weltlichen Beichtvater" der englischen Familie genannt hat, so ist diess ungefähr bezeichnend. Jede respektable Familie, jedes bedeutende Geschäft hat seinen Anwalt, der bei jedem präjudizirlichen Schritt um Rath gefragt, dem die Papiere anvertraut, die Wahl eines Advokaten für Prozesse überlassen, der ganze Vermögenszustand des Hauses offen gelegt wird. Die Gewöhnung des Publikums, der verwickelte Zustand des Rechts, und in gewissem Maasse auch der Handelsgeist der Nation haben dies Verhältniss hervorgerufen. Wie die Stellung, so ist auch die Ausbildung des Anwalts eine rein kaufmännische. Schreibenskundige Knaben von 10—13 Jahren treten als Lehrlinge ein, avanciren zum Laufburschen *(out-door apprentice)* und können dann nach abgelaufenen Lehrkontrakt sich selbständig etabliren. Sir George Stephen, einer der Senioren der Anwaltschaft, erzählt, dass in sein Büreau „Lehrlinge aus guten Familien so gänzlich unwissend hineinkamen, dass er sich schämte, sie zu behalten, und sie mit eigenem Verluste heimschickte." — „Ich habe nie gehört, dass irgend ein *Solicitor* irgend einen Anspruch auf irgend einen Grad von Vorbildung gemacht hätte, wenn er einen Lehrling annahm. Und ich muss gestehen, dass unter 50 *Solicitors* selbst unter den respektabelsten der Profession nicht einer ist, mit einer Erziehung, die bis zur fünften Schulklasse reicht." Man könnte glauben, dass eine solche Gestaltung eine volksthümliche Rechtsbildung ausserordentlich befördern müsse. Allein sie befördert nur den Einfluss des Kapitals innerhalb derselben. Der fleissige, fähige aber arme *Clerk* bleibt zeitlebens Commis, während der junge vermögende Mann nach ein paar Lehrjahren als Theilnehmer oder Nachfolger in eine bestehende Firma eintritt; denn das Entscheidende sind ja zunächst nicht Rechtskenntnisse, sondern der Name der

Firma; nicht Tüchtigkeit, sondern Vermögen. Die alten grossen Geschäfte mit ihren tüchtigen Commis sind in der Regel solide; doch kommen auch hier Versehen aus Rechtsunkenntniss oft genug vor. In den kleineren Geschäften ist die Prellerei zu Hause; in allen Geschäften das Sportuliren. Der vornehme, reiche Mann hält sich an die grossen soliden Firmen und betrachtet die Gebühren des Anwalts, ohne welchen man sich in englischen Vermögensverhältnissen kaum selbst zu bewegen getraut, als einen Theil seiner Administrationskosten. Aber die Masse der Mittelstände, die arbeitenden Klassen, die der Rechtshülfe am meisten Bedürftigen? Es ist nicht Vorurtheil, sondern es ist ein wirklicher Fehler der Gesammtentwicklung, der den Stand der Anwälte beim Volke so unpopulär, die neuen Kreisgerichte so populär gemacht hat. Der niedere Adel *(gentry)* glaubt sehr leicht einen musterhaften Rechtszustand zu haben, wenn nur *in thesi* Jedermann die Möglichkeit gegeben ist, sein Recht zu erhalten. Wenn ich aber, um mein Recht zu erhalten, erst einen Grafschaftsanwalt bezalen muss, dann einen *London Attorney*, dann einen *Barrister* und *junior Barrister*, dann *Sheriffs*- und Gerichtskosten, wovon der Gegner nur oft kaum ein Zehntel zu ersetzen braucht: so ist dies eben nur eine Justiz für die *Gentry*, ähnlich wie nach den Idealen französischer Handelsherren und Advokaten eine vortreffliche Justiz für die kapitalbesitzenden Klassen sich gebildet hat.

Da nun aber doch der verhasste Stand der Anwälte einmal unentbehrlich ist, so hat sich die neuere Gesetzgebung entschlossen, „der öffentlichen Meinung" einige dringend nöthige Konzessionen zu machen, 1. durch etwas strengere Kontrole der Zulassung, namentlich Einregistrirung, 2. durch Verschärfung der Disziplin. Jeder Anwalt muss in Person auftreten, er muss der Partei eine spezifizirte Kostenrechnung zustellen, und darf erst nach Ablauf eines Kalendermonats seine Kosten einklagen. Die Partei kann im Gerichtsbureau die Kosten taxiren und ermässigen lassen. Auch wird der Anwalt durch Gerichtsdekret zur Ausstellung der Liquidation und zur Aushändigung der Manualakten und Urkunden angehalten. Das Gericht kann in summarischer Weise ihn entlassen wegen Betruges, Bestechung und wegen eines Verfahrens gegen die klare Ordnung des Rechtsverfahrens und gegen die gewöhnliche Ehrbarkeit *(obvious rules of justice and common honesty)*. Auch ist der Anwalt wegen Versehens regresspflichtig; — 3. ist einige Fürsorge getroffen für bessere Ausbildung der Anwälte, wenigstens zur Erreichung eines solchen Grades technischer Ausbildung, wie er für so verantwortliche Geschäfte unentbehrlich ist. Schon 1827 traten Tausend vierhundert Anwälte zu einer juristischen Gesellschaft *(Law Society)* zusammen, gründeten eine Bibliothek, gewannen Advokaten für kleine Vorlesungen in den Elementen der Rechtspraxis, und erhielten von der Regierung einige Befugnisse eines Ehrenraths. Seit 1837 begann ein Sistem der Vorprüfungen, 1843 wurde ein solches durch die Anwaltsordnung zum Gesetz erhoben. Es werden dadurch die Lehrkontrakte geordnet, kein *Attorney* soll mehr als zwei Lehrlinge *(Articled Clerks)* annehmen, die Lehrzeit fünf Jahre dauern, und vor der Zulassung eine Prüfung stattfinden vor einem Gerichtsbeamten und vier *Solicitors*, welche der Gerichtshof zu Examinatoren ernennt. Die Prüfung ist freilich sehr mechanisch und dürftig, nach schriftlichen Fragen, die auch wohl im Druck erscheinen mit populären Anweisungen u. s. w. Zu mündlichen Fragen hielten sich die Examinatoren bisher nicht berechtigt, „weil die Parlamentsakte davon nichts sagt.“ Die Schwächlichkeit dieser Massregeln erklärt sich sehr natürlich aus der nothwendigen Rücksicht auf eine höchst einflussreiche Klasse, aus welcher eine grosse Zahl im Unterhaus sitzt. Die grossen Anwaltsfirmen im Besitz der grossen Praxis finden kaum ein Bedürfniss einer Verbesserung des alten ehrwürdigen Zustandes.

ANHANG.

Gesetz vom 6. Juli 1868,

womit eine Advokatenordnung eingeführt wird.

Mit Zustimmung der beiden Häuser des Reichsrathes finde Ich zu verordnen, wie folgt:

Art. I.

In den im Reichsrathe vertretenen Königreichen und Ländern wird die nachfolgende Advokatenordnung eingeführt und hat dieselbe mit 1. Jänner 1869 in Wirksamkeit zu treten.

Art. II.

Von diesem Tage an sind die bisherige provisorische Advokatenordnung vom 16. August 1849, Reichs-Gesetz-Blatt Nr. 364, sowie überhaupt alle Gesetze und Vorschriften, welche Gegenstände dieser Advokatenordnung betreffen, insoweit sie mit den gegenwärtigen Bestimmungen nicht im Einklange stehen, aufgehoben.

Art. III.

Bis zur Konstituirung der neuen Advokatenkammern und deren Ausschüsse haben die bestehenden Kammern und deren Ausschüsse die Geschäfte nach den Bestimmungen dieses Gesetzes zu besorgen.

Art. IV.

Statt der im §. 211 des Gesetzes vom 27. Jänner 1840, Nr. 404 J. G. S., für die Zulassung zur Advokatur festgesetzten Taxe ist bei der Eintragung in die Advokatenliste eine Abgabe von 10 fl. mittelst Stämpelmarken zu entrichten.

Von dieser Abgabe sind jedoch die Personen, welche vor Wirksamkeit dieses Gesetzes eine Advokatur erlangt haben, für die erste Eintragung in die Advokatenliste dann befreit, wenn sie diese Eintragung in jenem Oberlandesgerichtssprengel erwirken, in welchem sie bereits früher zur Advokatur zugelassen waren.

Art. V.

Mit der Vollziehung dieses Gesetzes ist der Justizminister beauftragt.

Laxenburg, am 6. Juli 1868.

Franz Joseph m. p.
Auersperg m. p. Herbst m. p.

Advokaten-Ordnung.

Erster Abschnitt.

Erfordernisse zur Ausübung der Advokatur.

§. 1. Zur Ausübung der Advokatur in den im Reichsrathe vertretenen Königreichen und Ländern bedarf es keiner behördlichen Ernennung, sondern lediglich der Nachweisung der Erfüllung der nachfolgenden Erfordernisse und der Eintragung in die Liste der Advokaten. (§. 7.)

Diese Erfordernisse sind:

a) Das Heimatrecht in einer Gemeinde in diesen Königreichen und Ländern;
b) die Eigenberechtigung;
c) die erfolgte Zurücklegung der juridisch-politischen Studien, sowie die nach Ablegung der vorgeschriebenen strengen Prüfungen an einer in diesen Königreichen und Ländern befindlichen Universität erlangte juridische Doktorswürde;
d) die praktische Verwendung in der gesetzlichen Art und Dauer;
e) die mit Erfolg zurückgelegte Advokaturprüfung.

§. 2. Zur Darthuung der praktischen Verwendung ist eine von dem Zeitpunkte der erfüllten gesetzlichen Bedingungen zum Eintritte in die Gerichtspraxis an zu berechnende siebenjährige Advokaturpraxis auszuweisen, und zwar:

a) eine einjährige, bei einem Gerichtshofe dieser Königreiche und Länder vollstreckte civil- und strafgerichtliche Praxis;
b) eine durch sechs Jahre bei einem Gerichte oder einem Advokaten in diesen Königreichen und Ländern vollstreckte Praxis, wovon wenigstens drei Jahre nach erlangtem Doktorate bei einem Advokaten zugebracht werden müssen. Die Praxis bei einer k. k.

Finanzprokuratur ist der bei einem Advokaten geschöpften gleich zu achten.

Die gerichtliche Praxis ist durch das Gericht, jene bei einem Advokaten durch den Ausschuss der Advokatenkammer, die bei einer Finanzprokuratur durch diese zu bestätigen.

§. 3. Die Advokaturprüfung ist nur gegen Nachweisung der Erfüllung der im §. 1 c und d erwähnten Erfordernisse und nach erlangter Doktorswürde, jedoch bereits nach Ablauf von vier Jahren der nach §. 2 vorgeschriebenen Praxis zu gestatten.

§. 4. Wo und in welcher Weise und Art die Advokaturprüfung abzulegen ist, wird durch ein besonderes Gesetz festgestellt werden.

Bis zur Zeit, als das zu erlassende Gesetz in Wirksamkeit treten wird, haben die diessfalls bestehenden gesetzlichen Vorschriften zu gelten.

§. 5. Nach abgelegter Prüfung und nach Ausweisung der Erfüllung der im §. 1 c und d und §. 2 a und b erwähnten Erfordernisse hat der Bewerber bei dem Oberlandesgerichte zu schwören: „dem Kaiser Treue und Gehorsam, unverbrüchliche Beobachtung der Staatsgrundgesetze, sowie aller anderen Gesetze und gewissenhafte Erfüllung seiner Pflichten."

Dieser Eid ist in Fällen der Uebersiedlung an einen anderen Ort zur Ausübung der Advokatur nicht zu erneuern.

Gegen die Verweigerung der Eidesabnahme steht ebenso, wie gegen die Nichtzulassung zur Advokaturprüfung der Rekurs an den obersten Gerichtshof offen.

§. 6. Die fünfjährige Verwendung als stimmführender Rath bei einem Gerichtshofe im Geltungsgebiete dieses Gesetzes ersetzt die Erfordernisse des Doktorates, der Praxis und der Advokaturprüfung.

Diese Begünstigung kommt jenen nicht zu statten, welche auf Grund eines Disziplinarerkenntnisses aus dem Staatsdienste entlassen oder unfreiwillig in den Ruhestand versetzt wurden.

§. 7. Nach erfolgter Eidesablegung hat der Bewerber bei dem Ausschusse der Advokatenkammer, in deren Sprengel er seinen Wohnsitz nimmt, unter Angabe des letzteren und unter Nachweisung der Prüfung und Eidesablegung, sowie der Erfüllung der gesetzlichen Erfordernisse a und b, §. 1, seine Eintragung in die Advokatenliste zu erwirken.

Diess vorausgesetzt, hat der Ausschuss, wenn dem Bewerber nicht ein Grund nach dem Strafgesetze oder nach den Bestimmungen dieses Gesetzes entgegensteht, die Eintragung zu bewilligen. Gegen die verweigerte Eintragung in die Liste der Advokaten steht dem Betheiligten das Recht der Berufung an die Advokatenkammer und von dieser an den obersten Gerichtshof zu.

In wieferne diese Eintragungen in Folge eines Disziplinarerkenntnisses zu verweigern sind, bestimmen die Disziplinarvorschriften.

Die erfolgte Eintragung ist dem Oberlandesgerichte, dem obersten Gerichtshofe und dem Justizministerium durch den Ausschuss anzuzeigen und durch die Wiener und durch die amtliche Landeszeitung zu veröffentlichen.

Zweiter Abschnitt.

Rechte und Pflichten der Advokaten.

§. 8. Das Vertretungsrecht eines Advokaten erstreckt sich auf alle Gerichte und Behörden sämmtlicher im Reichsrathe vertretenen Königreiche und Länder und umfasst die Befugniss zur berufsmässigen Parteienvertretung in allen gerichtlichen und aussergerichtlichen, in allen öffentlichen und Privatangelegenheiten.

§. 9. Der Advokat ist verpflichtet, die übernommenen Vertretungen dem Gesetze gemäss zu führen und die Rechte seiner Partei gegen Jedermann mit Eifer, Treue und Gewissenhaftigkeit zu vertreten. Er ist befugt, Alles, was er nach dem Gesetze zur Vertretung seiner Partei für dienlich erachtet, unumwunden vorzubringen, ihre Angriffs- und Vertheidigungsmittel in jeder Weise zu gebrauchen, welche seiner Vollmacht, seinem Gewissen und den Gesetzen nicht widerstreiten.

Der Advokat ist zur Verschwiegenheit über die ihm anvertrauten Angelegenheiten verpflichtet. In wieferne er in Ansehung dessen, was ihm in seiner Eigenschaft als Vertreter und Vertheidiger von seiner Partei anvertraut wurde, von der Verbindlichkeit zur Ablegung eines Zeugnisses im Civil- oder Strafverfahren befreit sei, bestimmt die Civil- und Strafprocessordnung.

Zur Vorlage der Information (*species facti*) an den Civilrichter ist der Advokat nicht gehalten.

§. 10. Der Advokat ist nicht verpflichtet, die Vertretung einer Partei zu übernehmen und kann dieselbe ohne Angabe der Gründe ablehnen; allein er ist verpflichtet, die Vertretung oder auch nur die Ertheilung eines Rathes abzulehnen, wenn er die Gegenpartei in derselben oder in einer damit zusammenhängenden Sache vertreten hat oder in solchen Angelegenheiten früher als Richter oder als Staatsanwalt thätig war. Ebenso darf er nicht beiden Theilen in dem nämlichen Rechtsstreite dienen oder Rath ertheilen.

Der Advokat ist überhaupt verpflichtet, durch Redlichkeit und Ehrenhaftigkeit in seinem Benehmen die Ehre und Würde des Standes zu wahren.

Einer zahlungsfähigen Partei, deren Vertretung kein Advokat freiwillig übernimmt, hat der Advokatenausschuss einen Advokaten als Vertreter zu bestellen, in welchem Falle dieser gegen Sicherstellung der Vertretungsgebühren die Vertretung übernehmen muss.

§. 11. Der Advokat ist schuldig, das ihm vertraute Geschäft, so lange der Auftrag besteht, zu besorgen und ist über die Nichtvollziehung verantwortlich.

Der Advokat ist jedoch berechtigt, seiner Partei die Vertretung zu kündigen, in welchem Falle, sowie in jenem, wenn die Kündigung von der Partei erfolgt, der Advokat gehalten ist, selbe noch durch vierzehn Tage, von der Zustellung der Kündigung an gerechnet, in so weit zu vertreten als nöthig, um die Partei vor Rechtsnachtheilen zu schützen.

Diese Verpflichtung entfällt, wenn die Partei dem Advokaten das Mandat widerruft.

§. 12. Wenn die Vertretung aufgehört hat, ist der Advokat verpflichtet, der Partei über Verlangen die ihr gehörigen Urkunden und Akten im Originale auszuhändigen, ist aber berechtigt, falls seine Vertretungskosten nicht berichtigt wären, die zu deren Feststellung nöthigen Abschriften der auszufolgenden Schriftstücke auf Kosten der Partei anzufertigen und zurückzubehalten.

Schriftenentwürfe, Briefe der Partei an den Advokaten und andere Handakten, endlich Nachweise über geleistete und ihm noch nicht rückersetzte Zahlungen der Partei auszufolgen, ist der Advokat niemals verpflichtet, wohl aber gehalten, derselben auf ihr Verlangen und ihre Kosten Abschriften hievon auszuhändigen. Diese Verpflichtungen, sowie die Verbindlichkeit zur Aufbewahrung der Akten erlöschen nach fünf Jahren, von dem Zeitpunkte an gerechnet, als die Vertretung aufgehört hat.

§. 13. Der Advokat ist nicht verpflichtet, der Partei die Vollmacht zurückzustellen; doch ist letztere berechtigt, den Widerruf der Vollmacht auf derselben ersichtlich zu machen.

§. 14. Der Advokat ist berechtigt, im Verhinderungsfalle einen anderen Advokaten unter gesetzlicher Haftung zu substituiren; in Fällen von andauernder Verhinderung oder längerer Abwesenheit ist die Substitution dem Ausschusse der Advokatenkammer anzuzeigen, welcher diess auch dem betreffenden Oberlandesgerichte zur Verständigung an die ihm unterstehenden Gerichte mitzutheilen hat. Einer Urlaubsbewilligung zu einer längeren Abwesenheit bedarf der Advokat nicht.

§. 15. Bei denjenigen Verhandlungen, wo die Beiziehung eines Advokaten nicht ausdrücklich vorgeschrieben ist, kann der Advokat sich durch einen bei ihm in Verwendung stehenden Advokaturkandidaten, welcher sich mit der Legitimation des Ausschusses der Advokatenkammer auszuweisen hat, jedoch unter seiner Verantwortung vertreten lassen.

§. 16. Der Advokat ist jederzeit berechtigt, sich eine bestimmte Belohnung zu bedingen; er ist jedoch nicht berechtigt, eine ihm anvertraute Streitsache ganz oder theilweise an sich zu lösen.

Er ist in allen jenen Fällen, in welchen die Partei kraft des Gesetzes durch einen Advokaten nicht vertreten werden muss, auch nicht verpflichtet, eine Vertretung unentgeltlich zu besorgen.

Die Bewilligung eines unentgeltlichen Vertreters hat von dem Ausschusse der Advokatenkammer zu erfolgen. Gegen die Verweigerung steht dem Betheiligten nur die Beschwerde an das Oberlandesgericht offen. Mit der Bewilligung eines unentgeltlichen Vertreters ist die Stämpel- und Gebührenbefreiung verbunden. Die Vergütung der baaren Auslagen eines solchen Vertreters wird vom Staate geleistet.

Gelangt die vertretene Partei aus der Vertretung zu Zahlungsmitteln, so sind aus selben vor Allem dem Staate diese baaren Auslagen und dann die Entlohnung des Vertreters für den Zeitaufwand und die Mühewaltung zu bestreiten.

§. 17. Bei dem Abgange eines Uebereinkommens soll in Civilstreitigkeiten das Mass der Entlohnung für den Zeitaufwand und für die Mühewaltung des Advokaten, soweit es möglich ist, durch einen Tarif geregelt werden. Dieser Tarif soll, sobald die neue Civilgerichtsordnung in Wirksamkeit tritt, im Wege der Gesetzgebung festgestellt werden; für jene Posten, welche im Tarife nicht enthalten sind, haben die gesetzlichen Bestimmungen über den Lohnvertrag in Anwendung zu kommen.

Bis zur Einführung dieses Tarifes und in allen anderen Fällen haben bezüglich der Feststellung der Auslagen und des Verdienstes des Advokaten bei dem Abgange eines Uebereinkommens lediglich die gesetzlichen Bestimmungen über den Lohnvertrag in Anwendung zu treten.

§. 18. Wenn über Antrag einer Partei zur Durchsetzung ihrer Rechte gegen einen Dritten die Vertretung dieses letzteren vor dem Gerichte einem Advokaten übertragen wird, so wird die Vergütung der baaren Auslagen vom Staate geleistet. Besitzt die von dem durch das Gericht bestellten Advokaten vertretene Partei Zahlungsmittel oder erlangt sie dieselben, so hat sie dem Staate die baaren Auslagen zu ersetzen und die Entlohnung ihres Vertreters zu leisten.

Wann eine Stämpelbefreiung oder Stämpelvormerkung eintritt, bestimmen die Gebührengesetze.

§. 19. Der Advokat ist berechtigt, von den für seine Partei an ihn eingegangenen Barschaften die Summe seiner Auslagen und seines Verdienstes, insoweit sie durch erhaltene Vorschüsse nicht gedeckt ist, in Abzug zu bringen, ist jedoch schuldig, sich hierüber sogleich mit seiner Partei zu verrechnen.

In dem Falle, als die Richtigkeit und Höhe seiner Forderung bestritten wird, ist sowohl der Advokat als die Partei berechtigt, den Ausschuss der Advokatenkammer um die gütliche Beilegung des Streites anzugehen.

Der Advokat ist aber im Falle, als die Richtigkeit und Höhe seiner Forderung bestritten wird, zu seiner Deckung auch zum gerichtlichen Erlage der ihm eingegangenen Barschaften bis zur Höhe der bestrittenen Forderung befugt, zugleich aber, wenn die angesuchte gütliche Beilegung ohne Erfolg geblieben ist, verpflichtet, die Richtigkeit und Höhe der letzteren nachzuweisen.

Auf den erlegten Betrag kommt dem Advokaten ein gesetzliches Pfandrecht für seine Forderung aus der Vertretung zu.

§. 20. Mit der Ausübung der Advokatur ist unvereinbar

a) die Führung eines besoldeten Staatsamtes mit Ausnahme des Lehramtes;

b) die Ausübung des Notariates;

c) der Betrieb solcher Beschäftigungen, welche dem Ansehen des Advokatenstandes zuwiderlaufen.

§. 21. Die Wahl und Aenderung des Wohnsitzes ist dem Advokaten gestattet; jedoch hat er drei Monate vor seiner Uebersiedlung die Anzeige hievon bei dem Ausschusse seiner Advokatenkammer, sowie bei jenem des neugewählten Wohnsitzes zu erstatten. Diese Anzeige ist vom Ausschusse der Advokatenkammer durch die Wiener und amtliche Landeszeitung kund zu machen und hievon das Oberlandesgericht, der oberste Gerichtshof und das Justizministerium in Kenntniss zu setzen.

Dritter Abschnitt.

Die Advokatenkammer und deren Ausschuss.

§. 22. Die Advokatenkammern werden durch sämmtliche in die Liste eingetragene Advokaten, welche in dem derzeit bestehenden Sprengel jeder Kammer ihren Wohnsitz haben, gebildet. Die Aenderung dieser Sprengel und Bildung neuer Kammern steht dem Justizminister nach Einvernehmen der derzeit bestehenden Kammer zu.

§. 23. Die Advokatenkammer besorgt ihre Geschäfte theils unmittelbar in Plenarversammlungen, theils mittelbar durch ihren Ausschuss. Sowohl der Kammer als dem Ausschusse obliegt die Wahrung der Ehre, des Ansehens und der Rechte, wie auch die Ueberwachung der Pflichten des Advokatenstandes.

§. 24. Der Präsident, die Präsidenten-Stellvertreter und die Mitglieder des Ausschusses werden in geheimer Wahl mittelst Stimmzettel aus der Mitte der Kammermitglieder in deren Plenarversammlung mit absoluter Stimmenmehrheit der Anwesenden gewählt.

Wird diess weder bei dem ersten noch zweiten Wahlgange erzielt, so gelangen diejenigen, welche im zweiten Wahlgange die relativ meisten Stimmen erhielten, in die engere Wahl.

Die Zahl der in die engere Wahl zu bringenden Personen ist immer die doppelte der Anzahl der zu wählenden. Jede Stimme, die bei dieser Wahl auf eine nicht in die engere Wahl gebrachte Person fällt, ist ungiltig.

§. 25. Der Präsident, die Präsidenten-Stellvertreter und die Mitglieder des Ausschusses werden auf drei Jahre gewählt; sie haben jedoch auch nach Ablauf dieser Zeit bis zur erfolgten Neuwahl ihre Amtsthätigkeit fortzusetzen.

Sie sind nach Ablauf ihrer Funktionsdauer wieder wählbar, können jedoch zur Annahme der Wiederwahl nicht verpflichtet werden.

Das Ergebniss der Wahl ist jederzeit dem Oberlandesgerichte, dem obersten Gerichtshofe und dem Justizminister anzuzeigen.

§. 26. Der Präsident und die Präsidenten-Stellvertreter sind Mitglieder des Ausschusses. Der Ausschuss entscheidet mit absoluter Stimmenmehrheit. Zur Beschlussfähigkeit des Ausschusses ist die Anwesenheit von zwei Drittheilen der Mitglieder desselben erforderlich.

Der Präsident und in dessen Verhinderung sein Stellvertreter führt in der Kammer und in dem Ausschusse den Vorsitz.

Der Vorsitzende hat nur bei Stimmengleichheit ein Stimmrecht.

§. 27. Der Advokatenkammer sind folgende Angelegenheiten zugewiesen:

a) die Festsetzung ihrer eigenen Geschäftsordnung und jener des Ausschusses;
b) die Festsetzung der Zahl ihrer Ausschussmitglieder;
c) die Wahl des Vorstandes und des Ausschusses der Kammer, sowie der dem Advokatenstande angehörigen Prüfungskommissäre zur Advokaturprüfung;
d) der Voranschlag der Einnahmen und Ausgaben der Kammer und des Ausschusses, die Feststellung der Beiträge der Mitglieder, sowie die Prüfung und Genehmigung der Rechnungen der Kammer und des Ausschusses;
e) die Erstattung von Gesetzvorschlägen und Gutachten über Gesetzentwürfe, von Berichten über den Zustand der Rechtspflege, sowie von Mittheilungen über wahrgenommene Mängel und Wünsche in derselben;
f) Anträge auf Aenderung der Sprengel bestehender und Bildung neuer Advokatenkammern.

Die Geschäftsordnungen der Kammern und Ausschüsse sind dem Justizministerium zur Genehmigung vorzulegen.

§. 28. Zu dem Wirkungskreise des Ausschusses gehören:

a) die Führung der Advokatenliste, insbesondere die Entscheidung über die Eintragung in dieselbe, sowie über die Resignation eines Mitgliedes;
b) die Führung der Liste der Advokaturkandidaten, die Bestätigung der Advokaturpraxis, sowie die Ausfertigung der Legitimation zur Substituirung an dieselben;
c) die Ausführung der Beschlüsse der Advokatenkammer;

d) die Besorgung der ökonomischen Geschäfte der Advokatenkammer und Einbringung der Jahresbeiträge;

e) der Verkehr mit den Behörden und den ausserhalb der Kammer stehenden Personen;

f) die Erstattung von Gutachten über die Angemessenheit des Honorars und Vergütung für Dienstleistungen des Advokaten, sowie die angesuchte gütliche Beilegung des Streites über selbe (§. 19);

g) die Vermittlung entstandener Irrungen zwischen Mitgliedern der Kammer in dienstlicher Beziehung;

h) die Bestellung eines mittlerweiligen Stellvertreters für einen Advokaten, der mit Tod abgegangen ist, oder für einen erkrankten oder abwesenden Advokaten, der nicht selbst einen Substituten namhaft gemacht hat oder namhaft machen konnte;

i) die Bewilligung eines unentgeltlichen Vertreters (§. 16);

k) die Einberufung der ordentlichen Plenarversammlungen der Advokatenkammer.

Wenn es der Ausschuss für nöthig findet, kann er auch ausserordentliche Plenarversammlungen einberufen; über Verlangen eines Fünftheils der Kammermitglieder ist er jedoch hiezu verpflichtet.

§. 29. Mit dem Beginne eines jeden Jahres sind von dem Ausschusse die Namen und die Amtssitze der im abgelaufenen Jahre eingetragen verbliebenen Advokaten öffentlich kund zu machen.

§. 30. Um die Eintragung in die Liste der Advokaturkandidaten zu erwirken, ist beim Eintritte in die Praxis bei einem Advokaten die Anzeige an den Ausschuss unter Nachweisung der Erfüllung der zum Eintritte in die Gerichtspraxis vorgeschriebenen Erfordernisse zu erstatten und wird diese Praxis erst vom Tage des Einlangens dieser Anzeige gerechnet.

Ebenso ist jeder Advokat verpflichtet, von jedem Austritte eines Kandidaten, sowie von jeder einen Monat übersteigenden Verhinderung desselben in Ausübung dieser Praxis die Anzeige an den Ausschuss zu erstatten.

Gegen die verweigerte Eintragung in die Liste der Advokaturkandidaten und gegen die Löschung aus derselben, sowie gegen die verweigerte Bestätigung der Advokaturpraxis steht dem Betheiligten das Recht der Berufung an das Oberlandesgericht und von diesem an den obersten Gerichtshof zu.

§. 31. Die zur Ausübung des im §. 15 gedachten Substitutionsrechtes erforderliche Legitimation wird über Einschreiten des Advokaten, bei welchem der Kandidat in Verwendung steht, ausgefertigt und verliert ihre Geltung, sobald diese Verwendung aufhört.

§. 32. Der schriftliche Verkehr mit dem obersten Gerichtshofe und dem Ministerium hat in Form von Berichten, mit den übrigen Behörden und Gerichten in Form von Schreiben stattzufinden.

§. 33. Der Advokatenstand ist von den Gerichten unabhängig.

Die Handhabung der Disziplinargewalt über Advokaten und Advokaturkandidaten soll zunächst durch Organe des Advokatenstandes geübt werden. Das Verfahren hiebei, sowie die Bestimmungen in Betreff der Art und des Masses der Strafen, der Berufungsinstanz und der Rechtsmittel gegen die gefällten Entscheidungen werden durch ein Disziplinarstatut im Gesetzgebungswege geregelt.

Bis zur Erlassung dieses Statutes können Ordnungs- und Disziplinarstrafen nur von dem Oberlandesgerichte und von dem obersten Gerichtshofe nach den bisherigen gesetzlichen Bestimmungen verhängt werden.

Das Recht der Gerichte zur Aufrechthaltung der Ordnung bei Gerichtsverhandlungen bleibt jedoch unberührt.

Das in den bestehenden Gesetzen über das Civil- und Strafverfahren begründete Recht zur Verhängung von Geldstrafen kann auch gegen Advokaten geübt werden.

Vierter Abschnitt.

Erlöschung der Advokatur.

§. 34. Die Berechtigung zur Ausübung der Advokatur erlischt:

a) durch den Verlust des Heimatrechtes in diesen Königreichen und Ländern oder durch den Verlust der Eigenberechtigung, so lange derselbe dauert;

b) durch den Eintritt eines der im §. 20 bemerkten Fälle für die Dauer der dort berührten Verhältnisse;

c) durch eine strafgerichtliche Verurtheilung nach Massgabe des Strafgesetzes;

d) durch die Verzichtleistung des Advokaten; jedoch steht dem verzichtenden Advokaten das Recht zur Wiederausübung der Advokatur an dem bisherigen Orte oder unter Befolgung der Vorschriften des §. 21 auch an einem andern Orte gegen Einhaltung der Bestimmungen des ersten Abschnittes dieses Gesetzes zu.

Ist gegen den verzichtleistenden Advokaten ein Disziplinarverfahren im Zuge, so kann die Annahme des Verzichtes erst nach Beendigung desselben erfolgen. Inwieferne die Berechtigung zur Ausübung der Advokatur in Folge eines Disziplinarerkenntnisses erlischt, bestimmen die Disziplinarvorschriften.

Fünfter Abschnitt.

Uebergangs-Bestimmungen.

§. 35. Das Recht der bei dem Eintritte der Wirksamkeit dieses Gesetzes ernannten Advokaten zur weiteren Ausübung der Advokatur bleibt unberührt, und sind dieselben in die neu anzufertigende Liste der Kammer, in deren Sprengel sie ihren Wohnsitz haben, einzutragen.

§. 36. Von der Nachweisung der im §. 2 vorgeschriebenen Gerichtspraxis sind jene Advokaturkandidaten befreit, welche bei eintretender Wirksamkeit dieses Gesetzes:

a) nach Erfüllung der gesetzlichen Bedingungen zum Eintritte in die Gerichtspraxis bereits ein Jahr in der Advokaturpraxis zugebracht, oder

b) die Advokaturprüfung mit Erfolg abgelegt haben.

Auch die von der Nachweisung einer Gerichtspraxis befreiten Kandidaten haben eine siebenjährige Gesammtpraxis, ohne Rücksicht, wann sie die Prüfung abgelegt haben, jedenfalls auszuweisen.

§. 37. Die vor der Wirksamkeit der Verordnung vom 23. Nov. 1855, R. G. Bl. Nr. 202, abgelegte Fiskalprüfung, sowie die auf Grundlage dieser Verordnung bis zur Wirksamkeit dieses Gesetzes abgelegte Advokaturprüfung ist der Advokaturprüfung (§§. 3 und 4) gleichzuhalten.

§. 38. Den im Geltungsgebiete dieses Gesetzes bestehenden k. k. Notaren, welche sich mit der mit Erfolg abgelegten Advokaturprüfung ausweisen können, ist gestattet, nach Wirksamkeit dieses Gesetzes unter Zurücklegung des Notariates in den Advokatenstand überzutreten, wenn sie mit Einrechnung ihrer als k. k. Notare zurückgelegten Praxis mindestens eine siebenjährige Gesammtpraxis nachweisen können.

§. 39. Den Advokaturkandidaten, welche vor der Wirksamkeit dieses Gesetzes die Advokaturprüfung mit Erfolg abgelegt haben, ist in die nach §. 36 erforderliche siebenjährige Gesammtpraxis auch ihre vor der Wirksamkeit dieses Gesetzes genommene Notariats- und Gerichtspraxis einzurechnen.

§. 40. Auf diejenigen Advokaten, welche beim Eintritte der Wirksamkeit dieses Gesetzes nebst der Advokatur zugleich ein Notariat bekleiden, hat der §. 20, lit. b) dieses Gesetzes keine Anwendung.

§. 41. Das an den Universitäten zu Padua und Pavia während der Dauer der österreichischen Herrschaft und das an der Universität zu Pest während der Wirksamkeit des österreichischen a. b. G. B. in Ungarn nach Ablegung der strengen Prüfungen erlangte Doktorat der Rechte wird dem an einer im Geltungsgebiete dieses Gesetzes befindlichen Universität erlangten Doktorate gleich geachtet (§. 1, lit. c).

Inhalts-Verzeichniss.

Herzogthum Braunschweig.

I. Advokaten-Ordnung.

II. Prüfungen.

Grossherzogthum Baden.

I. Advokaten-Ordnung.

Königreich Württemberg.

Grossherzogthum Mecklenburg-Schwerin und Strelitz.

Schweiz.

I. Kanton Zürich.

II. Kanton Aargau.

III. Kanton Luzern.

IV. Kanton Genf.

Frankreich.

Die französische Advokatur.

England.

Anhang.

Advokaten-Ordnung.

Druck von Adolf Holzhausen in Wien
k. k. Universitäts-Buchdruckerei.

Printed in Dunstable, United Kingdom

91219930R00228